因地制宜发展新质生产力丛书

丛书主编：黄汉权

因地制宜发展
新质生产力

理论篇

中国宏观经济研究院编写组　著

中国发展出版社
CHINA DEVELOPMENT PRESS

图书在版编目（CIP）数据

因地制宜发展新质生产力. 理论篇 / 中国宏观经济
研究院编写组著. -- 北京：中国发展出版社，2024.
11（2025. 3重印）. --（因地制宜发展新质生产力丛书 /
黄汉权主编）. -- ISBN 978-7-5177-1441-5

Ⅰ. F120.2

中国国家版本馆CIP数据核字第20240BB153号

书　　　　名：因地制宜发展新质生产力：理论篇
著作责任者：中国宏观经济研究院编写组
责 任 编 辑：郭心蕊　张　楠
出 版 发 行：中国发展出版社
联 系 地 址：北京经济技术开发区荣华中路 22 号亦城财富中心 1 号楼 8 层（100176）
标 准 书 号：ISBN 978-7-5177-1441-5
经 　 销 　 者：各地新华书店
印 　 刷 　 者：北京博海升彩色印刷有限公司
开　　　　本：710mm×1000mm　1/16
印　　　　张：12.25
字　　　　数：155 千字
版　　　　次：2024 年 11 月第 1 版
印　　　　次：2025 年 3 月第 2 次印刷
定　　　　价：58.00 元

联 系 电 话：（010）68990625　68990635
购 书 热 线：（010）68990682　68990686
网 络 订 购：http://zgfzcbs.tmall.com
网 购 电 话：（010）88333349　68990639
本 社 网 址：http://www.develpress.com
电 子 邮 件：814700996@qq.com

"因地制宜发展新质生产力丛书"
编委会

丛书主编

黄汉权

丛书副主编

刘泉红　周毅仁　孙学工　盛朝迅

丛书编委（按姓氏笔画排序）

丁尚宇	王　妍	王　磊	王云平	王励晴	王明姬
王继源	公丕萍	卢　伟	田智宇	刘　敏	刘立峰
刘保奎	刘振中	许　生	李　忠	李　智	李子文
李沛霖	李星晨	李晓琳	李爱民	杨　萍	吴　迪
余新创	应晓妮	陈　凯	陈　曦	陈大鹏	罗　蓉
金田林	周　振	赵　盟	赵阳华	荣　晨	侯燕磊
聂新伟	贾若祥	徐建伟	徐唯燊	郭叶波	黄征学
盛思鑫	盛雯雯	韩　晓	韩　祺	窦红涛	潘　彪
魏　丽	魏　巍				

总序 *

习近平总书记关于发展新质生产力的重要论述，是马克思主义生产力理论的重大创新，是习近平经济思想的最新成果，深化了我们党对生产力发展规律的认识，为新时代新征程用新的生产力理论指导新的发展实践指明了方向、提供了遵循。

一、深刻理解新质生产力的科学内涵和基本特征

"新质生产力是创新起主导作用，摆脱传统经济增长方式、生产力发展路径，具有高科技、高效能、高质量特征，符合新发展理念的先进生产力质态"，"科技创新能够催生新产业、新模式、新动能，是发展新质生产力的核心要素"，"新质生产力本身就是绿色生产力"，"因地制宜发展新质生产力"，"发展新质生产力，必须进一步全面深化改革，形成与之相适应的新型生产关系"……习近平总书记的一系列重要论述，深刻阐明了新质生产力的基本内涵、本质特征、核心标志、核心要素、形成规律以及实现路径等重要问题，是历史逻辑、理论逻辑和实践逻辑的统一。

* 本序为丛书主编黄汉权 2024 年发表在《求是》上的《深刻领悟发展新质生产力的核心要义和实践要求》一文。

从历史逻辑看，新质生产力由技术革命性突破、生产要素创新性配置、产业深度转型升级而催生。社会生产力每次出现大的跃升，都对应着新技术对旧技术的"创造性毁灭"。从第一次工业革命的蒸汽机发明到第二次工业革命的电机发明和电气应用，再到第三次工业革命的信息技术突破，每一次科技革命都肇始于划时代的颠覆性技术创新，都带来生产力的飞跃和经济社会的重大变革，人类社会由此从农业社会递次步入工业化、电气化、信息化时代。从历史经验看，历次产业革命都有一些共同特点：一是有新的科学理论做基础，二是有相应的新生产工具出现，三是形成大量新的投资热点和就业岗位，四是经济结构和发展方式发生重大调整并形成新的规模化经济效应，五是社会生产生活方式有新的重要变革。这些要素，目前都在加快积累和成熟中。当前，全球新一轮科技革命和产业变革深入发展。与前三次工业革命不同的是，这一轮科技革命和产业变革以数据等新型生产要素的产生和应用为重要标志，以包括算力、算法、网络通信在内的数字技术、人工智能为底层技术和核心技术，以数字化、智能化、绿色化为方向，具有多领域技术群体突破、交叉融合以及技术迭代加快、创新周期缩短等特征。伴随群体性技术的整体性突破，势必引起生产要素配置方式的深刻变化，给产业形态、产业结构、产业组织方式带来深刻影响，进而推动产业深度转型升级，通过"技术—要素—产业"链条传导，最终形成新的生产力质态。

从理论逻辑看，新质生产力以劳动者、劳动资料、劳动对象及其优化组合的跃升为基本内涵。生产力是马克思主义的一个基本范畴，一般认为，劳动者、劳动资料、劳动对象是生产力的构成要素。根据马克思主义生产力理论，科学技术通过渗透到生产力的构成要素之中，引起它们变化，从而促进社会生产力发展；在社会生产力的发展中，

科学技术推动社会生产的作用日益增强。习近平总书记关于发展新质生产力的重要论述，继承了马克思主义生产力理论的分析框架，同时又赋予其新的内涵，进行了创新和发展。从劳动者看，人是生产力中最活跃的因素，没有创新型人才、战略型人才以及掌握现代技术的新型劳动者，加快形成和发展新质生产力也就是一句空话。从劳动资料看，由颠覆性技术带来的生产工具变革往往是新科技革命的主要标志。在新一轮科技革命和产业变革中，大数据、云计算、区块链、人工智能、量子技术等更高科技含量的新型工具不断涌现，为新质生产力提供了动力源泉。从劳动对象看，数字资源、虚拟空间、生物基因、微观粒子等都成为人类劳动的对象，大大拓展了生产新边界，创造了生产新空间。当前，新一轮科技革命和产业变革呈现源头创新、跨界融合、多点突破的新趋势，对生产资源的配置模式、创新要素的流通机制、技术研发的组织构架、创新主体的管理方式都提出新的要求，发展新质生产力需要劳动者、劳动资料、劳动对象在新技术赋能和催化下，实现优化组合和更高效率的配置，进而为大幅提高全要素生产率提供必要条件。

从实践逻辑看，新质生产力已经在实践中形成，需要我们进一步深化认识并大力推动生产力迭代发展和质的跃升。科学只有转化为技术并应用于生产，才能成为现实的生产力。党的十八大以来，我国科技事业迅速发展，一批重大创新成果竞相涌现，一些前沿方向进入并行、领跑阶段，现代化产业体系建设取得重要进展，新质生产力已经在实践中形成并展示出对高质量发展的强劲推动力、支撑力。在技术新突破方面，我们充分发挥国家战略科技力量作用，围绕关键共性技术、前沿引领技术、现代工程技术、颠覆性技术创新，打好关键核心技术攻坚战。在要素新组合方面，在我国，技术、资金、人才、劳动

力、数据、土地、管理等一系列重要的生产要素日益实现便捷化流动、网络化共享、系统化整合、协作化开发和高效化利用，特别是数据作为新的生产要素被引入生产函数，极大拓展了生产可能性边界，深度赋能实体经济转型升级。在产业新形态方面，人工智能、低空经济等具有时代标志和时代特点的新产业新业态加快成熟。在培育新型劳动者方面，我们致力于畅通教育、科技、人才良性循环，优化学科设置、创新人才培养模式，实行更加开放的人才政策，打造全球人才高地，营造鼓励创新、宽容失败的良好氛围，努力培养造就一批具有国际水平的战略科技人才、科技领军人才、青年科技人才和高水平创新团队。

二、全面看待我国发展新质生产力的优势和条件

新一轮科技革命和产业变革正在与世界百年未有之大变局形成历史性交汇，其主要特点是重大颠覆性技术不断涌现，科技成果转化速度加快，产业组织形式和产业链条更具垄断性。"谁在创新上先行一步，谁就能拥有引领发展的主动权。"世界各主要国家纷纷出台创新战略，加大投入，加强人才、专利、标准等战略性创新资源的争夺。我国推动科技事业快速发展，取得举世瞩目成就，根本就在于我们拥有独特的优势和宝贵的经验，能够充分发挥社会主义制度优越性，充分调动人才的积极性、主动性、创造性，集中力量办大事，抓重大、抓尖端、抓基本。我国已进入高质量发展阶段，加快发展新质生产力更具坚实的基础和良好的社会环境。

中国特色社会主义制度优势为发展新质生产力提供可靠保障。我们显著的优势是我国社会主义制度能够集中力量办大事。这是我们成就事业的重要法宝。正是依靠这一优势，我们一次次实现了从无到有、

从小到大、从弱到强的突破，用几十年时间走完了西方发达国家几百年走过的工业化道路。当前，科技创新越来越需要多学科交叉融合和高效协同攻关，亟须有效整合科技资源，发挥国家战略科技力量的引领作用。近年来，党中央不断加强对科技工作的集中统一领导，健全新型举国体制，有力发挥有效市场和有为政府的作用，充分调动各方面积极性，显著提升了国家创新体系整体效能。

不断提升的科技能力为发展新质生产力注入强大动能。经过多年发展，我国科技创新条件不断改善，2023 年全社会研究与试验发展经费投入超过 3.3 万亿元，研发投入强度提升到 2.64%，超过经济合作与发展组织（OECD）国家平均水平。重大科学基础设施加快布局，国家大科学装置在建和运行 57 个，纳入新序列管理的国家工程研究中心 207 个，国家企业技术中心 1798 家，国家级科技企业孵化器 1606 家，国家备案众创空间 2376 家。科技创新在众多领域取得重大突破，"嫦娥"探月、"天问"探火等深空探测项目成功实施，量子信息、干细胞、脑科学等前沿方向取得重大原创成果，太阳能光伏、新能源汽车、数字经济等领域实现换道超车，5G 网络运用全球领先。

产业体系配套完整的供给优势为发展新质生产力提供重要载体。产业是新质生产力发展的重要载体。党的十八大以来，我国大力推进战略性新兴产业发展，前瞻布局类脑智能、量子信息等未来产业新赛道，新一代电子信息、新能源、新材料、新能源汽车等一批技术含量高、成长性强的新产业持续壮大。2023 年战略性新兴产业占国内生产总值比重从 2012 年的 5% 提高到 13% 以上。同时，我国工业特别是制造业体系完整，既为孕育前沿技术和颠覆性技术提供了良好条件，也为新兴产业、未来产业发展提供了配套支撑。比如，围绕锂离子蓄电池，从上游的原材料，到中游的电解液、隔膜、电芯，再到下游的新能源汽车、消费电子和储能电站应用，上中下游集群共生、联动发展，规模经济效应充分彰显，也正是凭借完整的制造业体系优势，我国新能源汽车在国际市场上才更具竞争力。

海量数据的资源优势为发展新质生产力提供要素支撑。数据作为新型生产要素，是形成新质生产力的重要资源，对传统生产方式变革具有重大影响。我国人口数量众多，人们每日的生产生活消费活动都会产生大量数据，消费电子、电子商务、移动支付等领域的市场规模位居全球第一，且仍处于快速增长阶段，直接催生社交媒体、移动出行、数字医疗等产业爆发式增长。我国制造业规模世界第一，机器设备台（套）数存量也是世界第一，工业机器人保有量占世界 1/3，有力支撑了工业互联网的快速兴起。2023 年我国数据生产总量超 32ZB。这些场景形成的海量数据资源，为发展新质生产力提供了丰富的"原料"供给。

超大规模的市场优势为发展新质生产力拓展需求空间。我国拥有超过 14 亿人口，中等收入群体超过 4 亿人，经营主体超过 1.8 亿户，2023 年社会消费品零售总额超过 47 万亿元，是全球第二大商品消费市场、第一大网络零售市场。近年来，以新能源汽车、锂电池、光伏产品为代表的"新三样"产品在技术创新、生产制造、市场销售上形成良性互动，庞大国内市场成为"新三样"技术迭代、产品升级、走向国际的关键支撑，2023 年"新三样"产品出口值合计超过万亿元。同时，中国巨量市场需求持续吸引全球的新技术新产品，成为吸引外商投资的强大引力场。比如，特斯拉上海超级工厂，正是依托庞大的中国市场，快速形成规模经济效应，有效降低成本，加速技术迭代，成为其全球最大的智能工厂。

大量高素质劳动者和企业家的人才优势为发展新质生产力提供了

人才支撑。人才是第一资源。一支规模宏大、素质优良、结构不断优化、作用日益突出的人才队伍，是发展新质生产力最活跃、最具主动性的因素。2022年我国研发人员全时当量提高到635万人年，规模连续多年稳居世界首位。入选世界高被引科学家数量从2014年的111人次增至2022年的1169人次，排名世界第二。人才资源总量达到2.2亿人，高技能人才超过6000万人，每年理工科毕业生超过发达国家理工科毕业生总和。2023年世界500强中国企业上榜数量位居全球首位，拥有一批具有国际眼光和创新思维的企业家人才队伍。这些丰富的人力资源为发展新质生产力提供了坚实的人才支撑。

三、积极探索发展新质生产力的实现路径

新质生产力是摆脱传统经济增长方式、生产力发展路径的先进生产力质态，对生产资源的配置模式、创新要素的流通机制、技术研发的组织构架、创新主体的管理方式等都提出了新的要求。要遵循新质生产力发展的客观规律，从实际出发，先立后破、因地制宜、分类指导，坚持以科技创新引领产业创新，加快发展方式绿色转型，统筹推进深层次改革和高水平开放，畅通教育科技人才良性循环，为发展新质生产力提供坚实保障。

大力推动前沿技术和颠覆性技术的科技创新，加快建设现代化产业体系。前沿技术和颠覆性技术能够催生新产业、新模式、新动能，是新质生产力的重要来源。要健全新型举国体制，强化国家战略科技力量，发挥好企业创新主体作用，高效整合科技资源协同攻关，瞄准人工智能、量子科技、集成电路、生物制造、脑科学、深空深海等前沿领域，坚决打赢关键核心技术攻坚战，促进前沿技术和颠覆性技术

加速涌现。以科技创新推动产业创新，及时将科技创新成果应用到具体产业和产业链上，统筹推进传统产业改造升级、新兴产业培育壮大、未来产业有序布局，实现新技术从"实验室"向"生产线"的跨越。围绕发展新质生产力布局产业链，提升产业链供应链韧性和安全水平，保证产业体系自主可控、安全可靠。大力发展数字经济，促进数字经济和实体经济深度融合，打造具有国际竞争力的数字产业集群。

遵循科技创新和产业发展规律，因地制宜发展新质生产力。我国幅员辽阔，各地基础条件和发展水平各异，要根据资源禀赋、产业基础、科研条件等，有选择地推动新产业、新模式、新动能发展，不能一哄而上、泡沫化、搞一种模式。传统产业同样蕴含新质生产力，各地发展新质生产力不能忽视、抛弃传统产业，要注重用新技术改造提升传统产业，加快向高端化、智能化、绿色化转型。发达地区的科研机构密集、人才数量多、科技实力雄厚，要聚焦国家战略需求，大力推进关键核心技术突破，提升原创性、颠覆性技术供给能力。其他地区要突出优势特色，把发展新质生产力的重点放在应用前沿技术和颠覆性技术改造提升传统产业上，使之脱胎换骨，焕发新活力。

加快发展方式绿色转型，推动形成绿色生产力。绿色发展是高质量发展的底色，新质生产力本身就是绿色生产力。必须牢固树立和践行绿水青山就是金山银山的理念，坚定不移走生态优先、绿色发展之路。破解绿色发展难题，关键靠科技。要加快绿色科技创新和先进绿色技术推广应用，做强绿色制造业，发展绿色服务业，壮大绿色能源产业，发展绿色低碳产业和供应链，打造高效生态绿色产业集群，构建绿色低碳循环经济体系。健全有利于绿色转型的体制机制，持续优化支持绿色低碳发展的经济政策工具箱。同时，在全社会大力倡导绿色健康生活方式。

　　统筹推进深层次改革和高水平开放，形成与新质生产力相适应的新型生产关系。发展新质生产力既是发展的命题，也是改革的命题。如何加快形成与新质生产力相适应的新型生产关系，是当前各地各部门在发展实践中遇到的一个现实问题。要深化经济体制、科技体制等改革，着力打通束缚新质生产力发展的堵点卡点，加快建设全国统一大市场，建立高标准市场体系，创新生产要素配置方式，让各类先进优质生产要素向新质生产力顺畅流动。以制度型开放为重点，扩大高水平对外开放，打造国际一流营商环境，加强国际科技合作，形成具有全球竞争力的开放创新生态，为发展新质生产力营造良好国际环境。

　　畅通教育科技人才良性循环，加快培育新型劳动者队伍。要完善人才培养、引进、使用、合理流动的工作机制，持续强化国家战略人才力量，大力造就能够创造新质生产力的战略人才和能够熟练掌握新质生产资料的应用型人才。深化教育改革，根据科技发展新趋势，优化高等学校学科设置、人才培养模式，为发展新质生产力培养急需人才。深入推进科研院所改革，加快形成符合科研规律、有效满足国家发展和市场需求的科技创新体制。健全要素参与收入分配机制，激发劳动、知识、技术、管理、资本和数据等生产要素活力，更好体现知识、技术、人才的市场价值。实施更加开放的人才政策，加快构建具有国际竞争力的人才引进使用机制，增强对世界优秀人才的吸引力，聚天下英才而用之。

中国宏观经济研究院院长

前言

　　生产力是一个历久弥新、不断演进的发展问题，也是一个经久不衰、与时俱进的理论问题。一方面，从古典政治经济学，到马克思主义政治经济学，再到西方经济学，都对生产力是什么、从哪里来、如何发展，作出过开创性和创新性的研究。另一方面，时代发展、科技进步不断为生产力发展和研究注入新的血液，推动生产力理论不断取得新的突破，促使生产力发展不断呈现新的面貌。事实上，在人类历史上的三次工业革命进程中，技术创新和社会变革都形成了新的生产力质态，并带来世界发展格局的深刻变化。当前，新一轮科技革命和产业变革加速演进，新的生产力因素和生产力因素的新变化正在快速积累，全球经济新的增长点、动力来源、发展生态乃至分工格局正在重塑。由此，生产力在理论和实践层面都迎来全新的深刻变革。

　　习近平总书记创造性提出发展"新质生产力"，这是对马克思主义生产力理论的创新发展，赋予习近平经济思想新的内涵，具有重大理论和实践意义。新质生产力是科学运用马克思主义政治经济学基本原理，立足推动高质量发展的生动实践，对新一轮科技革命和产业变革孕育出来的生产力本质特征的精准把握，对新时代生产力以及生产关系发展规律作出的系统、科学、全面的阐释概括，是推进党的创新理论体系化、学理化过程中形成的重大理论体系，具有鲜明的历史逻辑、时代价值、科学内核和实践导向。发展新质生产力是推动高质量发展的内在要求和重要着力点，是推进中国式现代化的重大战略举措，将对我国经济社会发展产生深远影响。

习近平总书记关于新质生产力的一系列重要论述，明确了发展新质生产力的实践要求。全面认识和把握新质生产力要牢固树立系统思维。新质生产力的发展基础是劳动、知识、技术、管理、资本、数据等生产要素，科技创新是发展新质生产力的核心要素，能够催生新产业、新模式、新动能，必须坚持科技创新和产业创新一起抓，强化企业科技创新主体地位，增加高质量科技供给，促进科技成果转化应用，加快实现高水平科技自立自强。新质生产力的承载主体是现代化产业体系，要坚持向"新"、向"上"、向"绿"、向"优"发展，通过改造提升传统产业、培育壮大新兴产业和布局建设未来产业，建设具有完整性、先进性、安全性的现代化产业体系，培养优质高效的生产供给能力。发展新质生产力以进一步全面深化改革为保障，生产关系必须与生产力发展要求相适应，必须完善推动高质量发展激励约束机制，健全因地制宜发展新质生产力体制机制，构建有利于新质生产力发展壮大的良好生态。

习近平总书记强调，高质量发展需要新的生产力理论来指导，而新质生产力已经在实践中形成并展示出对高质量发展的强劲推动力、支撑力，需要我们从理论上进行总结、概括，用以指导新的发展实践[①]。《因地制宜发展新质生产力：理论篇》由黄汉权担任主编，刘泉红、徐建伟、李子文担任副主编，共分七章对新质生产力这一宏大而深邃的理论创新进行解读。第一章聚焦提出新理论，厘清生产力研究

[①] 习近平：《发展新质生产力是推动高质量发展的内在要求和重要着力点》，《求是》2024年第11期。

的历史脉络，廓清新质生产力的概念内涵，凝练其时代价值，把握其理论特质，由李子文、徐建伟、韩晓执笔。第二章聚焦夯实新动能，围绕新质生产力的创新特点，重点论述科技创新这一核心要素对新质生产力的动能支撑，由韩晓、赵阳华执笔。第三章聚焦焕发新活力，围绕"发展新质生产力不是要忽视、放弃传统产业"的重要命题，分析改造传统产业培育新质生产力的机制、问题和路径，由刘振中、王妍执笔。第四章聚焦扩大新优势，重点研究如何把战略性新兴产业打造为培育新质生产力的主阵地，由余新创执笔。第五章聚焦制胜新赛道，面向生产力变革中最活跃的因素、最前沿的领域，分析开辟未来产业新赛道的系列问题，由徐建伟、李子文执笔。第六章聚焦繁荣新主体，围绕科技创新、生产组织和要素配置的新要求、新形势，研究提出培育科技领军企业的思路和路径，由陈曦执笔。第七章聚焦构建新生态，围绕构建与新质生产力更相适应的生产关系，从生产力、生产关系与体制机制改革的内在逻辑出发，提出深化体制机制改革的重点任务，由周振执笔。

新质生产力思想深邃、内涵丰富、博大精深。编写组在研究中力求全面理解、准确把握、深刻解读新质生产力的理论内涵，但限于专业水平和研究深度，我们对新质生产力这一创新性理论的研究还有不足和不妥之处，需要在后续研究工作中继续努力，以求在认识上更进一步、更深一层。在此，恳请诸位读者、专家不吝指正，这是对我们研究莫大的帮助。

目录

第一章

总论：
新质生产力的科学内涵、
理论渊源与时代价值

2024 年 1 月 31 日，习近平总书记在主持二十届中央政治局第十一次集体学习时发表了重要讲话，系统阐述了新质生产力概念。这一概念是习近平总书记科学运用马克思主义政治经济学基本原理，立足推动高质量发展的生动实践，对新时代生产力以及生产关系发展规律作出的系统、科学、全面的阐释概括，是在推进党的创新理论体系化学理化过程中形成的，是对马克思主义政治经济学理论，特别是生产力理论的守正创新，是对人类生产力发展规律的深刻洞察和系统认识，是来自实践并用于指导实践的行动指引，具有鲜明的历史逻辑、时代价值、科学内核和实践导向。

一、新质生产力的科学内涵

习近平总书记指出，新质生产力是创新起主导作用，摆脱传统经济增长方式、生产力发展路径，具有高科技、高效能、高质量特征，符合新发展理念的先进生产力质态。它由技术革命性突破、生产要素创新性配置、产业深度转型升级而催生，以劳动者、劳动资料、劳动对象及其优化组合的跃升为基本内涵，以全要素生产率大幅提升为核心标志，特点是创新，关键在质优，本质是先进生产力。[①] 新质生产力内涵丰富、体系完整，要从认识论和方法论的视角全面理解和把握新

---

① 《习近平在中共中央政治局第十一次集体学习时强调 加快发展新质生产力 扎实推进高质量发展》，《人民日报》2024 年 2 月 2 日。

质生产力，将"是什么"的理论认识和"怎么干"的实践方法结合起来，将新质生产力的精髓要义贯穿于现代化建设和高质量发展全过程。新质生产力概念内涵结构如图 1-1 所示。

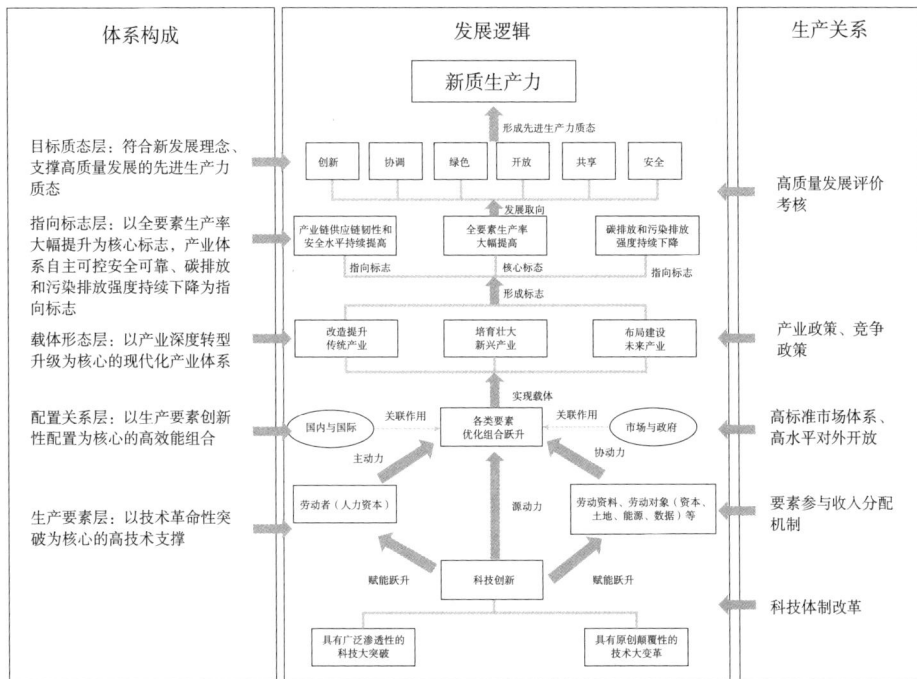

图 1-1 新质生产力概念内涵结构

资料来源：作者自绘。

（一）新质生产力的体系构成

新质生产力以全要素生产率大幅提升为核心标志，以形成优质高效的生产供给能力为根本，以先进适配的生产力要素和更相适应的生产关系为基础，是符合新发展理念、支撑高质量发展的高阶供给体系，是涵盖生产要素、配置关系、载体形态、指向标志、目标质态等不同层次的有机复杂系统。要牢固树立系统思维，认识和把握新质生产力概念的系统整体性，不能彼此割裂、以偏概全，也不能此长彼短、有所偏废。

新质生产力的基础是生产要素层，科技、劳动力、资本及其他生产要素构成了新质生产力的基础支撑，核心是科技赋能生产要素向更高层次演进升级，形成高能级、高质量的新型生产要素。新质生产力的配置关系层建立在要素基础之上，包括要素配置组合的路径、方式、结构，涉及企业组织、分工协作、要素市场构建等方方面面，核心是优化要素资源配置，形成高效能的生产方式。新质生产力的载体形态层是要素组合的产出形态，包括传统产业、新兴产业和未来产业等载体，核心是形成优质高效的生产供给能力。新质生产力的指向标志层用于判定识别生产力的发展水平，主要判断要素配置组合、产业转型发展的效率效益水平是否符合新质生产力的发展要求，主要标志包括全要素生产率、关键环节自主可控率、碳排放和污染排放强度等。新质生产力的目标质态层体现了生产力质态的最终发展目标，核心是贯彻落实新发展理念，提高对高质量发展的支撑力和推动力。

（二）新质生产力的发展逻辑

新质生产力理论明确了发展新质生产力的动力来源、实现路径、载体支撑、核心标志、根本取向等，展现了全周期、全生态、全系统的生产力发展逻辑体系，是对增强科技创新动能、建设现代化产业体系、深化体制机制改革等高质量发展工作行之有效的方法论。要坚持科技创新和产业创新一起抓、生产力和生产关系协同演进，着力摆脱传统经济增长方式和生产力发展路径，通过技术革命性突破、生产要素创新性配置、产业深度转型升级加快发展新质生产力。

发展新质生产力的动力来源是以科技创新为核心的生产要素优化升级。新质生产力的原动力是科技创新，科技创新能够催生新产业、新模式、新动能。从新质生产力的发展实践来看，科技创新主要包括两类：一类是数字智能技术、新能源技术等具有基础渗透性的科技大突破，对各行各业的投入产出结构、成本收益曲线、生产组织模式等均带来深刻影响，彻底改变经济发展的趋势和走向，是形成新质生产力的关键；另一类是具有原创性和颠覆性的技术大变革，对相关特定行业的深度转型发展有着直接作用和重大影响，如氢冶金、生物制造等。新质生产力的主动力是人才，人才是新质生产力发展过程中最活跃、最具有能动性的要素，创新驱动的本质是人才驱动。新质生产力的协动力是资本、自然资源、数据、管理等要素，这些要素与科技创新和人才深度嵌合，为新质生产力的形成发展提供重要动力支撑。发展新质生产力要加快推动要素动力变革，摆脱对一般要素比较优势的过度依赖，增强科技创新、人才等高端要素的赋能增长效应，释放数据等新型要素的乘数效应和经济价值，提升资本、资源等其他要素利用水平。

发展新质生产力的实现路径是各类要素优化组合跃升。新质生产力的形成有赖于生产要素创新性配置，通过劳动者、劳动资料、劳动对象及其优化组合的跃升，让各类优质生产要素向新质生产力发展方向顺畅流动，接近或达到帕累托最优状态。新科技革命提供了以科技创新为主导、优化要素配置组合的巨大空间。改进或建立新的生产函数，关键是以创新链、产业链、资金链、人才链深度融合为重点，提高各类生产要素的衔接适配性和耦合共生性，让劳动、知识、技术、管理、资本、数据等各类生产要素形成集聚效应、乘数效应和交叉赋能效应，全方位提升要素配置效率。

发展新质生产力的载体支撑是构建完善现代化产业体系。新质生产力落脚点在产业。不论是科技创新应用，还是路径方式转型，都不可能在脱离实体经济、脱离产业的情况下形成新质生产力，必须转化在具有完整性、先进性、安全性的现代化产业体系上，体现在夯实现代化国家建设的物质技术基础上。我国部分传统产业质效水平不高，根本上是科技创新的短板制约了产业高质量发展；部分新兴产业能够在全球赢得竞争优势，关键在于走出了以科技创新推动产业创新的新路子。我国具有科技创新和实体产业协同发展优势，要将科技创新成果应用到具体产业和产业链上，协同推进改造提升传统产业、培育壮大新兴产业、布局建设未来产业，提高产业高端化、智能化、绿色化、融合化水平，加快抢占产业新赛道、拓展增长新空间、构建国际分工新格局、形成竞争新优势。

发展新质生产力的核心标志是全要素生产率大幅提升。生产率提升是高质量发展的集中指向，是衡量生产供给能力的关键指标，是经济长期稳定增长的主要支撑。受技术周期、分工锁定等因素影响，传统增长方式和生产力发展路径的效率效益空间面临"天花板"。新质生产力建立在原创性、颠覆性技术创新之上，新技术推广应用将大幅提高全要素生产率，形成更加广阔的效率效益增长空间。在新的形势下，统筹发展和安全、人类和自然成为日益紧迫的全球议题，发展新质生产力不仅要大幅提高全要素生产率，还需要聚焦安全发展和绿色低碳转型，加快关键核心技术和"卡脖子"环节攻关突破，推动绿色科技创新和先进绿色技术推广应用，实现关键环节自主可控率大幅提升，碳排放、污染排放强度大幅下降。

发展新质生产力的根本取向是先进、安全、绿色。新质生产力本质是具有更高科技含量、更高效率能级、更优质量品质的先进生产力，内生地含有"向上""向新""向优"等发展导向。当前世界百年未有之大变局加速演进，贸易保护主义和技术民族主义抬头，我国作为一个发展中大国，必须摆脱关键核心环节高度依赖发达国家的局面，提升产业链供应链韧性和安全水平，保证产业体系自主可控、安全可靠，发展更加安全的生产力。在绿色低碳转型趋势下，绿色发展成为高质量发展的底色，要加快发展绿色低碳产业和供应链，构建绿色低碳循环经济体系，形成统筹经济发展和自然保护的最优解决方案，发展绿色生产力。

发展新质生产力需要形成同新质生产力更相适应的生产关系，进一步全面深化改革。生产关系必须与生产力发展要求相适应。培育和发展新质生产力是一项系统性工作，需要一体部署、协同联动、梯次推进，发挥好有效市场和有为政府的作用。特别是面对科技创新的不确定性和国际竞争加剧的外部环境，需要以束缚新质生产力发展的堵点卡点为突破口，深化经济体制、科技体制、市场机制、开放合作体制等改革，在关键核心技术攻关、创新型企业培育、要素市场化配置、统一大市场建设、新经济监管和治理、营商环境优化、制度型开放等方面加大改革力度，探索创新政策举措，构建有利于新质生产力培育、成长、壮大的良好生态。

（三）新质生产力理论对习近平经济思想的丰富和拓展

新质生产力理论是习近平经济思想的最新成果，拓展和丰富了习近平经济思想的内涵，主要体现在以下方面。

1. 发展新质生产力是推动高质量发展的内在要求和重要着力点

高质量发展是全面建设社会主义现代化国家的首要任务，推动经济高质量发展是习近平经济思想的主题，强调新发展阶段必须推动高质量发展，坚持质量第一、效益优先，推动质量变革、效率变革、动力变革，坚持以供给侧结构性改革为主线，提高供给体系质量和效率，使供给体系更好适应需求结构的变化，实现更高水平的供需动态平衡等内容[①]。

---

① 张建刚：《在更高水平供需动态平衡中推进经济高质量发展》，《光明日报》2022年9月5日。

生产力是最活跃、最革命的因素，生产力变革是人类社会发展进步的动力源泉，无论在哪个历史阶段、哪个国家、何种政体，经济社会发展的背后都是生产力水平的提升。我国经济已由高速增长阶段转向高质量发展阶段，而高质量发展要求更高的投入产出比、更优质的产品和服务、更强的增值能力和更高的效益水平、更和谐的人与自然关系，这一重大转变不可能一蹴而就、凭空完成，不可能建立在原有的生产力发展路径和以劳动、资本等要素粗放投入为动力的固有增长方式上，必须有新的生产力质态作为支撑，遵循全新的生产力发展路径和经济增长方式。

新质生产力理论是习近平总书记基于高质量发展生动实践、立足推动高质量发展内在要求提出的重大理论和实践概念，回答了高质量发展阶段需要发展什么样的先进生产力、如何培育和发展新质生产力的重大问题。具体而言，新质生产力理论不仅是对生产力发展质态目标和遵循路径的生动阐释，更是对推动高质量发展具体路径、抓手、着力点的系统化、体系化概括，即加快发展高科技、高效能、高质量的新质生产力，不断提升科技创新的贡献度和全要素生产率水平，以科技创新催生新产业、新模式、新动能，以生产要素创新性配置推动经济系统不断靠近乃至达到生产可能性边界，以绿色科技创新和先进绿色技术促进发展方式绿色转型，激活各类要素和主体的发展潜能，从而推动经济高质量发展。

2. 新质生产力是符合新发展理念的先进生产力质态

党的十八大以来，我们党对经济形势进行深入研判，对经济社会发展提出了许多科学论断和重大理论，对发展理念和思路作出及时调整，其中新发展理念是最重要、最主要的，引导我国经济发展取得了历史性成就、发生了历史性变革①。

新质生产力是符合新发展理念的先进生产力质态，发展新质生产力的过程就是在经济工作中完整准确全面贯彻新发展理念的具体实践。新质生产力的显著特点是创新，以科技创新为引领带动业态模式创新、管理方式创新、制度创新等不同维度的创新活动，提高劳动者的劳动能力、改进劳动资料包括生产工具的使用效率、拓展劳动对象的广度，实现经济增长从数量扩张向质量提升转变。新质生产力的内在要求是协调，既要促进新型劳动者、新型劳动对象、新型劳动工具等不同要素之间的协调适配、优化组合，也要推动传统产业、新兴产业、未来产业互为支撑、联动发展，还要结合区域协调发展战略优化新质生产力布局、推动各地因地制宜协同发展新质生产力。新质生产力的普遍形态是绿色，新质生产力本身就是绿色生产力，通过树立和践行"绿水青山就是金山银山"的理念，把生态环境纳入生产函数，将绿色低碳的要求作为投入向产出转化的基本约束条件，走生态优先、绿色发展之路，构建绿色低碳循环经济体系。新质生产力的必由之路是开放，通过扩大高水平对外开放，为发展新质生产力营造良好国际环境，在经济全球化进程中推动技术创新和扩散、高效配置各类先进生产要素、深化细化产业分工，拓展生产力发展的要素集合边界、供应链网络边界和市场空间。发展新质生产力的根本目的是共享，将促进人的全面发展和社会全面进步作为生产力发展的最终目标，让人工智能、生命科学、清洁能源、未来材料等新技术、新产业、新产品最大限度、最广范围地惠及全体人民。

---

① 《习近平在省部级主要领导干部学习贯彻党的十九届五中全会精神专题研讨班开班式上发表重要讲话》，中共中央党校（国家行政学院）网，2021 年 1 月 11 日。

3.新质生产力是坚持统筹发展和安全的先进生产力质态

统筹发展和安全是我们党治国理政的一个重大原则，也是习近平经济思想关于经济高质量发展的重要原则。习近平总书记指出，今后一个时期，我们将面对更多逆风逆水的外部环境，必须做好应对一系列新的风险挑战的准备[①]。近年来，百年变局加速演进，世界进入新的动荡变革期，保护主义、单边主义抬头，大国博弈竞争日趋白热化，美国等西方国家针对我国科技创新和产业发展的打压制裁成为最大的外部风险，必须坚持底线思维，统筹好发展和安全两个方面。

新质生产力是统筹高质量发展和高水平安全的生产力，既强调科技创新本身的重要性，将原创性、颠覆性科技创新作为生产力形成和发展的核心要素，也强调加快实现高水平科技自立自强，抢占科技制高点、赢得发展战略主动；既强调将科技成果转化为现实生产力，持续催生新产业、推动产业深度转型升级，也强调提升产业链供应链韧性和安全水平，保证产业体系自主可控、安全可靠。新质生产力理论将科技安全、经济安全和产业安全作为生产力持续发展的必要条件和保障，将科技创新和现代化产业体系建设作为保障国家安全的基础支撑，充分体现了习近平经济思想统筹发展和安全的重要要求。

二、新质生产力的理论渊源

（一）马克思主义的生产力理论

生产力是经济学史上经久不衰的研究主题。早在18—19世纪，弗朗斯瓦·魁奈、亚当·斯密、大卫·李嘉图、让·巴蒂斯特·萨伊、

---

① 《习近平在经济社会领域专家座谈会上的讲话》，《人民日报》2020年8月25日。

弗里德里希·李斯特、托马斯·罗伯特·马尔萨斯等欧洲古典政治经济学家便从不同角度对生产力进行了较深层次的探讨。弗朗斯瓦·魁奈、亚当·斯密、大卫·李嘉图等经济学家认为，生产力就是创造物质财富的能力，生产力的高低可以用土地产出产品、工人劳动生产产品等的量来衡量；法国古典政治经济学家让·巴蒂斯特·萨伊在其著作《政治经济学概论》中提出了"三位一体"理论，即将财富或生产力的增长归因于劳动、土地和资本三个核心要素①；德国古典经济学家弗里德里希·李斯特在其经典著作《政治经济学的国民体系》中指出，斯密、萨伊等人"混淆了生产力理论和价值理论"，对财富的研究不等于对生产力的研究；生产力的最终决定因素是人，特别是人从事经济活动的"愿望和能力"，凡是影响这种"愿望和能力"发挥效果的因素都属于生产力，劳动者的知识、技能、道德以及各类自然资源和机器设备，各种社会、法律制度等都是生产力的一部分。

古典政治经济学关于财富和生产力的研究为马克思主义生产力理论的诞生提供了重要理论基础。在《资本论》《政治经济学批判》等著作中，卡尔·马克思对古典政治经济学的生产力理论进行了系统批判和充分吸收，开创性地提出了一系列关于生产力的重要概念和观点。

一是生产力是人生产物质和精神财富的能力。马克思认为人是生产力的主体，生产力是劳动者的生产力。在《评弗里德里希·李斯特的著作〈政治经济学的国民体系〉》一文中，马克思批评李斯特"看似把人视为创造财富的主要力量，实际上把人贬低为物，把劳动者的生产力等同于水力、畜力、机器力等自然力量和机械力量"。在此基础

---

① 萨伊：《政治经济学概论》，商务印书馆，1963。

上，马克思强调，生产力是"生产能力及其要素的发展"，是"有用的、具体的劳动的生产力"，是"物质生产力和精神生产力"。这表明，发展生产力的最终目的不是改造和利用自然，而是更好地满足、适应人的物质需求、精神需求，创造物质财富、精神财富，不能简单地把生产力视为创造物质财富的能力。

二是生产力是劳动者、劳动资料、劳动对象、科学技术等多种要素的集合。马克思认为，生产力的发展是多种构成要素组合的动态过程，这些构成要素不仅包括劳动者、劳动对象和劳动资料，还包括科学技术等影响生产力水平的要素。例如，马克思提出，劳动过程的简单要素是"有目的的活动或劳动本身、劳动对象和劳动资料""各种经济时代的区别，不在于生产什么，而在于怎样生产，用什么劳动资料生产。劳动资料不仅是人类劳动力发展的测量器，而且是劳动借以进行的社会关系的指示器"[1]。马克思还特别强调科学技术进步对劳动工具、生产方式变革乃至生产力发展的巨大推动作用，认为"蒸汽、电力和自动纺机甚至是比巴尔贝斯、拉斯拜尔和布朗基诸位公民更危险万分的革命家"[2]。

三是生产关系要适应生产力发展的要求。在马克思看来，生产力是历史形成的结果，生产力的发展贯穿于人类活动始终，把握认识生产力应该从生产力与生产关系的矛盾发展关系入手，而古典政治经济学家仅从财富生产的视角分析生产力，无法从本质上回答如何发展生产力的问题。必须正确认识生产力与生产关系的矛盾关系，根据生产力发展的需要进行相应的社会结构和上层建筑调整。

---

[1] 卡尔·马克思：《资本论》（第 1 卷），人民出版社，1975。
[2] 卡尔·马克思、弗里德里希·恩格斯：《马克思恩格斯全集》（第 12 卷），人民出版社，1998。

（二）现代经济学的生产力理论

英国经济学家阿尔弗雷德·马歇尔于 1890 年出版了经典著作《经济学原理》，标志着经济学与政治学的彻底分离和现代经济学的诞生。马歇尔在该书中创立了"供给"与"需求"的分析框架，将劳动力、劳动资料等古典政治经济学和马克思主义政治经济学中的生产力相关概念抽象为数量化的概念，并纳入生产函数中，把这些要素对生产总量的影响通过精确的数学模型进行量化分析。自此以后，"生产力"（productive forces）的概念在现代经济学特别是经济增长理论的语境中被简化为"生产率"（productivity），这一概念主要强调投入转化为产出和实现经济增长的能力；相应地，生产力的形成和发展被理解为经济增长和产出效率提升的过程。

20 世纪 50 年代，美国经济学家罗伯特·索洛、澳大利亚经济学家特雷弗·斯旺等学者提出的新古典增长理论将"技术进步"作为外生变量引入生产函数，强调技术进步和要素积累对生产力提升的推动作用，认为发展中国家要将资本积累和技术创新、技术改造、技术引进结合起来促进经济增长。被誉为"创新理论之父"的美国经济学家约瑟夫·熊彼特突破了新古典经济学的静态分析框架，将创新视为经济增长的核心动力，认为企业家通过实施创新，打破原有的市场均衡，实现超额利润，进而带动整个经济的繁荣。以保罗·罗默、罗伯特·卢卡斯等为代表的经济学家在熊彼特创新增长理论的基础上，引入教育、研发、制度创新等作为经济增长的内生变量，开创了内生经济增长理论。该理论强调知识资本、人力资本等无形资产的积累以及创新、研发等活动对生产率提升和经济增长的推动作用，为创新如何促进经济增长提供了更为微观的理论解释。

总的来说，现代经济学生产力理论主要从经济增长的视角来理解生产力或生产率的提升，通过量化分析方法研究生产过程中各生产要素（如劳动力、资本、技术等）的功能与影响，强调知识、技术、创新、制度、管理等各类要素在推动经济增长中的关键作用。这些理论及其观点为深入理解经济增长与生产力跃升的内在机制提供了重要视角。

（三）中国共产党关于生产力理论的探索创新

中华人民共和国成立以后，新民主主义革命宣告基本胜利，中国共产党带领全国各族人民，立足社会主义初级阶段基本国情，创造性地运用和发展马克思主义生产力理论，在实践中不断回答如何解放和发展社会生产力这一基本问题，形成一系列关于生产力的重大理论成果和深刻认识。

1. 社会主义革命和建设时期党对生产力理论的探索与实践

中华人民共和国成立初期，我国社会百废待兴、生产力水平极低，为了恢复国民经济，我们党将"解放生产力""发展生产力"作为社会主义建设的根本任务。1956 年，我国进入社会主义建设时期，毛泽东同志明确指出，社会主义革命的目的是为了解放生产力[1]。当社会主义改造的任务基本完成之后，毛泽东同志再次指出，我们的根本任务已经由解放生产力变为在新的生产关系下面保护和发展生产力[2]。为了具体落实发展生产力的战略，我们党将工业化作为"发展生产力"的首要支撑，并提出中国发展生产力的总目标是建设成一个社会主义现代化强国。为了实现这一目标，在苏联的援助下，我国实施了国民经济第一个五年计划，投资建设了 156 个建设项目，为生产力的进一步发展和向工业化迈进奠定了基础。

---

① 毛泽东：《毛泽东文集》，人民出版社，2009。
② 《1957 年：毛泽东提出正确处理人民内部矛盾》，中国政府网，2009 年 9 月 2 日。

2. 改革开放和社会主义现代化建设新时期党对生产力理论的探索与实践

1981 年，中共中央发布《关于建国以来党的若干历史问题的决议》，对我国社会主义实践的历史经验作了深刻的总结。决议指出：在社会主义改造基本完成以后，我国所要解决的主要矛盾，是人民日益增长的物质文化需要同落后的社会生产之间的矛盾。党和国家工作的重点必须转移到以经济建设为中心的社会主义现代化建设上来，大大发展社会生产力，并在这个基础上逐步改善人民的物质文化生活。这一时期，党中央确立了以满足人民群众日益增长的物质需求为生产力发展的出发点和落脚点。邓小平同志明确提出了"科学技术是第一生产力"的重要观点，并强调判断姓"资"还是姓"社"的问题标准是三个"是否有利于"：是否有利于发展社会主义社会的生产力，是否有利于增强社会主义国家的综合国力，是否有利于提高人民的生活水平[①]。这三个标准明确了中国在社会主义初级阶段的根本任务是解放和发展生产力，从而从根本上理顺了生产力与生产关系、经济基础和上层建筑之间的关系，为生产力的科学发展奠定了坚实基础。

以江泽民同志为主要代表的中国共产党人在领导社会主义现代化建设的过程中，围绕"什么是社会主义、怎样建设社会主义""建设什么样的党、怎样建设党"等问题，不断深化对中国特色社会主义的认识，提出了"三个代表"重要思想。其中，"党必须始终代表先进生产力的发展要求"被确立为首要原则，这一原则与社会主义现代化建设紧密结合，形成对我国生产力发展的新概括和新创造。党的十六大以来，以胡锦涛同志为总书记的党中央提出了以人为本、全面、协调、

---

① 邓小平：《邓小平文选》，人民出版社，1994。

可持续的"科学发展观"。科学发展观要求把发展作为第一要务，在社会主义初级阶段要不断解放和发展生产力。坚持以人为本，明确发展生产力是为了人民、依靠人民、成果由人民共享。强调生产力发展过程中各要素的全面、协调发展，以确保生产力发展环境的可持续性。

3. 中国特色社会主义新时代党对生产力理论的探索与实践

党的十八大以来，以习近平同志为核心的党中央在新的实践基础上不断赋予生产力发展新内涵，科学回答了新的历史条件下发展什么样的社会生产力、如何充分解放和发展社会生产力的重大问题。《中共中央关于党的百年奋斗重大成就和历史经验的决议》指出：生态文明建设是关乎中华民族永续发展的根本大计，保护生态环境就是保护生产力，改善生态环境就是发展生产力，决不以牺牲环境为代价换取一时的经济增长。这一重要论述是对马克思主义生产力理论关于人与自然关系的深化和突破，开辟了人与自然和谐共生的新境界。2023年9月7日，习近平总书记在新时代推动东北全面振兴座谈会上强调，积极培育新能源、新材料、先进制造、电子信息等战略性新兴产业，积极培育未来产业，加快形成新质生产力，增强发展新动能[1]；同年9月8日，习近平总书记在听取黑龙江省委和省政府工作汇报时指出，整合科技创新资源，引领发展战略性新兴产业和未来产业，加快形成新质生产力[2]。这是习近平总书记首次提出"新质生产力"的概念，特别是强调新兴产业与未来产业发展对新质生产力形成的重要作用。2023年12月11日—12日，中央经济工作会议强调，要以科技创新推动产业创新，特别是以颠覆性技术和前沿技术催生新产业、新

---

[1] 《习近平主持召开新时代推动东北全面振兴座谈会上强调 牢牢把握东北的重要使命 奋力谱写东北全面振兴新篇章》，《人民日报》2023年9月10日。

[2] 《习近平在黑龙江考察时强调 牢牢把握在国家发展大局中的战略定位 奋力开创黑龙江高质量发展新局面》，《人民日报》2023年9月9日。

模式、新动能，发展新质生产力①。2024 年 1 月 31 日，习近平总书记在主持二十届中央政治局第十一次集体学习时发表了重要讲话，强调"高质量发展需要新的生产力理论来指导，而新质生产力已经在实践中形成并展示出对高质量发展的强劲推动力、支撑力，需要我们从理论上进行总结、概括，用以指导新的发展实践"；同时说明"概括地说，新质生产力是创新起主导作用，摆脱传统经济增长方式、生产力发展路径，具有高科技、高效能、高质量特征，符合新发展理念的先进生产力质态"②。这一重要讲话全面、系统、科学地构建起了新质生产力理论的"四梁八柱"，是学习领会新质生产力理论最重要的文献，是践行新发展理念、推动高质量发展的科学指引，是马克思主义中国化时代化的思想结晶。

三、新质生产力理论的主要特征

（一）胸怀"两个大局"解答现实问题的鲜明时代性

时代是思想之母③，任何重大理论都应时代而生，都不可能脱离所在时代的经济社会现实。生产力的发展本身就具有鲜明的时代性、阶段性、渐进性，人类的历史就是生产力跃升的历史，"人们不能自由选择自己的生产力——这是他们的全部历史的基础"④。人类历史上重大生产力理论也往往来自社会生产力的巨大跃升和深刻变革。在 17—18 世纪的欧洲，国民经济、社会财富、城市人口和商品出口贸易均出现

---

① 《中央经济工作会议在北京举行 习近平发表重要讲话》，中国政府网，2023 年 12 月 12 日。
② 习近平：《发展新质生产力是推动高质量发展的内在要求和重要着力点》，《求是》2024 年第 11 期。
③ 习近平：《开辟马克思主义中国化时代化新境界》，《求是》2023 年第 20 期。
④ 卡尔·马克思、弗里德里希·恩格斯：《马克思恩格斯选集（第 4 卷）》，人民出版社，2012。

了人类历史上的突破性飞跃，财富成为社会科学研究的主题，生产力被理解为创造财富的能力。基于对财富来源认识的不同，出现了重农学派、重商学派、自由市场学派等学术流派，孕育了劳动价值论、自由市场理论、比较优势理论等经典理论，自由竞争和基于分工的国际贸易成为提高一国财富创造能力即生产力的主要驱动力。18世纪中叶以后，以蒸汽机的出现为重要标志的第一次工业革命兴起，工厂制代替了手工工场，机器生产代替了手工劳动，社会生产力得到极大发展，资本主义制度开始崛起。马克思和恩格斯以唯物史观的视角对现实进行了考察，敏锐地发现了"手推磨产生的是封建主为首的社会，蒸汽磨产生的是工业资本家为首的社会"等经济社会现象，提出"一切生产力即物质生产力和精神生产力""劳动过程的简单要素是有目的的活动或劳动本身，劳动对象和劳动资料""人们所达到的生产力的综合决定着社会状况"[①] 等科学论断，将生产力的不断跃升视为人类社会持续向前演进的决定性推动力量，从生产力和生产关系、经济基础和上层建筑的矛盾运动中揭示了人类历史发展的一般规律。"二战"以后，主要社会主义国家的经济发展速度在一段时间内高于主要资本主义国家，而发生于20世纪30年代的"大萧条"让西方国家对资本主义危机深感忧虑，经济增长和生产率提升的原因与机制成为现代经济学的研究焦点。罗伯特·索洛、保罗·罗默等美国经济学家通过观察20世纪以来基础科学知识和应用技术对经济增长的作用，推出新古典增长理论、内生增长理论、新增长理论，将经济长期可持续增长和生产力发展的原因归于技术进步、知识外溢、人力资本投资等因素。

　　与经济史上所有重要的生产力理论一样，新质生产力理论的提出

---

① 卡尔·马克思、弗里德里希·恩格斯：《德意志意识形态（节选本）》，人民出版社，2018。

也具有鲜明的时代语境。当前，中华民族伟大复兴战略全局和世界百年未有之大变局发生历史性交汇，新一轮科技革命和产业变革不断拓展生产力发展边界、重塑生产力发展路径，我国经济已由高速增长阶段转向高质量发展阶段，同时还没有完全从粗放扩张、低效发展的老路转向集约增长、高质量发展的新路，科技创新还没有完全成为驱动经济增长和生产力发展的最主要动力，一些领域关键核心技术受制于人的局面尚未根本改变。新质生产力理论不仅回答了我国在新的时代背景下实现中国式现代化，需要发展什么样的先进生产力、如何培育和发展新质生产力，开辟了马克思主义中国化时代化新境界，还回答了新的科学技术支撑下和世界发展新格局下，构建人类命运共同体需要什么样生产力的时代之问。

（二）坚持唯物主义辩证法的科学性和规律性

辩证唯物主义是中国共产党人的世界观和方法论[1]。新质生产力蕴藏了对立统一规律、量变质变规律、否定之否定规律等马克思主义唯物辩证法的基本规律，新质生产力理论展现了马克思主义哲学的思想光辉。

新质生产力的对立统一规律。新质生产力是与落后生产力相对应的先进的生产力质态，如何处理新质生产力与落后生产力之间的关系是发展新质生产力的重要命题。近年来，我国经济回升向好，高质量发展扎实推进，但也面临有效需求不足、社会预期偏弱等困难，面对更加复杂严峻和不确定的外部环境。立足这样的现实条件，习近平总书记深刻指出，要先立后破，而不能够未立先破；不能把手里吃饭的

---

① 习近平：《辩证唯物主义是中国共产党人的世界观和方法论》，《求是》2019 年第 1 期。

家伙先扔了，结果新的吃饭家伙还没拿到手，这不行①。2023 年 12 月
召开的中央经济工作会议强调要坚持稳中求进、以进促稳、先立后破。
这些重要论述和工作方针，蕴含了新事物与旧事物、进与稳、立与破、
创与守等对立统一辩证关系，阐明了在稳中求进、以进促稳、先立后
破中发展新质生产力的基本逻辑。

新质生产力的量变质变规律。马克思主义唯物辩证法认为，事物
的发展存在量变和质变两种形式，量变的连续积累超过一定界限就会
引发事物性质的根本变化，质变会不断引起新的量变。在国民经济增
长的情境中，经济规模和社会总财富的增长反映量的增长，经济增长
驱动力的升级反映质的提升。2023 年，我国国内生产总值突破 120 万
亿元，稳居世界第二位；制造业增加值占全球比重约 30%，连续 14 年
居世界首位；在世界 500 多种主要工业产品中，钢铁、水泥、汽车等
220 种工业品产量居世界首位。同时，我国已经告别经济高速增长阶
段，正处在转变发展方式、优化经济结构、转换增长动力的攻关期，
依靠劳动力、土地、能源等要素投入的粗放经济增长方式与生产力发
展路径已经不可持续，必须全面转向高质量发展阶段，统筹经济质的
有效提升和量的合理增长，坚持以质取胜，以量变的积累实现质变突
破。新质生产力理论提出"新质生产力已经在实践中形成并展示出对
高质量发展的强劲推动力、支撑力"，明确新质生产力是摆脱传统经济
增长方式、生产力发展路径的先进生产力质态，揭示了我国经济从量
变到质变的动力源，为统筹经济质的有效提升和量的合理增长提供了
重要遵循。

新质生产力的否定之否定规律。否定之否定规律认为，事物发展

---

① 《"不能把手里吃饭的家伙先扔了"（两会现场观察·微镜头·习近平总书记两会"下团
组"）》，《人民日报》2022 年 3 月 6 日。

是新事物不断产生、旧事物不断灭亡的动态前进过程；对旧事物的每一次否定，既克服了过时的、消极的东西，又保留了积极、合理的内容，从而为新事物的产生创造条件。无论在哪个发展阶段，经济系统中都有相对新质的生产力，都存在需要改造的相对落后的生产力。新质生产力的内涵是随着时代发展和科学前沿的突破而不断更新的，每一个阶段的新质生产力都可能成为未来相对落后的生产力，发展新质生产力永无止境。新质生产力的发展不是对落后生产力的全盘否定，而是科学"扬弃"，落后生产力是新质生产力发展的重要物质基础，并能够在一定条件下向新质生产力转换。从生产力的物质载体来看，当前相对落后的生产力主要集中在传统产业领域，新质生产力主要集中在新兴产业、未来产业领域，但"发展新质生产力不是要忽视、放弃传统产业"。门类齐全、体系完整、规模庞大的传统产业是发展新兴产业和未来产业的重要物质基础，通过数字技术、绿色技术改造提升传统产业也能够形成新质生产力。

（三）立足实际、实事求是的生动实践性

马克思和恩格斯对唯心主义哲学作出了彻底的批判，指出唯物史观"不是在每个时代中寻找某种范畴，而是始终站在现实历史的基础上，不是从观念出发来解释实践，而是从物质实践出发来解释各种观念形态"[①]，确立了马克思主义"实事求是"的根本观点。中国共产党在长期革命、建设和改革实践中，形成了"一切从实际出发，理论联系实际""实事求是""在实践中检验真理和发展真理"的思想路线。新质生产力理论是运用马克思主义根本观点、贯彻党的思想路线的理论创新成果，体现出来自实践、高于实践、指导实践的理论特质。

---

① 卡尔·马克思、弗里德里希·恩格斯：《德意志意识形态》，人民出版社，1961。

新质生产力理论是源于高质量发展实践的科学理论体系。党的十八大以来，我国在科技创新、产业发展以及劳动力素质提升、经营主体培育等方面取得重大成就，发展新质生产力已经形成良好基础。研发投入强度从 2012 年的 1.91% 提升到 2023 年的 2.64%[①]，在量子信息、脑科学等基础研究领域取得一批具有国际影响力的原创成果，数字技术、生物技术、绿色技术等科技赋能成为高质量发展的显著标志。数字经济、平台经济发展水平处于国际领先位置，新一代信息技术、生物产业、新能源汽车产业等战略性新兴产业蓬勃发展并形成国际竞争优势。高素质人才和劳动力资源数量庞大，建成世界最大规模的教育体系，各级教育普及程度达到或超过中高收入国家平均水平。截至 2023 年底，我国高等教育毛入学率达到 60.2%，在学总人数达到 4763.19 万人，接受过高等教育的人口达到 2.5 亿人[②]。创新型企业群体快速壮大，2024 年独角兽企业数量达 340 家、位居全球第二[③]。数据等新生产要素高速积累，2022 年数据产量占全球比重超过 10%[④]。超大规模市场优势和产业体系完整优势持续显现，从供需两端有力推动社会生产力的持续演进发展。多方面实践表明，先进的生产力质态正在我国加快涌现，呈现出创新主导、高技术、高效能、高质量等鲜明特征，为新质生产力的概念内涵总结、理论提炼提供了现实参照。

新质生产力理论要用于指导新的发展实践。新质生产力理论既是体系化学理化的创新理论，也是极具指导性、导向性的工作指引。习近平总书记围绕如何发展新质生产力，提出一系列重要战略部署和具体工作要求，如围绕强化创新主导作用，指出必须加强科技创新特

---

① 数据来自国家统计局。

② 《2023 年我国高等教育在学总规模 4763.19 万人》，中国政府网，2024 年 3 月 1 日。

③ 胡润研究院：《2024 全球独角兽榜》，2024。

④ 国家互联网信息办公室：《数字中国发展报告（2022 年）》，2023。

别是原创性、颠覆性科技创新，加快实现高水平科技自立自强，打好关键核心技术攻坚战；围绕产业深度转型升级，强调要及时将科技创新成果应用到具体产业和产业链上，改造提升传统产业，培育壮大新兴产业，布局建设未来产业，完善现代化产业体系；围绕发展绿色生产力，指出加快绿色科技创新和先进绿色技术推广应用，做强绿色制造业，发展绿色服务业，壮大绿色能源产业，发展绿色低碳产业和供应链，构建绿色低碳循环经济体系；围绕优化调整生产关系，强调要深化经济体制、科技体制等改革，着力打通束缚新质生产力发展的堵点卡点，建立高标准市场体系……扩大高水平对外开放；[1]围绕各地区发展新质生产力的具体工作方法，强调各地要坚持从实际出发，先立后破、因地制宜、分类指导；[2]等等。习近平总书记关于新质生产力的重要论述，充分体现了新质生产力理论是回答实践问题、引领实践发展的科学理论。

（四）统筹兼顾、全局谋划的系统集成性

党的二十大报告指出，万事万物是相互联系、相互依存的。只有用普遍联系的、全面系统的、发展变化的观点观察事物，才能把握事物发展规律。新质生产力理论是运用系统思维、系统方法研究生产力发展问题的科学理论。在静态层面，这一理论将新质生产力的内涵阐释为新型劳动者、新型劳动资料、新型劳动对象及其优化组合，将其显性特征阐释为三"高"（高技术、高效能、高质量）、一"新"（符合新发展理念）、一"升"（全要素生产率大幅提升）；在动态层面，将新质生产力出现和发展的动力阐释为一个"主导"（创新起主导作用）、

① 《习近平在中共中央政治局第十一次集体学习时强调 加快发展新质生产力 扎实推进高质量发展》，《人民日报》2024年2月2日。
② 《习近平在参加江苏代表团审议时强调 因地制宜发展新质生产力》，《人民日报》2024年3月6日。

三个"催生"（催生技术革命性突破、催生生产要素创新性配置、催生产业深度转型升级）；在跳出生产力维度的更高层次上，遵循"生产力决定生产关系、生产关系反作用于生产力"的辩证关系，提出"进一步全面深化改革，形成与之相适应的新型生产关系"。无论是新型劳动者、新型劳动资料、新型劳动对象等新质生产力的组成部分，技术创新、生产要素配置、产业深度转型升级等新质生产力的动力来源，还是对释放新质生产力发展活力起到关键作用的生产关系，都有着互为支撑、交互赋能、动态关联的内在联系，并在互相作用的过程中构成了复杂的新质生产力系统。

新质生产力及其理论的系统性，要求发展新质生产力不能"唯科技论"，也不能"唯产业论"，必须统筹科技创新与产业创新，通过科技创新成果产业化形成现实的生产力；既要通过技术创新赋能劳动资料、挖掘新的劳动对象，还要不断提升劳动者的知识技能水平，提升三者的协调性、适配性，做到"人尽其才、器尽其能、物尽其用"；要在发展新质生产力的过程中，同步打通束缚科技创新、产业创新和生产要素创新性配置的体制机制障碍，以更加完备、优化的生产关系为新质生产力的孕育壮大拓展广阔空间。

（五）海纳百川、广汇真知的开放包容性

伟大的理论不是封闭、僵化、保守的理论，而是海纳百川、开放包容、兼容并蓄、博采众长的理论。习近平总书记指出，马克思主义不排斥一切真理，不管它来自何时、来自哪里，只要是真理性认识，都可以作为丰富和发展自己的养分①。新质生产力理论是对马克思主义生产力经典理论的创新发展，继承和开拓了马克思主义关于生产

---

① 习近平：《开辟马克思主义中国化时代化新境界》，《求是》2023 年第 20 期。

力组成要素、生产力与生产关系辩证关系等的内涵和规律。同时，新质生产力理论也吸收了现代经济学领域的经典概念和有益观点，并由此获得更强大的现实解释力和理论生命力。例如，美国经济学家罗伯特·索洛在 20 世纪 50 年代提出了具有规模报酬不变性质、以劳动力和资本为要素投入的生产函数形式，并通过数学手段推导得到全要素生产率，被称为"索洛余值"，即经济增长率中扣除劳动力、资本增加以外由其他因素引起的余量。全要素生产率能够综合反映技术进步、知识扩散、资源配置重组、产业形态和企业管理创新等不同因素对经济增长的影响。新质生产力理论引入全要素生产率的概念，能够更加直观地反映技术革命性突破、生产要素创新性配置和产业深度转型升级对新质生产力的催生作用，衡量新质生产力的发展水平。

四、新质生产力的时代价值

（一）新质生产力为推进中国式现代化、实现中华民族伟大复兴提供磅礴动力

生产力是推动国家繁荣和民族复兴的动力来源。党的二十大报告明确指出，从现在起，中国共产党的中心任务就是团结带领全国各族人民全面建成社会主义现代化强国、实现第二个百年奋斗目标，以中国式现代化全面推进中华民族伟大复兴。没有先进生产力的支撑，没有坚实的物质技术基础，就不可能持续推进中国式现代化，不可能全面建成社会主义现代化强国。

新质生产力为中国式现代化筑牢实体经济根基。实体经济是一国经济的立身之本、财富之源，当今世界强国无不以实体经济为发展根基，无不有强大的科技创新和产业创新能力作为支撑。我国是拥有

十四亿多人口的大国，积累国民经济财富、创造亿万就业、保障国家安全和社会稳定需要实体经济的坚强支撑。只有加快推进技术革命性突破、生产要素创新性配置和产业深度转型升级，在现代化产业体系建设中发展新质生产力，才能为我国在大国竞争中赢得主动奠定坚实的经济基础，推动中国经济"巨轮"劈波斩浪。

新质生产力为实现人民对美好生活的向往提供高质量供给。中国式现代化是物质文明和精神文明相协调的现代化，必须把实现人民对美好生活的向往作为现代化建设的出发点和落脚点。改革开放以来，我国通过不断解放和发展社会生产力，丰富产品供给，告别"短缺经济"，解决了供给总量不足的问题，满足了人民群众的物质需要。随着收入水平增长和消费结构升级，人民群众对中高端物质类消费和精神类、文化类服务消费的需求加快增长。只有加快发展更高水平、更加先进的物质生产力、精神生产力，才能不断创造高质量的产品供给、服务供给，让人民群众过上物质富足、精神富有的美好生活。

新质生产力为构建人与自然生命共同体提供解决方案。中国式现代化是人与自然和谐共生的现代化，人与自然是生命共同体。生产力体现了人与自然的关系。传统生产力将人与自然对立起来，把自然视作人类发展生产力的"天赐"财富，无止境地向自然索取甚至破坏自然，必然会遭到大自然的报复。只有牢固树立和践行绿水青山就是金山银山的理念，坚定不移走生态优先、绿色发展之路，加快发展方式绿色转型，倡导绿色健康生活方式，大力发展绿色生产力，才能构建人与自然生命共同体，实现中华民族永续发展。

（二）新质生产力为彰显 21 世纪马克思主义真理本色、推动中国特色社会主义制度行稳致远提供根本保障

生产力决定生产关系，是社会变革、制度变迁、政体更迭、政治革命的终极原因。一个主义、一种制度是否有强大、旺盛的生命力，很大程度上取决于这种主义和制度能否实现生产力水平的长久发展。邓小平同志深刻指出，搞社会主义，一定要使生产力发达，贫穷不是社会主义。我们坚持社会主义，要建设对资本主义具有优越性的社会主义，首先必须摆脱贫穷①。社会主义根本任务是解放和发展生产力，发展是中国共产党执政兴国的第一要务。如果生产力发展水平得不到提升，人民生活不能够持续改善，社会主义制度优越性就不能够充分体现，中国共产党执政的根基就得不到巩固。几十年来，特别是改革开放以来，中国共产党坚持把马克思主义写在自己的旗帜上，充分发挥中国特色社会主义制度优越性，不断推进马克思主义中国化时代化，领导人民创造出经济快速发展的"中国奇迹"，彻底摆脱了生产力相对落后、人民生活温饱不足的状况，建成国民经济规模超过百万亿元、人均国内生产总值超过一万美元的社会主义国家，历史性地解决了绝对贫困问题，全面建成小康社会，推动国家迈上更高质量、更有效率、更加公平、更可持续、更为安全的发展之路。历史实践证明，中国共产党为什么能，中国特色社会主义为什么好，归根到底是因为马克思主义行。

当前，中华民族伟大复兴战略全局和世界百年未有之大变局"两个大局"同步交织、相互激荡，只有不断发展新质生产力，创造更加丰富的物质财富、精神财富，实现更高质量、更有效率的经济社会发展，加快建成国家繁荣昌盛、人民幸福安康的社会主义现代化强国，让中华民族以昂扬之姿屹立于世界民族之林，才能充分彰显 21 世纪马克思主义真理本色和中国特色社会主义制度的优越性，推动世界范围

---

①　邓小平：《邓小平文选》，人民出版社，1994。

028 | 因地制宜发展新质生产力： 理论篇

内社会主义和资本主义两种意识形态、两种社会制度的历史演进及其较量持续向有利于社会主义的方向转变。

（三）新质生产力为开创世界现代化美好图景、构建人类命运共同体提供重要支撑

生产力的发展是人类文明变迁进步的根本动力①。18 世纪 60 年代到 20 世纪初，西方国家在第一次、第二次工业革命引领下，率先开启现代化进程，加快推动社会分工、科技创新和对外贸易投资，实现了人类生产力的巨大发展，但这一过程中充斥着战争、殖民、掠夺、扩张、制裁、胁迫，给广大发展中国家和民族带来深重苦难。"二战"以后，以原子能、计算机、空间技术等发明和应用为标志的第三次工业革命兴起，人类生产力从线性发展转向指数级跃升。然而，美苏两极对抗导致世界各国经济、贸易、技术长期割裂，全球安全受到巨大的核威胁，许多第三世界国家被迫在两个超级大国中作出选择，不仅没有充分享受人类科技进步和生产力发展的红利，反而面临经济、社会甚至政权、政体的波折动荡。

20 世纪 90 年代以来，新一轮科技革命和产业变革方兴未艾，人工智能、绿色低碳、生命科学、新能源、新材料技术等通用性技术群不断积累、迭代、扩散和产业化应用，颠覆性前沿技术持续涌现，数据等新要素进入生产函数，要素资源配置组合不断优化，产业、企业的生产方式和组织形态加快重塑，产业链供应链运行效率显著提升，人类生产力迎来了前所未有的大飞跃。同时，全球政治经济格局持续演变，治理体系发生深刻变革，围绕科技、资源、经济、国家安全等领域的国际竞争日趋白热化，一些国家推行霸权主义、强权政治和意识

---

① 刘同舫：《人类文明新形态的内在依据：生产方式的创新性发展》，《北京大学学报（哲学社会科学版）》2023 年第 1 期。

形态对抗，零和博弈、技术民族主义、贸易保护主义抬头，地缘冲突不断加剧，科技进步、生产力发展和现代化进程受到人为干扰阻碍。少数发达国家在几百年工业化进程中，采取高能耗、高污染、高碳排放的发展模式，"侵占"了发展中国家和欠发达国家的可持续发展空间，导致全球性的气候变化、资源短缺、环境污染等问题，人类生产力发展乃至人类文明的长久存续面临重大挑战。

习近平总书记科学把握中国和世界发展大势，深刻思考人类前途命运，洞察人类文明历史进程背后的发展规律，提出建设一个开放包容、互联互通、共同发展的世界，共同推动构建人类命运共同体[①]；立足马克思主义基本原理、生产力发展规律和中国高质量发展实践，提出新质生产力重大理论。作为先进生产力发展的新质态，新质生产力蕴含了创新主导、高效质优、绿色低碳、开放合作、共建共享等丰富理念和实践取向，符合经济全球化潮流和人类文明进步的内在要求，不仅为世界各国特别是广大发展中国家提供了发展先进生产力、走向现代化的新模式新路径，更将引领人类生产力发展进入新范式新境界新层次，成为推动世界现代化、构建人类命运共同体、创造人类文明新形态的重要力量。

---

① 《建设开放包容、互联互通、共同发展的世界》，《人民日报》2023 年 10 月 19 日。

第二章

夯实新动能：
培育科技创新引擎

科技创新是推动新质生产力形成的核心要素，在构建现代化产业体系中发挥引领作用。在新发展阶段，科技创新对经济社会发展的支撑作用更加凸显，必须把科技创新摆在国家发展全局的核心位置，以科技创新引领和驱动新质生产力发展。

一、科技创新是发展新质生产力的核心要素

新质生产力是由技术革命性突破、生产要素创新性配置、产业深度转型升级而催生的先进生产力。它以创新为主导，通过劳动者、劳动资料、劳动对象及其优化组合的跃升，实现全要素生产率的大幅提升，进而摆脱传统经济增长方式和生产力发展路径，形成现代化产业体系发展的新动力，并呈现出高科技、高效能、高质量的特征。在此过程中，科技创新发挥着主导作用。科技创新不仅推动传统生产要素更新升级为新型生产要素，提供新质生产力的底层支撑，而且能够优化新型生产要素组合模式，大幅提高全要素生产率水平[1]。在产业承载层面，科技创新能够促进形成新产业、新模式、新动能，构建起符合新时代发展需要的现代化产业体系。科技创新推动形成新质生产力的具体机制路径如图 2-1 所示。

---

[1] 蒋永穆、乔张媛：《新质生产力：逻辑、内涵及路径》，《社会科学研究》2024 年第 1 期。

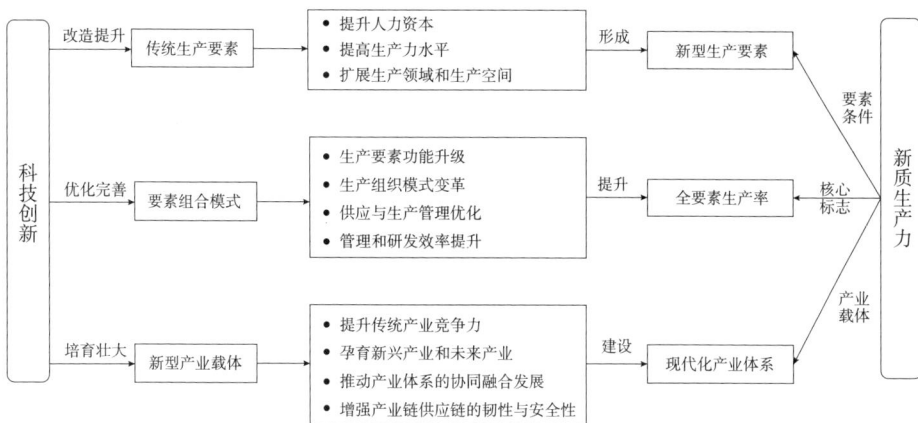

图 2-1　科技创新推动形成新质生产力的机制路径

资料来源：作者自绘。

（一）科技创新改造提升传统生产要素，形成构建新质生产力的新型生产要素

随着新一轮技术革命的快速突破，科技创新推动生产力不断跃迁，新型劳动者、新型劳动资料、新型劳动对象不断涌现。第一，科技创新塑造新型劳动者，提升人力资本水平[①]。新型劳动者是推动科技创新的重要支撑，也是适应科技创新趋势的必然要求。一方面，人才是激发科技创新的源泉，尤其是颠覆性创新和突破性创新需要大批战略科学家、科技领军人才和高技能人才。另一方面，科技创新引领了技术和知识的快速更新，客观上要求通过教育不断提高劳动者素质和技能，形成高素质的新型劳动者队伍，适应数字化、智能化的劳动场景，能够持续创造和熟练掌握新型劳动工具，持续拓展和应用新型劳动对象。第二，科技创新催生新型劳动资料，推动生产力水平快速提升[②]。劳动资料是社会生产力发展的重要"指示器"，是新质生产力形

[①]　宋建：《技术创新对劳动就业的影响——基于文献综述的视角》，《南大商学评论》2021年第2期。

[②]　徐政、郑霖豪、程梦瑶：《新质生产力赋能高质量发展的内在逻辑与实践构想》，《当代经济研究》2023年第11期。

成的重要体现。随着数字化等技术的突破性变革，物联网、大数据、云计算、智能化设备、工业机器人、VR 和 AR 设备等新型劳动资料持续出现，使生产过程更加自动化、智能化，极大地提高了劳动生产率。第三，科技创新孕育新型劳动对象，拓展新型生产领域和生产空间[①]。大数据、人工智能技术等的发展使得海量数据资源的开发利用成为可能，以数据为代表的新型劳动对象重要性不断提升，正逐渐成为驱动经济发展的强大动能。此外，生物技术、深海深空、新能源等现代技术的突破发展，推动新材料、新能源等成为新型劳动对象，突破传统地理空间范畴，促进生产力向太空、海洋等更广泛空间延伸。

（二）科技创新大幅提高要素组合效率，形成优化新质生产力的新型组合结构

科技创新通过促进生产要素的优化配置，形成新的要素组合结构，释放各类生产要素潜能，大幅提升全要素生产率。第一，科技创新提升生产要素功能[②]。科技创新能够强化和提升资本、数据等生产要素的功能，从而优化要素的组合配置。例如，智能化和自动化技术减少对低效劳动的依赖，使得新型劳动者专注于更具优势和创造性的工作，提升各类要素效率。第二，科技创新推动生产组织模式变革[③]。通过互联网、大数据技术搭建生产协作平台，实现柔性生产和虚拟企业等新型生产组织模式，提升分工协作效率和生产的灵活性，快速适应满足市场多样化需求，提高生产要素时空配置效率。第三，科技创新推动

---

① 丁明磊、陈宝明、周密：《以科技创新开启就业"新空间"的思路与对策》，《中国科技论坛》2016 年第 6 期。

② 万劲波、王雪：《科技创新是发展新质生产力的核心要素》，光明网，2024 年 4 月 4 日。

③ 陈娟、吴俊、林梓淇：《新技术革命孕育新型生产关系》，《产业创新研究》2022 年第 8 期。

供应与生产管理优化[①]。利用大数据、人工智能等数字技术，企业可以实现供应链的智能化管理，提高原材料和零部件的采购效率；通过智能制造和智能控制，发挥生产过程的协同效应，进而提高生产效率。第四，科技创新推动管理和研发效率提升。科技创新推动管理模式改进，降低企业内部管理成本，提高战略决策时效和准确性，从而提高管理效率；推动研发协同平台建设，促进知识有效扩散和共享，利用模拟仿真等技术降低试验成本，通过精益研发管理提高研发效率。

（三）科技创新推动现代化产业体系建设，形成支撑新质生产力的新型产业载体

科技创新促进传统产业转型升级，催生新产业、新模式、新动能，推动形成以科技创新为引领的现代化产业体系，为新质生产力提供新型产业载体。第一，科技创新提升传统产业竞争力[②]。科技创新通过推动传统产业数字化和智能化转型，提升传统产业附加值，持续激发传统产业活力。第二，科技创新孕育新兴产业和未来产业[③]。科技创新推动颠覆性技术和突破性技术不断取得突破，促进新一代信息技术、新能源、新材料、人工智能、生物技术等新兴产业快速发展，成为经济增长新引擎；推动量子信息、类脑智能等前沿技术创新突破，驱动未来产业发展。第三，科技创新推动产业体系协同融合发展[④]。现代服务业和先进制造业均是以信息技术为基础动力的产业，通过将互联网、物联网、人工智能等新兴数字技术嵌入制造过程，依靠科技创新促进两者深度融合发展，带来生产方式变革和效率提升。第四，科技创新

---

① 宋跃刚、王紫琪：《新质生产力与制造业产业链供应链韧性：理论分析与实证检验》，《河南师范大学学报（自然科学版）》2024 年第 5 期。

② 任鹏：《巩固提升传统产业竞争优势》，《经济日报》2024 年 3 月 28 日。

③ 王光栋、郑志敏：《科技创新、产业升级与就业》，《工业技术经济》2014 年第 3 期。

④ 赵恒杰：《推动创新链产业链深度融合》，《经济日报》2024 年 5 月 15 日。

增强产业链供应链韧性和安全性水平[①]。我国产业体系门类齐全，然而部分领域关键技术设备、关键基础材料、核心零部件等受制于人，集中力量打好关键核心技术攻坚战，补齐产业发展短板，从而使得产业体系自主可控、安全可靠，为新质生产力的发展提供稳定支撑。

二、我国具备发展新质生产力的科技创新基础条件

党的十八大以来，我国科技创新能力显著增强，实现了从跟跑逐步向并跑、领跑的转变，在全球创新指数排名中由 2012 年的第 34 位上升至 2023 年的第 12 位，位居 33 个中高收入经济体之首[②③]。这一成就的背后，是持续增长的研发投入和不断优化的研发结构，以及科技成果转化投入的大幅增加和技术市场的明显活跃。科技创新要素的加速集聚和创新政策体系的日臻完善，也为我国科技创新的繁荣发展提供了有力支撑。这些创新发展成绩为我国培育壮大新质生产力奠定了坚实基础。

（一）科技研发支出稳定增长，研发投入结构不断优化

从国家自然科学基金资助体系看，已形成覆盖广泛、功能多样的资助体系，为科技创新注入了强劲动力，为高质量发展提供了坚实的支撑。在资助项目和金额上，国家自然科学基金持续加大资助力度。如图 2-2 所示，据国家统计局和国家自然科学基金委员会数据，2016—2023 年，国家自然科学基金直接资助金额从 268.03 亿元上升到318.79 亿元，增幅达到 18.94%；资助项目数从 37409 项上升到 52500

---

① 石建勋、卢丹宁：《着力提升产业链供应链韧性和安全水平研究》，《财经问题研究》2023年第 2 期。

② 世界知识产权组织：《2023 年全球创新指数》报告。

③ 何立峰：《健全因地制宜发展新质生产力体制机制》，《人民日报》2024 年 7 月 30 日。

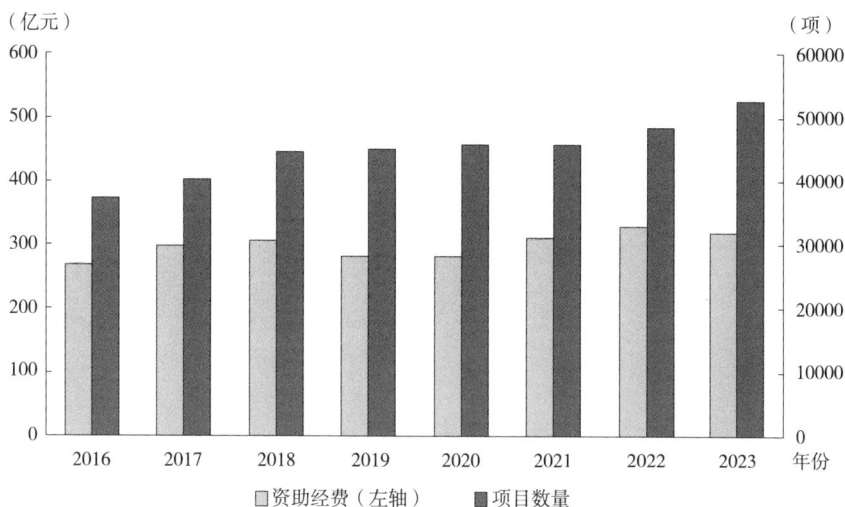

图 2-2 国家自然科学基金资助经费和项目变化趋势

资料来源：国家统计局，国家自然科学基金委员会。

项，增幅高达 40.34%。在人才培养上，国家自然科学基金持续加大针对青年人才的资助力度，2023 年与 2016 年相比，青年科学基金项目、优秀青年科学基金项目、国家杰出青年科学基金项目资助规模分别增加 6767 项、230 项和 217 项，对应的增幅为 42.0%、57.5% 和 109.6%。自然科学基金资助体系的优化调整促进了青年科研人才的成长，为加快建设世界重要人才中心和创新高地夯实了人才队伍基础。

从研究与试验发展（R&D）经费支出总量来看，我国经费投入仅次于美国，位居全球第二。根据经济合作与发展组织（OECD）的最新数据，2021 年，按购买力平价计算后，我国在 R&D 上的经费投入总量达到了 6200 亿美元，相当于美国经费投入的 83%，日本的 3.5 倍，德国的 4.7 倍，欧盟 27 国研发经费总和的 1.6 倍。

从研发投入强度来看，我国已展现出与欧美等发达经济体相媲美的实力，甚至超过了欧盟的平均水平。如图 2-3 所示，根据世界银行统计数据，2022 年，我国研发投入强度达到 2.54%，全球排名

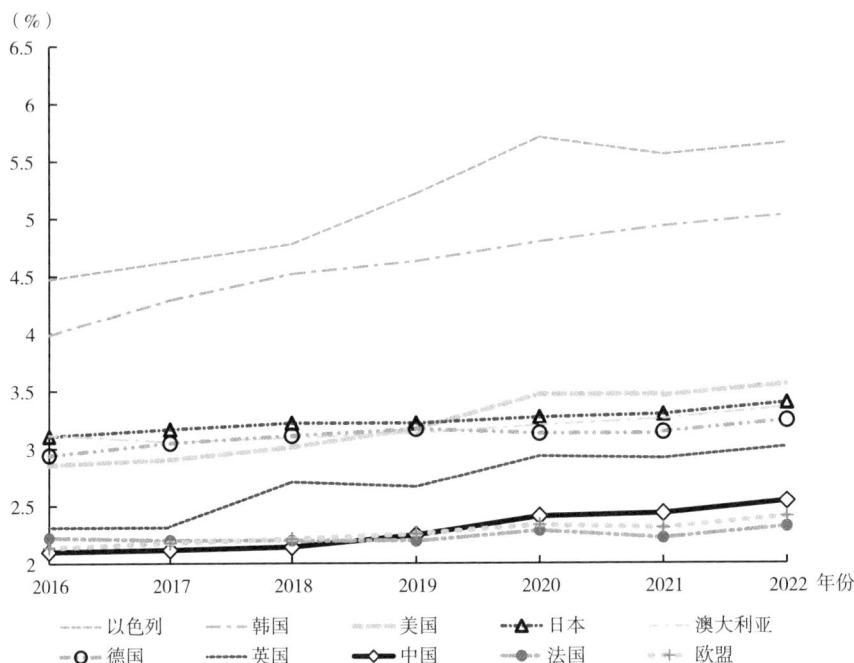

图 2-3　中国与世界主要发达经济体研发投入强度

资料来源：世界银行。

第 14 位，是中等收入国家中唯一进入前 20 名的国家，并已超过法国（2.22%）和欧盟平均水平（2.31%）。从 2016—2022 年增长趋势来看，我国研发投入强度年均增幅约 2.35%，高于韩国（2.34%）、日本（0.67%）、澳大利亚（1.06%）和德国（0.51%）。

从基础研究支出占比来看，我国基础研究经费占 R&D 经费比重显著提升。如图 2-4 所示，根据国家统计局数据，2023 年我国基础研究经费为 2212.98 亿元，占 R&D 经费比重为 6.65%，较 2022 年上升 0.8 个百分点，较 2016 年提高 1.4 个百分点。2016—2023 年，我国基础研究经费以年均 13.16% 的速度增长，比同期 R&D 经费年均增速高 3.3 个百分点，8 年间基础研究经费增长了 1.69 倍。

从企业研发支出占全社会总研发支出比重看，如图 2-5 所示，近

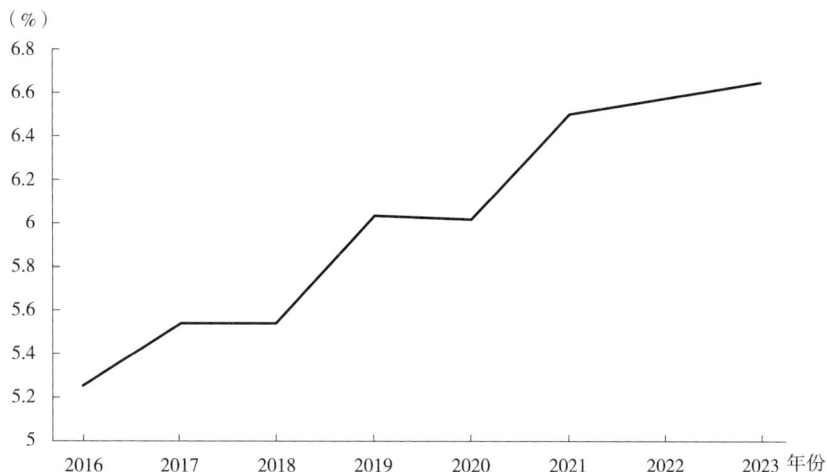

图 2-4 我国基础研究经费支出占 R&D 经费支出比重变动趋势

资料来源：国家统计局。

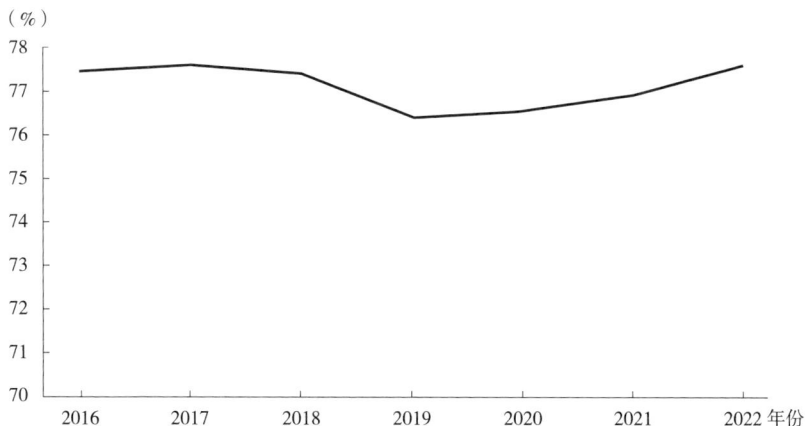

图 2-5 我国企业研发支出占全社会总研发支出比重变动趋势

资料来源：国家统计局。

年来我国企业研发支出占比持续保持在高位，企业创新主体地位日益稳固。2016—2022 年，我国企业研发支出占全社会总研发支出比重稳定在 76%~78%，与日本（78.6%）、韩国（79.1%）、美国（77.6%）相近，说明我国企业已将技术进步视为竞争优势的重要来源，企业创新能力和创新实力都在不断增强。

（二）论文和专利产出保持高位，产出质量进一步提升

从科技论文数量、高被引论文数量等指标看，我国各学科国际影响力持续上升。中国科学技术信息研究所发布的《2023 中国科技论文统计报告》显示，2022 年，在 178 个学科中最具影响力的期刊上，全球共发表 54002 篇论文，而我国学者在这些顶尖期刊上贡献了 16349 篇论文，占比达到 30.3%，首次超越美国，位居全球榜首。以第一作者和第一单位为标准，我国学者的论文被引用次数高达 64.96 万次，同样位居世界第一。

从发明专利来看，我国自主创新能力显著提高。2016—2023 年，国内发明专利申请数量从 133.8 万件增至 174 万件，增幅达到 30%。同时，专利授权数量更是由 40.4 万件增长到 92.1 万件。有效专利数量也实现大幅增长，从 177.2 万件跃升至 499 万件，增幅高达 1.8 倍。在国际专利申请上，我国已成为全球 PCT 国际专利申请的最大来源国。2023 年，我国提交的 PCT 专利超过 7 万件，连续多年稳居世界第一。

（三）科技成果高效转化，助推实体经济高质量发展

从技术成果转化情况来看，科技创新对产业转型升级支撑力度不断增强。2016—2023 年，我国技术市场的活跃度和技术合同的成交规模都呈现出了显著的增长趋势（见图 2-6）。具体来看，技术合同成交量从 2016 年的 32 万件逐年增长至 2023 年的 95 万件，增长了近 2 倍。这表明我国技术市场的交易活动日趋活跃，科技成果的转移和转化得到了有效推动。同时，技术合同成交金额也从 2016 年的 11407 亿元大幅增长至 2023 年的 61476 亿元，增长了约 4.4 倍。这一增长趋势反映了市场对科技成果的需求持续增加，以及科技成果转化带来的经济价值不断提升。

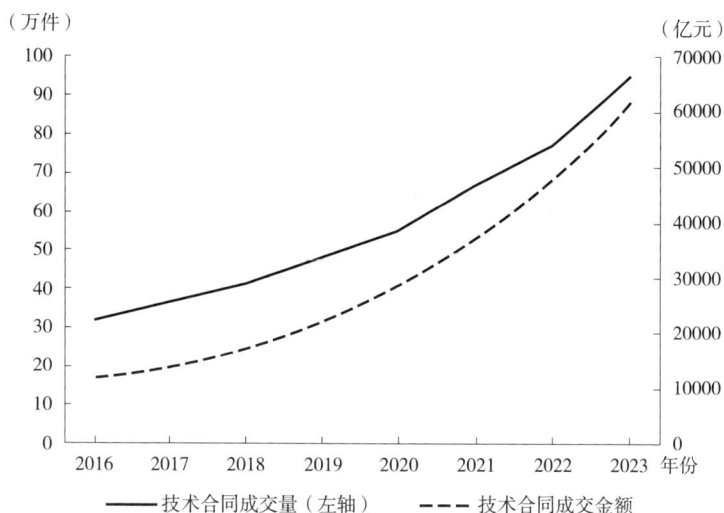

图2-6　我国技术合同成交情况

资料来源：国家统计局。

国家科技成果转化引导基金（简称引导基金），作为推动科技成果转化的核心驱动力，近年来呈现显著增长态势。如图2-7所示，根据统计数据，引导基金的资金总规模从2016年的178.6亿元扩大至2023年的624亿元，增长了约2.5倍。引导基金快速增长为科技成果转化提

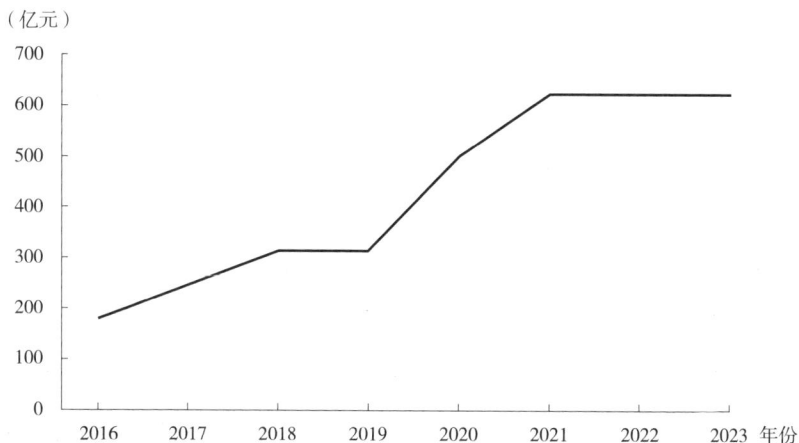

图2-7　国家科技成果转化引导基金资金总规模增长情况

资料来源：国家统计局。

供了充足的资金支持，降低了企业和研究机构在转化过程中的资金风险，增强了社会资本投入科技创新的信心，有效支撑科技创新成果转化，为推动智能化、绿色化、高端化、新型工业化发展奠定坚实基础。

（四）科技创新要素加快汇聚，形成量质齐升良好局面

从人才资源来看，我国不仅人才数量持续增长，而且人才结构也在不断优化，高层次科研人才的比例不断提升。从 2016 年至 2021 年，具有不同学历背景的研发人员数量均呈现出稳定增长趋势（见表 2-1）。具体而言，大学本科学历的研发人员从 260.82 万人增长到 338.00 万人，增幅约 29.6%；硕士研究生学历的研发人员从 84.59 万人增长到 125.65 万人，增幅约 48.5%；博士研究生学历的研发人员从 37.88 万人增长到 73.28 万人，增幅约 93.5%。

表 2-1　科研人才梯队建设情况　　　　　　单位：万人

年份	研发人员（大学本科学历）	研发人员（硕士研究生学历）	研发人员（博士研究生学历）
2016	260.82	84.59	37.88
2017	271.22	91.99	41.69
2018	275.55	97.59	45.20
2019	289.16	103.81	60.72
2020	305.41	111.10	63.64
2021	338.00	125.65	73.28

资料来源：国家统计局。

从创新平台和重大科技基础设施的发展来看，我国创新支撑体系日益完善（见表 2-2）。在科技创新孵化方面，自 2016 年至 2023 年，国家级科技企业孵化器数量激增 87%，国家级众创空间数量增长 78%，为初创企业提供了强大的资源支持，推动了科技与经济的深度融合。在企业技术研发方面，国家企业技术中心的数量从 2016 年的 1276 个

增加至 2023 年的 1798 个，增幅达 41%。国家企业技术中心的强化建
设在企业技术创新、产品研发和成果转化等方面发挥着重要作用，有
效引导带动产业技术进步和创新能力提升。在重大科技基础设施建设
方面，我国已建成"中国天眼"、中国散裂中子源、东方超环、上海光
源等设施，成为引领科技创新的重要支撑。

表 2-2　创新平台载体建设情况　　　　　　　　　　单位：个

年份	国家级科技企业孵化器	国家级众创空间	国家企业技术中心
2016	859	1337	1276
2017	976	1976	1369
2018	967	1889	1480
2019	1155	1819	1540
2020	1285	2202	1636
2021	1412	2071	1636
2022	1425	2441	1601
2023	1606	2376	1798

资料来源：国家统计局。

从创新型企业发展来看，我国创新主体日益壮大（见表 2-3）。统
计数据显示，2016 年到 2022 年，我国实现创新的规模以上制造业企
业从 16.09 万家增长至 26.14 万家，占规模以上制造业企业比重从
45.30% 提高至 59.40%，显示出我国越来越多的企业开始重视科技创
新，在科技创新上投入的资源要素不断增多，带动我国制造业科技创
新水平实现整体跃升。与此同时，全国高新技术企业的快速发展更是
为我国的高技术产业注入了新的活力。2022 年，全国高新技术企业
入统企业 40 万家，比 2016 年翻了两番，成为推动高技术产业发展的
重要力量。

表 2-3　创新型企业数量及占比情况

年份	实现创新的规模以上制造业企业（万家）	实现创新的制造业企业占规模以上企业的比重（%）	高新技术企业入统企业（万家）
2016	16.09	45.30	10.00
2017	16.55	47.20	13.06
2018	17.44	49.50	17.23
2019	19.46	55.00	21.85
2020	21.62	57.90	26.99
2021	24.34	58.90	32.41
2022	26.14	59.40	40.00

资料来源：国家统计局。

（五）创新政策体系日趋完善，科技创新环境持续优化

近年来，从中央到地方，各级政府发布了一系列政策文件，都在打造有利于科技创新的政策环境，激发创新活力和潜能（见表 2-4）。这些政策文件涵盖了从激励企业创新、支持基础研究、促进科技成果转化到弘扬科学家精神等多个方面，形成了一个全方位、多层次、宽领域的科技创新支持体系。例如，在强化企业创新主体方面，《关于强化企业科技创新主体地位的意见》明确提出了推动形成企业为主体、产学研高效协同深度融合的创新体系。在支持区域科技创新均衡发展方面，《关于进一步支持西部科学城加快建设的意见》作出了明确规划，通过支持西部科学城的建设，不仅促进了西部地区的科技创新，也有助于形成全国范围内的创新网络。在提升企业技术创新能力方面，《企业技术创新能力提升行动方案（2022—2023年）》通过推动惠企政策落地、建立企业参与国家科技创新决策的机制等措施，为企业提供了更多的创新资源和政策支持，有助于激发企业的创新活力，推动科技成果的产出和转化。在加强基础研究和应用转化方面，《国务院关于

全面加强基础科学研究的若干意见》《关于深化科技奖励制度改革的方案》和《国家技术转移体系建设方案》通过顶层设计和制度创新，为原创研究和成果应用提供了坚实的基础和良好的转化机制。通过创新政策体系的不断完善，我国科技创新环境得到了显著优化，创新主体活力得到激发，创新要素流动更加自由，创新成果转化更加高效，为建设创新型国家、形成新质生产力奠定了坚实的基础。

表 2-4 "十三五"以来我国科技创新领域重大文件规划

政策文件名称	优化科技创新环境重大举措	发文机构	发文时间
《关于强化企业科技创新主体地位的意见》	推动形成企业为主体、产学研高效协同深度融合的创新体系，强化企业科技创新主体地位	中央全面深化改革委员会	2023 年
《关于进一步支持西部科学城加快建设的意见》	支持西部科学城加快建设，推动西部地区在基础学科领域实现原创引领，加快发展战略性新兴产业集群	科技部、国家发展改革委、教育部等 14 部门	2023 年
《企业技术创新能力提升行动方案（2022—2023 年）》	通过推动惠企政策落地、建立企业参与国家科技创新决策的机制、优化创新服务与环境，以及强化企业科技创新主体地位等举措，综合提升企业的技术创新能力	科技部、财政部	2022 年
《"十四五"国家科学技术普及发展规划》	提出加强基础研究、加快关键核心技术攻关等措施，营造良好的科技创新环境，推动经济社会高质量发展	科技部、中宣部、中国科协	2022 年
《新时期促进集成电路产业和软件产业高质量发展的若干政策》	通过财税优惠、投融资支持等手段，促进集成电路产业和软件产业高质量发展，为相关领域的科技创新提供有力支持	国务院	2020 年
《关于进一步弘扬科学家精神加强作风和学风建设的意见》	倡导科学家精神，要求全社会共同营造尊重科学、尊重人才的良好氛围，为科技工作者潜心科研、拼搏创新提供良好环境	中共中央办公厅、国务院办公厅	2019 年
《国务院关于全面加强基础科学研究的若干意见》	加强基础研究顶层设计和统筹协调，加大投入力度，营造有利于基础研究发展的创新环境和氛围	国务院	2018 年

续表

政策文件名称	优化科技创新环境重大举措	发文机构	发文时间
《关于深化科技奖励制度改革的方案》	改革完善科技奖励制度，引导和激励科技创新，增强科技工作者的荣誉感和使命感，激发创新创造活力	国务院办公厅	2017 年
《国家技术转移体系建设方案》	建设和完善国家技术转移体系，促进科技成果转化和产业化，构建符合科技创新规律和市场经济规律的科技成果转移转化体系	国务院	2017 年
《国家创新驱动发展战略纲要》	破除制约创新的思想障碍和制度藩篱，激发全社会创新活力和创造潜能，营造大众创业、万众创新的政策环境和制度环境	中共中央、国务院	2016 年
《"十三五"国家科技创新规划》	深化科技体制改革，营造良好创新环境，包括促进科技和金融结合、深化科研院所分类改革、全面推进科技服务业发展等	国务院	2016 年

资料来源：作者自制。

三、科技创新推动形成新质生产力存在瓶颈制约

尽管近年来我国科技创新取得了显著成效，但仍然面临着一系列挑战，如基础研究和应用研究投入不足、中美科技博弈加大外部技术获取难度、科技产业金融循环不畅以及科研开放合作力度有待加强等。这些问题制约了我国科技创新的进一步发展，也限制了科技创新对新质生产力的有效支撑。

（一）基础研究投入不足，原始创新能力较弱

虽然我国每年的研发投入规模已经位居全球第二，但是投入结构不合理，基础研究和应用研究投入比例偏低，原始创新能力还相对薄弱。据 OECD 在 2024 年发布的《经济合作与发展组织科技创新主

要指标》（*OECD Main Science and Technology Indicators*）报告，2021年我国基础研究投入科研经费占 GDP 比重为 0.16%，明显低于美国（0.51%）、法国（0.51%）、日本（0.42%）、韩国（0.18%）等主要发达国家。表现在企业层面，我国企业对基础研究的投入更为不足。OECD 报告显示，2021 年我国企业投入基础研究的经费仅占全部基础研究投入的 11.7%，占总研发经费的比重更是微乎其微，约为 0.4%。相较之下，美国企业在基础研究中的投入占比高达 35%，占总研发经费的比重约为 6%。基础研究供给不足严重制约我国原始创新能力和颠覆性技术产出。

（二）中美科技博弈加大外部技术获取难度

我国科技创新发展当前面临一定的国际压力和挑战。美国作为科技强国，近年来通过一系列政策和法案，对我国进行技术打压和封锁，试图遏制我国科技创新势头。一是通过限制科学仪器及其相关零部件出口中国，形成科学研究技术壁垒。我国近 90% 的高端科学仪器依赖进口，而美国将大量科研设备列入出口限制清单，严重影响我国科研和产品研发。二是从专利互持的角度，中国对美技术存在较高依赖，处于技术净进口的被动地位，存在被遏制打压风险。世界知识产权组织（WIPO）数据显示，1994—2021 年，中国持有的美国发明专利累计为 14.1 万件，美国持有的中国发明专利累计为 30.5 万件，相差 1.16倍。中美科技"脱钩"可能会延缓先进技术扩散进程，在短期内阻碍我国创新能力提高。三是通过各种"清单"打压科技龙头企业，主要包括将相关中国企业列入实体清单、商业管制清单、军事用户清单以及非 SDN① 中国军事公司清单等。一旦企业被列入上述清单，就必须获

---

① SDN，即软件定义网络，是一种新兴的网络架构。

得美国政府的许可才能从美国供应商那里购买商品和技术。其中美国商务部工业与安全局（BIS）发布的涉华"实体清单"涉及面最广，对我国科技龙头企业影响最大。

（三）科技产业金融尚未形成良性循环

我国科技创新仍面临"科技—产业—金融"循环不畅的堵点问题。一是科技成果与产业需求有所脱节。近年来，我国对科研的投入力度空前加大，国家统计局数据显示，2022年我国研发经费投入突破3万亿元，同比增长了10.1%，已持续多年位列全球第二。然而，尽管投入如此巨大，但在某些关键核心技术领域仍未能实现重大突破。特别是在高端芯片、航空发动机等战略性新兴产业上，依然高度依赖进口，这种依赖不仅凸显了我国在核心技术自主性方面的短板，更对国家的科技产业安全构成了潜在威胁。二是科技成果转化效率亟待提升。我国专利授权量已连续多年位居世界首位，国家统计局数据显示，2022年我国授权发明专利79.8万件，然而，我国科技成果的转化率并不高。据《财经》杂志披露，我国的科技成果转化率大约只有30%，远低于发达国家60%~70%的平均水平。这意味着大量的科研成果仍停留在纸面上，未能有效转化为推动社会进步的动力。三是金融体系难以有效支撑科创企业发展。一方面是科创企业，尤其是初创企业，仍然普遍面临融资难、融资贵的问题。这些企业往往因缺乏充分的抵押资产或信用记录，而难以获得传统金融机构的青睐。另一方面是各级政府设立的新兴产业创业投资引导基金规模有所下降，未能充分满足创新型企业的融资需求，叠加资本市场对科技创新企业上市支撑不足，科技独角兽企业数量增速大幅下降。从近几年胡润发布的全球独角兽榜看，我国和美国上榜独角兽企业数量分别从2019年的206家和203家，增长到2023年的340家和703家，差距不断拉大。

（四）开放创新合作力度亟须加强

深化科技开放合作，融入全球创新网络，是加速科技进步、促进知识共享和推动创新成果转化的重要途径。但当前我国科技创新的开放程度仍存在明显不足。其中，最直观的表现首先是企业创新研发资金来源单一，缺乏国际资金参与创新合作。根据 OECD 数据，2019 年我国企业研发投入的资金来源主要是政府和企业，两者占到了投入总金额的 99.9%，来自国外和高校等非营利机构资金占比微乎其微，分别仅为 0.07% 和 0.03%。相较之下，美国、日本、韩国、英国、法国等主要经济体在科研经费来源上更为多元化，尤其是国外资金的占比明显高于我国，其中英国来自国外经费占比高达 13.45%，美国来自国外经费占比达到 9.24%（见图 2-8）。这表明我国企业在科研开放合作方面还有很大的提升空间。其次，与发达国家相比，我国国际科研合作存在明显短板。《2023 中国国际科研合作现状报告》显示，尽管我国的国际科研合作中心度在全球排名由 2017 年的第七位上升到 2022 年

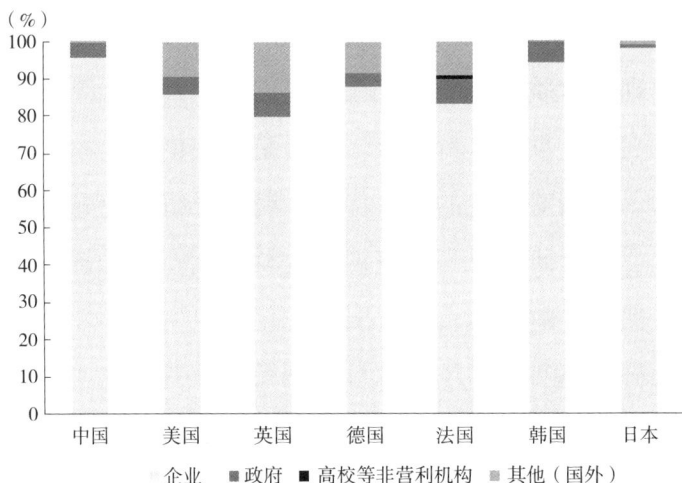

图 2-8　2019 年主要经济体企业研发经费来源

资料来源：OECD。

的第四位，但与国际科研合作最为紧密的美国相比，合作中心度仍不到美国的一半，这表明我国在创新领域话语权相对较弱，顶尖科学家和团队的国际化程度不高。

四、增强科技创新动能的路径任务

（一）筑牢科技创新根基，增强自主创新能力

一是大幅提升基础研究投入，夯实创新根基。基础研究是科技创新的源头，是解决重大科技问题的关键。要加大对基础研究的支持力度，提高基础研究组织化程度，完善竞争性支持和稳定支持相结合的投入机制[①]，强化国家实验室、国家重点实验室、国家研究中心等创新平台建设，探索建立长效机制，营造有利于基础研究发展的良好生态环境。二是强化人才队伍建设，集聚科技英才。科技创新靠人才，人才培养靠教育，教育、科技、人才内在一致、相互支撑。要增强系统观念，深化教育科技人才体制机制一体改革，完善科教协同育人机制，实施人才强国战略，加快培养造就高素质科技人才，建设一支规模宏大、结构合理、素质优良的科技人才队伍。三是强化企业科技创新主体地位，加大企业创新支持力度。企业是科技创新的主体。要激发企业创新活力，加大对企业的税收优惠、财政支持、金融服务等政策力度，鼓励企业加大研发投入，完善企业科技创新激励机制，营造良好市场环境，促进企业创新发展。四是优化科研生态环境，激发创新活力。良好的科技创新生态环境是科技创新的重要基础。要营造尊重知识、崇尚创新、鼓励创新的社会氛围，健全法治环境，加大知识产权

[①] 《在全国科技大会、国家科学技术奖励大会、两院院士大会上的讲话》，中国政府网，2024年6月24日。

保护力度，营造有利于科技创新的良好生态环境。

（二）科技创新破局攻坚，化危为机实现自立自强

一是自主攻关核心技术，突破封锁壁垒。充分发挥新型举国体制优势，加强国家战略科技力量建设，全力整合高端科创资源，推动产业链上下游协同创新，集中力量针对半导体、人工智能、量子技术等领域进行关键核心技术攻关，推动关键制造技术、核心元件技术和产品架构技术高水平自立自强，打破国外技术垄断和技术封锁。二是构建自主可控产业体系，筑牢安全防线。加快推动产业基础再造和重大装备技术攻关，找准产业链供应链短板弱项，提高关键原材料、关键零部件、关键软件等的供给保障水平，以行业领军企业为核心构建企业创新联合体，加强技术储备和技术替代，构建完整产业配套体系。三是强化知识产权保护，捍卫创新成果。建立知识产权法律法规体系，优化新兴领域和特定行业知识产权规范，健全知识产权责任制度和惩罚制度，建立知识产权违法行为预警和解决机制，推动知识产权转移和转化应用，以高水平的权益保护激发创新创造活力。

（三）畅通科技创新血脉，激发创新发展活力

一是建立健全科技金融体系，精准滴灌创新主体。完善知识产权贷款质押融资制度，健全知识产权价值评估体系，推动知识产权信用信息共享，建设全周期、长链条、多层次、跨市场、可持续的科创金融服务体系，为初创期、成长期、成熟期等不同类型科创主体提供精准化金融服务，促进科技、产业、金融协同发展。二是拓宽科技成果转化通道，加速产学研深度融合。产学研深度融合是科技创新的重要途径。打通高校、科研院所、企业合作的卡点和堵点，推动新型研发机构建设，创新产学研合作模式，健全各类主体利益分配和风险分担机制，发挥科技领军企业重大项目、重大平台牵引带动作用，促进科技成果快速转化应用。三是完善科技创新体制机制。健全的科技创新体制机制是科技创新的重要保障。要深化科技体制改革，打造跨学科跨领域的高效科技攻关体系，实行"揭榜挂帅""赛马制"等重大科研任务攻关管理方式，构建多元化科技成果评价体系和人才评价机制，破除体制机制障碍，激发各类要素创新活力，释放科技创新潜能。

（四）塑造开放创新格局、汇聚全球创新力量

一是深化国际科技合作，深度融入全球创新网络。加快构建新形势下国际科技合作框架和多边科技合作机制，推动由飞地研发到本土合作、由技术并购到网络整合的科技合作模式转型，促进国际科技合作"引进来"与"走出去"相结合，形成多层次、宽领域、高水平的国际科技合作新格局。二是构建开放型创新生态，吸引全球创新资源。建设开放型创新生态，形成具有国际竞争力的制度体系，加快推动北京、上海、粤港澳大湾区等建设成为国际科技人才高地、全球创新策源地和全球创新枢纽，吸引人才、资金、技术等创新要素加快集聚，促进国内外创新资源融合共生。三是积极参与全球科技治理，提升全球科技影响力。面向世界科技前沿和国家重大需求，积极牵头发起和设立国际大科学计划、大科学工程和国际性科研组织，重点加强人工智能、量子技术等前沿技术领域科技治理能力，形成多元多层的全球科技治理路径，不断提升全球科技话语权和影响力。

第三章

焕发新活力：
改造提升传统产业

　　传统产业是发展新质生产力的重要阵地。近年来，传统产业在数字化、绿色化改造及相关体制机制改革创新过程中，相关领域已形成诸多新质效。但是，传统产业仍受到自主创新能力不强、传统型中小企业数字化转型乏力、要素配置机制尚不健全、产业发展方式和组织结构路径依赖较深、传统产品"走出去"面临新壁垒等制约，需要遵循智能化、融合化、高端化、品牌化、绿色化、差异化、标准化、国际化路径，并持续完善与之相适应的政策机制，以技术革命性突破、生产要素创新性配置、产业深度转型升级推动传统产业形成新质效，提升我国传统产业在全球产业链价值链中的位置。

一、发展新质生产力不能放弃传统产业

（一）传统产业与新质生产力

　　2024 年 3 月 5 日，习近平总书记在参加十四届全国人大二次会议江苏代表团审议时指出，发展新质生产力不是忽视、放弃传统产业，要防止一哄而上、泡沫化，也不要搞一种模式[①]。传统产业主要是工业，也包括传统农业和服务业的一部分。传统农业包括传统种植、农产品加工等；传统工业包括纺织、钢铁、机电、汽车、化工、建筑等物质生产工业；传统服务业包括批发零售、旅游、物流等。当前，传统产

[①] 《习近平在参加江苏代表团审议时强调　因地制宜发展新质生产力》，《人民日报》2024 年 3 月 6 日。

业在我国制造业中占比超过 80%，是我国经济的"压舱石"，是培育新质生产力的重要阵地。从历史视角看，每一次技术革命都推动了传统产业的改造与升级，在此过程中，都衍生出新的业态和模式，产生新的经济增量，形成支撑经济社会发展的新动力。

从农业发展历史看，传统农业通过功能增进、路径转换和模式创新，衍生出现代农业新质态。在农业生产前端，农业种业从传统育种演变到杂交育种，再到基因育种，育种目标从生物特性到兼顾商业特性，传统种业将演变为提供"种子 + 技术 + 服务"的农业综合解决方案。在农业生产中端，传统农业种植通过与文旅、娱乐、康养等其他产业融合发展，演变为体验农业、休闲农业、康养农业等业态。在农业生产后端，传统农产品批发零售业在互联网、大数据、区块链等技术支持下，逐步演变为农产品电商、社交电商、直播电商等新模式。

从工业发展历史看，传统工业通过工艺创新、科技突破和数字赋能，衍生了现代工业新质态。例如，服装行业从手工缝制演变到标准化、流水线式制衣，再演变到柔性制造，实现大规模定制。有色金属行业，从早期铁匠铺的传统锻造，到采用流水线生产，再演变到精密铸造、粉末冶金、增材制造（3D 打印）、智能化生产，产品复杂度、精度大幅提升。汽车行业从流水线生产、即时生产，演变出模块化设计和平台化设计，实现柔性生产和定制生产。随着车联网、汽车后市场加速发展，汽车将迈入智能驾驶时代。

从服务业发展历史看，传统服务业通过业态更新、数字创新、媒介革新，衍生了现代服务业新业态。金融领域，在互联网、移动通信、大数据等技术变革下，演变出在线银行、数字货币、众筹、区块链应用等新型业态。物流领域，从驿站、镖局、漕运等古代运输方式，演变为依托现代交通工具的物流业态，再到整合智能仓储、自动驾驶、无人机配送的智慧物流。文化娱乐领域，依托广播电视、杂志报纸的传统文娱逐渐转变为基于移动互联网技术的数字文娱，催生数字音乐、流媒体视频、在线阅读等各类新业态。

（二）科技变革是传统产业形成新质效的前提

历史上，每一次工业革命都出现了标志性的科技变革，随着新技术的出现与应用，传统产业的生产工艺、组织形式、商业模式开始发生根本性变化，带来社会生产力大幅提高，推动产品与服务向规模化、多元化、个性化演进，形成新产业新质效。例如，蒸汽机的出现推动传统棉纺织业、炼铁业走向规模化大工厂生产方式，电力技术助力传统材料行业开发铝镁合金、高温合金及金属材料等产品，信息技术促进传统批发零售业演变为线上线下同步的新零售模式。随着以人工智能等为代表的新一轮技术革命的深度演进，改造传统工程设计、驾驶、旅游等产业培育新质生产力将大有可为。

（三）生产关系变革是传统产业形成新质效的关键

从历次工业革命技术渗透和应用过程看，改造传统产业形成新质效，提高了社会生产力，但因为相对落后的生产关系不适应先进生产力，形成了对经济新质态的阻碍和限制。例如，第一次工业革命发生后，为适应传统小规模作坊生产向大规模工厂制造转变，英国政府出台相关政策大力支持铁路、港口设施建设，推行自由贸易，同时针对工人的抵触行为，出台工厂法，设立工厂视察制度。同样，在第二次、第三次工业革命时期，主要国家均通过强化财税支持、立法保护、设施配套等，积极推动新技术对传统产业的改造升级。面向第四次工业革命，需要不断完善相应政策制度，形成与新质生产力相适应的生产关系。

二、改造传统产业培育新质生产力的机制分析

从历次工业革命历史看，改造传统产业培育新质生产力有深刻的路径依赖。新一轮科技革命背景下，传统产业培育新质生产力主要依靠科技创新和制度创新双轮驱动。其路径机制是，科技创新是先导，通过数字技术推动传统产业智能化、融合化发展，通过技术、劳动力、资本、土地等要素升级促进传统产业高端化、品牌化发展。同时，制度创新是支撑，通过组织变革引导传统产业绿色化、差异化发展，通过畅通循环助力传统产业标准化、国际化发展（见图 3-1）。

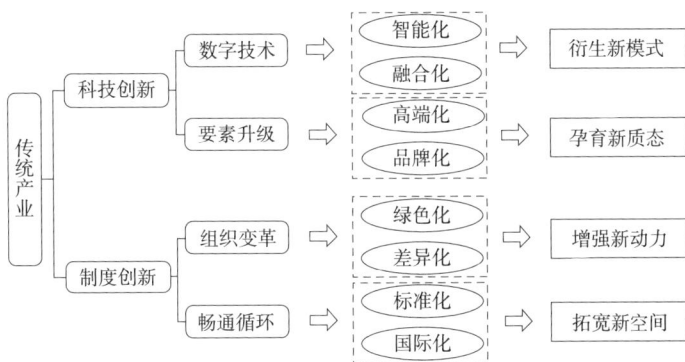

图 3-1　改造传统产业培育新质生产力的路径框架

资料来源：作者自绘。

（一）数字技术助推传统产业衍生新模式

近年来，数字技术在与传统产业融合和协同过程中不断实现创新发展。

一是数字技术可推动传统生产过程的自动化和智能化，提高生产效率。在制造业领域，一些制造车间通过数字化的工业互联网实现了

设备之间的数据共享和智能调度，提高生产线的效率和灵活性。

二是数字技术可帮助传统企业实现供应链协同和优化，提高企业供应链管理效率和反应速度。在物流领域，一些物流企业通过数字化平台整合物流资源，协助传统制造业优化采购、生产、仓储、运输、销售等全流程供应链体系，提高供应链效率。

三是数字技术可实现企业与消费者之间的直接连接和互动，改变传统销售渠道和经营方式。例如，传统零售业借助电子商务平台进行线上销售，提升了销售规模并拓展了销售渠道。企业通过数据分析和决策支持，实现精细化运营管理。消费者可以在任何时间、任何地点购物，实现了消费的便利化和个性化。

四是数字技术可促进业态融合，培育新业态新模式。例如，青岛酷特智能依托大数据和互联网技术，加快制造型企业由生产型制造向服务型制造转变，开辟出一条工业化的个性定制服装路径，并形成了C2M的商业模式。

（二）要素升级促进传统产业孕育新质态

传统产业通过提升技术、劳动力、数据等要素水平，持续衍生新形式和新质态，形成并展示出对高质量发展的强劲支撑力。

一是通过创新科技和工艺，可促进传统产业"换道超车"，增加传统制造品牌"含金量"。例如，2017年，面对中国彩电市场持续低迷，整体销量明显下滑，小米首创分体式设计、金属拉丝工艺，打造出4.9毫米的极致超薄机身，并且首次引入了杜比全景声音响系统。小米电视随即逆势而上，销量暴增，2017年上半年，小米电视线上销量同比暴涨91.2%[①]。

---

① 数据来源于2017年《AVC彩电——整体电视线上零售市场监测周度数据报告》。

二是通过培养匹配新质生产力的新质劳动者，可推动传统产业迈向数字化队伍前列。例如，重庆紧跟生产力发展"人力—马力—电力—网力—算力"的演变过程，推动技能人才"技工—技师—工匠—智匠"的培训升级。2023 年，数字技能人才数量达到 70 万的新峰值，数字经济增加值占全市生产总值比重突破 45%[①]，跻身全国第一梯队。

三是通过充分释放数据要素价值，可助力传统产业实现精准化、高效化、高价值化。例如，威海迪尚集团加快推进"智改数转"，通过制造执行系统（MES）、仓库管理系统（WMS）、企业资源计划（ERP）等一系列系统集成方案布局，实现工业互联网基础层、技术层和平台层建设，建成垂直生态供应链平台的"数据大脑"，成功打通各个环节数据链条，使产品生产和设计周期缩短 40%、运营成本降低近 30%、产品可追溯率达到 98%。又如，近年来，杭州通过人工智能、虚拟现实、元宇宙等数字技术加速重构旅游消费场景，再造旅游服务的组织方式，不断提升旅游消费的便捷度和体验感，2023 年过夜游客量恢复至 2019 年的 104.8%，旅游总收入超过 1800 亿元[②]。

（三）组织变革推动传统产业增强新动力

通过机制改革打通束缚新质生产力的堵点和卡点，传统产业获得培育新质生产力的制度动力。

一是引导要素流向可形成新增量。例如，2022 年淄博采取直接注资、直接投资、注资引导投资等方式，投资 19.41 亿元参股新恒汇等 30 家高成长企业，带动智洋创新、极星等企业成功上市。同时，采取

---

① 数据来源于《重庆人社为发展新质生产力强化技能支持与人才支撑》，重庆人才工作网，2024 年 3 月 5 日。

② 数据来源于杭州市文化和旅游发展中心发布的《2023 年度杭州文化和旅游大数据报告》。

资本招商新模式，建立总规模 190 余亿元的 22 只政府引导基金，投资产业项目 80 个，投资额近 90 亿元，撬动社会资本 60 余亿元[①]，资本的流动性和有效性不断增强。又如，长沙经开区推进"两区"亩均效益改革试点，创新园区土地管理模式，经开区范围内实际利用土地 1838 亩，2021 年实现税收 8.9 亿元，亩均税收接近 50 万元[②]。

二是完善绿色低碳发展制度可培育新动能。通过深入实施传统产业绿色化改造，建立绿色制造和服务体系，满足人们对美好生活的需要，形成绿色发展动能。例如，山东魏桥创业集团棉布生产要经过清花、梳棉、条卷、粗纱、细纱、络筒等工序，需用到近 300 台设备，仅细纱这一道工序的月耗电量就达 420 万千瓦时。2019 年，推动绿色化转型，实现对设备的实时精准管控，相关企业能耗、水耗降低到行业平均水平的 60% 左右，获评国家级绿色工厂，仅 2023 年前 2 个月就收到订单超 600 万米[③]。

三是利用新型举国体制可实现新突破。发挥政府战略导向作用，集中攻克新质生产力重大发展难题和推动科技创新市场应用。例如，在核心基础零部件（元器件）、关键基础材料、高端通用芯片、基础软件产品以及高端装备制造等核心技术受制于人的领域，湖南省聚合清华大学、北京大学、浙江大学、国家信息光电子创新中心、上海树图区块链研究院、华为公司等国内一流大学、科研机构、企业，共同推进关键技术协同攻关，2021 年、2022 年十大技术攻关项目累计完成投资 31.7 亿元，研发投入 11.4 亿元，突破 88 项关键技术，申请专利 319

---

① 《探索"科技＋产业＋金融"一体循环模式 打造区域性科创产业金融高地》，淄博改革公众号，2022 年 10 月 18 日。
② 《试水小微园区建设，长沙经开区破题园区土地存量运营》，《湖南日报》2022 年 6 月 15 日。
③ 《绿色转型 绽放产业新气象》，《人民日报》2023 年 4 月 12 日。

件，授权专利121件，推动技术成果应用示范46项[①]。

四是优化传统产业生产力布局形成新质生产力。通过强化同类地区的产业协作与融通发展，推动差异地区产业互补与错位发展，增强产业协同性和关联度。例如，近年来，黄石按照"武汉缺什么、黄石补什么；武汉做什么，黄石配套什么"，实现"协同成圈、错位融圈"。2022年，黄石经济技术开发区·铁山区与武汉产业配套企业达121家[②]，深度融入武汉电子信息产业链，形成了"研发在武汉、生产在黄石，孵化在武汉、加速在黄石，引才在武汉、用才在黄石，融资在武汉、投资在黄石"的区域协同创新模式，成为区域协调发展样板。

（四）畅通循环激活传统产业拓宽新空间

通过进一步完善传统产业开放体制机制，积极推动高水平制度型开放，培育新的增长空间。

一是通过挖掘"中间地带"拓展开放新空间。为积极应对美西方"脱钩断链"，畅通外循环渠道，我国传统产业"走出去"空间持续拓宽。面对美西方"小院高墙"，全球已浮现多个"中间地带"，成为主要经济体之间经贸合作的关键枢纽。例如，近年来，为避开贸易摩擦，很多纺织服装企业采取"70%国内生产+30%东南亚组装+出口欧美"的产销方式，已成为国际循环重要模式。我国通过"中间地带"参与全球经贸分工，逐渐成为拓宽传统产业空间的重要方向。

二是推进高水平制度型开放找准新接口。通过对接国际高标准经贸规则，加强与合作国家标准互认，持续输出我国优势传统产品标准，

---

① 《矢志创新攀高峰——2022年湖南科技创新工作纪实》，湖南省科学技术厅网站，2023年1月16日。

② 《黄石：起势奔跑核心城》，《湖北日报》2023年1月13日。

可为我国货物、服务"走出去"创造更加便利的条件。例如，海南自贸港推动完善以"零关税"为基本特征的管理制度，推动标准输出与对接，传统机电、高科技产品等出口量大幅提升，海南货物进出口连续两年突破两个千亿级关口。其中，2022年突破2000亿元，同比增长36.8%，增速位列全国第二[①]。

三、传统产业培育新质生产力面临的问题制约

随着新一轮科技革命和产业变革的深入发展，我国经济正处在转变发展方式、优化经济结构、转换增长动力的攻关期。在要素成本上升、资源约束趋紧等大背景下，传统产业受到创新能力薄弱、要素配置机制不完善等因素制约影响，其比较优势逐步消失。因此，传统产业需加快培育形成新质生产力，通过实现技术性突破、生产要素创新性配置、产业深度转型升级，才能重塑竞争新优势。

（一）传统产业自主创新能力有待提升

当前，我国经济发展进入提质增效的新阶段，而我国传统产业大而不强、韧中有脆，长期处于"微笑曲线"的底端，自主创新能力有待提升。

一是我国传统产业研发投入总量偏低。我国在全球市场上具备较强优势的产品主要集中在纺织服装、机械加工、钢铁、石化等传统产业领域。这些传统产业是支撑我国经济发展的"压舱石"，也是我国参与全球产业竞争的生力军。国家统计局数据显示，2022年我国研发投入较高的产业多集中在医药、高端装备制造、电子通信等新兴产

---

① 《海南自贸港货物进出口快速发展 首破2000亿元》，新华网，2023年1月15日。

业领域，科研投入强度为 2.5%~5%，而食品、烟草、有色金属等传统产业领域科研投入强度多数处于不足 1% 的较低水平。如果把中国工业制成品按技术含量低、中、高的次序排列，其国际竞争力大致呈 U 形分布，即两头相对较高，中间显著较低。而化工、材料、机械、电子、精密仪器、交通设备等位列"中技术"的传统产业，恰恰是决定我国制造业整体素质的关键支撑，是形成新质生产力的基础。

二是我国传统产业专利技术世界占比低。中国在世界知识产权组织（WIPO）技术领域中的两方专利世界份额数据显示，中国技术研发优势领域比较集中，优势技术主要来源于数字通信、信息技术和光学等新兴产业，其中数字通信领域的份额最高，为 21.1%。而纺织和造纸机、机床、基础材料化学等传统产业技术的两方专利世界占比低于 5%，新兴产业的技术研发活跃度明显高于传统产业（见图 3-2）。我国传统产业相比新兴产业，呈现出研发投入占比低、专利技术世界份额低的特征。一方面，传统产业对技术创新的重视程度不够，在模仿和创新中更倾向于选择前者，导致产品同质化竞争严重，掌握自主核心技术的"链主"企业较少，大部分传统企业利润偏低，更加不利于企业开展技术创新；另一方面，传统产业的政策体系不完善、不配套，缺乏高效互动的机制，没有营造产业创新的生态环境，导致环境驱动和政策拉动乏力。

（二）传统型中小企业数字化转型乏力

当前，我国 99% 以上企业是中小企业，是经济增长的生力军，且大部分为传统企业。中小企业不同于大型企业，数字化转型风险大、成本高、政策支持少，转型定力、动力和能力缺乏[1]。

---

[1] 夏轶群、孟夏：《双元驱动的中小企业数字化转型协同机制探析》，《软科学》2024 年第 3 期。

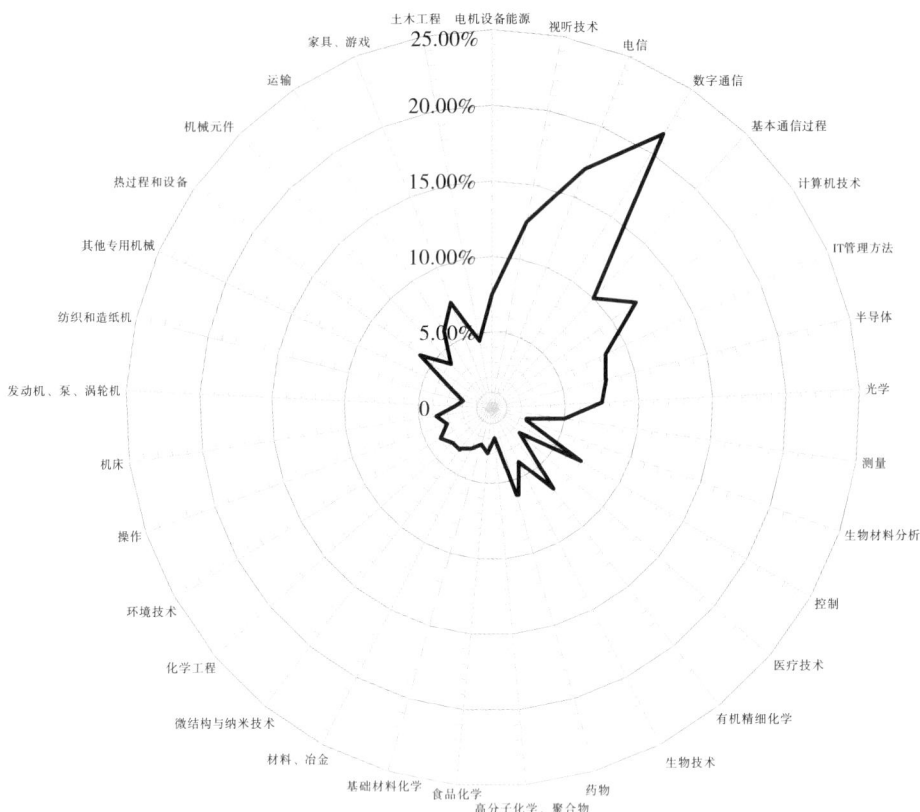

图 3-2　中国在 WIPO 技术领域中的两方专利占世界份额

资料来源：中国科学院科技战略咨询研究院，《技术结构图谱 2022》。

一是数字化转型风险大，传统中小企业转型定力不够。2022 年麦肯锡报告显示，中国企业数字化转型成功率仅为 20%，传统中小企业成功率更低，贸然实行数字化转型会带来较高风险。中小企业各行业数字化转型得分显示，汽车制造、仪器仪表制造业等行业数字化转型得分排名靠前（见图 3-3）。处于排头兵地位的行业数智化转型升级的意愿迫切，在数字化经营管理上有着丰富的实践经验；而金属加工、纺织制造、设备制造等传统产业，数字化技术在行业生产流程中的应用程度偏低，数字化水平整体落后。

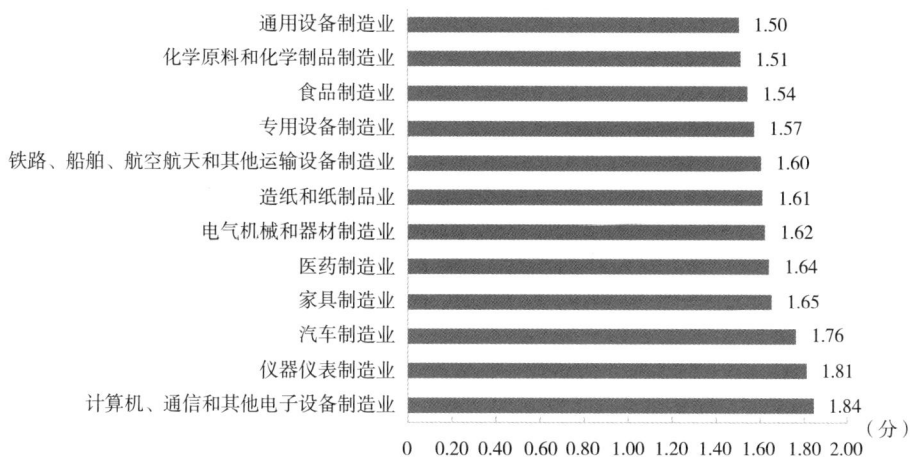

图 3-3　2021 年中小企业各行业数字化转型得分情况

资料来源：中国电子技术标准化研究院 2022 年发布的《中小企业数字化转型分析报告》。

　　二是数字化转型配套政策有限、成本高，传统中小企业转型动力不足。中国电子技术标准化研究院数据显示，我国大型企业已有 30% 进入数字化转型的深度应用阶段，而中小企业只有 9%，79% 的中小企业仍处于数字化转型的初步探索阶段（见图 3-4）。一方面，现有政策有较强的专项性，个别政策门槛较高，难以惠及大部分中小企业。同时部分政策持续时间较短，无法为企业提供源源不断的支持，且针对传统中小企业的财政支持额度小，对有需求的企业犹如杯水车薪。另

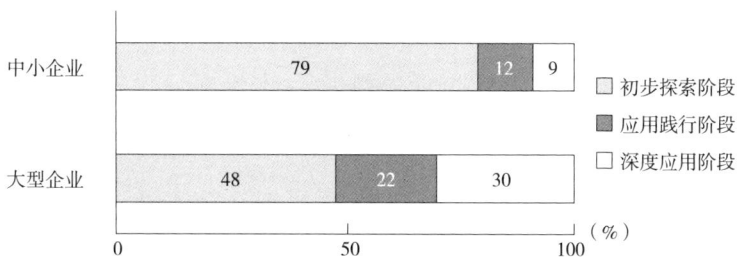

图 3-4　大型企业和中小企业数字化转型水平对比

资料来源：中国电子技术标准化研究院。

一方面，传统中小企业需求场景各异，龙头企业已应用成熟的数字化方案无法直接适用于中小企业，高昂的定制成本、试错成本让传统中小企业对数字化转型望而却步。

三是难以形成完善的上下游数字生态，传统中小企业转型能力偏弱。传统中小企业因体量小、营收少、数字化需求分布零散、数字化复合型人才紧缺、获取数据能力弱等原因，缺乏健全的管理体系，难以形成完善的上下游数字生态[①]。众多"没钱、没人、没技术"的传统中小企业单打独斗地盲目转型易形成"信息孤岛"，缺乏与工业互联网平台、上下游企业的紧密联系，无法打通生产端与消费端。例如，部分地区中小型服装企业，因缺乏政府引导和数字化龙头企业带动，传统产业链关系未得到重构，难以通过高效的业务协同、数据协同、要素协同孕育新模式新业态。

（三）传统产业要素配置机制有待健全

长期以来，传统产业因工艺技术升级缓慢、劳动力升级动力不足、土地利用效率偏低、数据要素未充分开发利用等原因导致全要素生产率提升缓慢，难以实现"老树发新芽"。

一是传统产业技术工艺升级较为缓慢。传统产业的技术工艺升级并不是一蹴而就的，"种好技术树"是关键。当前我国传统产业基础工艺等薄弱环节的技术攻关有助于传统产业升链、强链，形成高端效应和品牌效应。在大化工领域的炼化一体化项目中，我国多地企业仍在使用外资技术，如众多石化企业的炼化一体化项目仍使用霍尼韦尔提供的大乙烯、芳烃联合、常减压及催化裂化等工艺技术，部分先进工艺依然停留在"纸上谈兵"阶段。唯有实现新技术新产品的工艺迭代

---

① 李雪松、王健：《管理者数字素养对中小企业数字化转型的影响机制》，《科技管理研究》2024年第1期。

升级，才能引领传统产业迈向高端化、品牌化。

二是传统产业劳动力升级动力不足。一方面，高素质劳动力结构性短缺矛盾突出，传统产业劳动力单一技能人才占比高，复合型人才占比低，技能型人才缺口拖累了传统产业的整体跃升步伐。《产业数字人才研究与发展报告（2023）》显示，纺织、建筑等行业的传统技能人才占比高，数字化、材料研究等高技能人才占比低。山东省临朐县2023年《关于全县企业用工及培训情况的调查报告》显示，委托职高院校培训的仅占8.18%，大部分传统制造业企业对员工没有开展技能提升培训的计划或需求。另一方面，国家统计局数据显示我国传统产业领域劳动者报酬普遍偏低，而且中层及以上管理人员薪资收入占总收入比重较高，难以为专业技术人才提供有效激励，不利于传统产业培育形成新质生产力。

三是传统产业土地要素利用效率偏低。我国当前土地利用存在家底不清、权属关系复杂、盘活利用成本高、回收政策支撑少等问题，导致大量闲置土地无法整合利用，土地使用面临诸多堵点[1]。例如，浙江省某县产业园区闲置"小、散、乱"的低效工业用地面积至少有3000余亩[2]，涉及"僵尸型"企业300余家，而部分打算建设数字化车间的传统企业一直难以获取建设用地。唯有破除土地要素流动存在的体制机制障碍，提高土地要素配置精准性和利用效率，切实做到因盘而活、盘而有效，才能将土地这一"沉睡资产"变成传统产业的"增收活水"。

四是传统产业数据要素价值尚未完全"激活"。随着数据体量的增

---

[1] 张莉、程可为、范子英：《产业用地配置改革与城市内土地错配——基于微观企业土地存量数据的研究》，《经济学（季刊）》2024年第2期。

[2] 1亩≈666.6667平方米。

加，多数传统企业因数字基础设施薄弱、缺乏数据管理经验、供需两端未打通等因素，在推进数智化改革的过程中易形成"信息孤岛"，导致数据要素对传统产业培育新质生产力的赋能效用难以充分开发利用，不利于滋养新型劳动者、催生新型劳动资料、孕育新型劳动对象、赋能全要素的优化组合[①]。传统产业迈向品牌化、高端化需要数据要素全链条的畅通，例如，2024年发布的《石化化工行业数字化转型实施指南》指出，我国石化行业因缺少可量化评估的数字化指标体系，且受到生产过程中基础数据实时获取能力弱、数据信息采集不全面等问题制约，导致数据要素的效能尚未被充分开发利用。

（四）传统产业组织固化难以突破

我国传统产业往往从事产业链中下游生产加工制造，核心技术和核心竞争力不强，部分仍在沿用高污染、高能耗的粗放型传统发展模式，且在承接产业转移过程中，缺乏错位承接机制，致使各地传统产业同质化现象严重。

一是传统产业的生产方式固化。《中国能源统计年鉴》数据显示，2017—2021年，我国纺织业、有色金属冶炼和压延加工业等传统产业标准煤排放量远大于计算机、通信和其他电子设备制造业，表明我国传统产业尚未摆脱高污染、高能耗的粗放型发展模式。一方面，由于传统产业总体上处于价值链的中低端且技术门槛低，在基础工艺、基础材料、基础零部件等方面绿色技术积累不足，面临资金链、供应链等多重压力，因此不想转、不敢转、不会转。另一方面，传统产业低碳转型支持不足。绿色金融体系、标准体系、认证体系、统计体系、市场交易体系等有待优化，绿色低碳市场培育供给不足、优惠政策

[①] 李弦：《数据要素赋能新质生产力的理论逻辑与实践进路——基于马克思劳动过程理论的分析》，《上海经济研究》2024年第5期。

获得感不强等问题，在一定程度上挫伤了传统产业绿色化转型的积极性[①]。

二是传统发展模式路径依赖较强。传统产业因沉没成本、规模经济和既得利益的作用，发展模式具有较强的路径依赖，产业链上下游企业的生产模式及供应关系相对固化，不仅限制了高效率企业的进入，还导致其在高加工度环节、增值环节、瓶颈环节、关键环节、配套环节上难以寻求突破[②]。传统产业使用的特定技术和设备更新换代速度较慢，外加市场需求和供应链的稳定，上下游产业链企业往往缺少主动求变的动力，不易推动产业链上下游的绿色化变革。例如，纺织业上下游产业链（见图3-5）中上游和中游产业链条中的化学纤维、纺纱、坯布、面料等环节中的小微企业较多，难以负担高昂的绿色化转型成本，生产模式及供应关系相对固化。

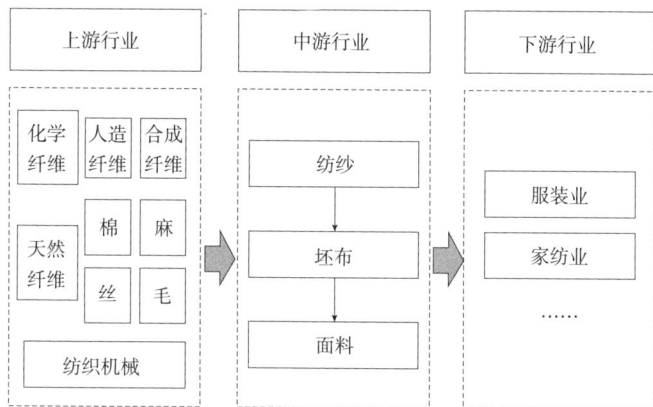

图3-5 纺织业上下游产业链

资料来源：《中国纺织服装产业全景图谱》。

---

① 曾诗阳：《民企绿色转型需提速闯关》，《经济日报》2023年8月13日。
② 黄蕊、徐倩、赵意：《"人工智能+"模式下我国传统产业的效率锁定与解锁——基于路径依赖理论视域》，《经济问题》2020年第2期。

三是传统产业集群发展缺乏有效协同。部分相邻地区在承接产业转移、安排生产力布局和发展方向时存在交叉重复、产业链条重叠、发展定位雷同等问题，形成一批产业结构高度同质化的传统产业集群，难以发挥"1+1>2"的叠加效应。例如，湖南省某市12个省级以上园区中有6个园区主导产业涉及金属冶炼加工，5个园区涉及食品加工、电子设备制造，各地各自为政、分散招商，没有一盘棋统筹布局，导致专业园区不专业、特色园区不特色，难以形成差异化发展。

（五）传统产品"走出去"面临新壁垒

大国博弈背景下，面对美西方恶意打压、传统产业链转移等困境，传统产品"走出去"面临严峻形势，同时，传统产品技术、质量等标准与国际先进标准衔接不紧，国际市场"话语权"不足。

一是随着逆全球化思潮出现，贸易和投资壁垒有增无减，传统产业"走出去"的外部环境更趋复杂严峻。一方面，美西方在经贸领域实施围堵中国、加速"去中国化"策略，发布"实体清单"、滥用"国家安全"概念、搞"脱钩断链"、筑"小院高墙"，试图将我国企业、产品排除在美西方产业链供应链和国际贸易体系之外。2019年美国贸易代表办公室（USTR）公布对约3250亿美元的中国商品拟加征25%关税，波及我国传统产业领域超400亿美元的出口商品，主要产品范围为大部分纺织服装和部分纺织机械商品。另一方面，反倾销、反补贴、保障措施等传统壁垒有增无减，绿色贸易等新型壁垒层出不穷。2024年3月27日，欧盟委员会发布公告称，对原产于中国的移动式升降作业平台发起反补贴调查；2024年1月24日，美国对进口自中国的内燃高压清洗机作出反倾销和反补贴产业损害肯定性终裁。欧盟实施的REACH法规，使我国化工产品进入欧盟市场严重受阻，分期分批注册程序相对复杂，导致我国传统企业，特别是中小型企业无法顺利注册。

二是部分传统产业标准未"达标"，亟须加快标准化、国际化发展步伐以实现"提质焕新"。围绕技术标准的国际竞争日益成为市场主体间的技术、经济和政治的动态博弈。标准是传统产业培育新质生产力的重要技术支撑，用好标准这个"指挥棒"才能提高国际标准体系中的"中国分量"。我国机械、电子、建筑等传统产业领域的技术标准，存在与国际标准不一致的情况。例如，我国生产的机床设备出口欧美市场，需要满足国际电工标准 IEC 60204-1，而该标准与中国国家标准 GB/T 19001-2009 存在一些差异。我国玩具、纺织品、食品等传统产业领域的产品仍沿用国内标准，而未对接国际标准，导致我国产品出口时需重新进行检测和认证，增加企业成本的同时也削弱了国际竞争力。

四、传统产业培育新质生产力的主要路径

传统产业培育新质生产力，需协同推进科技创新和制度创新，通过数字技术助推传统产业衍生新模式，加快智能化、融合化升级；通过要素升级促进传统产业孕育新质态，实现高端化、品牌化发展；通过组织变革推动传统产业增强新动力，探索绿色化、差异化发展；通过畅通循环激活传统产业拓宽新空间，迈向标准化、国际化发展。

（一）依托技术支撑、注重业态互补，驱动传统产业迈向智能化、融合化

通过市场化服务与公共服务双轮驱动，提升传统中小企业数字化转型意愿与成功率。培育一批针对传统中小企业的智能制造系统集成服务商，构建系统科学的指标体系服务中小企业数字化转型。定制

智能化公共服务系统，倡导产业联盟、行业协会与大型企业、互联网企业联合帮助传统中小企业改进数据运营管理，创新原有的制度、流程、组织、发展模式。构建数字化转型供需对接平台，通过开展数字化"问诊"，打造服务商"资源池"，聚焦技术创新、人才培育、融资渠道等，建立传统中小企业转型需求图谱，为传统中小企业数字化转型提供支持，推动传统中小企业数字化转型加速向纵深拓展。

推动传统中小企业实现全链条增值、全产业融合，孕育新业态新模式。传统中小企业数字化转型不能"孤军奋战"，需加强政府引导、龙头企业带动，通过"大手拉小手"齐力破解数字化转型困局。发挥互联网技术在传统产业链融通中的赋能作用，持续深入开展制造业与服务业融合试点，优先支持传统制造业与现代服务业融合发展，推动传统产业由生产型制造向服务型制造转变。优化传统中小企业政策供给，加强地方政府对带动作用强、转型成效突出的"骨干"中小企业的支持力度。支持传统中小企业中的标杆企业"裂变"专业优势，面向全行业提供研发设计、商务咨询、科技咨询等服务，推动传统中小企业拓展产品全生命周期管理服务，实现中小企业延链增值。引领传统中小企业与高水平科研机构共建创新研究中心，加强前沿技术探索、产业共性和颠覆性技术供给，探索新业态新模式，构建多方参与、共建共享的数字化生态。

（二）增加要素赋能、构建多元支撑，推动传统产业走向高端化、品牌化

引导要素合理畅通有序流动，推动人才、资本等要素流向传统产业改造升级。打造传统产业"引、聚、留"链条，构建综合型人才振兴新模式，以政策厚度、产业广度、平台高度吸引、汇聚、留住创新型人才。构建以传统企业为主导、需求为牵引、产学研深度融合的创新联盟，搭建企业与高水平机构的合作创新平台，以"平台"育"人才"，推动传统产业科技成果转向现实生产力。破除要素流通的体制机制障碍，推动人才、资本等要素资源跨行业综合利用，促进传统产业与服务业的跨界深度融合，实现高端化、品牌化发展。

盘活存量资产，助力传统产业焕发新活力。探索盘活低效工业用地新模式，以亩均效益作为产业园区进入、退出标准，从根本上解决"低质低效园区"现象，提升园区产业发展质量。推动废弃工厂、闲置楼宇、荒废土地等二次开发利用，把盘活土地要素与招商引资结合起来，确保传统产业优质项目"有地可落"。建立低效工业用地数据库，及时梳理土地的归属权、经营现状、建议诉求等信息，让"活资产"流向优质高效发展环节，助力释放"新活力"。

加快形成统一要素市场，畅通要素跨行业、跨区域流动渠道，优化要素配置。破除传统产业领域的地方保护和市场分割，建立统一要素市场规则，破除要素市场准入隐性壁垒。创新传统产业要素流通模式，助推传统企业通过共享科创资源推动更广泛的产业链互动，打破融资机构、高端数字型人才的行政壁垒，推动知识、技术、人才等创新要素顺畅流动。建立科技成果跨区域转移转化平台，畅通产学研对接、企业服务与培育、技术合同登记、成果转化等方面的合作，以"要素支撑、创新引领"赋能传统产业重焕生机。创建区域间传统产业重点品牌联系指导目录，支持跨区域合作培育专精特新领域自主品牌，加强企业商标注册、运用、管理、保护等方面指导工作，推动传统产业品牌化发展。

（三）聚焦节能降碳、统筹生产布局，助推传统产业发展绿色化、差异化

提升绿色制造服务质量，以"含绿量"提升传统产业"含金量"。

加大对节能环保新技术、新工艺、新设备的推广力度，强化绿色制造标杆引领，加快形成绿色工厂培育机制，以绿色标杆企业带动形成绿色工业园区，推动材料生产、制造加工、终端产品制造、经营管理和销售服务等全产业链环节实施数字化改造，提高生产制造精益化和柔性化水平。搭建绿色服务平台，建立传统产业领域绿色低碳技术导向目录，遴选绿色成效明显的核心技术进行推广，推动传统行业上下游产业链进行环保技术升级。创建区域间绿色服务机构，为绿色化转型困难的传统企业提供绿色诊断、评价认证、培训等服务。

优化产业布局，推动传统产业差异化发展。深化区域内产业结构战略整合，明确优势互补、互利共生的城市间分工与协作，构建一体化的产业链梯度布局。针对各地区资源"把脉问诊"，鼓励各地瞄准首位产业、特色产业实施全产业链招商，打造具有标志性特色的优势传统产业集群，推动区域产业差异互补与错位发展，实现"协同成圈、错位融圈"。引导各地聚焦某一优势细分领域，从研发、制造、品质、营销、品牌、服务以及供应链建设等层面全方位构建体系化竞争优势，培育专精特新企业、打造细分领域单项冠军，打造传统产业差异化优势。

（四）推动与国际接轨、深化国际合作，推动传统产业走向标准化、国际化

推动传统产业对接国际标准、输出优势标准，以标准化助推传统产业培育新质生产力。主动对接国际标准化组织（ISO）、国际电工委员会（IEC）、国际电信联盟（ITU）等国际标准组织，搭建国际性标准交流合作服务平台，吸引国际标准组织永久落户中国。持续开展重点领域国际标准比对分析，及时跟踪国际标准动态，推动传统产品的质量、性能、环保、节能、安全等标准与国际一流标准接轨。加快制

定国家标准化战略，组织空白标准攻关，优先集中关注传统优势产业的标准制定工作。探索设立标准化驻外机构，在友好国家和地区设立标准化驻外机构，为合作国家和机构提供标准采标、项目咨询、标准规划等服务，全面促进中国标准的宣传推广。协同推进优势传统领域产业链国际标准研制，引导龙头企业联合上下游企业共同制定标准，遴选传统产业重点领域的标准标杆企业，形成可复制、可推广、可借鉴的标准先进经验，培育一批引领传统产业发展的龙头企业和配套企业"走出去"，抢占国际标准制高点。

深化国际合作，助力传统企业扩大国际"朋友圈"。应对美西方打压，找准错位合作衔接点，发展与东盟等"中间地带"贸易密切的产业链，扩大贸易渠道。推动对东盟等"中间地带"国家投资贸易便利化，推广"70% 国内加工 +30% 中间地带组装 + 出口全球"投资贸易模式。探索与东盟等"中间地带"国家"多国多园"合作，加强贸易、密切产业链的国际合作，培育传统产业贸易新增长点。建设面向东盟的金融开放门户，打造多层次金融平台，推动跨境证券投资，促进双边货币和金融监管合作。依托"一带一路"倡议政策优势、融入《区域全面经济伙伴关系协定》（RCEP）等区域经济合作框架，特别是与海外企业建立全面战略伙伴关系，为推动传统产业国际化发展营造良好的国际环境。

五、传统产业培育新质生产力的政策保障

健全传统产业因地制宜发展新质生产力的体制机制，加快形成同新质生产力更相适应的生产关系，推动技术革命性突破、生产要素创新性配置、产业深度转型升级，促进传统产业领域各类先进生产要素

向发展新质生产力集聚[1]。

（一）提高传统产业自主创新意识

传统产业培育新质生产力，要"破新局开新路"，激发传统产业自主创新文化基因，推动其从"要我创新"向"我要创新"转变。

建立传统企业定期培训制度，提升传统产业自主创新意识。针对传统产业领域的企业家、高管、技术骨干以及基层员工，围绕传统产业绿色化、数字化、高端化、标准化等需求定期开展专题培训，提高传统企业对技术路线、商业模式变化的反应敏捷度。定期组织中小企业中的"骨干"企业赴先进地区考察、调研，找差距并学习先进经验，提升传统产业改造意识。

健全产业链联合创新机制，"以大带小"激发传统产业创新主体活力。发挥带动作用强、资金和技术实力雄厚的传统"链主"企业的引领作用，加强与国家重点实验室、高水平科研机构的创新合作，鼓励传统"链主"企业、"骨干"中小企业精准对接重点领域的基础材料、基础工艺等高端环节，推动新工艺、新技术在产业链上下游企业生产环节的改造升级。实施龙头企业引育工程、通过探索建立"传统产业专利池"等方式，吸引产业链上下游企业、科研院所入池，重点培育一批细分领域的专精特新"小巨人"企业、瞪羚企业以及独角兽企业，带动产业链上下游、前后侧、内外围的整体创新氛围。

（二）加强传统产业财税金融支持

加强传统产业财税金融保障，深入推进金融供给侧结构性改革，以金融"活水"的滋养助力传统产业改造升级。

健全社会资本投融资合作对接机制，缓解传统中小企业数字化转

---

① 《中共中央关于进一步全面深化改革、推进中国式现代化的决定》，中国政府网，2024 年 7 月 21 日。

型融资难题。夯实"看得见""摸得着"的数字化基础设施，降低传统中小企业数字化转型门槛，鼓励有条件的地区实施平台减免转型共性需求支出。依据中小企业类型及资金用途，制定专项政策为中小企业增加中长期优惠贷款，将一些真正惠及中小企业的支持政策从短期性扶持政策转化为长期性制度安排。通过设立数字化专项基金、提供优惠贷款、提供财政补贴等措施，解决中小企业资金短缺难题，加速传统中小企业数字化进程。

完善金融支撑体系，疏通传统产业绿色化通道。推行绿色化转型金融试点，给予传统产业重点领域专项财政补贴，支持工业领域节能减排改造，对传统企业新技术、新装备、新工艺、新材料改造的项目，给予一定比例的财政补助，加速生产方式绿色化。鼓励银行、保险机构加强对传统重点制造业设备更新、技术改造提供中长期资金支持。设立传统企业碳账户，搭建传统产业重点领域碳信息数据平台，加快碳信息、碳交易信息整合，推进传统产业领域金融应用场景建设。

打好税收政策"组合拳"，为传统企业转型减负增添活力。选取部分城市"骨干"中小企业作为传统产业数字化、绿色化转型税收优惠试点对象，根据传统企业类型、技术投入力度及改造潜力等因素制定不同标准，如指定减税幅度、享受优惠期限等，对到期完成的主体实施定额奖补。针对传统企业数字化、绿色化转型过程中的设备购置、技术研发、人才培养等投入给予一定的税收减免或抵扣。加强对企业数字化、绿色化转型优惠政策的宣讲力度，简化税收优惠申请流程。

（三）搭建传统产业改造升级平台

通过搭建传统产业贸易合作、融合发展、公共技术服务支撑等平台，有助于拓宽贸易合作渠道、整合创新资源，解决共性技术难题，赋能传统产业改造升级。

完善产业贸易合作机制，搭建传统产业"走出去"平台。健全贸易信息共享机制，瞄准传统产业重点领域的上下游环节，如原材料产地、重要市场等，通过搭建商贸数字化平台、设立专门的贸易合作机构或委员会等方式，提供行业动态、市场供需、政策法规等贸易信息。建设传统产业重点领域国际合作园，明确项目签约、注册、开工、建设、投产的全流程指导和服务，完善中小企业集聚区、国际会客厅等配套措施，确保传统产业重点项目落地投产。聚焦传统产业重点领域前沿技术，举办全球传统产业创业大赛、全球传统产业发展论坛等活动，拓宽传统产业贸易合作渠道。健全贸易风险预警机制，强化国际产业风险协调磋商，加强传统产业贸易救济规则和实务培训，提升传统产业运用贸易救济规则的综合能力和水平，保障传统产业贸易合作顺畅。

建立常态化的产业跨界合作机制，构建传统产业融合发展平台。探索构建"众创空间—孵化器—加速器"一体化科技孵化育成体系，吸引传统产业的上下游链条落地，以智能技术助推产业跨界融合发展。围绕传统产业重点领域组建产业联盟，以合作转化、技术转让等方式打破产业壁垒，实现不同产业领域的技术和资源共享。梳理传统产业领域产业链供应链"产品需求清单""配套供应清单""技术攻克清单""断链风险清单"，组织产业链上下游对接会，推动人才、资金、技术等要素跨产业流动。探索构建跨产业协同发展机制，推动共建跨产业技术研究院，为传统产业跨界合作提供发展平台。

优化传统产业服务体系，打造公共技术服务支撑平台。精准定位传统产业细分领域、重点攻克关键环节和关键产业链条，推动高水平科研院所与传统企业共建概念验证中心、中试基地，开展原理验证、技术可行性验证、产品原型制备和验证等服务。发挥商务服务中心、科技孵化园等平台载体功能，围绕传统产业重点方向，为入驻园区传统企业提供全方位服务保障。

（四）强化传统产业技术攻关与推广

依托高水平院校及国家重点实验室，瞄准传统产业细分领域，以服务传统企业需求、推动科研成果转化为落脚点，强化传统产业技术攻关与推广。

构建关键核心技术创新攻关体系，协同攻关传统产业领域"卡脖子"技术。完善基础研究经费多元化投入机制，通过强化基础研究的财政资金投入、推进传统企业税前扣除等政策的落实，加大基础研究经费投入力度，推动传统产业重点领域前沿技术实现从 0 到 1 的原创性成果突破。支持传统"链主"企业牵头与国家重点实验室、高水平研究型大学共建联合实验室等创新联合体，加强"卡脖子"前沿技术多路径探索、颠覆性技术供给，加速传统产业技术攻关进程。构建以中试、孵化器、加速器等创业服务平台为主线的科技成果转化基地，提高传统产业重点领域成果转化率。

推进传统产业"应用场景"建设，加速新技术、新产品的应用推广。支持传统创新型企业与高水平科研院所共同探索开发新应用场景，构建"场景应用实验室"，面向传统产业领域的技术需求，推动新技术、新产品、新模式场景应用实测验证。完善传统产业重点领域的场景清单发布、场景大赛、供需对接、场景政策等工作，建立常态化的场景对接工作机制，提供专项服务，推动最新技术、最新产品实现市场有效衔接和精准应用。推动传统产业领域跨区域应用场景合作，成立跨区域场景创新促进中心，打造覆盖范围广、带动效应强的标志性应用场景。

（五）构建传统产业人才培养体系

人才资源是传统产业发展的关键支撑要素，高端人才的缺失会导致传统产业培育新质生产力的"后继乏力"，而"激发人才创新活力"

是传统产业培育新质生产力的"破局之策"。

完善基础研究人才培养机制，为传统产业改造"铸魂培根"。支持传统产业领域龙头企业牵头与国家重点实验室、高水平大学构建基础研究基地联盟，通过集聚培养人才加强前沿技术探索、产业共性和颠覆性技术供给，推进产学研用一体化。建立基础研究人才容错及信任机制，实施灵活考核、分类培育机制，为"偏才怪才"设置针对性培养制度。稳步推进传统产业强基计划、拔尖计划、英才计划等专项培养计划，扩大试点高校及学科专业范围。

加快建立传统中小企业数字化转型人才培养体系。探索传统中小企业数字化人才校企合作机制、实训机制以及技术转化机制，鼓励传统中小企业在院校开办联培中心，探索订单式创新人才培养模式，引导高校、职校开设数字化转型相关专业，为企业培育定制化人才。支持建设国家级数字化转型人才市场及服务基地，开展传统中小企业人员数字素养与数字技能的在职公益培训，通过政府购买服务等方式支持数字化服务商等面向中小企业开展咨询诊断、人才培训等综合服务。完善传统中小企业人才激励机制，给予教育、住房、医疗、租金减免等服务保障。

健全科技人才激励制度，开启传统产业技术攻关"加速器"。健全科技成果转化长期收入分配共享机制，鼓励高校、科研机构从市场上获取科技成果转化收入，向有突出贡献的科研人员提供年度绩效奖励。设立明确的科研成果转化目标，将转化成果与科研人员的奖励、晋升等个人利益挂钩，如推广技术转移人员贡献积分制等，用对应的积分换取当地政府的奖励。设立传统领域专门技术攻关基金，对完成科研成果转化的科研团队或个人给予物质奖励和荣誉表彰。

第四章

扩大新优势：
培育壮大新兴产业

新兴产业代表产业发展的未来趋势，是孕育和发展新质生产力的关键领域。2023 年 9 月，习近平总书记在黑龙江考察调研时强调，加快形成新质生产力①。经过多年发展，我国新兴产业已形成相对完整的产业体系，高端领域逐步由点状突破向系统性突破加速迈进，对经济发展的支撑力、引领力和掌控力明显增强。目前，我国新兴产业仍存在一些问题，制约了产业的持续健康发展，不利于培育发展新质生产力。未来，需要坚持从夯实科技创新支撑基础、提高产业协作能力、优化产业支撑体系、科学合理布局等四方面系统发力，为发展新兴产业营造良好的生态环境，提高新兴产业发展质量，加快形成新质生产力，助力建设现代化产业体系。

一、新兴产业是培育新质生产力的主阵地

（一）新兴产业是大国竞争胜负手

新兴产业代表着当前产业发展最新趋势和最高水平，也逐渐成长为驱动经济增长的重要力量，更是影响国际经济竞争的胜负手，是当前大国竞争的主要角力场。半导体是竞争最激烈的领域之一。为了提升半导体产业竞争力，美国不惜打破长期以来坚持的自由贸易准则，一方面拉拢全球供应链对我国芯片产业实行资金、技术、人才、产

---

① 《习近平在黑龙江考察时强调 牢牢把握在国家发展大局中的战略定位 奋力开创黑龙江高质量发展新局面》，《人民日报》2023 年 9 月 9 日。

品、装备全方位封锁，肆意破坏经济全球化。另一方面，出台《芯片和科学法案》提供约 527 亿美元的资金补贴和税收等优惠政策，笼络全球科技、人才、企业资源，发展本国半导体产业。此举掀起了全球芯片竞赛。欧盟 2023 年通过《欧洲芯片法案》，承诺将调动 430 亿欧元的补贴资金，其中 110 亿欧元将用于先进制程芯片技术的研发。日本提出到 2030 年将日本产半导体销售额提高两倍至 963 亿美元左右。在新能源汽车领域，欧美为了遏制中国新能源汽车高速发展势头，借助碳关税、反补贴等削弱我国新能源汽车国际竞争优势，以阻止中国产品进入并保护当地市场。欧盟正酝酿对中国新能源汽车征收 15%~30% 的惩罚性关税。美国不仅规定，在美国生产的新能源汽车中如果包含中国制造或组装的电池组件，2024 年将不再有资格享受美国《通胀削减法案》提供的高达 7500 美元的税收抵免，甚至将中国的新能源汽车关税税率从 25% 提升至 100%。

（二）新兴产业是我国重要战略方向

一直以来，我国高度重视新兴产业发展，将发展新兴产业特别是战略性新兴产业作为经济高质量发展和国家安全战略的重中之重。习近平总书记曾多次就新兴产业及相关行业发展作出过重要指示。2023 年，习近平总书记在黑龙江考察期间强调，整合科技创新资源，引领发展战略性新兴产业和未来产业，加快形成新质生产力[①]。这是总书记首次提出新质生产力概念，也是首次将新兴产业与新质生产力联系起来，新兴产业作为形成新质生产力的重要方向，被摆在一个新的高度。2024 年的政府工作报告明确提出"积极培育新兴产业和未来产业。实施产业创新工程，完善产业生态，拓展应用场景，促进战略性

---

① 《习近平在黑龙江考察时强调 牢牢把握在国家发展大局中的战略定位 奋力开创黑龙江高质量发展新局面》，《人民日报》2023 年 9 月 9 日。

新兴产业融合集群发展"。预计在今后一段时间，我国将高度重视新兴产业发展，新兴产业的战略地位会越来越突出。

（三）我国新兴产业加快乘势而兴

1.产业规模化水平明显提升

近年来，我国新兴产业在技术创新、产品创新、产业组织等领域加速取得新突破，新业态、新模式、新产业不断涌现，逐渐由点状突破向建链成群加快迈进，部分行业甚至形成明显的体系化竞争优势，对经济发展的支撑力、引领力和掌控力明显增强（见表4-1）。2023年，高技术制造业增加值占规模以上工业增加值比重从2014年的10.6%上升至15.7%，高技术产品出口额增长了46.1%，对经济增长的贡献度越来越高。在新能源领域，我国已形成绝对领先优势，光伏组件产量已连续16年位居全球首位，多晶硅、硅片、电池片、组件等产量和产能的全球占比均达80%以上。2023年，电动载人汽车、锂电池和太阳能电池等"新三样"产品合计出口1.06万亿元，增长了29.9%，成为稳定出口的新动能。在电子及通信设备制造业领域，2022年营业收入较2012年增长1.8倍，成为增速最快的新兴产业之一（见表4-2）。深圳市2022年电子信息制造业产值2.48万亿元，占全国的1/6，发展水平接近国际一流电子信息制造业集群。

表4-1 2014—2023年我国高技术产业发展趋势

	2023年	2022年	2021年	2020年	2019年	2018年	2017年	2016年	2015年	2014年
高技术制造业增加值占规上工业比重（%）	15.7	15.5	15.1	15.1	14.4	13.9	12.7	12.4	11.8	10.6
高技术产品出口额（亿元）	59279	63391	63266	53692	50427	49374	45150	39876	40737	40570

资料来源：国家统计局。

表 4-2　2012 和 2022 年部分高技术行业营业收入变化　　单位：亿元

年份	医药制造业	电子及通信设备制造业	计算机及办公设备制造业	医疗仪器设备及仪器仪表制造业
2012	17338	52799	22045	7772
2022	26384	149088	26861	14594

资料来源：《中国高技术产业统计年鉴》。

2. 产业集群化水平明显提升

随着新兴产业规模化水平不断提升，产业配套能力逐步增强，我国新兴产业体系不断完善，基本上覆盖了材料、设备装备、终端产品等各个产业链环节。规模体系的完整促进了产业的空间集聚，新兴产业各个环节、新兴产业与传统产业之间的协作关系明显增强，产业发展效率大幅提升，在全国各地形成若干个新兴产业集群。根据工业和信息化部统计，截至 2022 年 11 月，我国形成了 45 个国家级先进制造业产业集群（见表 4-3）。在湖南株洲，围绕中车株机汇聚了 400 多家骨干企业及配套企业，形成了一个整机制造、核心部件、关键零部件协调发展的产业集群，在集群的 5 公里范围内，可以找到生产一台电力机车所需的上万个零部件的配套生产企业。强大的配套体系和产业协作能力极大提高了研制效率，中车株机研制下线一台新的机车车辆产品仅需 8 个月，国际同行通常需要 3 年。在家电行业，以互联网、大数据、人工智能为代表的新一代信息技术加快赋能家电生产制造全流程，极大提升了家电产品生产供应效率。通过与京东集团合作，奥克斯从一个订单的发起到物流配送，都实现了全链的可视、可控、可循，老板电器的数字化物流仓库可以调配 1000 万台以上的产量。

表4-3 我国国家级先进制造业集群

序号	集群名称	序号	集群名称
1	深圳市新一代信息通信集群	24	潍坊市动力装备集群
2	无锡市物联网集群	25	保定市电力及新能源高端装备集群
3	上海市集成电路集群	26	沈阳市机器人及智能制造集群
4	广州市、佛山市、惠州市超高清视频和智能家电集群	27	上海市新能源汽车集群
5	南京市软件和信息服务集群	28	武汉市、襄阳市、十堰市、随州市汽车集群
6	东莞市智能移动终端集群	29	长春市汽车集群
7	合肥市智能语音集群	30	深圳市先进电池材料集群
8	杭州市数字安防集群	31	苏州市纳米新材料集群
9	青岛市智能家电集群	32	宁波市磁性材料集群
10	成都市软件和信息服务集群	33	常州市新型碳材料集群
11	武汉市光电子信息集群	34	宁德市动力电池集群
12	长沙市新一代自主安全计算系统集群	35	宁波市绿色石化集群
13	成渝地区电子信息先进制造集群	36	赣州市稀土新材料及应用集群
14	南京市新型电力（智能电网）装备集群	37	上海市张江生物医药集群
15	株洲市轨道交通装备集群	38	深圳市、广州市高端医疗器械集群
16	长沙市工程机械集群	39	苏州市生物医药及高端医疗器械集群
17	徐州市工程机械集群	40	泰州市、连云港市、无锡市生物医药集群
18	西安市航空集群	41	京津冀生命健康集群
19	广州市、深圳市、佛山市、东莞市智能装备集群	42	温州市乐清电气集群
20	青岛市轨道交通装备集群	43	呼和浩特市乳制品集群
21	成都市、德阳市高端能源装备集群	44	佛山市、东莞市泛家居集群
22	株洲市中小航空发动机集群	45	苏州市、无锡市、南通市高端纺织集群
23	南通市、泰州市、扬州市海工装备和高技术船舶集群		

资料来源：工业和信息化部。

3. 产业自主化水平明显提升

在推动产业规模化体系化发展的同时，我国也在大力提升新兴产业创新能力，产业自主化水平明显提升。一方面，部分行业创新能力提升成效显著。相关数据统计显示，生物制药领域，2023 年全国共有 4 款国产创新药成功获得 FDA 批准上市，国内共发生了近 70 笔创新药许可输出（License-out）交易，已披露交易总金额超 350 亿美元，均创历史新高。如表 4-4 所示，集成电路材料自给率由 2020 年的 50% 提高到 2023 年的 70%；航空航天用高强结构材料自给率由 2020 年的 70% 提高到 2023 年的 85%；高性能复合材料自给率由 2020 年的 60% 提高到 2023 年的 75%；功能薄膜材料自给率由 2020 年的 60% 提高到 2023 年的 70%。另一方面，产业创新能力的提高也带动了综合创新能力的稳步提升。根据世界知识产权组织（WIPO）发布的《2022 年全球创新指数》报告，我国在全球创新指数中的排名升至第 12 位，拥有的全球百强科技创新集群数量首次跃居世界首位。深圳—香港—广州、北京、上海—苏州集群跻身前 10 位，南京、杭州、成都、重庆等集群跻身前 50 位。

表 4-4　高端材料自给率变化情况　　　　　　　　单位：%

材料种类	2020 年	2023 年
高端电子材料		
集成电路材料	50	70
高端显示面板材料	50	70
锂电池材料	60	95
高端结构材料		
航空航天用高强结构材料	70	85
核能材料	80	95
高性能复合材料	60	75

续表

材料种类	2020 年	2023 年
高端功能材料		
稀土永磁材料	90	95
高端特种陶瓷材料	70	80
功能薄膜材料	60	70

资料来源：中国材料研究学会，《中国高技术材料产业发展白皮书（2023）》。

二、新兴产业培育新质生产力的机制分析

（一）新兴产业是科技创新的重要阵地

科技创新在培育发展新质生产力过程中起主导作用。新兴产业因科技创新而兴，是科技创新和产业创新深度融合的领域，新兴产业的发展壮大能进一步促进创新能力提升，培育新质生产力。一方面，新兴产业的发展为创新提供了充足的要素保障。新兴产业在发展壮大过程中，培育了一大批产业发展需要的人才、资本、数据、基础设施和配套产业，这些产业要素也是科技创新、技术创新的必备条件，为提升创新能力、培育新质生产力提供了有力支撑。另一方面，新兴产业与创新是一个相互验证的过程。新兴产业的发展本身是技术创新特别是颠覆性技术创新的结果，同时也为创新提供了导向和检验创新成果的场景。技术创新的成效需要通过相应的产业场景来检验，才能有效筛选出适合产业发展的创新成果。例如，随着在航空航天、医疗装备领域应用面的不断扩大，超材料从最初的边缘技术或者说新兴技术变成新型装备研发和制造领域不可或缺的主流技术。新兴产业的发展壮大，不仅为创新指明了新的发展方向，也为创新成果的应用推广提供了非常有力的支撑，有利于更好地提升创新效率。

（二）发展壮大新兴产业能推动生产要素创新性配置

生产要素创新性配置是催生新质生产力的重要动力之一。新兴产业的发展壮大能从培养新要素、优化要素结构两方面推动生产要素创新性配置，加快形成新质生产力。一方面，新兴产业的发展模式和条件与传统产业明显不同，对生产要素质量、种类的要求明显增加，能催生出新的生产要素。例如，随着以人工智能为核心的新一代信息技术产业加快发展，数据已经成为一种重要的生产要素，围绕数据的收集、存储、处理形成的数字经济产业正在加速发展壮大，深度赋能制造、医疗、教育、公共服务、环境等各行各业。另一方面，新兴产业的发展壮大能优化要素配置方式，充分激发生产要素潜能。新兴产业是以技术创新为驱动的知识密集型产业，代表着新的发展方式，对资本的耐心、人才的质量要求显著提升，这有助于加快培育优质资本和人才，转变严重依赖低技能人才、浮躁式资本的发展路径，深度优化要素配置结构，提升经济发展质量，形成新质生产力。例如，先进半导体光刻机的研制是一个长周期过程，需要巨额资本持续投入和大批高端人才，这与生产一件服装、盖好一栋楼的要求明显不同。新能源汽车产业需要的技术人才不仅包括机械、电子等传统领域的工程师，也需要掌握电池技术、智能驾驶、大数据分析等前沿技术的跨专业人才。

（三）发展壮大新兴产业能够加快生产关系适应性调整

新质生产力的培育发展需要有相适应的生产关系，以充分释放要素活力，激发创新潜能。发展壮大新兴产业有助于加快束缚新质生产力发展的体制机制变革，推动各类要素创新性配置，加快发展新质生产力。一是新兴产业的发展能催生新的行业管理模式。新兴产业是培育新质生产力的主阵地，对科技创新、要素创新配置要求更高，需要政府转变行业管理思维，从支持生产制造端做大规模转向加大研发支持力度，强化知识产权保护，提升产业附加值；需要推动地方政府有序合理竞争，加强全国统一大市场建设，实现要素跨区域自由流动，减少同质化发展和低水平恶性竞争现象。例如，低空经济的发展对改革空域管理制度提出了迫切需求。二是新兴产业的发展能充分激发生产要素的活力。一方面，新兴产业技术导向强，要求变革生产关系，为生产要素提供更大的发挥空间。比如，推行科研体制机制改革，以充分激发科研人员的积极性和创造性。另一方面，发展新兴产业的根本目的是提升人的福祉，强调保障劳动者在企业经营过程中的各项权益，这也将加速劳动者与生产之间的关系变革，将人逐步从被动劳动中解放出来。

三、新兴产业发展面临的问题制约

（一）新兴产业高端化水平有待提升

近年来，虽然我国新兴产业发展质量不断提升，在众多"卡脖子"领域逐步实现突破，但向上顶天的高度还不够。从产品性能质量上看，与国际一流产品仍有不小差距。在汽车领域，中国车企在规模和利润率上远低于国际一流车企。2023 年《财富》杂志世界 500 强企业排名数据显示，大众集团的利润是中国上汽的近 6.3 倍，利润率高达 5.2%。在光通信领域，烽火科技在 10G 及以下光芯片领域已经取得了较高市场份额，但光探测芯片、25G 以上高速率光芯片与国外厂商还有较大差距。在开放式人工智能领域，我国研发的文心一言等与 ChatGPT 综合性能还有较大差距。从企业发展能力看，我国还缺少一流企业支撑新兴产业更好发展。波士顿咨询发布的 2023 年全球最具创新力公司 50 强榜单里中国仅有 10 家企业入选，美国则高达 24 家，且前 6 名的企业均来自美国，中国企业最高排名第 8（见表 4-5）。

表 4-5　2023 年全球最具创新力公司 50 强榜单

排序	公司名称	总部所在地	核心业务领域	排序	公司名称	总部所在地	核心业务领域
1	苹果（Apple）	美国	电子科技	17	耐克（Nike）	美国	服饰
2	特斯拉（Tesla）	美国	电动车和能源	18	IBM	美国	信息技术
3	亚马逊（Amazon）	美国	电子商务	19	3M	美国	矿业及机器制造
4	Alphabet	美国	网络信息服务	20	塔塔集团（Tata Group）	印度	信息技术、材料、能源、汽车
5	微软（Microsoft）	美国	电脑科技	21	罗氏（Roche）	瑞士	制药和诊断
6	莫德纳（Moderna）	美国	生物科技	22	甲骨文（Oracle）	美国	数据库软件
7	三星（Samsung）	韩国	电子科技	23	BioNTech	德国	生物医药
8	华为（Huawei）	中国	通信设备	24	壳牌公司（Shell）	荷兰/英国	炼油和化工
9	比亚迪（BYD Company）	中国	交通和能源	25	施耐德电气（Schneider Electric）	法国	电工
10	西门子（Siemens）	德国	工业、基础设施、交通、医疗	26	宝洁公司（P&G）	美国	化学日用品
11	辉瑞（Pfizer）	美国	生物制药	27	雀巢公司（Nestle）	瑞士	食品
12	强生（J&J）	美国	医药护理	28	通用电气（General Electric）	美国	器材、航空发动机、商业
13	SpaceX	美国	航天	29	小米（Xiaomi）	中国	电器、数码产品及软件
14	英伟达（Nvidia）	美国	芯片	30	霍尼韦尔（Honeywell）	美国	多元化制造
15	埃克森美孚（ExxonMobil）	美国	石油天然气	31	索尼（Sony）	日本	电子、娱乐、信息技术
16	Meta	美国	互联网	32	中国石化（Sinopec）	中国	炼油和化工

排序	公司名称	总部所在地	核心业务领域	排序	公司名称	总部所在地	核心业务领域
33	日立（Hitachi）	日本	电机	42	可口可乐（Coca-Cola）	美国	饮料
34	麦当劳（McDonald's）	美国	快餐	43	奔驰（Mercedes-Benz Group）	德国	车辆制造
35	默克（Merck）	德国	生物医药	44	阿里巴巴（Alibaba）	中国	互联网
36	字节跳动（ByteDance）	中国	信息技术	45	沃尔玛（Walmart）	美国	零售
37	博世（Bosch）	德国	精密机械、电气工程	46	中国石油（PetroChina）	中国	炼油和化工
38	戴尔（Dell）	美国	电脑	47	NTT	日本	电信服务
39	嘉能可（Glencore）	瑞士	大宗商品交易	48	联想（Lenovo）	中国	电脑
40	Stripe	美国	在线支付服务	49	宝马（BMW）	德国	车辆制造
41	沙特阿美（Saudi Aramco）	沙特阿拉伯	能源和石油化工	50	联合利华（Unilever）	荷兰/英国	食品及洗剂用品

资料来源：波士顿咨询、Maigoo 品牌榜。

（二）新兴产业体系化水平有待提升

发展新质生产力，需要体系完整、发展成熟的新兴产业作支撑，也需要传统产业与新兴产业间相互协作、融合发展，通过产业发展的广度释放发展新质生产力的能量。目前来看，我国新兴产业发展广度还不够。一是产业规模不大、体系还不健全。新兴产业虽然发展速度快、势头好，但整体还处在起步阶段，对经济增长贡献还不够。工业和信息化部发布的数据显示，目前，我国战略性新兴产业占 GDP 比重约 13%，还有很大成长空间[①]。新兴产业发展的碎片化特征明显，只是在部分领域、部分环节取得了突破，尚未培育出门类齐全、链条完整的体系。比如半导体产业，我国在先进光刻机、蚀刻机、关键材料等领域仍大幅依赖进口。二是传统产业过快流失冲击产业协作空间。传统产业与新兴产业、未来产业是产业链上的共生关系。受要素成本上涨、国际环境变化、绿色低碳约束趋强影响，叠加部分区域热衷于落地"高大上"产业，部分传统产业外转流失问题严重，破坏了产业协作基础。三是新兴产业国际化发展水平不够。目前，我国新兴产业"走出去"步伐不断加快，但国际化程度还有待提升，"走出去"面临诸多问题挑战。根据市场调查机构 Counterpoint Research 最新的《晶圆代工季度追踪》报告，2024 年第二季度中芯国际在全球晶圆代工行业营收中占比为 6%，远低于台积电的 62% 和三星的 13%。

（三）新兴产业生态化水平有待提升

新兴产业根植于强大的科教创新体系和要素资源支撑。我国新兴产业正处在起步快速发展阶段，产业支撑体系生态化建设还需要进一步完善。我国顶尖人才的数量、质量与美国还存在较大差距，对新兴产业的支撑远远不够。Guide2Research 公布的 2023 年世界 1000 名顶尖计算机科学家中，美国上榜科学家多达 583 名，中国仅上榜 96 名，不及美国的 1/5。在研发投入上，企业研发能力需大幅提升。欧盟委员会发布的"2023 年欧盟工业研发投资记分牌"（*The 2023 EU Industrial R&D Investment Scoreboard*）显示，全球研发支出前 2500 家企业中，美国企业多达 827 家，占研发投资总额的 42.1%，中国企业仅占研发投资总额的 17.8%；研发支出前 100 强中，美国有 39 家，中国只有 24 家。

---

① 资料来源：《国新办举行"推动高质量发展"系列主题新闻发布会（工业和信息化部）》，工业和信息化部官网，2024 年 7 月 5 日。

专栏 "2023 年欧盟工业研发投资记分牌" 基本情况

2023 年 12 月，欧盟委员会发布了 "2023 年欧盟工业研发投资记分牌"，对研发投入排名前 2500 名的企业进行了统计，结果显示，这些企业在 2022 年的研发金额总计较 2021 年增加了 12.8%，达到了破纪录的 12499 亿欧元。同时，还公布了排名前 50 名的企业名单，中国华为位居第 5 名。

从这 2500 家企业所属区域来看，美国有 827 家企业进入榜单，高居第一位，比 2021 年多了 6 家，总的研发投资高达 5265 亿欧元；中国大陆有 679 家企业进入榜单，名列第二位，比 2021 年多了 1 家，总的研发投资高达 2220 亿欧元；日本有 229 家企业进榜，排名第 3 位，但比 2021 年少了 4 家，总的研发投资高达 1162 亿欧元；欧盟有 367 家企业进入榜单，排名第 4 位（其中德国以 113 家上榜企业位居欧盟榜首）；英国有 95 家企业进入榜单，与 2021 年持平，排名第 5 位；中国台湾有 77 家企业进入榜单，排名第 6 位，相比 2021 年减少了 6 家；瑞士有 52 家企业进入榜单，排名第 7 位，相比 2021 年减少了 3 家；韩国有 47 家企业进入榜单，排名第 8 位，相比 2021 年减少了 6 家；加拿大有 29 家企业进入榜单，排名第 9 位，相比 2021 年增加了 1 家；印度有 22 家企业进入榜单，排名第 10 位，相比 2021 年减少了 2 家。

从排名前 50 位企业的研发投资金额排名来看，2022 年全球投入研发金额最高的企业是谷歌母公司 Alphabet，达到了 370.34 亿欧元；Meta 以 315.20 亿欧元排名第 2 位；微软以 254.97 亿欧元名列第 3；苹果以 246.12 亿欧元排名第 4 位；排名第 5 位的是中国大陆企业华为，研发投资额为 209.25 亿欧元；大众排名第 6 位，研发投资额为 189.08 亿欧元；第 7 位是三星，第 8 位是英特尔，第 9 位是罗氏，第 10 位是强生。

如果单独从信息和通信技术（ICT）行业（包括生产计算机硬件、电子和电气设备、半导体和电信设备的企业）来看，2022 年 ICT 行业研发投入位居前十位的厂商分别为苹果（246.12 亿欧元，同比增长 20%）、华为（209.25 亿欧元，同比增长 11%）、三星电子（184.35 亿欧元，同比增长 10%）、英特尔（164.34 亿欧元，同比增长 15%）、高通（76.82 亿欧元，同比增长 14%）、英伟达（68.82 亿欧元，同比增长 39%）、台积电（49.85 亿欧元，同比增长 31%）、AMD（46.92 亿欧元，同比增长 76%）、ASML（30.72 亿欧元，同比增长 26%）、宁德时代（30.72 亿欧元，同比暴涨 110%）。

具体到更为细分的半导体行业来看，"2023 年欧盟工业研发投资记分牌"的数据显示，美国在该领域占据主导地位，其中美国企业占据了所统计的研发投入排名前 2500 位企业当中的半导体企业总数的 37.4%，但是研发投入却达到了所有半导体企业研发投入总金额 841 亿欧元的 62.6%。其中，美国半导体厂商当中研发投入最大的厂商是英特尔，排名第 8 位，研发投入高达 164 亿欧元；英伟达排名第 26 位，研发投入为 69 亿欧元；AMD 排名第 44 位，研发投入达 47 亿欧元。此外，韩国、中国台湾地区、欧盟的半导体企业研发投入也很大。排名第 42 位的台积电，2022 年研发投入达 49.85 亿欧元；排名第 54 位的 SK 海力士，研发投入为 33 亿欧元；

排名第 64 位的 ASML 研发投入为 30.72 亿欧元；排名第 111 位的恩智浦半导体，研发投入为 20 亿欧元；排名第 113 位的英飞凌，研发投入为 19 亿欧元。中国大陆上榜的半导体企业数量虽然在所有上榜的半导体企业总量当中的占比达到了 14.4%，但是总的研发投入只有 28.62 亿欧元，在所有上榜的半导体企业的研发总投入当中的占比仅有 3.5%。其中排名最为靠前的中国半导体企业是 TCL 中环，排名第 508 位，研发投入为 3.48 亿欧元。

资料来源：芯智讯。

（四）新兴产业差异化水平有待提升

在新兴产业发展过程中，各地的低水平同质化竞争问题值得高度关注。近年来，随着房地产等传统行业发展逐渐见底，部分地区面临较大的经济增长压力，纷纷将眼光对准新能源汽车、电子信息、生物制药、光伏等新兴领域，而忽视了自身的比较优势和产业发展规律，带来"一哄而上"同质化低水平发展的风险。以新能源汽车产业为例，各地为了在新能源汽车赛道占据优势，纷纷发布各类政策招引培育相关企业，鼓励现有企业增资扩产。根据企查查大数据研究院发布的数据，截至 2024 年初，我国已有 92.68 万家新能源汽车相关企业，其中2023 年新增注册企业近 31 万家，显示出异常火热的扎堆局面。各地不顾及赛道的拥挤情况，忽视自身基础和产业实际纷纷扎堆新兴产业，虽然在短期内有利于加快新兴产业的产业化，快速实现规模经济效应，但也可能会导致恶性竞争和资源的大量浪费，不利于产业的长期创新和可持续发展。

四、新兴产业发展的主要任务和路径

（一）夯实科技创新基础，提升产业发展新高度

科技高度决定产业高度，新兴产业的高质量发展首先需要打牢科技创新基础。一是强化基础创新支撑力。将基础研究人才培养摆在科技强国战略最突出的地位，依托龙头企业、高校、科研机构培养一批数学、物理、化学三大基础研究领域的顶尖科学家，提升培养阶段的财政支持力度，完善和落实科学家的科研自主权。充分发挥需求引领作用，面向世界科技前沿、面向经济主战场、面向国家重大需求、面向人民生命健康等领域聚集基础研究资源，加快突破一批颠覆性革命性技术和理论创新，培育一批从 0 到 1 的新兴产业。二是提升科技成果转化能力。提高科技资源与产业资源对接效率，围绕科研机构建立完善科技成果转化平台，强化专利交易、资本募集、商业化运作、知识产权保护、上市等全周期服务，加大政策宣传力度和覆盖范围，探索高校科研人员人事制度、经费管理制度改革，提高科研人员转化科技成果的主动性和积极性。

（二）提高产业协作能力，拓展产业发展新广度

一是积极推动新兴产业扩量提质。积极补缺项，提升研发投入水平，加快推动"卡脖子"行业和空白市场的产业化突破；积极做大增量，聚焦市场潜力大、应用空间广的新兴产业，加大要素保障力度，推动新产品应用推广，加快释放产业规模经济效应和提高产业经济效益。二是提升产业协作发展水平。鼓励不同发展水平的企业加强资金链、技术链、人才链、购销链、规则链对接交流，实现要素、产能、市场、品牌深度整合与共享，充分释放集群内产业协作效应。积极推

动高端制造业服务化转型，加快延伸独立研发、服务设计、检验检测链条，积极利用工业互联网培育智能工厂、柔性制造、共享工厂等新业态，打通产业间发展边界，提高资源配置效率。三是积极拓展海外市场。鼓励新兴产业企业向上竞争，强化研发投入和品牌建设，提升海外知名度和品牌形象，积极开拓"一带一路"共建国家和友好国家市场，提升涉外机构服务企业"走出去"能力。

（三）优化产业支撑体系，增加产业发展新厚度

一是强化高端人才引育力度。实施顶级科学家、一流研发人才、高端技能人才引育攻坚工程，打造多层次高端人才队伍体系。持续推进各类教育改革，更加注重顶级人才培养，努力创造优越的顶级人才培养环境，推动高端人才由引育并重逐步向自我培养为主转变。依托重点区域、重点企业、重点研究机构推动选人用人机制改革试点，赋予用人单位更大程度选人用人自主权，加大职称评审、绩效考核、薪酬体制等激励机制改革力度，为顶级人才创造更加宽松包容的工作环境。二是强化财税金融支持力度。对于新兴技术和未来技术研发、人才等关键领域，加大所得税和增值税优惠力度，适时向长三角、京津冀等地区推广粤港澳大湾区个人所得税优惠政策。增强首台（套）装备、首批次材料、首版次软件政策财政资金支持力度。持续优化完善多层次股权市场、债券市场、期货衍生品市场，加大企业上市、并购重组支持力度，强化数字金融赋能，积极拓宽新兴产业领域中小企业融资渠道。三是强化重点要素保障支持。创新供地方式，围绕关键核心领域，探索推行产业链供地模式。加大用能保障力度，扩大重大项目能耗指标单列政策支持范围，争取更多高端制造项目纳入国家能耗单列范围。

（四）因地制宜布局新兴产业，树立产业发展新风度

统筹考虑国家战略需要、生产力与科技资源布局、各地发展定位与产业基础，兼顾发展效率与安全，综合运用重大工程、重大项目、重大政策等有效手段，在重点区域布局一些新兴产业的基础性、公共性、关键性环节，引导新兴产业加快在重点领域取得新突破，加速部分新兴产业的产业化、市场化进程。在一些关键领域充分运用窗口指导等方式合理调节产能有序布局。鼓励各地充分结合自身资源禀赋、产业基础、要素条件、自然区位，紧紧抓住新兴产业发展机遇，从本土产业中发展孕育出新业态、新模式、新产业，利用新兴产业、新兴技术改造提升本土产业，增强新兴产业与本土产业的关联性、根植性，通过新兴产业与本土资源、要素、产业的充分融合协同，以向内拓展新兴产业的发展空间，向外拓展新兴产业发展路径、发展模式的多样性和多元性。

第五章

制胜新赛道：
前瞻布局未来产业

未来产业是由前沿技术驱动，当前处于孕育萌发阶段或产业化初期，具有战略性、引领性、颠覆性和不确定性的前瞻性新兴产业[1]。未来产业在引领经济创新发展、推动人类社会进步、增强国家竞争力等方面发挥重要作用。未来产业是一个与传统产业、新兴产业相对的概念，因科技和时代变化而具有动态性，是增强产业体系接续性、有序性、完整性的重要组成部分。布局建设未来产业是着眼新科技革命的主动作为，是具有前沿预见性的系统部署，既是培育新质生产力、催生发展新动能的关键举措，也是确保我国在日趋激烈的全球科技产业竞争中赢得主动的战略选择[2]。

一、未来产业是培育新质生产力的"先手棋"

当今世界正在经历百年未有之大变局，新一轮科技革命和产业变革加速演进，未来科技和产业将在很大程度上影响全球科技版图、国际分工格局。技术创新进入前所未有的密集活跃期，人工智能、量子技术、生物技术等前沿技术集中涌现，引发链式变革[3]。作为大国发展的必争领域，布局建设未来产业关系新增长点培育和新旧动能转换[4]，

---

① 史丹、渠慎宁：《未来产业展望》，《人民日报》2024 年 4 月 12 日。

② 李子文：《构建支持未来产业发展的政策体系》，《学习时报》2024 年 5 月 1 日。

③ 《在全国科技大会、国家科学技术奖励大会、两院院士大会上的讲话》，中国政府网，2024 年 6 月 24 日。

④ 郭京京、眭纪刚、马双：《中国未来产业发展与创新体系建设》，《新经济导刊》2021 年第 3 期。

关系到我国能否在新一轮科技革命中赢得主动、能否在更新的产业赛道中抢位先行，必须加强顶层设计和战略布局，以更加积极的姿态、更加系统的部署拥抱和发展未来产业。

（一）主要国家进入未来产业抢位谋划期

当前，面对世界主要国家激烈竞争，我国未来产业发展面临"不进则退，慢进亦退"的局面[①]。国际经验表明，能够抓住科技革命与产业变革机遇，率先实现技术革命性突破、迅速形成产业引领优势的国家，往往能够掌握国际竞争的主动权与话语权[②]。当前，围绕科技和产业新增长点的竞争日趋激烈，主要国家在战略布局上不断前移和加力，未来科技、未来产业成为大国竞争博弈的新战场。例如，美国发布了《关于加强美国未来产业领导地位的建议》《未来产业法案》《无尽前沿法案》等文件，加大人工智能、量子信息科学、生物技术、下一代无线网络和基础设施、先进制造、合成生物学等未来产业投入，加力打通基础研究、应用研究、产品开发、产业化、市场推广等全生态流程，以保持美国在全球经济中的先行和引领地位。欧盟发布《促进繁荣的未来技术》《加强面向未来欧盟产业战略价值链报告》《欧洲新工业战略》等战略指引，加快在自动驾驶汽车、氢技术及其系统、智能健康、工业互联网、低碳产业、网络安全等领域布局，提高欧洲面向未来产业的全球竞争力和领导力。日本是国际上最早开展技术预见调查的国家之一，并通过发布《未来投资战略 2018——迈向社会 5.0 和数据驱动型社会的变革》《科学技术创新综合战略 2020》及"第六期科学技术与创新基本计划"等战略规划[③]，描绘了未来产业发展蓝图和重点领域，

---

① 何立峰：《健全因地制宜发展新质生产力体制机制》，《人民日报》2024 年 7 月 30 日。
② 单志广：《把未来产业作为新质生产力的关键突破口》，《经济》2024 年第 4 期。
③ 陈赟：《国企在未来产业发展中应走在前列》，《通信企业管理》2021 年第 11 期。

氢能、生物、量子、人工智能等领域成为其加大研发投入和人才培养的重点。

（二）我国推动未来产业发展的顶层设计不断加强

未来产业是我国现代化产业体系的重要组成部分。2020 年 4 月，习近平总书记在浙江考察时强调，要抓住产业数字化、数字产业化赋予的机遇，加快 5G 网络、数据中心等新型基础设施建设，抓紧布局数字经济、生命健康、新材料等战略性新兴产业、未来产业，大力推进科技创新，着力壮大新增长点、形成发展新动能①。2024 年 6 月，习近平总书记在全国科技大会、国家科学技术奖励大会、两院院士大会上强调，要瞄准未来科技和产业发展制高点，加快新一代信息技术、人工智能、量子科技、生物科技、新能源、新材料等领域科技创新，培育发展新兴产业和未来产业②。《中华人民共和国国民经济和社会发展第十四个五年规划和 2035 年远景目标纲要》提出，前瞻谋划未来产业，重点发展类脑智能、量子信息、基因技术、未来网络、深海空天开发、氢能与储能等领域。2023 年 8 月，工业和信息化部等四部门联合印发《新产业标准化领航工程实施方案（2023 — 2035 年）》，提出未来产业主要包括元宇宙、脑机接口、量子信息、人形机器人、生成式人工智能、生物制造、未来显示、未来网络、新型储能等九大领域。2024 年 1 月，工业和信息化部等七部门发布《关于推动未来产业创新发展的实施意见》，提出重点发展未来制造、未来信息、未来材料、未来能源、未来空间和未来健康六大方向。

---

① 《习近平在浙江考察时强调：统筹推进疫情防控和经济社会发展工作 奋力实现今年经济社会发展目标任务》，《人民日报》2020 年 4 月 2 日。
② 《在全国科技大会、国家科学技术奖励大会、两院院士大会上的讲话》，《人民日报》2024 年 6 月 25 日。

（三）我国在部分未来产业领域发展势头向好

我国发展未来产业部署早、起步快、势头好，在部分领域形成了先发优势。根据全球著名科技咨询独立智库 ICV TAnK 研究，全球最具影响力的未来产业企业有 17.5% 来自中国，在主要经济体中仅次于美国，在量子信息、绿色能源、机器人、元宇宙等领域的创新优势较为突出。在人工智能领域，我国算力、芯片、5G 等新型基础设施领域发展迅速，人工智能技术创新成效显著，在智能工厂、智慧农业、智慧旅游、智能物流等领域的推广力度不断加大，一些新的制造范式和商业模式正在形成。目前，我国人工智能技术在医疗、教育、金融、制造、交通等领域的应用水平全球领先[1]，生成式人工智能的企业采用率达到 15% 左右。在量子计算领域，我国量子计算基础研究能力跻身全球前列，工程化应用不断推进，自主研制的第三代超导量子计算机"本源悟空"已经上线运行。在元宇宙领域，我国元宇宙产业处于应用场景拓宽发展的加速成长阶段，相关专利申请数量全球占比近 30%，在网络游戏、网络社交、文化旅游、工业生产、医疗健康等多个应用领域取得阶段性进展[2]。

（四）国内各地迎来未来产业密集布局期

目前，国内经济发达的东部沿海省份和重点城市已经把未来产业发展作为培育新动能、形成竞争新优势的重要发力点，通过制定专项规划、计划或实施方案，谋划推动未来产业发展。2022 年 6 月，深圳市发布《深圳市培育发展未来产业行动计划（2022—2025 年）》，实施"未来产业引领"计划，在 5~10 年、10~15 年内分别培育 4 个未来产业成长为战略性新兴产业。此后，上海市出台《上海打造未来产

---

[1] 赵志君、庄馨予：《中国人工智能高质量发展：现状、问题与方略》，《改革》2023 年第 9 期。
[2] 中国电子学会：《2023 中国元宇宙产业发展趋势洞察报告》，2023 年 9 月 2 日。

业创新高地发展壮大未来产业集群行动方案》、南京市出台《南京市加快发展未来产业六大专项行动计划》、江西省发布《江西省未来产业发展中长期规划（2023—2035 年）》、浙江省出台《浙江省人民政府办公厅关于培育发展未来产业的指导意见》、北京市出台《北京市促进未来产业创新发展实施方案》、福州市出台《福州市人民政府办公厅关于加快培育发展未来产业的实施意见》。这些规划或方案除了对未来技术和产业发展的重点方向和领域作出部署，还提出了"现有产业未来化"、"未来技术产业化"、构建千亿元未来产业集群、打造未来产业策源高地、构建未来产业创新发展生态等新思路。

二、未来产业发展新质生产力的机制研究

（一）未来产业具有基于技术创新周期演进的动态变化特征

　　未来产业、新兴产业和传统产业是紧密关联、梯度演进的概念。未来产业的发展过程本质上是一个前沿技术取得突破，进而加速产业化的过程。未来产业处于科技创新和产业创新的试错阶段，应用场景和商业模式尚不明确，具有很强的前瞻性和不确定性。新兴产业则初步完成了重大技术试错，已经具有较为明确的产业形态和发展模式。可以说，新兴产业是未来产业发展的必然结果，未来产业是新兴产业的必经阶段[①]。未来产业经过一段时间的培育和孵化，其技术路径相对清晰、产业化模式相对成熟之后，基本上就实现了向新兴产业的演进。有学者认为，当下布局的未来产业应是未来 15~30 年之后的战略性新兴产业，将成为那个时代的战略性新兴产业群。从更长的时间周期来

---

①　王宇：《战略性新兴产业与未来产业的内涵特征》，人民论坛网，2024 年 3 月 28 日。

看，随着技术创新空间减小、市场需求瓶颈显现，由未来产业演变而来的新兴产业也会进入相对稳定甚至逐渐衰退的传统产业发展状态。因此，发展未来产业核心是"先行"，要站在技术创新的前沿、产业孵化的前端、场景构建的前哨、政策措施的前方。

（二）未来产业在要素上是以新技术突破为引领的前瞻谋划

1995 年，美国学者克莱顿·克里斯坦森首次提出"颠覆性技术"，将其定义为"以出乎意料的方式取代现有主流技术的技术"。未来产业的源头是颠覆性、原创性科技创新，这种创新不是对现有技术、产品的渐进式、迭代式、集成式创新，而是在基础科学的层面上彻底改变既往研究范式、开辟崭新领域，衍生形成新的技术路线和技术群，进而创造出具有更高技术含量、更优应用性能的新产品、新服务。作为一个相对新颖的产业概念，不同机构、学者对未来产业内涵特征、发展方向和重点领域的认识也不完全一致。全球著名科技咨询智库 ICVTAnK 综合主要国家关于未来产业的标准和定义，将未来产业界定为量子信息、绿色能源、机器人、元宇宙、先进通信和生物技术六大领域。需要说明的是，未来产业一定是现在看来十分前沿的科学技术支持和科学技术创新成果带来的产物，但前沿科学技术不等于未来产业。从科学技术进步趋势角度判断未来产业具体是什么，只是一条预见路径而已，某个前沿科学技术及其成果不等同于某个未来产业[1]。

（三）未来产业在组织上是从科技创新到产业创新的一体部署

在传统国际分工模式下，科技创新与产业发展在很多情况下是彼此分离甚至完全脱节的，如科技创新和产品开发在发达国家，生产制造在发展中国家。但是，未来产业提供了从科技创新到产业创新的全

---

① 芮明杰：《前沿技术、未来产业与产业主体——对未来产业几个关键问题的理解》，《上海经济》2023 年第 4 期。

新布局契机，创新链、产业链、资金链、人才链深度融合成为未来产业发展的趋势特征和内在要求。在新技术交叉融合趋势下，研发、生产和需求间界限趋于模糊、融合不断加深。一旦未来科技成果转化为现实生产力，形成兼具成本经济性和功能颠覆性的新产品，产业规模就会在短时间内出现指数级膨胀，驱动消费场景、商业模式、企业组织结构等发生深刻变革。在此过程中，未来产业的"首批玩家"会迅速占领新的蓝海市场，形成先发竞争优势，并在大规模商业化应用中积累技术、数据等资源，实现核心技术和产品性能的迭代跃升，构筑起以海量数据、技术标准、知识产权等为支撑的"护城河"。

（四）未来产业在政策上需要兼具精准性和灵活性的生态构建

颠覆性、原创性科技的出现和发展本身就带有极大的不确定性。当前，人工智能、量子技术、生命科学、新能源、新材料等领域在基础科学层面的理论方向相对确定，但当进一步深入细分领域和应用层面时，技术创新就会呈现出多个路线分支，一些技术路线甚至是互相排斥的，"摸着石头过河"、找准技术路线的难度很大。事实上，绝大多数技术路线在概念验证和探索研究阶段就以失败告终。即便是在实验室环境中完全可行的技术，在成果转化时也可能面临技术过度超前、关联支撑不配套、应用场景缺乏等问题，在长周期的反复试错、调试测试和迭代优化中同样面临巨大的失败风险。因此，未来产业在发展逻辑、市场培育、政策支持、体制机制等方面与传统产业和战略性新兴产业存在巨大差异，亟须构建符合未来产业发展规律的发展模式、体制机制、政策体系[①]。

---

① 汪云兴：《争创国家未来产业先导区，引领深圳未来产业新突破》，综合开发研究院官网，2023 年 8 月 14 日。

三、未来产业发展面临的问题制约

（一）对未来产业发展的规律性认识不足，从科技走向现实存在较大不确定性

未来产业的培育、成长和成熟过程不同于过去 40 多年以技术和资本引进为主的传统产业发展路径，也不同于过去 10 多年以应用技术开发和市场推广拉动为主的战略性新兴产业发展路径。关于未来产业，当前地方政府、学界、企业界对其内涵特征、战略地位和发展规律的认识还不充分，甚至存在"把未来产业等同于科技创新""把发展未来产业等同于新一轮项目投资""把未来产业发展等同于应用场景建设"的认识误区，造成未来产业发展的"布局雷同化""战略碎片化""目标短期化""发展项目化"。以量子计算为例，从产业周期上看，量子算法复杂程度高、耗费时间较长、产业化进程缓慢，国际学术界一般认为实现通用量子计算机仍需 10 年甚至更长时间，这显然跟一些地方"突击战式"地推进量子计算发展的投资计划、产业目标存在很大差别。

（二）未来产业发展的基础和短板环节突出，对产业行稳致远构成挑战

未来产业根植于强大的科技创新体系和要素资源支撑。我国从事未来技术研究和开发的技术人员规模较大，论文和专利成果数量较多，但对技术和行业发展有决定性影响的战略领军人才、跨学科复合人才不足，具有原创性和颠覆性的重大研究创新成果不多。在 2022 年全球顶尖科学家排名中，入选"职业生涯终身科学影响力"的我国科学家数量为 9013 人，占比 4.42%，低于美国（81155 人、占比 39.83%）、

英国（18694 人、占比 9.18%）、德国（10989 人、占比 5.39%），2022
年年度科学影响力中国入选科学家 23484 人，占比 11.21%，仅有美国
（69258 人、占比 33.05%）的约 1/3（见表 5-1）。

表 5-1　主要国家全球顶尖科学家分布情况

职业生涯终身科学影响力			2022 年年度科学影响力		
国别	科学家数量（人）	占比（%）	国别	科学家数量（人）	占比（%）
美国	81155	39.83	美国	69258	33.05
英国	18694	9.18	中国	23484	11.21
德国	10989	5.39	英国	16797	8.02
中国	9013	4.42	德国	10087	4.81
加拿大	8815	4.33	加拿大	7889	3.76
日本	8126	3.99	澳大利亚	7603	3.63
澳大利亚	7003	3.44	意大利	7097	3.39
法国	6522	3.20	日本	5694	2.72
意大利	5722	2.81	法国	5588	2.67
荷兰	4259	2.09	印度	4635	2.21

资料来源：根据斯坦福大学、爱思唯尔数据库联合发布的《全球前 2% 顶尖科学家榜单》整理。

在 2022 年人工智能全球最具影响力学者榜单（AI2000）中，美国
入选及提名学者数量为 1146 人次，占比 57.3%，我国仅有 232 人次，
约为美国的 1/5。我国在支撑未来发展的基础理论、关键设施、核心资
源上也有突出短板。例如，国内高校和科研院所大多侧重于新型人工
智能模型开发与训练，但大模型基础技术理论、核心算法、框架平台
研究等方面积累不足、应用效果尚不理想[1]。根据斯坦福大学《2024 年
人工智能指数报告》，2023 年，61 个著名的 AI 模型来源于美国机构，

---

[1]　田永静、范卫国：《我国人工智能发展趋势研究》，《人民论坛·学术前沿》2024 年第 8 期。

我国这一数量为 15 个，不到美国的 1/4。在数据资源上，国内海量数据资源优势的价值潜力释放受到制约，由于数据资源分散割裂、专业数据服务起步较晚，许多领域缺乏准确、完整、及时、可靠、一致的高质量数据，存在数据积累少、缺乏整理标注、数据标准不统一、数据共享机制不完善等问题①。

（三）未来产业发展的良好国际合作秩序被打破，推进未来产业开放合作存在较多变数

未来技术发展是全球议题，协同创新、开放合作是加快技术进步的有效途径。但是，一些西方国家以"国家安全"等名义实施贸易保护主义，企图通过构建排他性、对抗性的逆全球化"小圈子"达到割裂与中国的产业、技术和市场联系的目的。在供给端，西方国家通过限制科研交流往来、禁止技术装备出口、阻挠企业科技合作等②，试图在全球构筑对华科技封锁网，实施产业链供应链"脱钩断链"战略，导致我国开展国际创新合作的难度增大、技术开发的成本和不确定性提高。在需求端，一些西方国家举起贸易保护大旗对我国科技型企业发展和创新型产品出口进行打压，将部分科技型企业和机构列入实体制裁清单，抬高企业参与全球合作的成本甚至剥夺企业国际化发展的机会，导致企业先发优势丧失、推广新技术新产品的市场空间严重受限。

（四）各地布局未来产业高涨的积极性与畏难情绪并存，建立因地制宜的布局引导机制尤为紧迫

在传统产业增长乏力、新兴产业竞争加剧的情况下，许多地方把未来产业当作经济发展新的突破口，部分领域出现扎堆布局和抢风口

---

① 赵志君、庄馨予：《中国人工智能高质量发展：现状、问题与方略》，《改革》2023 年第 9 期。

② 《美对华技术封锁害人伤己》，《光明日报》2020 年 7 月 10 日。

的苗头，争资源、引企业、建项目、抢市场等竞争日趋激烈。以氢能产业为例，有氢气资源的地区、有新能源支撑的地区、有科教资源的地区、有装备制造能力的地区、有应用场景空间的地区都把产业发展的必要条件当作充分条件，纷纷长链条全生态地布局氢能产业。截至2024年5月，国内提出"氢都""氢城""氢谷"等发展口号的城市超过30个，部分省份甚至有两三个城市提出同等定位的氢能发展布局。无序布局不可避免地会带来重复建设和过度竞争问题，甚至重蹈"一哄而上"又"一哄而散"的覆辙，从而对企业竞争秩序和产业发展生态造成不良影响。同时，一些地方认为发展未来产业既"高大上"又"高精尖"，是先进地区、发达城市的方向选择，对于本地来说遥不可及、高不可攀，在发展中把未来产业和传统产业、新兴产业割裂开来，在工作中存在"畏难情绪""观望状态""等待心理"，结合本地资源和优势产业嫁接衍生未来产业的布局不够积极主动[1]，可能错失产业转型契机和动能转换空间。

（五）未来产业发展可能带来一定的社会风险，对防范风险、趋利避害提出较高要求

与高度市场化、批量规模化的成熟产业相比，未来技术突破和产业发展具有较高的不确定性，同时伴随着投资、创新、技术伦理等多重风险[2]。2021年，欧盟发布《工业5.0：迈向可持续、以人为本、富有弹性的欧洲工业》，对技术进步的方向和影响进行了深入思考，提出要将工人的利益置于生产过程的中心位置，强调技术进步需要增进社会福祉，避免大规模失业等社会问题发生。以人工智能为例，人工

---

[1] 胡拥军：《未来产业的发展态势、时空布局与政策建议》，《中国经贸导刊》2023年第11期。

[2] 李春成：《着力四大机制创新，培育区域未来产业》，《青海科技》2023年第1期。

智能大规模应用可能带来内容安全、数据安全、模型安全等多方面问题，大数据处理可能涉及用户隐私和算法偏见问题，人工智能技术的广泛应用可能会引发人们对数字鸿沟问题和失业风险的担忧[①]。根据 Group-IB 发布的《2023—2024 年高科技犯罪趋势报告》，2023 年，有 4583 家公司的信息、文件和数据在勒索软件数据泄露站点上发布，比 2022 年增长 74%。在未来产业发展中因势利导、趋利避害，充分发挥技术创新的正向效应，有效防止技术滥用、数据泄露、文化渗透等负面效应，充分保护个人隐私、有效治理监管、维护社会伦理至关重要。

四、未来产业发展的主要任务和路径

培育发展未来产业是推动我国经济高质量发展的重要动力，是把握新一轮科技革命和产业变革机遇的战略选择，是我国形成先发优势、提升国际竞争力的有力支撑[②]。应深刻认识发展未来产业的紧迫性，把握未来产业孵化具有高不确定性、发展具有高成长性、技术具有多路线迭代性等特点，紧跟前沿、全盘谋划，建立未来产业投入增长机制，围绕基础研究、应用技术研发、产品开发、中试熟化、上市推广、场景拓展以及技术、产品标准形成等环节系统施策，营造鼓励试错和大胆求索的创新友好型生态，推动各类主体"协同作战"，在全新的技术领域和产业赛道中实现突破，以确保我国在未来全球科创版图和经济格局重塑进程中占据先机。

[①] 赵志君、庄馨予：《中国人工智能高质量发展：现状、问题与方略》，《改革》2023 年第 9 期。

[②] 王宏伟：《前瞻谋划布局未来产业》，《经济日报》2024 年 1 月 4 日。

（一）建立未来产业投入增长机制

把握全球科技创新和产业发展趋势，面向国家重大需求和战略必争领域，系统谋划，超前布局，推动人工智能、人形机器人、元宇宙、下一代互联网、6G、量子信息、生物制造、深海空天开发等前沿技术研发和应用推广，构筑未来发展新优势。打造未来产业瞭望站，加强对全球前沿基础科学和关键应用型技术的跟踪分析工作，利用人工智能、先进计算等技术精准识别和捕捉高潜能的颠覆性技术，超前部署培育未来产业。发挥政府"引导者"和"护航人"作用，切实发挥财政资金的杠杆效应和导向作用，建立健全政府科技研发资金、政府产业引导资金与市场化投资基金的联动机制，鼓励金融机构创新适应未来产业特征的金融产品与服务，加大银行、保险、担保、融资租赁等金融机构支持创业投资的合作力度，引导社会资本"投早、投小、投长期、投硬科技"[1]。

（二）推动颠覆性原创性科技创新

基础研究和原始创新是未来产业的"金种子"[2]。增加源头技术供给，加强前沿引领技术、颠覆性技术创新，从制度上落实企业在创新决策、研发投入、科研组织、成果转化中的主体地位。构建"自由探索"和"军团作战"相结合的科研组织模式，针对复杂度高、系统性强、战略性突出的科学问题，实施国家科技重大项目和重大科技攻关工程，加强科研理论组织协调和科研任务合理分工，整合资源力量高效推进科研工作；对于不确定性高、处于"无人区"的基础科研工作，充分赋予科研人员自主权，落实科研经费包干制，优化科研项目评价机制，为科研人员"解绑减负"，让科研人员在探索未知的过程中成

---

① 金观平：《积极探索未来产业投入增长机制》，《经济日报》2024 年 8 月 7 日。
② 李玉举：《超前布局培育未来产业》，《经济日报》2024 年 4 月 23 日。

长为领军科学家。建立"企业界出题、科技界答题"新机制，引导企业和社会资本以加大直接投入、设立基金、公益捐赠等方式支持基础研究。

（三）补强科技成果转化薄弱环节

政府部门要避免代替市场选择特定的技术路线和产品、产业，尊重市场规律和企业主体地位，将更多资源用在推动各类科技成果快速转化上，建立科技成果"沿途下蛋、就地转化"机制。支持高校院所、企业、事业单位等联合建设一批未来产业概念验证中心，围绕科技成果转化"最初一公里"，开展原理验证、技术可行性验证、产品原型制备和验证等服务，降低技术选择的机会成本和成果转化的不确定性。针对细分产业领域，加快建设一批集中试熟化、小批量生产、精密计量、样品测试等于一体的专业化中试平台，发展项目可行性论证、市场调研、商业模式设计、知识产权等第三方服务，压缩成果转化、产品上市和产业育成的周期。加快建成高标准技术要素市场，优化知识产权和科技成果产权交易机构布局，健全科技成果产权制度，繁荣技术交易市场，畅通"技术 – 产业"流动渠道。

（四）积极培育新型未来企业

布局未来产业不只是选择产业方向，关键是培育一大批在未来时空中善于捕捉技术前沿、勇于变革创新、长于市场开拓的创新型企业。适应未来产业的创新型企业在组织方式、生产形态、产出模式、管理方法等方面可能不同于现有企业[1]。适应未来产业特性要求，强化企业创新主体地位，推动建立"科学家＋工程师＋企业家＋投资家"的产学研用协同创新机制和利益共同体，加大对技术驱动的科技型中小企

---

[1]　芮明杰：《前沿技术、未来产业与产业主体——对未来产业几个关键问题的理解》，《上海经济》2023 年第 4 期。

业扶持力度，构建完善硬科技初创企业发展体系。支持企业深度链接创新端、制造端、市场端资源，创新资源配置组合新模式，建立灵活高效的运行模式和管理组织架构，激发劳动、知识、技术、管理、数据和资本等生产要素活力[1]。鼓励领军企业提升技术、专利、标准、品牌等竞争力，支持企业参与制定未来产业标准规范，增强产业发展新生态的引领力。建立高层次、常态化的企业技术创新对话咨询制度，发挥企业和企业家在国家创新决策中的重要作用[2]。把行业发展主动权交给企业，激发企业家创新创业热情，加大未来产业企业经营管理人才培养力度。

（五）开拓技术和产品应用场景

发挥我国超大规模市场对于前沿科技应用和新产品推广的强大支撑作用，在精准有效管控各类风险的前提下，构建多层次、差异化的技术和产品应用场景，在真实场景中加速技术、产品迭代升级，从需求侧牵引未来产业发展壮大。推动未来技术与生产、生活、生态、治理各领域全环节融合，重点扶持行业级、场景级系统解决方案供应商，鼓励优势企业围绕场景拓展行业应用领域，孵化未来产业产品[3]。综合采用政府采购、消费补贴、资质发放、试点示范等方式持续释放场景资源，推动人工智能、量子技术、生命科学、氢能源等领域的新技术新产品率先落地应用。强化新型基础设施建设，重点布局高性能算力、下一代通信网络、数字孪生城市等相关设施，为开拓全新应用场景提供基础支撑。

（六）建立因地制宜的布局引导机制

习近平总书记指出，发展新质生产力要防止一哄而上、泡沫化，

---

① 原磊、张弛：《新质生产力"新"在何处》，《旗帜》2024 年第 4 期。
② 李锋：《强化企业主体地位增强科技支撑》，《经济日报》2024 年 5 月 7 日。
③ 《未来产业成为各地谋长远的重头戏》，国家发展和改革委员会官网，2023 年 8 月 14 日。

也不要搞一种模式[①]。明确国家未来产业先导区建设条件和要求，引导各地因地制宜建设省级未来产业先导区，合理布局未来科技重大设施、平台载体，重点突出、稳步有序地推动未来产业发展。引导各地客观理性看待自身发展优势和潜力空间，结合本地资源禀赋、产业基础、科研条件等，在科技创新、整零配套、应用推广等方面错位布局、协同合作，鼓励相关地区共建未来技术创新高地、共育未来产业发展集群。鼓励各地把未来产业发展有机融入地方产业体系和全国未来产业赛道，既要保持市场敏锐和发展热情、做到前瞻部署，又要避免一哄而上"追风口"、撒网布局"求全面"，既要清醒认识客观规律、做到有所为有所不为，又要避免犹豫不决"失窗口"、畏缩不前"漏机遇"。

（七）逐步建立完善安全风险防范机制

针对人工智能、数据信息、生物制造等新技术安全治理难题，建立创新发展与有效监管相平衡、弹性空间与底线约束相衔接的风险防范机制，避免过度监管阻碍技术创新发展，防止疏于管理引发各种风险。构建多元参与、协同共治的未来产业治理机制，完善科技伦理审查和监管制度，强化风险研判和监测预警。增强技术治理能力，强化人工智能数据安全、隐私保护等技术研发，提高技术和产业安全性测试评估能力。明确安全底线约束，开展生成式人工智能、信息安全利用等法律问题研究[②]，加快推进安全法规体系建设，明确相关主体权利、义务及责任边界，建立完善追溯问责机制。

---

① 《习近平在参加江苏代表团审议时强调 因地制宜发展新质生产力》，《人民日报》2024 年 3 月 6 日。

② 赵志耘：《做好人工智能发展的风险防范》，《学习时报》2023 年 10 月 23 日。

第六章

繁荣新主体：
发展壮大科技领军企业

党的二十届三中全会提出构建支持全面创新体制机制，把深化科技体制改革摆在重要位置。其中，进一步强调了要强化企业科技创新主体地位，建立培育壮大科技领军企业机制。企业是科技创新的主体，是现代化产业体系建设的基本单元，也是国家创新体系的微观基石。发展新质生产力的微观过程，可以看作企业运用新要素、进行新组合、形成新产业的过程。作为国家战略科技力量重要组成部分的科技领军企业，具有满足市场需求、集成创新、组织平台的优势，是将科技创新和经济发展紧密结合的重要载体，是牵引现代化产业体系迈向全球价值链高端的创新主体，是实现高水平科技自立自强的先锋队，是打通从科技强到企业强、产业强、经济强通道的关键力量，更是促进新质生产力加快发展的先导力量和重要主体。

一、科技领军企业是发展新质生产力的重要主体

科技领军企业是肩负科技创新使命、科技创新能力强、产业引领能力强、产业链创新链整合能力强、国际竞争能力强的创新型企业，科技领军企业可在技术突破、要素配置优化、产业转型升级等方面发挥重要主体引领作用，为加快发展新质生产力提供有力支撑。

（一）科技领军企业具有明确科技创新使命和"四强能力"特征

科技领军企业既不同于一般的龙头企业、大型企业，也不仅仅是世界一流企业，而且是具有明确科技创新使命和显著"四强能

力"特征的创新型企业。一是具有明确的科技创新使命。作为国家战略科技力量的重要组成部分，科技领军企业肩负着支撑国家科技自立自强、国家创新体系效能提升、科技强国建设的重要使命，要立足中国、面向全球，在关键核心技术攻关、以科技创新引领产业创新、全球科技和产业制高点竞争方面发挥重要作用。二是科技创新能力强。科技领军企业具有高强度的硬科技投入和完善的创新组织体系，可持续开展自主创新和引领创新，在关键共性技术、前沿引领技术和颠覆性技术等方面拥有代表性的硬科技产出，并以此形成核心竞争力。三是产业引领能力强。科技领军企业处于产业链的主导位置，对产业链上下游和产业生态具有一定控制力，能够发挥自身比较优势，充分整合和利用外部资源，有效增强产业链上下游之间协同发展，引领带动整个产业链和关联产业不断迭代升级。四是产业链创新链整合能力强。科技领军企业是科技和经济最紧密的结合点，有意愿面向市场需求开展应用牵引的基础研究和创新活动，有能力组织产学研融合创新和促进科技成果在产业链上下游高效转化，有实力整合各方创新资源开展关键核心技术攻关和集成创新。五是国际竞争能力强。科技领军企业在全球市场代表国家参与竞争，在行业标准制定、发明专利掌控等方面位居世界同行前列或领先地位，其研发方向代表了所在产业的未来发展趋势，科技领军企业的竞争力在一定程度上代表了国家科技创新在其所在领域的全球竞争力。

（二）发挥科技领军企业引领作用是新质生产力发展的重要路径

近年来，创新型企业已经成为研发投入、科技成果产出等方面的主要力量，是发展新质生产力的重要主体，特别是科技领军企业的引领作用进一步彰显。在企业数量方面，我国高新技术企业从 2012 年的

3.9 万家增长至 2022 年的 40 万家，科技型中小企业达到 45.4 万家[①]。华为、京东方、OPPO 等科技领军企业的 PCT 专利申请量位居全球前十位，2023 年估值在 10 亿美元以上的独角兽企业超过 300 家，数量位居全球第二位。在研发投入方面，2023 年高新技术企业贡献了全国企业 68% 的研发投入，超过 700 家企业进入全球企业研发投入 2500 强。在科研组织方面，2022 年国家重点研发计划中，企业参加或牵头的占比已接近 80%[②]；2023 年企业通过产学研合作解决关键技术或核心零部件攻关问题的比例达到 56.1%，解决新技术市场应用前景开发问题的比例为 50.1%。在成果转化方面，2023 年国家高新技术企业发明专利产业化率达到 57.6%，超过全国企业平均水平 6.3 个百分点，比非高新技术企业高 19.5 个百分点[③]；2022 年，全国技术合同成交额达 4.8 万亿元，企业贡献了超过 80% 的技术吸纳[④]。

新质生产力的发展，需要有一批肩负科技创新使命、科技创新能力强、产业引领能力强、产业链创新链整合能力强、国际竞争能力强的科技领军企业，聚焦国家战略、产业发展重大需求和科技前沿实现技术革命性突破，作为劳动者、劳动资料、劳动对象及其优化组合跃升的载体实现生产要素创新性配置，促进科技创新成果在具体产业和产业链的及时应用，实现产业深度转型升级，为加快发展新质生产力提供有力支撑。

二、科技领军企业促进新质生产力发展的作用机理

科技领军企业在科技创新中发挥引领性主体作用，可集聚新质生

---

①②④ 金观平：《强化企业科技创新主体地位》，《经济日报》2023 年 4 月 27 日。

③ 国家知识产权局：《2023 年中国专利调查报告》，2024。

产力发展的核心要素。科技领军企业是统筹推进传统产业升级、新兴产业壮大、未来产业培育的关键主体，可有力支撑现代化产业体系建设这一新质生产力发展的重点任务。由科技领军企业牵头，积极探索科技创新和产业发展的新模式，可助力构建与新质生产力更相适应的生产关系。

（一）以科技领军企业为主体引领科技创新，集聚新质生产力发展的核心要素

科技创新是发展新质生产力的核心要素，企业是科技创新的主体，科技领军企业更是在技术创新决策、研发投入、科研组织、成果转化等科技创新的各个环节都发挥着引领作用。在技术创新决策方面，科技领军企业掌握前沿产业技术，同时拥有较高的市场敏锐度，通过参与国家重大攻关项目和重大科技决策，可有效提高技术创新决策的针对性、有效性，并高效迅速响应市场需求。在研发投入方面，科技领军企业是最重要的资金来源之一，特别是其面向应用的基础研究和新技术研发，对发展新质生产力尤为重要。欧盟面向全球研发投资额排名靠前的 2500 家企业的调查显示，中国大陆上榜企业达到 679 家，2022 年度的平均研发投入经费达到 3.27 亿欧元。我国研发资金中来自企业的比重已超过 3/4，位居全球前列。其中，规上企业研发支出占全部企业的比重达到 81.1%。在科研组织方面，科技领军企业通过带动高校、科研院所、产业链上下游企业开展联合攻关等项目组织机制，高效完成高水平目标导向的研发活动，可有效提升科技创新效率且精准匹配经济需求。科技创新要特别发挥领军企业在关键核心技术攻关中的牵头作用。在成果转化方面，科技领军企业是科技创新成果实现从科学到技术、从技术到产业化落地应用的主体，通过其主导的产学研深度融合，可及时将高质量科技成果转化为新质生产力。

培育发展新质生产力的新动能，必须加强原创性、颠覆性科技创新，打好关键核心技术攻坚战，加快实现高水平科技自立自强。科技领军企业是国家战略科技力量的重要组成部分，承担着实现高水平科技自立自强的重要使命，也面临着全球产业激烈竞争的直接冲击，通过其牵头整合创新资源，与国家实验室、国家科研机构、高水平研究型大学等组成高效能高级别创新联合体，能够聚焦国家战略和产业发展重大需求开展关键核心技术攻关，积极摆脱技术路径依赖和"卡脖子"技术限制。我国科技创新处于由量到质、从点的突破向系统提升的重要阶段，作为重大科技方向的提出者和科技成果的应用者，科技领军企业是新技术新动能的重要策源地，在应用基础研究和前沿技术开拓方面发挥创新引领作用，有动力、有能力解决难度高和周期长的原创性、颠覆性技术研发问题，是推动科技创新阶段转变、跃升的主力军和关键力量。

（二）以科技领军企业为主体建设现代化产业体系，夯实新质生产力发展的载体支撑

发展新质生产力，要及时将科技创新成果应用到具体产业和产业链上，不断完善现代化产业体系。统筹推进传统产业升级、新兴产业壮大、未来产业培育，是发展新质生产力和现代化产业体系建设的战略选择和重点任务。科技领军企业是将科技创新和产业创新深度融合、促进科技成果向现实生产力转化的关键主体，是现代化产业体系建设的引领性微观主体，是科技创新和产业现代化的最大交集。一方面，加快传统产业转型升级，需要广泛应用数智技术、绿色技术等新技术，积极促进产业高端化、智能化、绿色化发展，科技领军企业在产业链融通创新中具有引领作用，通过牵头整合集聚创新资源，组织产学研、大中小企业等各类创新主体深度融合融通，加快突破产业共性技术，并通过产业链的传导赋能上下游企业，带动全产业链研发创新，最终引领行业整体提质升级。另一方面，战略性新兴产业是以重大技术突破和重大发展需求为基础的知识技术密集型产业，未来产业则是由前沿技术驱动，具有显著战略性、引领性、颠覆性和不确定性的前瞻性新兴产业，科技领军企业自主创新能力强，掌握行业内前沿技术和未来发展方向，能够带动科技型中小企业形成跨领域、大协作、高强度的一体化攻关机制，共同探索前沿科技、发展新兴产业、抢占未来产业制高点。通过科技领军企业的引领，能够形成自下而上的产业创新动能，由传统优势产业到战略性新兴产业再到未来产业依次递进，加快形成支撑新质生产力发展的现代化产业体系。

发展新质生产力，要围绕其布局产业链，提升产业链供应链韧性和安全水平，保证产业体系自主可控、安全可靠。现代化产业体系也需要满足完整性、先进性、安全性的要求。科技领军企业的科技创新使命明确，肩负着自主创新、关键技术攻关的重要职责，其成长和发展受到国家战略和重大需求的影响较大，也是直面国际化挑战和抢占全球产业制高点的竞争主体。科技领军企业掌握的产业关键技术和前沿技术是国家实现高水平科技自立自强的关键，其主导的各类创新主体融通创新可聚焦弥补技术空白和解决瓶颈制约，加快突破关键核心技术、"卡脖子"技术，是保障产业链安全、掌握发展主动、提升供应链水平的主要途径之一。同时，科技领军企业的重大原始创新成果，依托其自身的规模经济与范围经济，通过科技成果转化及产业化、科技资源共享服务、技术领域的基础设施建设以及人才、资金的一体化配置，叠加关键核心技术攻关对产业链整体跃迁的促进，能够支撑高端产业的发展和突破，还可对所在地区和产业产生辐射作用，促进产业聚集和产业升级，有效提升我国产业基础能力和产业链现代化水平。

（三）以科技领军企业为主体构建新模式，探索更加高效的科技创新和要素配置体制机制

发展新质生产力，必须形成与之更相适应的生产关系。通过进一步全面深化改革，打通束缚新质生产力发展的堵点卡点，让各类先进优质生产要素向发展新质生产力顺畅流动。其中，建立围绕企业特别是科技领军企业配置创新资源的体制机制，对于促进新质生产力发展尤为重要。科技领军企业不仅是新质生产力供给者，还能够以新技术、新组织模式等助力形成与新质生产力更相适应的生产关系。

在科技体制方面，重点就是要形成以企业为主体的科技创新体制机制，特别是要充分发挥科技领军企业的引领作用。科技领军企业充分发挥其研发投入大、技术水平高、人才储备足的综合优势，通过参与重大科技专项决策和攻关、参与重大应用场景和重大科学基础设施共建等，牵引完善创新链、整合汇聚创新资源、激发创新要素活力、打造创新生态、提升创新体系综合效能，能够推动关键核心技术、产业共性技术加快突破，推进自主创新、开放创新、集成创新一体布局，促进创新链产业链资金链人才链深度融合，不断提高科技成果转化和产业化水平。应使科技领军企业真正成为科技创新的"出题人""答题人""阅卷人"和重大创新场景建设者。

在经济体制方面，充分发挥科技领军企业作用，有利于提升市场配置资源效率，为各类先进优质生产要素向发展新质生产力顺畅流动提供渠道和载体。科技领军企业在资源集聚、创新孵化和生态构建方面具有引领作用，既是构建企业牵引、高校科研院所支撑、各创新主体相互协同的高能级创新联合体的主导主体，有效链接"有为政府"和"有效市场"，全面提升产学研协同创新效率；又可为产业链内创新型中小企业提供重要的应用场景和产业化平台，促进大中小企业融通

创新，牵引各类企业围绕新质生产力发展的新要求完成新任务、布局新场景，为新质生产力发展提供由点到线及面的系统性微观主体支撑。在社会主义市场经济条件下，以科技领军企业为主体，可利用市场内在的供求机制、价格机制、竞争机制等作用，促进各类先进优质生产要素向最有效率的部门和地区流动聚集，实现最佳组合和效益提升，有助于让一切科技创新资源充分涌流，促进各类企业迸发出创新主体活力，提升国家创新体系整体效能。以创业投资为例，科技领军企业比传统投资方更加了解和关注专精特新等创新型企业的长期发展，能够通过市场机制进行企业筛选，除资金以外，可以为其他创新型企业提供更多产业资源和平台支持，更有利于科创企业和创新型中小企业的持续发展。比如，华为哈勃、联想创投和腾讯投资等均投资了大量的专精特新企业。

发展新质生产力，还需要通过扩大高水平对外开放营造良好国际环境。科技领军企业是开放创新的主体。纵观世界科技领军企业，大部分是通过重组、整合、跨国经营和上市融资等方式，并经过市场竞争检验逐步发展的。科技领军企业结合自身发展，通过跨国并购、海外上市、建立境外研发机构、与国外高校科研机构联合研究等各种形式，能够有效促进形成开放包容、互惠互利的国际科技创新交流合作生态，助力为发展新质生产力营造良好国际环境。

三、科技领军企业面临的问题和挑战

近年来，我国科技领军企业发展较快，支持政策也有较多有益探索。但是，科技领军企业数量仍然较少、体量相对小且创新能力偏弱。同时，面临着发挥科技领军企业引领作用的体制机制仍待完善、后备力量接续不足、创新资源集聚有待加强、创新生态仍需优化等问题，给科技领军企业发展带来不小挑战。

（一）我国科技领军企业数量少、体量相对小且创新能力偏弱

我国拥有关键核心技术、能够开展颠覆性创新的科技领军企业较少且未完全形成集群优势，除华为等少数企业以外，缺少具有广泛国际影响力的自主品牌。在 2023 年《财富》杂志世界 500 强企业榜单中，中国企业达到 142 家，已连续 5 年位居世界第一，但科技型企业相对较少，特别是对全球产业链供应链有较强影响力的科技领军企业更少。在科睿唯安 2024 年度全球百强创新机构中，中国大陆的企业仅有 5 家，远低于日本的 38 家、美国的 17 家。在波士顿咨询发布的 2023 年全球前 50 家最具创新力公司榜单中，中国的华为、比亚迪等 5 家企业上榜，而美国则有 25 家，占据了榜单的半壁江山。从市值看，对比中美两国在软件和计算机服务领域的前四大科技企业，中国的腾讯、阿里巴巴、百度、网易（华为未上市，无市值数据）的总市值为 7100 亿欧元，而美国的 Alphabet（原谷歌）、Meta（原脸书）、微软（Microsoft）、苹果（Apple）总市值则为 51500 亿欧元，是我国的 7.25 倍，且两国头部企业的差距有逐渐扩大趋势（见表 6-1）。

在创新活动方面，我国企业整体研发强度仍然较低，2022 年全国规模以上工业企业研发投入占营业收入的比重不足 1.4%，远低于发达国家 2.5%~4% 的水平，有研发活动的企业比重不足四成。具体到科技领军企业，在 2022 年全球研发投入最多的 2500 家企业中，我国大陆上榜企业平均研发投入经费为全部企业平均值的 65.4%，是上榜企业数量排名第一位的美国的 51.3%，且只有华为一家企业的研发投入超过全部上榜企业均值。从研发强度看，我国排名前十位的企业平均研发强度为 7.8%，低于所有企业平均值 16.7% 的强度，也低于

表6-1　中美上市企业中前四大数字科技企业市值对比　　单位：千亿欧元

		2018 年	2019 年	2020 年	2021 年	2022 年
中国	腾讯	3.6	3.5	5.3	4.0	3.8
	阿里巴巴	1.7	2.6	6.3	5.2	2.4
	百度	0.5	0.3	/	0.4	0.4
	网易	0.2	0.3	0.6	0.6	0.6
	合计	6.1	6.7	/	10.2	7.1
美国	Alphabet（原谷歌）	3.2	3.2	4.0	7.7	6.1
	Meta（原脸书）	3.7	4.0	5.7	8.0	3.5
	微软（Microsoft）	7.5	9.4	13.9	20.0	18.3
	苹果（Apple）	9.6	8.4	18.2	22.2	23.7
	合计	24.0	24.9	41.9	57.9	51.5

注：本表数据保留小数点后一位，为加总后"四舍五入"的结果。

资料来源："2023 年欧盟工业研发投资记分牌"。

美国前十位企业平均值 16.3% 的水平。我国科技领军企业在研发投入规模和强度上，距离世界领先水平仍有一定差距。此外，在有研发活动的企业中，以模仿创新、引进消化吸收再创新、对新技术的应用为主，自主创新、原始创新不足。主要表现为在我国企业研发经费内部支出结构中，基础研究、应用研究、试验发展的投入比重差别巨大，2022 年分别为 0.73%、3.34% 和 95.93%。其中，基础研究占比虽然呈现持续增长趋势，但整体占比不足 1%，应用研究占比在 3% 左右，试验发展的比重有下降态势但仍然维持在 95% 以上，呈小幅轻微回落态势（见表 6-2）。规上企业的基础研究支出占全部企业基础研究支出的 62.3%，应用研究占比为 71.3%。但是，在规上企业的全部研发支出中，基础研究和应用研究的占比仍然较低，分别仅为 0.56% 和 2.9%，甚至低于全部企业平均水平。基础研究、应用研究是原创性、颠覆性科技创新的源泉，特别是市场导向的应用基础研究应成为

表6-2 2012—2022年企业研发投入内部经费支出情况

年份	企业研发投入内部经费支出		基础研究			应用研究			试验发展		
	金额（亿元）	占全国比重（%）	金额（亿元）	占全国比重（%）	占企业内部支出比重（%）	金额（亿元）	占全国比重（%）	占企业内部支出比重（%）	金额（亿元）	占全国比重（%）	占企业内部支出比重（%）
2012	7842.24	76.15	7.09	1.42	0.09	238.86	20.56	3.05	7596.29	87.94	96.86
2013	9075.85	76.61	8.61	1.55	0.09	249.2	19.64	2.75	8818.04	87.98	97.16
2014	10060.64	77.30	10.00	1.63	0.10	315.16	22.54	3.13	9735.48	88.48	96.77
2015	10881.35	76.79	11.4	1.59	0.10	329.31	21.54	3.03	10540.65	88.39	96.87
2016	12143.96	77.46	26.08	3.17	0.21	368.57	22.89	3.04	11749.31	88.72	96.75
2017	13660.23	77.59	28.94	2.97	0.21	438.26	23.70	3.21	13193.02	89.25	96.58
2018	15233.72	77.42	33.49	3.07	0.22	578.23	26.39	3.80	14622.01	89.18	95.98
2019	16921.79	76.42	50.77	3.80	0.30	560.71	22.44	3.31	16310.31	89.08	96.39
2020	18673.75	76.55	95.61	6.52	0.51	565.18	20.50	3.03	18012.96	89.31	96.46
2021	21504.06	76.92	166.79	9.18	0.78	706.19	22.45	3.28	20631.08	89.72	95.94
2022	23878.57	77.57	174.92	8.64	0.73	797.17	22.89	3.34	22906.49	90.62	95.93

资料来源：《中国科技统计年鉴》。

科技领军企业的研发重点，进而形成从科技创新到产业创新的闭环，基础研究、应用研究的投入不足不利于持续培育发展新质生产力的新动能。

（二）发挥科技领军企业引领作用的体制机制有待完善

科技项目组织实施机制有待完善。目前科技项目来源以高校和科研机构申报、政府主管部门审批下达为主，实施主体多为高校和科研机构，财政科技经费配置也以高校和科研机构为主，对科技领军企业参与国家重大科研项目支持不够，导致相关科研工作的国家需求导向和产业化方向不明确，科技投入产业效益不高。比如，从经费来源看，企业研发经费长期主要依靠自筹经费，2022 年占比高达 97.38%，政府资金、国外资金所占比重都较小（见表 6-3）。

表 6-3 2012—2022 年企业研发资金来源占比 　　　　单位：%

年份	政府资金占比	企业资金占比	国外资金占比	其他资金占比
2012	4.63	93.03	1.13	1.21
2013	4.51	93.23	1.04	1.23
2014	4.20	93.72	0.92	1.16
2015	4.26	93.72	0.87	1.15
2016	3.70	94.68	0.76	0.86
2017	3.44	95.04	0.75	0.77
2018	3.23	95.58	0.39	0.80
2019	3.83	96.07	0.07	0.02
2020	2.81	96.61	0.43	0.15
2021	2.90	96.80	0.22	0.08
2022	2.40	97.38	0.16	0.06

注：本表数据为保留小数点后两位"四舍五入"后的结果。

资料来源：《中国科技统计年鉴》。

科技成果产业化率较低。一方面，高校、科研院所与企业技术需求缺乏衔接，许多成果仅仅是为了项目验收和职称评审，导致很多科研成果无法进行转化。另一方面，由于高校和科研机构的研究成果资产管理方式不清、成果转化的资金支持以及市场、法律等方面专业知识不足，导致高校、科研院所科研成果向企业转化的渠道尚不通畅。2022 年我国有效发明专利产业化率为 36.7%，但高校发明专利产业化率仅为 3.9%。

（三）科技领军企业后备力量接续不足

技术基础较好、产品和品牌竞争力较强、发展潜力较大的创新型中小企业，既是建设现代化产业体系、发展新质生产力的重要支撑，也是科技领军企业的关键后备力量，需加大梯次培育力度。其中，专精特新企业是在相关领域深耕多年、掌握产业链供应链部分关键技术和核心零部件供应的主体，独角兽企业对引领科技变革、产业变革、社会变革具有重大意义，均是科技领军企业的重要"预备队"。但是，目前我国创新型中小企业数量不足、实力不强问题较为突出。比如，在胡润研究院《2024 全球独角兽榜》中，我国以 340 家企业的数量排名第二位，但与位于第一位的美国 703 家企业相比，总量不足美国的一半。我国独角兽企业的全球占比也由 2019 年的 41.70% 下降到 2024年的 23.40%（见图 6-1）。在独角兽企业总体数量和增长速度上，我国还存在一定差距。

此外，创业投资是创新活力的重要体现，其资金流向代表了未来具有潜在商机的新兴领域，同时为新技术和产品进入市场提供外部资金支持，对创新型中小企业的发展具有重要支撑作用。但是，近年来我国创业投资吸引力呈下降趋势。我国吸引创业投资占全球的比重在 2016 年达到 38.91% 的峰值，随后几年逐步下降，2022 年降至16.33%，降幅超过一半（见图 6-2）。

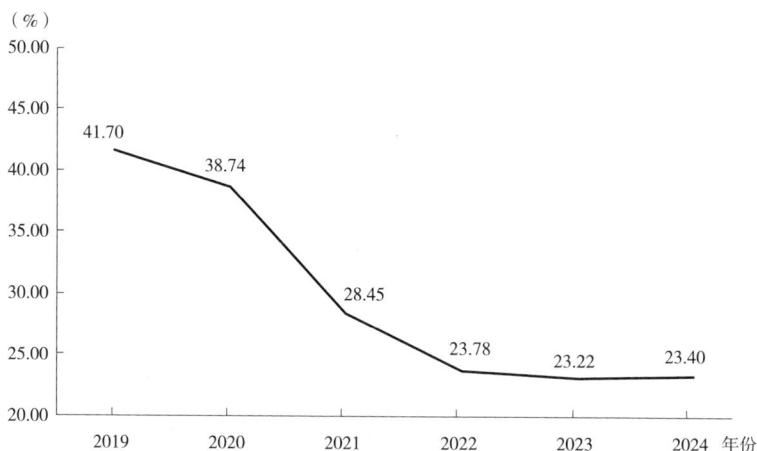

图6-1　近年来中国独角兽企业全球占比情况

资料来源：《2024 全球独角兽榜》。

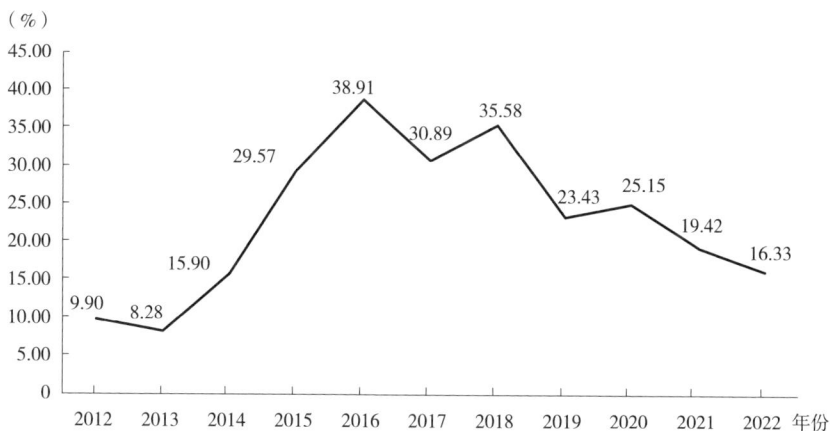

图6-2　近年来我国吸引创业投资占全球比重

资料来源：美国国家科学基金会。

（四）创新资源向企业集聚有待加强

金融支持力度有待加大。尽管资本市场全面注册制改革已正式实行，但是国内创业板和科创板的上市门槛相对较高、审核程序相对复杂、审核时间相对较长。特别是对于一些以轻资产、研发投入为主要支出，盈利能力尚在积累的企业，还未形成完全匹配新质生产力发展的评价标准，一定程度上影响了金融市场对创新型企业的支持效果。此外，我国创业投资市场起步较晚，投资早期的理念仍不够普及，募资难问题仍在制约大部分创投机构，不附带附加诉求且有"耐心"的长期资金仍然稀缺。

人才供需不匹配。我国高等院校毕业生，特别是优秀人才，多选择到政府部门、国有企业、高等院校和科研机构就业，到企业就职的意愿还不强。虽然我国人力资本红利十分可观，但是企业，特别是创新型企业始终面临人才短缺问题，而高技术人才到企业任职也有较多顾虑和困难。国家知识产权局调查显示，2023 年，55.2% 的企业专利权人反映缺少高端专业人才是制约专利产业化的最大困难和障碍，这一比例较 2022 年提高了 6.5 个百分点[1]。

（五）内外部创新生态仍需优化

知识产权综合保护有待完善。一方面，目前仍存在对知识产权保护的法律意识不强的现象，一些企业习惯于通过"仿造""挖人"等办法跟风发展、同质化竞争，亟须相关政策进一步规范市场竞争秩序、优化企业创新环境。另一方面，存在知识产权案件审理技术难度大、事实认定难、跨行政区域跨行业领域等困难，知识产权纠纷"判赔率"有待提高，新兴领域知识产权保护规则亟须加快推进，海外知识产权维权支持能力有待提高，知识产权争议解决的人才队伍建设与现实需求仍不匹配。

国际竞争的封锁打压日益严峻。当前，少数发达国家推行逆全球化，通过技术管制、"友岸外包"、"小院高墙"等方式，联合盟友全力打压我国具有相对技术领先优势的行业，破坏产业生态，遏制产业向

---

[1]　国家知识产权局：《2023 年中国专利调查报告》，2024。

上攀升，且封锁打压不断升级。科技领军企业首当其冲，面临着外部的全产业链精准化打压，存在创新进程被迫减缓、创新带动力被削弱的风险。从新技术新产品获取渠道来看，相关国家的出口限制和投资审查日益趋紧。通过扩大出口管制范围、使用"长臂管辖"手段等方式，对高技术产品进行出口封锁。通过建立或调整所谓的安全审查制度，设置更加复杂的审查机制、更加有针对性的界定标准，收紧甚至禁止我国企业开展跨境并购交易。被美国列入"实体清单""特别指定清单"等9张"清单"的我国相关企业和机构中，多数是相关领域的科技领军企业。生物医药、电子信息、新材料、航空设备、医疗器械等我国高技术产业重点领域面临的技术封锁趋紧。从市场准入和产业布局来看，相关国家一方面，以国家安全为由禁止中国企业和产品进入市场，不断扩大对我国科技领军企业的封锁范围。另一方面，推动产业链供应链重新布局。通过加征关税、支持在华跨国企业转移、建立新规则等举措，推动高技术行业产业链"去中国化"。比如，美国联合欧洲、日本、韩国等国家和地区的企业成立美国半导体联盟，主要由半导体企业和半导体下游用户组成，试图建立新的全球半导体产业体系。从人才、投资等科技创新要素流动来看，以美国为例，近年来对中国籍的留学生、访问学者和科研人员以及两国科技合作项目的约束趋紧，其国内企业和机构对中国投资也受到更多限制。人员交流和科技合作不畅，导致高层次科技人才培养受限、科技前沿信息流通受阻。部分科技企业长期依靠引进海外技术人才支撑研发的方式恐难持续，加之国内科技人才接续不足，或将短期面临科技创新人才紧缺困境。外国直接投资、创业投资对于科技创新具有较大的支撑和促进作用，对我国科技领军企业投资交易的限制将在一定程度上拖慢其科技创新步伐。

四、促进科技领军企业发展的思路和路径

围绕"优化体制机制、完善培育体系、促进要素聚集、打造良好生态"的总体思路，大力支持科技领军企业，切实促进新质生产力发展。建立科技领军企业常态化参与国家科技决策和任务的机制，构建科技领军企业主导型的科技创新模式，着力优化科技领军企业发展的体制机制。积极培育专精特新企业、独角兽企业等创新型中小企业，促进大中小企业协同发展、融通创新，不断完善科技领军企业梯度培育体系。通过加大财税支持力度、拓展研发投入渠道、强化金融支持、加强科技人才队伍建设，促进资金、人才等创新要素向科技领军企业集聚。在知识产权保护、市场环境优化、与全球创新体系的联系等方面打造有利于科技领军企业发展的创新生态。

（一）优化促进科技领军企业发展的体制机制

建立科技领军企业常态化参与国家科技决策和任务的机制。完善体制机制，支持科技领军企业深度参与国家科技计划的指南论证、重大项目遴选和攻关、科技创新平台建设等工作，赋予其更多的科技创新主导权，进一步发挥其作为国家战略科技力量的引领作用。一是围绕科技创新政策、重大科技项目等事项，由有关部门定期与科技领军企业开展研讨交流，促进其成为重大科技方向的提出者，引导其围绕国家重大战略开展研发。二是在国家科技计划年度指南编制中，针对重点产业领域技术方向，征求科技领军企业的需求和意见，增加国家科技专家库中科技领军企业专家的数量。三是对于与产业发展密切相关的重点专项，提高项目设立和评审中科技领军企业专家的比例，提升企业在国家重大科技项目立项过程中的参与度和话语权。四是强化

国家科技计划项目的需求导向，对于产业技术类的重大战略科技任务，可考虑采取"业主制"模式直接委托给科技领军企业，或通过"揭榜挂帅"机制，由科技领军企业牵头、科研院所参与、政府支持进行联合攻关。

构建科技领军企业主导型的科技创新模式。一是建立科技领军企业与国家实验室、国家科研机构、高水平研究型大学的对接机制，促进各类国家战略科技力量紧密协作。特别是在市场导向的应用性基础研究上，形成科技领军企业出题、答题、阅卷，其他力量配合完成的研发机制。二是推动科技领军企业牵头整合集聚创新资源。支持科技领军企业牵头，联合高校、科研院所、产业链上下游企业和各创新主体组成互相协同配合的高能级创新联合体，牵头建设跨行业、跨领域，科技资源共享、科技成果转化及产业化商业化协同推进的创新基地、创新平台和孵化器，形成关键核心技术、产业共性技术和原创性、颠覆性技术持续突破的技术供给体系。三是引导高校、科研院所围绕科技领军企业提出的产业重大和关键共性问题开展科研活动，完善专利交易制度，加强技术经理人和中介服务体系建设，推动高校、科研院所形成以"向企业转移"为导向的成果转化体系，切实提升产学研合作整体效能。

（二）完善科技领军企业梯度培育体系

大力支持科技领军企业发展。切实保护好科技领军企业及其产业链供应链，加大对其技术和经济政策支持力度。以科技领军企业为龙头，积极推进相关企业和科研机构开展战略性合作，支持其牵头组建产业创新联盟，加大对其布局创新平台、技术创新中心、重大科研基础设施、重大科研项目等的支持力度，促进大中小企业间的业务协作、资源共享和系统集成，形成良好的产业创新生态。

积极培育科技领军企业后备力量。摸清重点产业的龙头企业底数，重点分析其创新能力和在全球产业链上的位置，引导有条件企业加快向科技领军企业转型。结合重点产业、新兴产业、未来产业发展，围绕产业链供应链关键环节"锻长板""补短板"，筛选一批技术基础好、品牌和产品竞争力强、发展潜力大的中小企业，在技术开发、高端化智能化绿色化改造升级、成果转化、市场开拓等方面给予大力支持，引导企业长期专注并深耕于产业链的关键环节和关键产品。

（三）促进创新要素向科技领军企业集聚

加大对科技领军企业研发投入的财税支持力度。对研发投入强度高且技术成果突出的企业，考虑加大企业研发费用税前加计扣除比重，加大对基础研究投入较多企业的支持力度。对于完成质量较好、攻关效果明显的科技攻关工程项目承担方，予以适当奖励。加强政府采购政策支持，针对关键核心技术、重大创新产品和服务加大采购力度，加快推进装备首台（套）、材料首批次、软件首版次等的示范应用。通过财政补贴、担保等方式，建立新技术新产品使用保险机制，促进市场应用推广。在全社会广泛提倡消费自主创新产品，以市场机制促使科技成果产业化。

优化对企业创新的金融支持机制。畅通和扩大创新型企业在资本市场的直接融资渠道，完善创新型企业上市制度，优化资本市场对创新型企业的科创属性评价机制和上市认定条件，对承担重大攻关任务的科技企业进行重点支持。适当延长政府投资基金存续期，完善国有企业支持创投发展的体制机制，加强长期资本对创业投资的支持。

大力支持科技领军企业科技人才队伍建设。探索建立科技人才跨地区、跨部门、跨行业流动机制，完善校企、院企科研人员交流机制，支持科技人才到企业挂职锻炼，吸引企业家到高校担任兼职导师，加强创业导师队伍建设，畅通高校、科研院所和企业间人才流动渠道。将高校、科研院所的科研人员入企服务成效纳入个人职称评审和绩效考核，健全企业科研人才职称评价制度，推动企业项目纳入科技人才评价体系。优化人才引进政策，支持科技领军企业面向全球引才聚才。优化国家及地方科学技术奖的评审机制，提高企业获奖比例，强化对企业创新人才和团队的激励。

（四）打造有利于科技领军企业发展的创新生态

持续强化知识产权保护。统筹推进知识产权相关法律法规的修改完善，探索建立知识产权侵权快速反应机制，严厉打击知识产权侵权行为，不断完善知识产权侵权惩罚性赔偿制度。构建完善的新兴领域和特定领域知识产权规则体系，密切对接国际前沿领域技术演进最新情况，研究制定相关知识产权保护条例。推动建立健全知识产权行政保护与司法保护紧密衔接、标准统一的工作协调机制，培育和发展知识产权调解组织、仲裁机构、公证机构。

优化企业创新市场环境。加快建设产业技术基础公共服务平台，营造公平竞争的环境。适时适当加大部分重点领域的开放程度，允许和鼓励民间资本进入。完善战略企业家参与科技创新政策、规划和重大科技项目筛选的工作机制。弘扬鼓励创新、宽容失败的文化，建立包容企业家创新的制度体系。定期开展优秀企业家评选表彰和宣传报道，营造尊重企业家价值、鼓励企业家创新的良好舆论氛围。健全常态化沟通交流机制，切实倾听企业诉求，在标准制定、专利布局等方面帮助企业解决实际问题。

加强与全球创新体系的联系。发挥我国市场规模大、应用场景多、产业链配套完整、人力人才资源丰富等优势，稳步扩大规则、规制、管理、标准等制度型开放，打造具有全球竞争力的开放创新高地。吸引世界科技领军企业和跨国公司在中国投资和扩大生产，支持引进国外先进技术和优秀团队。依托现有国际多边合作平台和机制，加强与其他经济体的技术经济合作，为国内企业有效应对外部打压封锁创造条件。

第七章

构建新生态：
加快形成同新质生产力
更相适应的生产关系

马克思主义政治经济学从唯物史观考察生产力，并且从生产力与生产关系的互相联系出发，将生产力及其发展水平视为决定生产关系变革和社会进步方向的基本力量。同时，生产关系亦能反作用于生产力，它必须与生产力发展要求相适应，才能促进和推动社会生产力的发展，否则就必须调整变革原有生产关系，以适应已经发展变化了的生产力。习近平总书记在中共中央政治局第十一次集体学习时强调，生产关系必须与生产力发展要求相适应。发展新质生产力，必须进一步全面深化改革，形成与之相适应的新型生产关系①。高质量发展需要新的生产力理论来指导，新质生产力发展需要更相适应的生产关系来保障，必须推进体制机制改革，逐步优化调整生产关系，适应并推动新质生产力发展。

一、生产力、生产关系与体制机制改革的内在逻辑

生产力和生产关系是生产方式不可分割的两个方面。生产力是生产的物质内容，而生产关系则是生产的社会形式，它们之间是对立统一的关系。生产力和生产关系之间的辩证关系是马克思主义政治经济学的核心思想之一，它揭示了社会历史发展中的矛盾和推动力，以及社会制度变革的动力。这一辩证关系体现了生产力和生产关系之间的

① 《习近平在中共中央政治局第十一次集体学习时强调 加快发展新质生产力 扎实推进高质量发展》，《人民日报》2024 年 2 月 2 日。

相互作用和相互制约，推动着社会的演变与变革。

（一）生产关系必须适应生产力的基本原理

一定的生产关系（交往形式）的总和是在一定时期的生产力的基础上产生的，它适合于生产力的性质并构成生产力发展的条件，其后又逐渐成为阻碍生产力进一步发展的桎梏，与生产力发生矛盾[①]。解决这个矛盾的办法就是"已成为桎梏的旧交往形式被适应于比较发达的生产力，因而也适应于进步的个人自主活动方式的新交往形式所代替"[②]。马克思的作品《〈政治经济学批判〉序言、导言》里详细地阐述了生产关系应当适应生产力这一核心理念。

首先需要明确，生产关系是由生产力决定的，生产力的具体形态，最终决定了生产关系的形成与性质。一旦生产力得到发展，最终将不可避免地推动生产关系发生改变。这意味着，社会生产力的发展是产生任何生产关系的必然结果。若生产力尚未达到特定的高度，那么不太可能会涌现更上一层楼的生产方式。从古至今的人类社会中，存在五种主要的社会制度，即原始公社制度、奴隶制度、封建制度、资本主义制度和社会主义制度，它们都是为了适应特定生产力水平的发展而逐渐演变出来的。比方说，封建制度的生产关系是为了匹配改进后的铁制工具，而资本主义制度的生产关系则是基于大规模机械工业来构建的。正如马克思主义所言，"手推磨产生的是封建主的社会，蒸汽磨产生的是工业资本家的社会"[③]。生产力决定生产关系，这是历史唯物主义的一个基本原理。

其次，生产关系对生产力具有反作用，对生产力的发展具有巨大

---

①② 卡尔·马克思、弗里德里希·恩格斯：《马克思恩格斯全集（第3卷）》，人民出版社，1956。

③ 卡尔·马克思、弗里德里希·恩格斯：《马克思恩格斯文集（第1卷）》，人民出版社，2009。

的影响，与生产力不适应的生产关系甚至会对生产力产生巨大的负面作用。当生产关系与生产力相适应时，将有效促进生产力的发展，然而当存在相反的情况时，生产关系与生产力状况不相适应，生产力的发展就会被极大阻碍。一种新的社会生产关系或新的社会经济制度的出现，也就成为生产力的发展形式，当它与生产力相适应的时候，将显著促进生产力的发展。随着生产力的发展和社会的进步，某种生产关系又会与生产力的发展要求不相适应，从而成为生产力的桎梏[①]。生产效率和生产关系就在这种不断变化的关系中既相互对抗又相互转变，最后相互推进。生产力的特性决定了生产关系的适应性，这也是全人类社会的一种普遍经济规则。一种生产力，会对所对应的生产关系进行相应的调整和适应。生产力对生产关系一般地表现为主要的决定的作用；然而，在一定的条件下，生产关系对生产力也起着主要的决定的作用。例如，毛泽东在《矛盾论》中指出，当着不变更生产关系，生产力就不能发展的时候，生产关系的变更就起了主要的决定的作用[②]。从历史上看，一种新的生产关系的产生，固然必须在新的生产力出现之后才有可能，但是，生产力的巨大飞跃，却总是在改变了旧的生产关系、建立了新的生产关系之后，而不是在此之前。因此，与否定生产力对生产关系的决定作用一样，如果否定生产关系的能动作用，否定在一定的条件下它的变革对生产力发展也具有决定作用，同样是违反马克思主义的。

（二）生产关系不会因生产力变革自然而然地形成

生产关系具有主体性、客观性和稳定性，这是马克思主义政治经济学的重要观点。其中，主体性起源于生产关系是人的本质对象化，

---

① 卡尔·马克思、弗里德里希·恩格斯：《马克思恩格斯全集（第3卷）》，人民出版社，1956。
② 毛泽东：《毛泽东选集（第一卷）》，人民出版社，1991。

也就是人的活动。人的本质体现在生产关系之中。例如，人们只知道亚麻是人类劳动的产物，是人的本质客体化的产物，而马克思认为，人的社会关系和生产关系同亚麻一样，都是人的劳动的产物，是人的本质对象化的产物。马克思指出，这些一定的社会关系同麻布亚麻等一样，也是人们生产出来的①。人在物质产品的生产和对象化过程中，也把生产关系对象化了。在马克思看来，生产关系只是一种不可避免的形式，它既是人的物质实践活动，也是人的个别活动得以实现的。人的本质客体化即是物化，也就是客观否定主观，因而生产关系就具有了客观性。生产关系，正如其他产品一样，一旦对象化，就会进入现实的世界，成为客观的关系。生产关系的客观性在于它是由生产活动所形成的现实经济关系，它不以人的主观意志为转移，而是由生产力的发展状况所决定。

第一，一种新的社会关系总是为适应生产力发展的需要建立起来的，它不仅同当时生产力的状况相适应，而且有容纳生产力进一步发展的余地。在任何形式的生产关系完全发挥其所承载的生产能力之前，它都不可能经历本质上的改变。所以，作为最活跃、最革命因素的生产力的发展，并不会也不需要立即引起生产关系的变革，生产关系在一定时期内能保持相对稳定。而且这种生产关系的相对稳定正是生产力发展的条件，人为地改变还适合生产力状况的生产关系，只能破坏生产力。

第二，生产关系也有一定自我调整的能力，可以调整局部不适应生产力发展的环节和方面。例如，现代资本主义社会出现的从私人垄断到国家垄断，有的又从国家垄断到私人垄断，都是资本主义生产关

---

① 卡尔·马克思、弗里德里希·恩格斯：《马克思恩格斯选集（第 1 卷）》，人民出版社，1995。

系的局部调整，以在一定程度上适应生产力的发展。这种局部调整，使生产关系在一定时期内能保持其基本性质的相对稳定。

第三，任何一种生产关系都同人们的物质利益存在着内在的联系。一定的生产关系体现着人们一定的物质利益。例如，封建制的生产关系体现着封建地主阶级的物质利益。地主阶级凭借封建制生产关系，以地租形式，榨取农民的剩余劳动和剩余产品，获得自己的物质利益。因此，一种生产关系产生后，必然受到体现其物质利益的社会力量的维护。谁要改变这种生产关系必然要受到这种社会力量的反对、阻碍。这就使一种生产关系产生后，会相对地存在一段时间。

综上，生产力是最活跃、最革命的因素，而生产关系是相对稳定的。生产关系的这种稳定性，是相对生产力的不断发展变革而言的，是指生产关系的基本性质在一定历史阶段上稳定不变。为适应生产力的变革，生产关系的优化调整需要加强顶层设计、大力深化改革。

（三）主动的体制机制改革才能促进生产关系优化调整

生产关系的稳定性决定了促使生产关系与生产力相适配，亟须政府主动作为，其中体制机制改革是重要方式。马克思认为，社会的物质生产力发展到一定的阶段，便同它们一直在其中运动的现存生产关系或财产关系（这只是生产关系的法律用语）发生矛盾。于是这些关系便由生产力的发展形式变成生产力的桎梏。那时社会革命的时代就到来了[①]。同时，马克思认为，只有社会革命才是真正的革命，政治的和哲学的革命也必然以社会革命为依归[②]。这表明制度变革对调节生产力和生产关系形成适配关系的重要性。

改革开放以来，我国的生产关系变革已经从部分领域、层面转向

[①] 卡尔·马克思、弗里德里希·恩格斯：《马克思恩格斯选集（第2卷）》，人民出版社，1995。
[②] 卡尔·马克思、弗里德里希·恩格斯：《马克思恩格斯全集（第1卷）》，人民出版社，1956。

更系统化、全局性的层面，这些均来自我国主动而为的体制机制变革和创新。生产关系的变化首先发生在乡村。实行土地承包经营是我国农业经济发展的重要内容之一。家庭承包经营就是把土地等生产资料以及生产任务移交给集体经济组织的一种农业生产责任制，这种模式完全改变了人民公社体制下的土地集体所有、集体经营的模式，使土地所有权与经营权分开，通过自下而上和自上而下的改革相结合，推动了生产关系与生产力相适应，有效地激发了农业的生产活力，极大地促进了农村经济的增长，显著地提高了农村居民的生活水平。1981年召开的党的十一届六中全会明确提出，社会主义生产关系的变革和完善必须适应于生产力的状况。1984年，党的十二届三中全会通过了《中共中央关于经济体制改革的决定》，阐明了计划经济同商品经济的关系，对生产关系的调节和改善起到了重大的推动作用。在1992年党的十四大上，建立和完善社会主义市场经济体制被设定为经济体制改革的核心目标，标志着改革开放理论与实践的一大飞跃，对生产关系的进一步调整和完善起到深远的作用。在1997年党的十五大上，社会主义公有制为主体、多种所有制经济共同发展被确立为我国社会主义初级阶段的一项基本经济制度，进一步强调了非公有制经济在我国社会主义市场经济中不可或缺的重要地位。党的十八大以来，经济体制改革持续深化，产权保护机制更为健全，混合所有制得到快速发展，国有企业的现代企业结构改革得到了深入推动，非公有制经济得到了有力的支撑，生产关系的活跃度也有了提高。

改革开放以来，我国经济快速发展，社会面貌焕然一新，取得了巨大的发展成就，究其根本还是通过经济体制改革对生产关系进行了调整和完善，生产力发展的积极性得到了充分激发，并逐步完善上层建筑适应经济基础发展的时代要求。实践证明，主动的体制机制改革是促进生产关系与生产力相适配的有效途径。现阶段，我国正在推动经济体制的改革，并在政治体制、文化体制、社会体制、生态文明体制以及党的建设制度方面进行全面改革，都是为了实现这个目标。

二、三次生产力革命引发的生产关系、制度变革回顾

主流观点认为，世界近代以来人类历史经历了三次重大的生产力革命，同步引发了生产关系的变革。"生产力革命—制度变革—生产关系适配"是每一次变革的主线，对我们思考通过深化体制机制改革形成与新质生产力更相适应的生产关系，具有重要的历史镜鉴作用。

（一）第一次生产力革命与工厂制生产方式及其社会变革

18世纪英国启动的技术革命在整个技术和生产力的发展历程中都堪称重大的变革，它开启了机械工具替代传统手工工具的新纪元，同时引发了一次深远的社会转变。

在生产力上，主要表现为"三大变革"。其一，机器代替手工。第一次工业革命标志着机器工业的兴起，通过机器的发明与应用，代替了传统的手工生产方式，使得生产速度与效率大大提升，大规模的工厂化生产也随之崛起。其二，能源革命。随着蒸汽机的发明与应用，化石燃料替代了传统的风力、水力等能源，使工业能够在时间与空间上更加自由地运作。其三，交通运输革命。蒸汽机的出现和铁路、轮船的建造使得商品的运输更加方便，使地理上的障碍变得不再难以逾越，缩短了时间。生产力"三大变革"几乎并联式地出现，大幅提升了当时的生产效率，引发了产业体系的重大调整，以农业为主的产业结构首次出现变化，纺织、冶金、采煤、机器制造和交通运输成了支柱性产业。

在生产关系上，封建社会中耕种土地者和拥有土地者之间的生产关系已不再适应第一次生产力变革发展的需要。在第一次生产力变革前，除英国外，欧洲社会还处于封建制度下，耕种土地者和拥有土地者之间的关系，即封建土地所有制是欧洲社会主要的生产关系。人们主要依靠农业和手工业生活，生产力低下，交通不便，科学落后。封建地主占有大量土地和财富，剥削农民和手工业者。农民没有自由和权利，只能服从地主的命令。手工业者也受到行会的限制和管制，不能自由地生产和销售商品。这种生产关系与第一次生产力变革所需要的工厂制生产形式存在较大冲突。其一，封建土地所有制和农民对地主的人身依附关系把农民束缚在小块土地上，不利于人口、劳动力的自由流动，不符合工厂制的生产组织形式，使社会分工和大规模生产受到阻碍。其二，自然经济的保守性和排斥性，限制了手工业技术的进步，阻碍了手工业劳动者之间的交换和生产规模的扩大。马克思主义经典作家认为农业经济具有分散独立性，即"好像一袋马铃薯是由袋中的一个个马铃薯所集成的那样"[1]；封闭保守性，即每一个农户"取得生活资料多半是靠与自然交换，而不是靠与社会交往"[2]；停滞落后性，即列宁指出农业生产"是生产过程在原有规模上、原有技术基础上的重复"[3]，必然会排斥先进农业科学技术在生产中的运用，排斥分工协作和生产的社会化，阻碍生产力的发展。其三，长期占统治地位的封建割据，造成经济上闭关自守和各自分割，严重妨碍自由贸易的发展和国内统一市场的形成。由于生产关系在一定时期具有稳定性，因此在第一次生产力变革的较长一段时期，我们并没有发现欧洲社会生

---

[1] 卡尔·马克思：《路易·波拿巴的雾月十八日》，人民出版社，2015。
[2] 卡尔·马克思、弗里德里希·恩格斯：《马克思恩格斯文集（第2卷）》，人民出版社，2009。
[3] 列宁：《列宁选集（第1卷）》，人民出版社，1995。

产关系自然而然地调整。

在制度变革上，主要资本主义国家政治制度变革并形成新的生产关系。第一次生产力革命使得社会结构发生了根本性的变化。原来的封建阶级逐渐衰落，新兴的资产阶级逐渐崛起。原来的君主专制制度逐渐被限制或推翻，新的民主共和制度逐渐建立或发展。资产阶级通过议会、宪法、选举等方式，争取和扩大自己的政治权利和利益。无产阶级也通过罢工、示威、暴动等方式，要求和争取自己的政治权利和利益。政治思想也发生了变化，出现了多种政治理论和主义，如自由主义、民族主义、社会主义等。例如，为形成适应生产力发展的稳定生产关系，1688 年，英国发生了光荣革命，通过了《权利法案》，英国建立起君主立宪制，《权利法案》废除了王权的一些特权，对商业利益和家庭利益给予了重大保护，给企业家和投资人带来的信号是，他们创造的收益不再被随意剥夺，经济活动有了安全的社会环境。同时，欧洲地区相继爆发资产阶级革命，与生产力变革相协同，摧毁了小农经济和传统的手工业经济，动摇并瓦解了封建主义的生产关系及经济基础，使得资本主义在欧洲战胜了封建主义，资本主义生产关系得以巩固并在此基础上得到了迅速的发展。总而言之，在这些政治制度的作用下，过去依附于落后生产方式的自耕农逐渐退出历史舞台，工业资产阶级和工业无产阶级人群越来越多，逐渐形成并壮大起来，成为时代的主角。

（二）第二次生产力革命与公司制、垄断制生产方式及其社会变革

第二次生产力革命，是以 19 世纪中后期电的发明和应用为标志的。因为电的通用性、基础性，如同第一次产业革命中的蒸汽机，对全球生产力发展、生产关系变革和重要社会制度建设产生了深远影响。

在生产力上，以电力技术、内燃机技术和化学方法的出现及其进步为核心标志，这一进步引领社会工业化步入了全新的时代，并使社会生产力迈入了一个电力驱动的新纪元。其一，电力的发展。19世纪60年代，随着发电机的发明和改进，电力开始被广泛地应用于工业生产中。电力开始代替蒸汽动力，成为补充和取代煤炭的新能源。这使得工厂可以远离河流、湖泊等天然动力源，并且在规模和生产力上有了极大的提升。电力还为电灯、电话、电报等设备的出现提供了基础，使人们的生活更加便利。其二，内燃机的发明应用。19世纪末，内燃机被发明并逐渐改进，使得人类可以更加高效地利用石油、煤炭等能源。内燃机的出现推动了汽车、飞机和拖拉机等新型交通工具的发明，极大地提高了人们的出行效率和生产效率。同时，内燃机推动了石油开采业的发展和石油化工工业的生产。其三，化学技术的应用。化学工业开始快速发展，出现了许多新的化学技术和产品，如合成材料、农药等。这些新技术和新材料的出现，极大地改善了人们的生活和生产方式。

在生产关系上，第一次生产力变革促进了现代工厂制度的确立，而紧接着的第二次生产力变革则确立了公司制和垄断制。第一次生产力革命是工业化初级阶段，那个时期工厂一般规模不算庞大，只需几百英镑就可以快速建立。例如，在1851年英国全国87000名雇主中，雇用10人以下的雇主高达76000人，占总数的87%；雇用50人以上的雇主仅2000人，只占总数的2.3%[1]。第二次生产力革命时期，建立了以最先进的技术为基础的工业，此时随着大量资金的投入，企业的规模也在不断扩大，拥有众多工人的大企业不断涌现，生产的社会化

---

① A·D.曼德华兹、G·L·W.贝尔曼：《英国、欧洲与世界》，牛津大学出版社，1976。

倾向也越来越强烈。在这种生产形式要求下，过去小规模的工厂制生产组织形式已不再适应新的产业发展需要。资产阶级为适应资本主义大生产、提高劳动生产率和追求利润，开始对生产组织方式进行调整。一方面，生产和资本日益集中，公司制生产组织形态形成。19世纪中叶的大生产需要远远超过合伙企业所能集中的资本，需要更大规模的资本联合，同时，资本所有者希望承担有限责任的要求日益迫切。由此，主要资本主义国家的公司法应运而生，从法律上赋予法人企业独立承担经济责任的地位和出资者只承担投入资本的有限责任。公司制企业自产生以来，迅速为现代社会所接受，成为最普遍的企业形式，其物质基础是生产的社会化发展和经营的专业化趋势，直接动因是资本联合带来的出资者多元化。另一方面，有些大企业却在某种意义上抛弃了过去一直提倡"自由竞争"的理念，采用了多种方法，对商品的产量和销售进行管制，从而建立起了一个垄断机构（类似于结盟）。在19世纪末，因为生产力量和资金的集中趋势，垄断团体的崛起达到了顶峰，并逐步成为主导资本主义国家经济体系的重要部分。就像工厂制的出现那样，随着生产效率的提升，资本主义体系内的生产关系开始了微调，一定程度上促进了科技的前进和生产的社会化进程。列宁指出，"拥有亿万巨资的银行企业，也能用从前远不能相比的方法，来推动技术的进步"，"竞争变为垄断，结果，生产的社会化有了巨大的进步，特别是技术发明和改良的过程，也社会化了"[①]。如果第一次工业革命造成的主要社会影响是建立工厂制，那么第二次工业革命的核心社会影响就是在主要发达资本主义国家中使得社会化的大规模生产得以实践，进一步催生了公司体制和垄断

---

① 列宁：《列宁选集（第二卷）》，人民出版社，2012。

模式的出现。

在制度变革上，垄断组织越来越多地干预国家制度，确保公司制和垄断制运行。生产关系的形成并不是一蹴而就的。交易过程中，由于各参与主体意图的不一致，经常出现利益不一致甚至中断的风险，这种状况进一步增加了交易的复杂度，从而对经济效益产生负面影响，增加交易成本，削弱了各个参与方之间的紧密联系，对生产关系的和谐有序发展产生了负面影响。这表明，在社会生产活动中，制度是不可或缺的调节工具，它主要是为了应对和消除交易中的不稳定性所产生的。经济体制对人们在经济生活中的互动起到决定性的调节作用，它帮助人们保持和促进关系和谐，更有利于社会生产力的发展，同时保证生产关系能够正常运转和健康发展。为维系公司制和垄断制的运行，控制垄断组织的大资本家为了赚取更多的利润，他们越来越多地约束和干预国家的经济、政治生活，直至出现了一系列有利于公司制和垄断制发展的法律和政策，这些资本主义国家渐渐地代表了垄断团体的利益。在对外经济交流活动中，某些垄断组织甚至跨国合作，逐渐形成国际垄断集团，并且要求在经济扩张中划分全球市场，这直接刺激了所有的资本主义国家更快更主动地加速推进其对外扩张的步伐。

（三）第三次生产力革命与国家垄断制生产方式及其社会变革

20世纪中叶出现的第三次生产力革命，以原子能、电脑、航天科技等为重要特征。第三次生产力革命是信息技术革命，实现了生产生活的自动化、信息化和管理的现代化。这个新的技术进步为人类带来了前所未有的巨大转变。

在生产力上，信息技术成为重要生产手段，深刻影响着世界产业发展。随着信息化进程的开启，人类生产生活越来越信息化，人们借助现代科技，特别是信息技术满足需求，完成工作。电话、电视、移动通信、光导传输、互联网等，把整个社会置于巨大的信息平台上迅速地满足人们查找、传递、接收、利用信息的要求。同时，人类的生存空间得到全方位扩展，航空航天技术开创了人类的太空时代，向太空索取太阳能，开辟太空生产领域，扩展海洋发展空间。最近几年新型信息技术飞速发展，为社会生产带来了变革，为人类创造了一个新的生活空间，并在国家治理的新领域里取得了进步。工业革命通过大规模的工厂制造实现了令人震撼的物质财富。与此相对的，新一轮信息技术革命正在极力提升人类的思考能力，为生产力带来了质的飞跃。反映在产业结构上，表现为国民经济各部门之间的比例关系出现重大变化。第一产业和第二产业的增加值与就业人数在国民经济中比重下降，第三产业，即服务业，就业和增加值比重上升。生产过程智能化，生产管理现代化，促进了社会生产的变革。

在生产关系上，推动资本主义由一般垄断向国家垄断过渡，同时，平台型生产组织形式大量涌现。第三次科技革命极为有效地推动了社会生产力的快速增长，生产力社会化水平上升，原有的私有垄断结构无法满足生产力迅猛扩张的需求，引发了对国家垄断全面扩张和经济全方位介入的急切需求。与此同时，在信息时代，个性化需求表达更加容易，平台型生产组织形式逐步大量出现，即企业将自己变成提供资源支持的平台，并通过开放共享的机制，赋予员工相当的人事权、决策权和分配权，使其能够通过灵活的项目形式（也有企业将其称为经营体、小微生态圈、模拟公司等）组织各类资源，形成产品、服务、解决方案，满足用户的各类个性化需求。

在制度变革上，为适应国家垄断的充分发展和国家对经济的全面干预，主要国家逐步建立国家调节经济发展和社会福利分配等相关制度。为了垄断资产阶级的整体和长远的利益，维护和巩固资本主义制度，资产阶级国家必须对经济运行进行调节，有意识地影响社会再生产的局部比例和宏观比例。国家调节经济的主要目标是促进经济增长、增加就业、稳定物价和保持国际收支平衡。同时，国家福利制度兴起。"二战"后西方许多国家工党取代自由党并推行全民福利制度，选举权放宽到无产者与女性，这些都是为维护国家垄断生产关系创造较为稳定的社会制度环境。

纵观三次生产力大变革，生产力、生产关系和社会制度三者之间蕴含着如下互动关系：生产力决定生产关系的形成，生产关系的形成是一个慢变量且并不是自然而然的，相关的制度建设影响着生产关系的形成、运行和变革（见表7-1）。

表7-1 三次生产力革命的生产力、生产关系和社会制度变革比较

	第一次生产力革命	第二次生产力革命	第三次生产力革命
标志性技术	哈格里夫斯发明"珍妮纺纱机"、蒸汽机	电力、内燃机和化学技术	信息科学、生命科学、材料科学
支柱产业	纺织、冶金、采煤、机器制造和交通运输	钢制品、电力设备、重型机械、汽车、石油化工、家用电器	服务业、计算机、电信设备、微电子产品、机器人等
基础设施	水力机械、蒸汽动力铁路、蒸汽轮船	电气化钢轨铁路，自动化、航空和高速公路	信息高速公路，人工智能、区块链、物联网
生产组织方式	工厂制	公司制、垄断制	国家垄断制、平台型
社会制度	引发资产阶级革命，摧毁了小农经济和传统的手工业经济，动摇并瓦解了封建主义的生产关系及经济基础，并建立适应生产力发展的上层建筑	垄断组织越来越多地干预国家制度，形成系列有利于公司制和垄断制发展的法律和政策	为适应国家垄断的充分发展和国家对经济的全面干预，主要国家逐步建立国家调节经济发展和社会福利分配等相关制度

资料来源：方敏、杨虎涛，《政治经济学视域下的新质生产力及其形成发展》，《经济研究》2024年第3期。

三、发展新质生产力对生产关系提出的新要求

生产关系是人们在生产过程中所结成的人与人的社会关系。在马克思主义经典著作中，生产关系有狭义和广义之分。狭义的生产关系指的是直接生产过程中出现的关系；广义的生产关系又可以统称为经济关系，包括生产资料所有关系（所有制）、在直接生产过程中人们的相互关系、产品的交换关系和分配关系。不难看出，与新质生产力更相适应的生产关系可具体表现为以上四种关系。当前，全球新一轮科技革命和产业变革方兴未艾，科技创新正加速推进，我国生产力发展进入新阶段，新质生产力不断培育和形成，与之更相适应的生产关系具有如下时代特征要求。

（一）优化生产资料所有制关系

当今社会已经进入后工业革命时代，以信息技术、人工智能、生物技术等为代表的新兴科技广泛应用，生产要素家族中的成员不断增加。特别是，数字技术的发展使得数据成了重要的资源，由于数据拥有共享、复制和无尽提供的特性，它突破了土地和资本这些传统生产要素在供应上的局限性，为经济增长提供了强大的推动力；同时，数据的爆发式增长，不仅凸显了其在数字经济发展中的地位和作用，而且对传统生产方式变革具有重大影响，催生新产业新业态新模式，成为推动我国经济社会发展至关重要的生产要素。党的十九届四中全会通过的《中共中央关于坚持和完善中国特色社会主义制度 推进国家治理体系和治理能力现代化若干重大问题的决定》提出，健全劳动、资本、土地、知识、技术、管理、数据等生产要素由市场评价贡献、按贡献决定报酬的机制。这是首次将数据视为与劳动、资本、土地、知

识、技术和管理这些生产要素同等重要的重大决策。按照马克思主义生产理论的基本原理，生产力是具有劳动能力的人同生产资料相结合而形成的利用和改造自然的能力①，生产力可以被理解为劳动者、劳动工具和劳动对象三要素。这些要素中任何一个的进一步发展和应用，都可能对生产力造成影响甚至使其发生改变。特别是新生产要素的识别与组合，对于新型生产力的培养与形成具有决定性的意义。数字技术促使数据成为新要素，必然能引发生产力在质上的巨大变革，形成新质生产力。伴随新质生产力的发展，生产关系也在持续转型中，如生产资料的所有权、分配策略以及人们在整个生产过程中的位置等都在经历重塑过程。

从生产资料所有制关系来看，与传统农耕社会和产业革命早期呈现的纯而又纯的私有制以及社会主义国家刚刚成立时期的纯而又纯的公有制不同，当下混合式的社会所有制或者股份制企业越来越多，既有公公混合，也有私私混合，还有公私混合；既有内资与内资的混合，也有内资与外资的混合，还有外资与外资的混合；既有出资人因为出资而形成的股份，还有因以技术、管理、拥有数据等入股而形成的股份。投资者中募集的社会公众股份、机构投资者越来越多，此外还有大量没有上市的公司，持有股票的股东也越来越多。当今时代，生产资料的所有制性质越来越难以用公有制抑或私有制来界定。传统的生产要素的所有者具有排他性，但是新要素则突破了这一特性，如数据更多具有公共产品的性质，较少或不具有排他性。从数据要素出发，构建数据社会所有制，既是人类社会发展演进的客观需求，也是当代社会发展的实际需求。一是实行数据共享制度，有助于使数据更好地

---

① 《马克思主义政治经济学概论》编写组：《马克思主义政治经济学概论》，人民出版社，2011。

发挥其生产要素的功能，完善其市场运行机制，对其进行规制，从而减少因其引起的各种权益纠纷，使其能够更好地流通，使整个社会都能焕发出更多的创造力，激活整个社会的发展，满足新一轮的生产力发展需求。二是建立数据社会所有制制度有利于提升社会治理效能，推动形成更加完善的生产资料所有制体系。三是构建数据社会所有制模式有助于挖掘中国特色社会主义制度的优势，平衡各方利益，改善数据资源的分配效率，澄清数据生产关系，规范收入分配流程，推动形成更加合理的收入分配模式，从而达到共赢的目标。

（二）要求直接生产过程中人们相互关系更加平等

从人们在生产中的地位和相互关系来看，由于所有制关系的变化以及各个国家和地区都致力于保护劳动者，在劳动过程中，人们的地位和相互关系也随之发生变化。传统经济时代，管理者与工人界限分明，管理呈现刚性特征，劳动场所、劳动资料、劳动对象和工作流程都固定。进入信息时代，生产要素在全球流动，未来物联网上的每一家企业都是全球生态链中的供应者和需求者，企业成了开放的没有围墙的企业，车间成了开放的没有物理隔断的车间，柔性管理代替了刚性管理，劳动场所、劳动资料、劳动对象都呈现出不固定性，即时办公、随处办公成为常态。未来企业内部员工没有管理与被管理的关系，既是企业的管理者又是被管理者，都成为企业经营网络中的一个节点，人们之间的地位没有高下等级之分，真正实现了平等。

在发展新质生产力过程中，面对信息时代对直接生产过程中人们相互关系的影响，在以下方面对劳动关系治理提出了较高要求。第一，要在促进雇佣关系发展和雇佣关系管理之间取得平衡。在此基础上，厘清我国现行劳资制度变革的动因与目的，妥善协调劳资关系，保障劳动者合理权益。第二，对劳动单位用工、税收与社会安全三项基本原则进行协调。伴随着"互联网+"的发展，企业在雇佣方式上也在不断地进行着税收和社保支付方式的革新，而在今后的社会生活中，更要建立起一种"联合共治"的高效管理机制。第三，在分配过程中，明确数据和劳动这两个要素的具体角色和操作机制。第四，加强平台用工管理，同时健全管理和监督机制。为了进一步优化平台的协调机制，要让工会在平台的管理与运营上展现其重要性，同时逐渐加强平台治理的三方沟通与协调。第五，应对新型用工"去劳动关系化"的挑战。如今，众多新型用工趋势呈现出"非劳动关系"现象，这不仅动摇了个体劳动关系的稳固基础，而且导致劳动力市场出现了"大量雇佣而缺乏劳动关系"的状况，使得协商与调节机制失去了主要作用。集体劳动关系存在数量少、权威性不够等问题，企业弱化或虚置这项制度的意愿较为强烈。

（三）要求在完善交换关系上加快构建全国统一大市场

自从有了商品生产以后，除了直接生产（也就是狭义的生产）之外，人类社会的整个生产过程还包括交换、分配、消费等各个环节，它们之间相互联系、相互作用、相互制约。在商品经济或市场经济不断壮大的阶段，市场的交易和流通不仅具有了至关重要的地位与作用，也对社会经济效益产生直接和深远的影响，并且对人们的资源分配和物质利益也有着广阔的影响空间。

当前，在要素、商品交换过程中，还存在许多制约市场循环的堵点卡点，不利于要素和产品的充分自由流动，限制了新质生产力的发展。这就要求加快构建全国统一大市场，形成空间上更广泛的交换关系。在要素层面，全国统一大市场的构建，能够促进各种生产要素自由流动，在市场机制的作用下，这些生产要素能够实现优化组合，从而促进新质生产力的形成。全国统一大市场的建立，还能够有效地降低要素成本，为新质生产力的发展提供重要支撑；能够有效地降低交易成本，为新质生产力的生成、发展提供条件。全国范围内产品的大幅度流动不仅能增加物质利益，而且也会对完善分配关系起到重要作用。

（四）要求在分配关系上更加突出人民至上

从几次生产力革命的历程看，能否处理好分配关系不仅关系到生产力的发展，而且直接影响到区域经济社会的稳定发展。由于先进生产力形成之际，往往有一定的技术门槛，这导致率先掌握技术的人们率先获利，造成了社会贫富差距的拉大。19世纪初，在英国的约克郡、诺丁汉郡等地，大批工人在"卢德王"号召下发起了"卢德运动"，关键原因就是虽然社会生产力水平提升了，但新技术的应用导致大量工人失业，工人的生活状况变得更糟，引发了社会动荡。21世纪美国爆发的"占领华尔街"运动，形成的"99%与1%"的对抗，关键原因也是在生产力发展过程中没能处理好分配关系，导致社会收入分配差距拉大，引发一系列社会矛盾问题。

我国发展新质生产力，要在分配关系等重要生产关系构建上，彻底解决世界生产力发展不能够解决的收入分配差距扩大的难题，体现中国特色社会主义社会在生产关系体系上的优越性。优化调整生产关系必须坚持以人民为中心的发展思想，通过现代化方式，推动新质生产力加快发展。习近平总书记指出，正确处理效率和公平的关系，构建初次分配、再分配、三次分配协调配套的基础性制度安排①。这就要求我们在初次分配上，完善初次分配制度的同时也注重提高分配效率。初次分配是按照生产要素对国民收入贡献的大小进行的分配，主要由

---

① 习近平：《扎实推动共同富裕》，《求是》2021年第20期。

市场机制形成，强调效率原则、等价交换。在再分配上，加大二次分配的调节力度。初次分配主要依靠市场调节的作用，解决的是分配的效率问题，但仅依赖市场调节仍难以实现共同富裕，有时甚至会加大贫富差距，因为市场并不总是有效，这需要发挥好政府调节作用，以公平为原则，对部分国民收入进行重新分配。在三次分配中，鼓励并扩大第三次分配。第三次分配是在多种文化习惯、道德习惯的作用下，社会各方自愿选择通过民间捐献、慈善活动或志愿者行动来援助弱势群体，这是一种非常有效的补充手段。虽然第三次分配是自愿而非强制性的，但在实现共同富裕的过程中起到补充作用，必须重视其对缩小收入差距、维系健康分配关系的积极作用。

四、加快形成同新质生产力更相适应的生产关系的改革举措

理论和历史实践都表明，加快形成与生产力更相适应的生产关系，需要强化相关制度建设。

（一）激发各类经营主体活力和促进多种所有制经济共同发展

发展新质生产力，要形成与新质生产力相适应的所有制关系，即推动生产资料所有关系趋于社会所有制，促进劳动资料和劳动者之间的社会大协同。其中，公有制经济、非公有制经济均能有所作为。党的二十大报告指出，坚持和完善社会主义基本经济制度，毫不动摇巩固和发展公有制经济，毫不动摇鼓励、支持、引导非公有制经济发展，充分发挥市场在资源配置中的决定性作用，更好发挥政府作用。必须坚持"两个毫不动摇"，发挥多种所有制经济共同发展的协同优势，集聚一切有益力量促进经济腾飞。

第一，毫不动摇巩固和发展公有制经济，深化国资国企改革。公有制是我国社会主义经济制度的根本，它在发挥社会主义制度优势，提升我国的经济力量、国防能力以及增强民族团结方面具有决定性作用，同时也是推动生产资料向社会化形式转变的主要驱动力。要毫不动摇巩固和发展公有制经济，应把坚持公有制经济主体地位和深化国资国企改革统筹协调起来，将国有企业发展和完善社会主义市场经济体制、提升我国产业链韧性及国际竞争力结合起来。此外，需要完善具有中国特色的现代企业制度，大力弘扬企业家精神，加速向成为世界顶级企业的目标发展，在不断提升国有企业核心竞争力的同时，为其他所有制类型的企业在战略制定、产品开发、技术管理等方面提供可借鉴的先进经验。

第二，毫不动摇鼓励、支持、引导非公有制经济发展，促进民营经济走向更加广阔的舞台。我国非公有制经济从小到大、由弱变强，是在我们党和国家方针政策指引下实现的，对非公有制经济的关爱、引导、支持是我国长期的政策方向。改革开放以来，我国非公有制经济在经济发展中发挥了不可替代的重要作用。同时，非公有制经济发展活力足，特别是一些互联网非公有制企业依托数字技术、人工智能，打破了以工厂为界限的生产资料使用方式，提高了生产资料使用的社会化程度，推进了生产资料趋于社会所有制。为此，要毫不动摇鼓励、支持、引导非公有制经济发展，必须从制度和法律上把对国企民企平等对待的要求落实到位，营造有利于非公有制经济公开公平公正参与竞争的法治环境，完善促进中小微企业发展的政策体系。

第三，坚持"两个毫不动摇"，促进多种所有制经济优势互补、共同发展。习近平总书记指出，公有制经济、非公有制经济应该相辅相成、相得益彰，而不是相互排斥、相互抵消①。在社会主义市场经济中，公有制经济与非公有制经济都是不可或缺的部分。它们之间是合作与互补的模式。每一个都有其独特的优势，能更加有力地实现生产资料的社会所有制。公有制经济的主体地位体现为公有资产在社会总资产中占优势地位，国有经济的主导作用体现在对国民经济命脉的控制力、带动力、影响力上，不能简单体现为数量、比例。非公有制经济具有不可替代的重要作用，是有很强创新力、探索力、灵活性的经济形式，需要加以鼓励、支持、引导。虽然在某些领域，公有制经济和非公有制经济在要素使用和市场开发等方面处于竞争关系，但这是一种良性竞争、公平竞争的关系，能在我国社会主义市场经济条件下有效提高产品质量和提升效率。必须继续坚持"两个毫不动摇"，将公有制经济和非公有制经济统一于社会主义市场经济，促进多种所有制经济优势互补、共同发展。

（二）健全劳动关系和强化劳动者权益保护

促进直接生产过程中人民相互关系更加平等，是优化调整生产关系、促进新质生产力发展的重要方面，充分体现着以人民为中心的发展思想。针对当前我国劳动关系和劳动者权益保护方面的薄弱环节，要加快建立健全相关体制机制。

第一，完善劳动关系协商协调机制。构建和谐劳动关系是实现新时代劳动关系发展的战略举措，需要从实际出发，勇于打破传统思维定式，加快体制机制建设，持续完善省、市、县、乡镇（街道）四级劳动关系协调组织体系。建立健全劳动关系预警机制和突发事件应急处理机制，及时发现和有效处理涉及劳动关系的突出问题。加强劳动

---

① 习近平：《在民营企业座谈会上的讲话》，《人民日报》2018年11月2日。

保障监察制度建设，完善欠薪治理长效机制，畅通劳动者举报投诉渠道，进一步健全完善覆盖劳动保障监察案件线索反映监管平台。健全完善以"双随机、一公开"监管为基本手段的新型监管机制，规范执法程序，创新执法方式，依法维护职工，尤其是灵活就业和新业态劳动者的劳动报酬、休息休假、社会保险、劳动安全等基本权益。健全劳动人事纠纷调解制度，加强调解与仲裁、诉讼之间的联系，并逐渐将仲裁裁决的管辖范围及法律适用的规范纳入其中，促进与人民调解、行政调解、司法调解的衔接联动。积极推进"互联网 + 仲裁调解"工作，积极推进"数字仲裁法庭"和"智慧仲裁法庭"的建设。

第二，完善劳动者权益保障制度。重点是要健全制度，补齐劳动者权益保障短板。要落实公平就业制度，消除就业歧视。完善最低工资保障和福利支付体制，努力将那些不完全满足劳动关系建立条件的新类型劳动人员纳入制度的保护范围，并鼓励公司为正常工作的劳动者支付不低于当地最低工资标准的薪酬，确保企业按时并足额支付，不容许无故扣留或拖欠。要强化职业伤害保障，以高空作业、同城外卖等行业为重点，组织开展职业伤害保障试点。

第三，强化对弹性工作人员、新型职业人员的权益保护。近几年，随着平台经济的快速发展，新业态劳动者的人数急剧增长，新业态劳动者的劳动争议也相应增长，新业态劳动者维权难、多头跑路的问题突出。要深入学习贯彻习近平总书记关于法治建设既要抓末端、治已病，更要抓前端、治未病的思想。要坚持和发展新时代"枫桥经验"，坚持把非诉讼纠纷解决机制挺在前面①等重要指示批示精神，要切实贯彻以人民为中心的发展理念，立足预防、立足调解、立足法治、立

---

① 《习近平主持召开中央全面深化改革委员会第十八次会议强调 完整准确全面贯彻新发展理念 发挥改革在构建新发展格局中关键作用》，《人民日报》2021 年 2 月 20 日。

足基层，进一步增强各部门间的协作，确保不同调解方式能顺利衔接，维护劳动关系和谐与社会稳定。

（三）加快建设全国统一大市场

加快建设全国统一大市场是健全产品交换关系的基础，对发展新质生产力具有重大意义。应以建设全国统一大市场为抓手，促进劳动者、劳动资料和劳动对象在区域间的有序流动，实现在地理空间上的优化组合，从而培育壮大新质生产力，助推高质量发展迈向更高层次。

第一，建设统一的人力资源市场体系。统一的人力资源市场体系，是促进高素质劳动者能力发挥的关键基础，有利于发展新质生产力。通过统一规范的人力资源市场体系建设，实现更高素质的劳动者与更高技术的劳动资料、更广范围的劳动对象在空间上的有机结合。要做好劳动者跨区域流动的社会保障工作，借势数字化、信息化技术变革，促进养老保险、医疗保险、公积金等的信息共享与统一管理，破除区域性壁垒，加快社会保障管理由区域异质性向统一同质性的转变，以公共服务便利化助力劳动者的有序流动。深化异地人才统筹管理机制，创新人才柔性流动方式，以项目合作、联合研发、成果转化等形式，实现智力资源的跨区域共享，协同发挥高素质劳动者的作用。

第二，建设统一的技术和产品市场。统一的技术和产品市场，是促进新型劳动资料合理配置的重要基础。要加快全国性技术交易市场的建设步伐，畅通数字信息技术、先进制造技术和新材料技术等的跨区域流动。通过技术资源有效整合，避免无效率地重复研发，降低新型劳动资料开发的成本。加强标准化的质量体系建设，健全人工智能、先进材料、高端装备等与劳动资料创造密切相关领域的标准体系，加快制定全国统一的质量和安全规范，增强专利技术的知识产权保护力度，确保新型劳动资料跨区域、跨行业、跨企业协作的无缝衔接。要消除产品市场壁垒，打破地方垄断主义和保护主义，促进产品在全国范围内自由流动。

第三，建设统一的数据和信息市场。通过加快培育统一的数据和信息市场，为泛时空性、强渗透性、广延展性的劳动对象，突破时空场所和工作场域界限，使劳动者更好地运用劳动资料，进而为形成新质生产力创造实现条件。探索建设全国统一的数据要素市场，完善数据确权、数据安全、数据交易等的制度设计和标准规范，建立数据"三权"分置产权运行机制。加强数据信息资源开发的跨区域联动，推动布局全国一体化算力体系，促进高素质劳动者、新技术劳动资料与新劳动对象的结合。

（四）完善社会主义分配制度

分配制度是促进共同富裕的根本性制度，是生产关系建设的关键内容，对新质生产力的稳定发展具有不可替代的关键作用。要坚持按劳分配为主体、多种分配方式并存，构建初次分配、再分配、第三次分配协调配套的制度体系。

第一，完善按要素贡献为基础的初次分配制度。为解决好收入差距问题，初次分配和再分配要处理好效率和公平的关系。如果在初次分配时过分注重效率原则，会产生较大贫富差距，不符合公平原则；如果在初次分配时过分注重平均原则，会导致分配效率低下，产生发展动力不足的问题。据此，要完善按要素贡献参与分配的制度，既要让劳动者得到应有的待遇，又要激发与劳动密切相关的知识、技术、管理、数据等生产要素所有者的积极性、主动性，让劳动者真正享受到改革发展的成果。同时，强化按要素贡献参与分配，充分激发要素参与活力，反向促进初次分配制度完善。

第二，健全再分配制度。再分配是保障，要完善政府对收入分配进行调节的机制。要强化税收调节，完善直接税体系，逐步由以间接税为主的税制结构向以直接税为主的税制结构过渡，发挥好税收对高收入群体的调节功能；要完善与分配有关的配套制度与政策，使各利益主体之间的利益关系得到合理的调节，要重视利用新的科技手段，如大数据等，不断地改进和健全我国的社保制度，增强其科学性、精准性和高效性；要注重地区发展差异，加大对欠发达地区和低收入人群的转移支付力度，不断缩小城乡差距。

第三，发挥好第三次分配作用。第三次分配是初次分配、再分配的有益补充，同时也反映出一个国家、一个民族、一个社会的文明程度。要鼓励、支持和引导有意愿有能力的企业、社会组织和个人积极参与公益慈善事业，健全和完善慈善事业法规政策体系，大力弘扬慈善和帮扶文化，借助报纸、杂志、网络平台等媒体引发人们对弱势群体的关注和帮扶；在各方面加大对志愿服务的宣传和支持力度，形成人人愿意投身志愿服务的社会新风尚；要形成正确激励导向，营造勤劳致富、艰苦奋斗创造美好生活的氛围。

参考文献

[1] "要先立后破，而不能够未立先破"——从全国两会看正确认识和把握"双碳"目标 [EB/OL]. 新华社 . 2022-03-07.

[2] 《马克思主义政治经济学概论》编写组 . 马克思主义政治经济学概论 [M]. 北京：人民出版社，2011.

[3] 2023 年我国高等教育在学总规模 4763.19 万人 [EB/OL]. 新华社 . 2024-03-01.

[4] A·D. 曼德华兹，G·L·W. 贝尔曼 .《英国、欧洲与世界》[M]. 牛津大学出版社，1976.

[5] 丁志萍 . 实现高水平科技自立自强中科技领军企业的创新主导作用 [J]. 智能城市，2022，8（04）：41-43.

[6] 丁明磊，陈宝明，周密 . 以科技创新开启就业"新空间"的思路与对策 [J]. 中国科技论坛，2016，（06）：18-23.

[7] 九三学社中央 . 关于发挥科技领军企业创新引领作用的提案 [J]. 中国建设信息化，2023，（06）：20-21.

[8] 万劲波，王雪 . 科技创新是发展新质生产力的核心要素 [EB/OL]. 光明网，2024-04-04.

[9] 万钢 . 把握全球产业调整机遇 培育和发展战略性新兴产业 [J]. 求是，2010，（01）：28-30.

[10] 习近平 . 开辟马克思主义中国化时代化新境界 [J]. 求是，2023，（20）：4-9.

[11] 习近平 . 发展新质生产力是推动高质量发展的内在要求和重要着力点 [J]. 求是 . 2024，（11）：1-3.

[12] 习近平 . 在中国科学院第二十次院士大会、中国工程院第十五次院士大会、中国科协第十次全国代表大会上的讲话 [N]. 人民日报，2021-05-29.

[13] 习近平.建设开放包容、互联互通、共同发展的世界 [N].人民日报,2023–10–19.

[14] 习近平.高举中国特色社会主义伟大旗帜 为全面建设社会主义现代化国家而团结奋斗 [J].求是.2022,(21):4–35.

[15] 习近平.辩证唯物主义是中国共产党人的世界观和方法论 [J].求是,2019,(01):4–8.

[16] 习近平在浙江考察时强调:统筹推进疫情防控和经济社会发展工作 奋力实现今年经济社会发展目标任务 [N].人民日报,2020–04–02.

[17] 中央经济工作会议在北京举行 [EB/OL].新华社.2023–12–12.

[18] 中国电子学会.2023 中国元宇宙产业发展趋势洞察报告 [R].2023.

[19] 尹西明,孙冰梅,袁磊,等.科技自立自强视角下企业共建创新联合体的机制研究 [J/OL].科学学与科学技术管理,1–20,2024–09–19.

[20] 尹西明,陈劲,刘畅.科技领军企业:定义、分类评价与促进对策 [J].创新科技,2021,21(06):1–8.

[21] 尹西明,陈泰伦,陈劲,等.加强企业主导型国家创新体系建设的逻辑与路径 [J].科技中国,2023,(04):49–53.

[22] 尹西明,薛美慧,丁明磊,等.面向新质生产力发展的企业主导型产业科技创新体系:逻辑与进路 [J].北京理工大学学报(社会科学版),2024,26(04):29–37.

[23] 方行明,许辰迪,肖磊.比较优势、后发优势与平行竞争——基于发展经济学的研究 [J].理论探讨,2023,(05):90–101.

[24] 毛泽东.毛泽东文集 [M].北京:人民出版社.2009.

[25] 王光栋,郑志敏.科技创新、产业升级与就业 [J].工业技术经济,2014,33(03):19–24.

[26] 王宇.以新促质:战略性新兴产业与未来产业的有效培育 [J].人民论坛,2024,(02):32–35.

[27] 王宇.战略性新兴产业与未来产业的内涵特征 [EB/OL].人民论坛网,2024–3–28.

[28] 王宏伟.前瞻谋划布局未来产业 [N].经济日报,2024–01–08.

[29] 王忠宏,石光.发展战略性新兴产业 推进产业结构调整 [J].中国发展观察,2010,(01):12–14.

[30] 王政武,杨俏丽,陈春潮.科技创新赋能新质生产力发展:作用机理、现实困境与政策优化 [J].企业科技与发展,2024,(03):6–12+19.

[31] 王珂,罗珊珊.加快建设贸易强国 [N].人民日报,2024–01–18.

[32] 卡尔·马克思，弗里德里希·恩格斯. 马克思恩格斯选集（第4卷）[M]. 北京：人民出版社，2012.

[33] 卡尔·马克思，弗里德里希·恩格斯. 马克思恩格斯文集（第1卷）[M]. 北京：人民出版社，2009.

[34] 卡尔·马克思，弗里德里希·恩格斯. 马克思恩格斯文集（第2卷）[M]. 北京：人民出版社，2009.

[35] 卡尔·马克思，弗里德里希·恩格斯. 马克思恩格斯全集（第1卷）[M]. 北京：人民出版社，1956.

[36] 卡尔·马克思，弗里德里希·恩格斯. 马克思恩格斯全集（第3卷）[M]. 北京：人民出版社，1956.

[37] 卡尔·马克思，弗里德里希·恩格斯. 马克思恩格斯选集（第1卷）[M]. 北京：人民出版社，1995.

[38] 卡尔·马克思，弗里德里希·恩格斯. 马克思恩格斯选集（第2卷）[M]. 北京：人民出版社，1995.

[39] 卡尔·马克思，弗里德里希·恩格斯. 德意志意识形态 [M]. 北京：人民出版社，2018.

[40] 卡尔·马克思. 路易·波拿巴的雾月十八日 [M]. 北京：人民出版社，2015.

[41] 史丹，渠慎宁. 未来产业展望 [N]. 人民日报，2024-04-12.

[42] 田永静，苑卫国. 我国人工智能发展趋势研究 [J]. 人民论坛·学术前沿，2024，（08）：102-105.

[43] 白玉生. 服装外贸45年 [J]. 中国服饰，2024，（02）：54-57.

[44] 石建勋，卢丹宁. 着力提升产业链供应链韧性和安全水平研究 [J]. 财经问题研究，2023，2（02）：3-13.

[45] 邓小平. 邓小平文选 [M]. 北京：人民出版社，1994.

[46] 任寿根. 新兴产业集群与制度分割——以上海外高桥保税区新兴产业集群为例 [J]. 管理世界，2004，（02）：56-62.

[47] 任鹏. 巩固提升传统产业竞争优势 [N]. 经济日报，2024-03-28.

[48] 列宁. 列宁选集（第1卷）[M]. 北京：人民出版社，1995.

[49] 列宁. 列宁选集（第2卷）[M]. 北京：人民出版社，2012.

[50] 刘众，杨永红. 融通创新促进传统产业升级的现实蕴意和路径抉择 [J]. 价格理论与实

践，2022，（06）：23-26+176.

[51] 刘同舫. 人类文明新形态的内在依据：生产方式的创新性发展 [J]. 北京大学学报（哲学社会科学版），2023，60（01）：5-13.

[52] 刘志彪. 战略性新兴产业的高端化：基于"链"的经济分析 [J]. 产业经济研究，2012，（03）：9-17.

[53] 刘轩，戴美想，赵阳. 创新型领军企业科技集成服务模式路径研究 [J]. 江苏科技信息，2022，39（21）：6-9.

[54] 刘勇. 新时代传统产业转型升级：动力、路径与政策 [J]. 学习与探索，2018，（11）：102-109.

[55] 朱瑞博. 中国战略性新兴产业培育及其政策取向 [J]. 改革，2010，（03）：19-28.

[56] 闫伊乔. 我国接受高等教育人口达 2.4 亿 [N]. 人民日报，2022-05-21.

[57] 何平. 我国科技领军企业发展面临的挑战与应对策略 [J]. 价格理论与实践，2023，（02）：180-183.

[58] 宋建. 技术创新对劳动就业的影响——基于文献综述的视角 [J]. 南大商学评论，2021，（02）：60-88.

[59] 宋跃刚，王紫琪. 新质生产力与制造业产业链供应链韧性：理论分析与实证检验 [J]. 河南师范大学学报（自然科学版），2024，52（05）：29-42+2.

[60] 巫强. 领军企业创新链：理论内蕴与政策体系 [J]. 工信财经科技，2021，（02）：26-33.

[61] 张学文，靳晴天，陈劲. 科技领军企业助力科技自立自强的理论逻辑和实现路径：基于华为的案例研究 [J]. 科学学与科学技术管理，2023，44（01）：38-54.

[62] 张莉，程可为，范子英. 产业用地配置改革与城市内土地错配——基于微观企业土地存量数据的研究 [J]. 经济学（季刊），2024，（02）：465-480.

[63] 李子文. 构建支持未来产业发展的政策体系 [N]. 学习时报，2024-05-01.

[64] 李文军，郭佳. 我国战略性新兴产业发展：成效、挑战与应对 [J]. 经济纵横，2022，（08）：65-75.

[65] 李玉举. 超前布局培育未来产业 [N]. 经济日报，2024-04-23.

[66] 李弦. 数据要素赋能新质生产力的理论逻辑与实践进路——基于马克思劳动过程理论的分析 [J]. 上海经济研究，2024，（05）：25-36.

[67] 李春成. 着力四大机制创新，培育区域未来产业 [J]. 青海科技，2023，30（01）：6-9.

[68] 李柏洲、王雪、薛璐绮，等.战略性新兴产业创新网络形成机理研究 [J].科研管理，2022，43（03）：173-182.

[69] 李晓华，吕铁.战略性新兴产业的特征与政策导向研究 [J].宏观经济研究，2010，（09）：20-26.

[70] 李雪松，王健.管理者数字素养对中小企业数字化转型的影响机制 [J].科技管理研究，2024，（01）：106-116.

[71] 李斯特.政治经济学的国民体系 [M].北京：商务印书馆.1961.

[72] 李锋.强化企业主体地位增强科技支撑 [N].经济日报，2024-05-08.

[73] 杨煜，王昕灵.培育科技型企业的作用机理与路径研究——基于"有效市场"与"有为政府"协同的视角 [J].科学管理研究，2024，42（01）：115-125.

[74] 汪云兴.争创国家未来产业先导区，引领深圳未来产业新突破 [EB/OL].澎湃新闻 – 综合开发研究院，2023-08-14.

[75] 阳镇，钱贵明，陈劲.建设现代化产业体系需要何种企业创新 [J].清华管理评论，2023，（12）：56-63.

[76] 阳镇.技术创新视角下现代化产业体系的再解构 [J].财经问题研究，2024，（04）：45-56.

[77] 单志广.把未来产业作为新质生产力的关键突破口 [J].经济，2024，（04）：17-19.

[78] 国家互联网信息办公室.数字中国发展报告（2022 年）[R].2023.

[79] 林学军.战略性新兴产业的发展与形成模式研究 [J].中国软科学，2012，（02）：26-34.

[80] 芮明杰.前沿技术、未来产业与产业主体——对未来产业几个关键问题的理解 [J].上海经济，2023，（04）：1-9.

[81] 邵记友，杨忠，汪涛，等.以领军企业为核心主体的创新链：结构特征与协同机制 [J].中国科技论坛，2023，（11）：97-107.

[82] 金碚，李鹏飞，廖建辉.中国产业国际竞争力现状及演变趋势——基于出口商品的分析 [J].中国工业经济，2013，（05）：5-17.

[83] 陈劲.推动科技领军企业的建设与发展 [J].清华管理评论，2021，（05）：1.

[84] 陈娟，吴俊，林梓淇.新技术革命孕育新型生产关系 [J].产业创新研究，2022，85（08）：4-6+65.

[85] 陈健，陈志.如何支持"链主"企业主导全产业链创新？——以美国太空探索技术公

司（SpaceX）为例 [J]. 科技中国，2021，（08）：14-17.

[86] 陈赟 . 国企在未来产业发展中应走在前列 [J]. 通信企业管理，2021，（11）：11-16.

[87] 姜江 . 增强战略性新兴产业产业链供应链自主可控能力的思考 [J]. 经济纵横，2022，（02）：35-41.

[88] 柳卸林 . 大企业如何通过基础研究实现突破性创新 [J]. 人民论坛·学术前沿，2023，（09）：44-51.

[89] 美对华技术封锁害人伤己 [N]. 光明日报，2020-07-10.

[90] 胡拥军 . 未来产业成为各地谋长远的重头戏 [N]. 中国经济时报，2023-08-14.

[91] 胡拥军 . 未来产业的发展态势、时空布局与政策建议 [J]. 中国经贸导刊，2023，（11）：71-73.

[92] 胡润研究院 . 2024 全球独角兽榜 [R]. 2024.

[93] 贺正楚，吴艳 . 战略性新兴产业的评价与选择 [J]. 科学研究，2011，29（05）：678-683+721.

[94] 赵志君，庄馨予 . 中国人工智能高质量发展：现状、问题与方略 [J]. 改革，2023，（09）：11-20.

[95] 赵志耘 . 做好人工智能发展的风险防范 [N]. 学习时报，2023-10-23.

[96] 赵恒杰 . 推动创新链产业链深度融合 [N]. 经济日报，2024-05-15.

[97] 郑胜华，陈海洁 . 科技领军企业引领国家战略科技力量建设研究 [J]. 浙江工业大学学报（社会科学版），2023，22（01）：61-67.

[98] 原磊，张弛 . 新质生产力"新"在何处 [J]. 旗帜，2024，（04）：21-23.

[99] 夏轶群，孟夏 . 双元驱动的中小企业数字化转型协同机制探析 [J]. 软科学，2024，（03）：99-106.

[100] 徐政，郑霖豪，程梦瑶 . 新质生产力赋能高质量发展的内在逻辑与实践构想 [J]. 当代经济研究，2023，339（11）：51-58.

[101] 荀立强，余雪梅，刘振东 . 我国电子信息领域国际标准化工作策略研究 [J]. 中国标准化，2022，（02）：65-68.

[102] 袁银传 . 贸易保护主义的动向与影响 [J]. 人民论坛，2024，（05）：87-89.

[103] 郝照平 . 发挥科技领军企业在高水平科技自立自强中的先锋骨干作用 [J]. 中国党政干部论坛，2023，（10）：61-63.

[104] 郭克莎 . 工业化新时期新兴主导产业的选择 [J]. 中国工业经济，2003，（02）：5-14.

[105] 郭京京，眭纪刚，马双 . 中国未来产业发展与创新体系建设 [J]. 新经济导刊，2021，（03）：10-17.

[106] 曾诗阳 . 民企绿色转型需提速闯关 [N]. 经济日报，2023-08-13.

[107] 童晶晶，杨倩，雷声，等 . 基于创新生态系统的科技领军企业评价研究 [J]. 企业科技与发展，2023，（07）：1-3.

[108] 韩江波，李超 . 新兴产业高质量发展的路径创新与政策研究——以新能源汽车产业为例 [J]. 生态经济，2023，39（06）：61-71.

[109] 黄群慧 . 厚植中国式现代化的实体经济根基 [N]. 光明日报，2022-10-26.

[110] 黄蕊，徐倩，赵意 . "人工智能 +"模式下我国传统产业的效率锁定与解锁——基于路径依赖理论视域 [J]. 经济问题，2020，（02）：75-82.

[111] 新华时评：扬起中国帆 勇开顶风船 [EB/OL]. 新华社 . 2020-08-25.

[112] 萨伊 . 政治经济学概论 [M]. 北京：商务印书馆 . 1963.

[113] 蒋永穆，乔张媛 . 新质生产力：逻辑、内涵及路径 [J]. 社会科学研究，2024，（01）：10-18+211.

[114] 樊轶侠，段可仪，李俊龙 . 政府支持中小企业数字化转型的政策实践、现实阻碍和路径优化 [J]. 财政科学，2024，（02）：134-142.

[115] 潘教峰，王晓明，薛俊波，等 . 从战略性新兴产业到未来产业：新方向、新问题、新思路 [J]. 中国科学院院刊，2023，38（03）：407-413.

[116] 蔡笑天，李哲，常燕 . 强化科技领军企业在国家战略科技力量体系中的地位与作用 [J]. 科技中国，2023，（12）：1-4.

[117] 颜晓峰 . 论新时代我国社会主要矛盾的变化[J]. 中共中央党校（国家行政学院）学报，2019，23（02）：5-13.

后记

新质生产力既是生产力发展的重大理论创新，也是推动高质量发展的实践指引。《因地制宜发展新质生产力：理论篇》作为中国宏观经济研究院（以下简称宏观院）"因地制宜发展新质生产力丛书"中的一册，旨在从理论层面领会理解"新质生产力"所涵盖的科学认识论与系统方法论，帮助读者在实际工作中更准确地把握、更好地运用新质生产力理论和习近平经济思想。

本书编写组成员主要来自宏观院产业经济与技术经济研究所（以下简称产业所）。编写组在研究撰写过程中多次组织开展内部讨论，认真研究本书在"因地制宜发展新质生产力丛书"中的定位、基本框架、核心观点和主要内容，书中关于新质生产力的研究成果和主要观点汇聚了产业所的集体智慧。宏观院决策咨询部、中国发展出版社为本书的出版做了协调、编辑等工作。本书成稿过程中，还得到中国社会科学院经济研究所黄群慧研究员，宏观院副院长宋葛龙研究员、原副院长马晓河研究员、原副院长吴晓华研究员，国家发展和改革委员会学术委员会秘书长刘中显研究员，宏观院决策咨询部主任孙学工研究员、对外经济研究所所长罗蓉研究员、投资研究所所长杨萍研究员、国土开发与地区经济研究所所长周毅仁研究员等专家学者的宝贵意见建议，在此一并表示诚挚感谢。

本书编写组

2024 年 11 月

因地制宜发展新质生产力丛书

丛书主编：黄汉权

因地制宜发展
新质生产力
政策篇

中国宏观经济研究院编写组　著

中国发展出版社

CHINA DEVELOPMENT PRESS

图书在版编目（CIP）数据

因地制宜发展新质生产力. 政策篇 / 中国宏观经济
研究院编写组著. -- 北京：中国发展出版社，2024.
11（2025.3重印）. --（因地制宜发展新质生产力丛书 /
黄汉权主编）. -- ISBN 978-7-5177-1442-2

Ⅰ. F120.2

中国国家版本馆CIP数据核字第2024KP3335号

书　　　名：因地制宜发展新质生产力：政策篇
著作责任者：中国宏观经济研究院编写组
责 任 编 辑：郭心蕊　耿瑞蝶
出 版 发 行：中国发展出版社
联 系 地 址：北京经济技术开发区荣华中路 22 号亦城财富中心 1 号楼 8 层（100176）
标 准 书 号：ISBN 978-7-5177-1442-2
经 销 者：各地新华书店
印 刷 者：北京博海升彩色印刷有限公司
开　　　本：710mm×1000mm　1/16
印　　　张：14.5
字　　　数：220 千字
版　　　次：2024 年 11 月第 1 版
印　　　次：2025 年 3 月第 2 次印刷
定　　　价：68.00 元

联 系 电 话：（010）68990635 68990625
购 书 热 线：（010）68990682 68990686
网 络 订 购：http://zgfzcbs.tmall.com
网 购 电 话：（010）88333349 68990639
本 社 网 址：http://www.develpress.com
电 子 邮 件：1944517807@qq.com

"因地制宜发展新质生产力丛书"
编委会

丛书主编

黄汉权

丛书副主编

刘泉红　　周毅仁　　孙学工　　盛朝迅

丛书编委（按姓氏笔画排序）

丁尚宇	王　妍	王　磊	王云平	王励晴	王明姬
王继源	公丕萍	卢　伟	田智宇	刘　敏	刘立峰
刘保奎	刘振中	许　生	李　忠	李　智	李子文
李沛霖	李星晨	李晓琳	李爱民	杨　萍	吴　迪
余新创	应晓妮	陈　凯	陈　曦	陈大鹏	罗　蓉
金田林	周　振	赵　盟	赵阳华	荣　晨	侯燕磊
聂新伟	贾若祥	徐建伟	徐唯燊	郭叶波	黄征学
盛思鑫	盛雯雯	韩　晓	韩　祺	窦红涛	潘　彪
魏　丽	魏　巍				

总序 *

习近平总书记关于发展新质生产力的重要论述，是马克思主义生产力理论的重大创新，是习近平经济思想的最新成果，深化了我们党对生产力发展规律的认识，为新时代新征程用新的生产力理论指导新的发展实践指明了方向、提供了遵循。

一、深刻理解新质生产力的科学内涵和基本特征

"新质生产力是创新起主导作用，摆脱传统经济增长方式、生产力发展路径，具有高科技、高效能、高质量特征，符合新发展理念的先进生产力质态"，"科技创新能够催生新产业、新模式、新动能，是发展新质生产力的核心要素"，"新质生产力本身就是绿色生产力"，"因地制宜发展新质生产力"，"发展新质生产力，必须进一步全面深化改革，形成与之相适应的新型生产关系"……习近平总书记的一系列重要论述，深刻阐明了新质生产力的基本内涵、本质特征、核心标志、核心要素、形成规律以及实现路径等重要问题，是历史逻辑、理论逻辑和实践逻辑的统一。

---

* 本序为丛书主编黄汉权 2024 年发表在《求是》上的《深刻领悟发展新质生产力的核心要义和实践要求》一文。

从历史逻辑看，新质生产力由技术革命性突破、生产要素创新性配置、产业深度转型升级而催生。社会生产力每次出现大的跃升，都对应着新技术对旧技术的"创造性毁灭"。从第一次工业革命的蒸汽机发明到第二次工业革命的电机发明和电气应用，再到第三次工业革命的信息技术突破，每一次科技革命都肇始于划时代的颠覆性技术创新，都带来生产力的飞跃和经济社会的重大变革，人类社会由此从农业社会递次步入工业化、电气化、信息化时代。从历史经验看，历次产业革命都有一些共同特点：一是有新的科学理论做基础，二是有相应的新生产工具出现，三是形成大量新的投资热点和就业岗位，四是经济结构和发展方式发生重大调整并形成新的规模化经济效应，五是社会生产生活方式有新的重要变革。这些要素，目前都在加快积累和成熟中。当前，全球新一轮科技革命和产业变革深入发展。与前三次工业革命不同的是，这一轮科技革命和产业变革以数据等新型生产要素的产生和应用为重要标志，以包括算力、算法、网络通信在内的数字技术、人工智能为底层技术和核心技术，以数字化、智能化、绿色化为方向，具有多领域技术群体突破、交叉融合以及技术迭代加快、创新周期缩短等特征。伴随群体性技术的整体性突破，势必引起生产要素配置方式的深刻变化，给产业形态、产业结构、产业组织方式带来深刻影响，进而推动产业深度转型升级，通过"技术—要素—产业"链条传导，最终形成新的生产力质态。

从理论逻辑看，新质生产力以劳动者、劳动资料、劳动对象及其优化组合的跃升为基本内涵。生产力是马克思主义的一个基本范畴，一般认为，劳动者、劳动资料、劳动对象是生产力的构成要素。根据马克思主义生产力理论，科学技术通过渗透到生产力的构成要素之中，引起它们变化，从而促进社会生产力发展；在社会生产力的发展中，

科学技术推动社会生产的作用日益增强。习近平总书记关于发展新质生产力的重要论述，继承了马克思主义生产力理论的分析框架，同时又赋予其新的内涵，进行了创新和发展。从劳动者看，人是生产力中最活跃的因素，没有创新型人才、战略型人才以及掌握现代技术的新型劳动者，加快形成和发展新质生产力也就是一句空话。从劳动资料看，由颠覆性技术带来的生产工具变革往往是新科技革命的主要标志。在新一轮科技革命和产业变革中，大数据、云计算、区块链、人工智能、量子技术等更高科技含量的新型工具不断涌现，为新质生产力提供了动力源泉。从劳动对象看，数字资源、虚拟空间、生物基因、微观粒子等都成为人类劳动的对象，大大拓展了生产新边界，创造了生产新空间。当前，新一轮科技革命和产业变革呈现源头创新、跨界融合、多点突破的新趋势，对生产资源的配置模式、创新要素的流通机制、技术研发的组织构架、创新主体的管理方式都提出新的要求，发展新质生产力需要劳动者、劳动资料、劳动对象在新技术赋能和催化下，实现优化组合和更高效率的配置，进而为大幅提高全要素生产率提供必要条件。

从实践逻辑看，新质生产力已经在实践中形成，需要我们进一步深化认识并大力推动生产力迭代发展和质的跃升。科学只有转化为技术并应用于生产，才能成为现实的生产力。党的十八大以来，我国科技事业迅速发展，一批重大创新成果竞相涌现，一些前沿方向进入并行、领跑阶段，现代化产业体系建设取得重要进展，新质生产力已经在实践中形成并展示出对高质量发展的强劲推动力、支撑力。在技术新突破方面，我们充分发挥国家战略科技力量作用，围绕关键共性技术、前沿引领技术、现代工程技术、颠覆性技术创新，打好关键核心技术攻坚战。在要素新组合方面，在我国，技术、资金、人才、劳动

力、数据、土地、管理等一系列重要的生产要素日益实现便捷化流动、网络化共享、系统化整合、协作化开发和高效化利用，特别是数据作为新的生产要素被引入生产函数，极大拓展了生产可能性边界，深度赋能实体经济转型升级。在产业新形态方面，人工智能、低空经济等具有时代标志和时代特点的新产业新业态加快成熟。在培育新型劳动者方面，我们致力于畅通教育、科技、人才良性循环，优化学科设置、创新人才培养模式，实行更加开放的人才政策，打造全球人才高地，营造鼓励创新、宽容失败的良好氛围，努力培养造就一批具有国际水平的战略科技人才、科技领军人才、青年科技人才和高水平创新团队。

二、全面看待我国发展新质生产力的优势和条件

新一轮科技革命和产业变革正在与世界百年未有之大变局形成历史性交汇，其主要特点是重大颠覆性技术不断涌现，科技成果转化速度加快，产业组织形式和产业链条更具垄断性。"谁在创新上先行一步，谁就能拥有引领发展的主动权。"世界各主要国家纷纷出台创新战略，加大投入，加强人才、专利、标准等战略性创新资源的争夺。我国推动科技事业快速发展，取得举世瞩目成就，根本就在于我们拥有独特的优势和宝贵的经验，能够充分发挥社会主义制度优越性，充分调动人才的积极性、主动性、创造性，集中力量办大事，抓重大、抓尖端、抓基本。我国已进入高质量发展阶段，加快发展新质生产力更具坚实的基础和良好的社会环境。

中国特色社会主义制度优势为发展新质生产力提供可靠保障。我们显著的优势是我国社会主义制度能够集中力量办大事。这是我们成就事业的重要法宝。正是依靠这一优势，我们一次次实现了从无到有、

从小到大、从弱到强的突破，用几十年时间走完了西方发达国家几百年走过的工业化道路。当前，科技创新越来越需要多学科交叉融合和高效协同攻关，亟须有效整合科技资源，发挥国家战略科技力量的引领作用。近年来，党中央不断加强对科技工作的集中统一领导，健全新型举国体制，有力发挥有效市场和有为政府的作用，充分调动各方面积极性，显著提升了国家创新体系整体效能。

不断提升的科技能力为发展新质生产力注入强大动能。经过多年发展，我国科技创新条件不断改善，2023 年全社会研究与试验发展经费投入超过 3.3 万亿元，研发投入强度提升到 2.64%，超过经济合作与发展组织（OECD）国家平均水平。重大科学基础设施加快布局，国家大科学装置在建和运行 57 个，纳入新序列管理的国家工程研究中心 207 个，国家企业技术中心 1798 家，国家级科技企业孵化器 1606 家，国家备案众创空间 2376 家。科技创新在众多领域取得重大突破，"嫦娥"探月、"天问"探火等深空探测项目成功实施，量子信息、干细胞、脑科学等前沿方向取得重大原创成果，太阳能光伏、新能源汽车、数字经济等领域实现换道超车，5G 网络运用全球领先。

产业体系配套完整的供给优势为发展新质生产力提供重要载体。产业是新质生产力发展的重要载体。党的十八大以来，我国大力推进战略性新兴产业发展，前瞻布局类脑智能、量子信息等未来产业新赛道，新一代电子信息、新能源、新材料、新能源汽车等一批技术含量高、成长性强的新产业持续壮大。2023 年战略性新兴产业占国内生产总值比重从 2012 年的 5% 提高到 13% 以上。同时，我国工业特别是制造业体系完整，既为孕育前沿技术和颠覆性技术提供了良好条件，也为新兴产业、未来产业发展提供了配套支撑。比如，围绕锂离子蓄电池，从上游的原材料，到中游的电解液、隔膜、电芯，再到下游的新能源汽车、消费电子和储能电站应用，上中下游集群共生、联动发展，规模经济效应充分彰显，也正是凭借完整的制造业体系优势，我国新能源汽车在国际市场上才更具竞争力。

海量数据的资源优势为发展新质生产力提供要素支撑。数据作为新型生产要素，是形成新质生产力的重要资源，对传统生产方式变革具有重大影响。我国人口数量众多，人们每日的生产生活消费活动都会产生大量数据，消费电子、电子商务、移动支付等领域的市场规模位居全球第一，且仍处于快速增长阶段，直接催生社交媒体、移动出行、数字医疗等产业爆发式增长。我国制造业规模世界第一，机器设备台（套）数存量也是世界第一，工业机器人保有量占世界 1/3，有力支撑了工业互联网的快速兴起。2023 年我国数据生产总量超 32ZB。这些场景形成的海量数据资源，为发展新质生产力提供了丰富的"原料"供给。

超大规模的市场优势为发展新质生产力拓展需求空间。我国拥有超过 14 亿人口，中等收入群体超过 4 亿人，经营主体超过 1.8 亿户，2023 年社会消费品零售总额超过 47 万亿元，是全球第二大商品消费市场、第一大网络零售市场。近年来，以新能源汽车、锂电池、光伏产品为代表的"新三样"产品在技术创新、生产制造、市场销售上形成良性互动，庞大国内市场成为"新三样"技术迭代、产品升级、走向国际的关键支撑，2023 年"新三样"产品出口值合计超过万亿元。同时，中国巨量市场需求持续吸引全球的新技术新产品，成为吸引外商投资的强大引力场。比如，特斯拉上海超级工厂，正是依托庞大的中国市场，快速形成规模经济效应，有效降低成本，加速技术迭代，成为其全球最大的智能工厂。

大量高素质劳动者和企业家的人才优势为发展新质生产力提供了

人才支撑。人才是第一资源。一支规模宏大、素质优良、结构不断优化、作用日益突出的人才队伍，是发展新质生产力最活跃、最具主动性的因素。2022 年我国研发人员全时当量提高到 635 万人年，规模连续多年稳居世界首位。入选世界高被引科学家数量从 2014 年的 111 人次增至 2022 年的 1169 人次，排名世界第二。人才资源总量达到 2.2 亿人，高技能人才超过 6000 万人，每年理工科毕业生超过发达国家理工科毕业生总和。2023 年世界 500 强中国企业上榜数量位居全球首位，拥有一批具有国际眼光和创新思维的企业家人才队伍。这些丰富的人力资源为发展新质生产力提供了坚实的人才支撑。

三、积极探索发展新质生产力的实现路径

新质生产力是摆脱传统经济增长方式、生产力发展路径的先进生产力质态，对生产资源的配置模式、创新要素的流通机制、技术研发的组织构架、创新主体的管理方式等都提出了新的要求。要遵循新质生产力发展的客观规律，从实际出发，先立后破、因地制宜、分类指导，坚持以科技创新引领产业创新，加快发展方式绿色转型，统筹推进深层次改革和高水平开放，畅通教育科技人才良性循环，为发展新质生产力提供坚实保障。

大力推动前沿技术和颠覆性技术的科技创新，加快建设现代化产业体系。前沿技术和颠覆性技术能够催生新产业、新模式、新动能，是新质生产力的重要来源。要健全新型举国体制，强化国家战略科技力量，发挥好企业创新主体作用，高效整合科技资源协同攻关，瞄准人工智能、量子科技、集成电路、生物制造、脑科学、深空深海等前沿领域，坚决打赢关键核心技术攻坚战，促进前沿技术和颠覆性技术

加速涌现。以科技创新推动产业创新，及时将科技创新成果应用到具体产业和产业链上，统筹推进传统产业改造升级、新兴产业培育壮大、未来产业有序布局，实现新技术从"实验室"向"生产线"的跨越。围绕发展新质生产力布局产业链，提升产业链供应链韧性和安全水平，保证产业体系自主可控、安全可靠。大力发展数字经济，促进数字经济和实体经济深度融合，打造具有国际竞争力的数字产业集群。

遵循科技创新和产业发展规律，因地制宜发展新质生产力。我国幅员辽阔，各地基础条件和发展水平各异，要根据资源禀赋、产业基础、科研条件等，有选择地推动新产业、新模式、新动能发展，不能一哄而上、泡沫化、搞一种模式。传统产业同样蕴含新质生产力，各地发展新质生产力不能忽视、抛弃传统产业，要注重用新技术改造提升传统产业，加快向高端化、智能化、绿色化转型。发达地区的科研机构密集、人才数量多、科技实力雄厚，要聚焦国家战略需求，大力推进关键核心技术突破，提升原创性、颠覆性技术供给能力。其他地区要突出优势特色，把发展新质生产力的重点放在应用前沿技术和颠覆性技术改造提升传统产业上，使之脱胎换骨，焕发新活力。

加快发展方式绿色转型，推动形成绿色生产力。绿色发展是高质量发展的底色，新质生产力本身就是绿色生产力。必须牢固树立和践行绿水青山就是金山银山的理念，坚定不移走生态优先、绿色发展之路。破解绿色发展难题，关键靠科技。要加快绿色科技创新和先进绿色技术推广应用，做强绿色制造业，发展绿色服务业，壮大绿色能源产业，发展绿色低碳产业和供应链，打造高效生态绿色产业集群，构建绿色低碳循环经济体系。健全有利于绿色转型的体制机制，持续优化支持绿色低碳发展的经济政策工具箱。同时，在全社会大力倡导绿色健康生活方式。

统筹推进深层次改革和高水平开放，形成与新质生产力相适应的新型生产关系。发展新质生产力既是发展的命题，也是改革的命题。如何加快形成与新质生产力相适应的新型生产关系，是当前各地各部门在发展实践中遇到的一个现实问题。要深化经济体制、科技体制等改革，着力打通束缚新质生产力发展的堵点卡点，加快建设全国统一大市场，建立高标准市场体系，创新生产要素配置方式，让各类先进优质生产要素向新质生产力顺畅流动。以制度型开放为重点，扩大高水平对外开放，打造国际一流营商环境，加强国际科技合作，形成具有全球竞争力的开放创新生态，为发展新质生产力营造良好国际环境。

畅通教育科技人才良性循环，加快培育新型劳动者队伍。要完善人才培养、引进、使用、合理流动的工作机制，持续强化国家战略人才力量，大力造就能够创造新质生产力的战略人才和能够熟练掌握新质生产资料的应用型人才。深化教育改革，根据科技发展新趋势，优化高等学校学科设置、人才培养模式，为发展新质生产力培养急需人才。深入推进科研院所改革，加快形成符合科研规律、有效满足国家发展和市场需求的科技创新体制。健全要素参与收入分配机制，激发劳动、知识、技术、管理、资本和数据等生产要素活力，更好体现知识、技术、人才的市场价值。实施更加开放的人才政策，加快构建具有国际竞争力的人才引进使用机制，增强对世界优秀人才的吸引力，聚天下英才而用之。

中国宏观经济研究院院长

前言

2023 年，习近平总书记在地方考察调研期间创造性提出"新质生产力"概念①。2023 年中央经济工作会议上，习近平总书记进一步指出，要以科技创新推动产业创新，特别是以颠覆性技术和前沿技术催生新产业、新模式、新动能，发展新质生产力②。2024 年 1 月 31 日，习近平总书记在中共中央政治局第十一次集体学习时再次强调，发展新质生产力是推动高质量发展的内在要求和重要着力点③，并对新质生产力是什么、为什么、如何做进行了系统论述。党的二十届三中全会通过的《中共中央关于进一步全面深化改革、推进中国式现代化的决定》明确提出健全因地制宜发展新质生产力体制机制。推动技术革命性突破、生产要素创新性配置、产业深度转型升级，推动劳动者、劳动资料、劳动对象优化组合和更新跃升，催生新产业、新模式、新动能，发展以高技术、高效能、高质量为特征的生产力。对发展新质生产力作出了系统全面部署。

习近平总书记关于发展新质生产力的重要论述，是马克思主义生产力理论的重大创新，是习近平经济思想的最新成果，为新时代新征

---

① 《镜观·领航 | 发展新质生产力，总书记提出新要求》，新华社，2024 年 3 月 6 日。
② 《中央经济工作会议在北京举行》，《人民日报》2023 年 12 月 13 日。
③ 《习近平在中共中央政治局第十一次集体学习时强调 加快发展新质生产力 扎实推进高质量发展》，《人民日报》2024 年 2 月 2 日。

程用新的生产力理论指导新的发展实践指明了方向、提供了遵循。必须深刻理解和全面把握新质生产力的核心要义和实践要求，以更前瞻的眼光、更务实的政策，把加快发展新质生产力的部署要求落到实处，为高质量发展提供不竭动力。

新质生产力既需要政府超前规划引导、科学政策支持，也需要市场机制调节、企业等微观主体不断创新，是政府"有形之手"和市场"无形之手"共同培育和驱动形成的。因此，需要政策的持续加码和精准发力。基于对新质生产力内涵特征、成长规律的理解，结合现有政府政策调控主要手段和方式的演进创新，我们从微观、中观、宏观3个维度分析了当前因地制宜发展新质生产力的政策体系。

从微观看，主要是完善科技创新、人才、金融和数据要素政策，创新生产要素配置方式，让各类先进优质生产力要素向发展新质生产力顺畅流动，使得微观主体活力得到充分激发。

从中观看，主要是完善产业政策和治理体系，加强新领域新赛道制度供给，建立未来产业投入增加机制，引导新兴产业健康有序发展，推动传统产业优化升级，促进实体经济和数字经济深度融合。

从宏观看，主要是健全宏观经济治理体系，完善投资、财税、绿色发展、区域协调发展和对外开放政策，形成更高水平培育新质生产力的政策合力。

基于上述认识和理解，本书从政策的视角出发，分别阐述了当前科技创新政策、人才政策、金融政策、数据要素政策、产业政策、投资政策、财税政策、绿色发展政策、区域协调发展政策、对外开放政策的基本情况和成效问题，分析了培育发展新质生产力对各领域政策提出的新要求，提出完善该领域政策的对策建议。本书主编是黄汉权，副主编是孙学工、盛思鑫、盛朝迅，各章作者为：第一章，黄汉权、盛朝迅、荣晨、吴迪；第二章，韩祺；第三章，王明姬；第四章，盛雯雯、丁尚宇、侯燕磊；第五章，王磊、魏巍；第六章，王云平、魏丽；第七章，杨萍、刘立峰、应晓妮、王励晴；第八章，许生、陈凯；第九章，李忠、田智宇、赵盟；第十章，贾若祥；第十一章，罗蓉、陈大鹏、李星晨。

新质生产力思想深邃、内涵丰富、博大精深，适应新质生产力发展的政策及实践正在深入研究和发展之中。编写组在研究中力求全面理解、准确把握新质生产力的发展规律特征及其对相关政策提出的新要求，努力提出有针对性、实效性和可操作性的政策建议，为有关部门、地方培育和发展新质生产力提供参考。但限于专业水平、时间和研究深度，我们对新质生产力这一创新概念及其支持政策的认识仍存在诸多不足，需要在后续研究工作中继续努力。在此，恳请诸位读者不吝批评指正！

目录

第一章

总论：加快完善发展新质生产力的政策体系

习近平总书记在中共中央政治局第十一次集体学习时强调，发展新质生产力，必须进一步全面深化改革，形成与之相适应的新型生产关系[①]。党的二十届三中全会提出，健全因地制宜发展新质生产力体制机制。根据我们的理解，可以从微观、中观、宏观 3 个层面完善发展新质生产力的政策体系。从微观看，主要包括科技创新、人才、金融和数据等要素政策。从中观看，主要包括大力培育战略性新兴产业、建立未来产业投入增加机制、推动传统产业优化升级、促进实体经济和数字经济深度融合等产业政策。从宏观看，主要是完善投资、财税、绿色发展、区域协调发展和对外开放政策，形成政策合力。通过"微观＋中观＋宏观"的共同努力，持续完善发展新质生产力的政策体系，推动"政策给力＋改革发力"，新质生产力一定能够加快发展、蓬勃涌现。

一、发展新质生产力对政策体系提出新要求

（一）发展新质生产力要求完善微观要素政策

生产要素是维系国民经济运行及市场主体生产经营过程中所必须具备的基本因素。新质生产力由生产要素创新性配置催生，以劳动者、劳动资料、劳动对象及其优化组合的跃升为基本内涵。科技创新通过应用于生产过程、渗透到生产力诸要素之中，推动劳动、资本、土地、

---

① 《习近平在中共中央政治局第十一次集体学习时强调 加快发展新质生产力 扎实推进高质量发展》，《人民日报》2024 年 2 月 2 日。

知识、技术、数据、管理等生产要素日益便捷化流动、网络化共享、系统化整合、协作化开发和高效化利用，极大地拓展生产可能性边界。新质生产力通过科学技术与生产力要素的结合，特别是数字信息技术与传统产业的深度融合，不仅生成了以数据为代表的新生产要素，还催生了以电子信息为代表的战略性新兴产业和以人工智能为代表的未来产业等新产业，更造就了与新质生产力相匹配的智能型、技能型、创新型劳动者，从劳动对象、劳动资料和劳动者 3 个方面超越了传统生产力。

发展新质生产力，有赖于各类生产要素质量提升和配置效率改进。2024 年 1 月 31 日，习近平总书记主持中共中央政治局第十一次集体学习时强调，着力打通束缚新质生产力发展的堵点卡点，创新生产要素配置方式，让各类先进优质生产要素向发展新质生产力顺畅流动①。《中共中央关于进一步全面深化改革、推进中国式现代化的决定》进一步强调，推动劳动者、劳动资料、劳动对象优化组合和更新跃升。因此，要改革创新生产要素配置方式，促进劳动、资本、土地、知识、技术、数据、管理等生产要素向发展新质生产力集聚。一是深化科技体制改革，推动科技创新特别是原创性、颠覆性科技创新快速涌现，加快实现高水平科技自立自强。二是畅通教育、科技、人才的良性循环，完善人才培养、引进、使用、合理流动的工作机制，加强创新型、技能型人才培养。三是深化金融体制改革，优化金融结构，创新金融产品和服务，构建科技、产业、金融深度融合的新质生产力实现机制。四是进一步优化数据要素政策体系，更好地实现数据要素赋能新质生产力形成。

（二）发展新质生产力要求完善中观产业政策

产业是发展新质生产力的重要载体。习近平总书记强调，要及时

---

① 《习近平在中共中央政治局第十一次集体学习时强调 加快发展新质生产力 扎实推进高质量发展》，《人民日报》2024 年 2 月 2 日。

将科技创新成果应用到具体产业和产业链上，改造提升传统产业，培育壮大新兴产业，布局建设未来产业，完善现代化产业体系①。改革开放以来，特别是党的十八大以来，我国出台多项政策加快建设现代化产业体系。从培育壮大战略性新兴产业看，2010 年《国务院关于加快培育和发展战略性新兴产业的决定》印发，此后，战略性新兴产业被纳入国家"十二五"规划、"十三五"规划和"十四五"规划。从布局建设未来产业看，2024 年 1 月，《工业和信息化部等七部门关于推动未来产业创新发展的实施意见》提出，重点发展未来制造、未来信息、未来材料、未来能源、未来空间和未来健康六大方向。从改造提升传统产业看，2023 年 12 月，《工业和信息化部等八部门关于加快传统制造业转型升级的指导意见》强调，推动传统制造业向高端化、智能化、绿色化、融合化方向转型。

《中共中央关于进一步全面深化改革、推进中国式现代化的决定》提出健全因地制宜发展新质生产力体制机制，并对不同类型产业的政策部署指明了方向。因此，发展新质生产力要完善产业政策。一是完善推动战略性产业发展政策和治理体系。着力提升产业基础能力，推进战略性新兴产业融合集群生态化发展，引导新兴产业健康有序发展。二是建立未来产业投入增长机制。加强前瞻性、引领性布局，增加源头技术供给，加强新领域新赛道制度供给。三是完善传统产业优化升级政策。支持用数智技术改造提升传统产业，支持用绿色技术改造提升传统产业，以国家标准提升引领传统产业优化升级。四是健全促进实体经济和数字经济深度融合制度。加强新型基础设施建设应用，加快新一代信息技术全方位全链条普及应用，打造具有国际竞争力的数

① 《习近平在中共中央政治局第十一次集体学习时强调 加快发展新质生产力 扎实推进高质量发展》，《人民日报》2024 年 2 月 2 日。

字产业集群，提升数据安全治理监管能力。

（三）发展新质生产力要求完善宏观经济政策

生产力决定生产关系，生产关系要与生产力发展相适应。马克思指出，随着新生产力的获得，人们改变自己的生产方式，随着生产方式即谋生的方式的改变，人们也就会改变自己的一切社会关系。当社会生产力发展到一定阶段，与现存的生产关系发生矛盾时，必然会冲破原有及现存的生产关系束缚。改革开放以来，我们党始终把解放和发展社会生产力作为根本任务，不断完善体制机制，优化生产关系，实现了经济实力、科技实力、综合国力大幅跃升。党的十八大以来，以习近平同志为核心的党中央深化对生产力发展规律的认识，推进全面深化改革，持续促进社会生产力发展。2023 年以来，习近平总书记创造性提出"新质生产力"概念，并强调生产关系必须与生产力发展要求相适应。发展新质生产力，必须进一步全面深化改革，形成与之相适应的新型生产关系。[①] 构建同新质生产力相适应的生产关系，涉及经济体制、科技体制等改革以及对外开放等宏观经济的方方面面，改变人们生产、生活、思维方式，需要推进创新性、深层次、系统性改革。

《中共中央关于进一步全面深化改革、推进中国式现代化的决定》强调，健全相关规则和政策，加快形成同新质生产力更相适应的生产关系。因此，发展新质生产力需要完善宏观经济政策，以提供稳定的政策支持和完善的资源配置。良好的宏观经济政策环境能够为发展新质生产力提供稳定的政策支持，降低创新风险，提高创新效率。通过调控财政税收、区域发展等方面，宏观经济政策有助于优化资源配置，提高资源利用效率，为新质生产力的发展创造有

---

① 《习近平在中共中央政治局第十一次集体学习时强调 加快发展新质生产力 扎实推进高质量发展》，《人民日报》2024 年 2 月 2 日。

利条件。因此，要完善投资政策、财税政策、绿色发展政策、区域协调发展政策、高水平对外开放政策，加强不同领域政策之间的协调配合，强化政策统筹，确保政策同向发力、形成合力，以增强宏观政策取向的一致性。

二、当前政策体系存在的主要问题

当前，与我国加快形成新质生产力的要求相比，我国微观、中观和宏观政策还存在亟须完善的地方，需加大力度优化调整完善，加快构建适应新质生产力的政策体系。

（一）支持新质生产力发展的微观政策存在的突出问题

一是支持高端要素供给的政策力度不足。目前，我国支撑新质生产力发展的原创性颠覆性技术、高层次人才、数据等高质量要素的培育、引进、供给的政策有待进一步完善，需强化政策支持力度，优化政策支持方向。在技术突破上，我国基础研究支持力度不足，2023 年，我国基础研究科研经费占比为 6.77%，明显低于美国的 14.3%、日本的 12.0% 和韩国的 15.0%。在高层次人才供给上，我国胜任原始创新和颠覆性创新的战略科学家和领军人才较为缺乏，技能型人才短缺，科技成果产业化缺乏"硬科技"创新的企业家人才。在金融服务上，实际资金需求与资金供给面临多重不匹配，例如，民营企业信贷融资需求尚未得到充分满足，制造业转型升级的资金支持力度有待提升。资本市场和风险投资对科技创新的支持潜力有待释放。受数据真实性、准确性、完整性、一致性和及时性等数据要素质量不高，数据资源底数混乱，高价值公共数据共享开放意愿不足，公共数据与社会数据融合交叉等因素影响，我国高质量数据要素有效供给不足，海量数据与丰富场景的综合优势潜力亟待释放。

二是释放要素潜力的体制机制不健全。技术、人才等要素资源的充分利用离不开完善的体制机制。在技术攻关上，我国的关键核心技术攻关机制尚不健全。由于没有配套形成良好的利益机制，如知识产权归属尚未清晰界定、国产化应用配套措施缺失等，"揭榜挂帅"等制度孤掌难鸣，推广成效大打折扣，"有成果"但"难应用"问题较为普遍。在人才发展上，我国的体制机制改革尚不到位。"破四唯"与"立新标"未能有机衔接，科研人员负担更重。"一刀切"考核与人才分类培养相悖，降低了人才评价科学性。事业单位工资管理制度限制收入合理增长，影响人才创新积极性。

三是促进要素顺畅流通的政策缺位。要素顺畅流通才能发挥先进要素集聚作用，支撑新质生产力发展。在科技成果转化上，我国科技成果与产业需求存在脱节现象，科技成果转化效率亟待提升。当前，我国科技成果转化率只有 30% 左右，远低于发达国家 60%~70% 的平均水平。在人才流动上，我国缺乏人才区域合理布局的流动机制。国内高校和科研院所在人员编制、机构设置、人才选聘、收入分配等自主权方面受到较大限制，人才合理流动和布局受体制机制掣肘较为严重。海外高层次人才在华工作的出入境和工作许可办理、工作流动限制等方面存在较多障碍。在风险投资的流动上，我国缺乏有效的市场化退出机制和渠道，资本退出渠道过于依赖回购，风险资本退出后面临较大的资金压力，较难充分调动风险资本投资科技领域的积极性。在数据要素市场化配置上，我国数据要素市场化配置的范围相对有限，"数据烟囱""数据孤岛"现象依然严重。

（二）支持新质生产力发展的中观政策存在的突出问题

一是培育壮大战略性新兴产业的政策需加快优化。随着产业发展新模式新业态的持续涌现，现有政策存在跟不上发展步伐的情况。在数据要素方面，"数据二十条"出台后，有关具体措施仍然没有细化和落地，人工智能企业的"大模型"训练数据匮乏。生物经济方面，现行价格政策导向作用发挥不够，药品、医疗器械价格形成机制尚未建立，支持鼓励政策和配套服务业尚不能满足企业出海需要。新能源和智能网联汽车领域，智能网联汽车测试验证、示范应用和商业化运营等方面的标准法规建设相对滞后。

二是布局未来产业的政策需进一步提高前瞻性。当前，我国对未来产业发展的规律性认识有待强化。部分地方存在忽视科技发展周期和产业发展客观规律、盲目上马布局的情况。未来产业发展涉及的科技伦理问题正在被社会各界广泛关注。例如，人工智能大规模应用可能带来内容安全、数据安全、模型安全、自主学习等多方面问题，会引起人们对数字鸿沟问题和失业风险的担忧。

三是促进传统产业高端化智能化绿色化转型的政策需进一步加码。当前，我国传统产业领域研发投入强度偏低，食品烟草、纺织、有色、化工等传统产业领域研发投入经费占销售收入比重多处于不足1%的较低水平。传统型中小企业数字化转型难度较大，大量传统中小微企业无自主品牌、无研发中心、无专利产品。传统产业要素配置机制有待健全，部分行业仍在沿用高污染、高能耗的粗放型传统发展模式。

（三）支持新质生产力发展的宏观政策存在的突出问题

在投资政策上，我国投资方向的长期性战略布局不足，投资方式转型仍然有些滞后，投资主体协同发力力度不够，资金来源中耐心资本相对短缺，对科技创新、传统产业升级、战略性新兴产业培育壮大以及未来产业前瞻布局的助力有待提升，不利于新质生产力的培育。

在财税政策上，我国财税政策系统性不强、对科技创新精准性服务不够、质效不优、现代财税体制有待优化等问题凸显。

在绿色发展政策上，我国绿色发展目标制定和责任落实机制存在有待完善、绿色技术创新成果转化体系尚不健全、绿色发展市场化机制亟待健全、绿色金融等激励支持存在不足、绿色政策体系的协调配合不强等短板，制约绿色生产力发展。

在区域协调发展政策上，我国区域政策作用对象划分有待进一步细化。当前划分的革命老区、民族地区、老工业基地等，是根据不同类型划分的区域，而非根据区域问题划分的，不利于制定有针对性的政策。同时，区域政策作用有待进一步提升，当前很多政策的方向性内容较多，能落地发挥实效的政策偏少，亟须出台相应的实施方案。

在对外开放政策上，我国市场化法治化国际化营商环境政策亟待完善，内外资企业公平竞争待遇有待进一步落实。制度型开放政策需加快完善，我国在规则、规制、管理、标准等制度型开放方面仍有短板，相通相容程度有待提升。部分产品标准与国际通行标准存在一定差距，无法获得国际认可。

三、完善新质生产力发展政策体系的主要着力点

（一）完善新质生产力发展的要素支撑

习近平总书记强调，要深化经济体制、科技体制等改革，着力打通束缚新质生产力发展的堵点卡点，建立高标准市场体系，创新生产要素配置方式，让各类先进优质生产要素向发展新质生产力顺畅流动①。

一是深化科技体制改革，加快实现高水平科技自立自强。要坚持

---

① 《习近平在中共中央政治局第十一次集体学习时强调 加快发展新质生产力 扎实推进高质量发展》，《人民日报》2024 年 2 月 2 日。

"四个面向"（面向世界科技前沿、面向经济主战场、面向国家重大需求、面向人民生命健康），完善长期稳定支持政策，加强基础研究领域、交叉前沿领域、重点领域的前瞻性、引领性布局，提升原始创新能力，促进原创性、颠覆性技术加快涌现。稳步增加基础研究财政投入，通过税收优惠等多种方式激励企业加大投入，鼓励社会力量设立科学基金、科学捐赠等多元投入，提升国家自然科学基金及其联合基金资助效能，建立并完善竞争性支持和稳定支持相结合的基础研究投入机制。要把集中力量办大事的政治优势和发挥市场机制有效配置资源的基础性作用结合起来，在国家层面建立多部门协作机制和合作大平台，强化战略科技力量建设，建立以创新型企业为主体、产学研联合、技术突破与早期市场应用相协同的新型举国体制，加快推进关键核心技术创新突破。要深化科技成果使用权、处置权和收益权改革，强化科技成果转化形成的股权、岗位分红等方面的激励机制，鼓励企业建立专业化多层次技术转移人才培养体系，促进科技成果转化，加速新质生产力的形成和应用。要坚持创新链、产业链、资金链、人才链一体部署，完善全链条支持企业科技创新的制度体系，进一步加大企业研发投入抵扣力度，支持大企业牵头开展关键核心技术攻关，加大对中小微企业技术创新和专业化发展的支持力度，强化企业在科技创新决策中的主体地位。

二是深化人才发展体制改革，培养造就新质生产力发展的急需人才。人是生产力中最活跃的因素，也是最具有决定性的力量。要按照发展新质生产力要求，畅通教育、科技、人才的良性循环，完善人才培养、引进、使用、合理流动的工作机制。要坚持"教育、科技、人才"一体化设计，深化教育综合改革，按照适度超前引领产业发展的要求优化高校学科设置，开展"新理科""新工科""新医科"等基础学科、新兴学科和交叉学科建设，增加人工智能、大数据、生物科技、新能源、新材料、量子信息等与新质生产力相关的课程设置，构建跨学科、强基础、重实践的人才培养模式，不断提升面向前沿技术突破和未来产业发展的拔尖人才培养能力。要实施更加积极的人才引进政策，吸引国内外优秀人才来华创新创业，促进人才流动和优化配置。完善科技领军人才选拔、评价和激励机制，建立健全以创新价值、能力、贡献为导向的科技人才评价体系，提高原始创新成果在科技人才评价标准中的地位，延长对基础研究、前沿应用研究成果的评价周期，制定非常规、个性化考核评价体系，充分激发人才的创新创造活力，提高人才的使用效率。

三是深化金融体制改革，强化新质生产力发展金融支持。金融是实体经济的血脉，也是促进新质生产力发展的关键要素。要健全金融服务新质生产力培育的激励约束机制，加大对重大战略、重点领域、薄弱环节的优质金融服务，构建科技、产业、金融深度融合的新质生产力实现机制。要创新金融产品和服务，发展供应链金融、绿色金融、科技金融等新兴金融业态，创新"贷带投""投联贷""投资期权"等投贷联动模式，推广科技履约贷、知识产权质押贷、合同能源贷、股权质押贷、应收账款贷等灵活多样的创新型信贷产品，拓展银行直接参与股权投资支持科技创新的空间。要大力发展多层次资本市场，鼓励发展创业投资、股权投资和天使投资基金，健全有利于中长期资金入市的政策环境。扩大金融业对外开放，提高外资在华开展股权投资、风险投资便利性，支持符合条件的外资机构参与金融业务试点。

四是深化数据要素市场化改革，激发数据要素潜能。要围绕数据生成、采集、存储、加工、分析、应用、安全等全生命周期流转过程，支持电力、电信、金融、互联网等数据密集型行业的数据企业加强数据产品创新、模式创新、业态创新和场景创新，打造具有市场应用前景的高价值数据产品和服务谱系。要以标准建设为牵引，重点完善数据产品、数据服务、数据资产、数据治理、交易流通、行业应用等方面关键标准体系。坚持制度建设和技术手段确权并举，逐步合理界定个人数据、企业数据和公共数据的产权边界，分类推进公共数据、企业数据、个人数据确权授权使用。聚焦数据全生命周期流通配置过程，建立合规高效的数据要素流通和交易制度，完善数据全流程合规和监管规则体系，不断扩大数据要素流通交易规模，充分释放数据要素价值。

（二）完善产业发展政策和治理体系

产业是新质生产力发展的重要载体，科技创新成果只有及时应用到具体产业和产业链上，才能够形成新质生产力。要适应新赛道新动能的创新活跃、跨界融合、要素重组、高速增长等新特征，营造更加适应新产业新动能成长的产业发展体制。

一是加快培育发展战略性新兴产业。战略性新兴产业代表未来的发展方向，是未来的支柱产业。谁抓住了机遇，加快发展战略性新兴产业，谁就能占据未来竞争制高点。要完善推动新一代新兴技术、人工智能、航空航天、新能源、新材料、高端装备、生物医药、量子科技等战略性新兴产业发展政策和治理体系，优化新赛道新动能领域市场准入环境，适当放宽低空经济、人工智能、自动驾驶、生物制造、深海深空等新领域市场准入要求，清理和规范制约新技术产业化发展的行政许可、资质资格等事项，避免用"老办法"来管"新产业"。

二是建立未来产业投入增长机制。今天的未来产业可能是明天的新兴产业、后天的支柱产业。要用"明天的技术"锻造"后天的产业"，开辟新领域新赛道。要加快布局建设人工智能、量子科技、生命科学等一批未来产业先导区，打造新增长引擎。

三是推动传统产业优化升级。传统产业是我国产业的基本盘，其转型升级也是形成新质生产力的重要阵地。发展新质生产力不能忽视、放弃传统产业。要大力推动传统产业高端化智能化绿色化改造升级，实施"人工智能+"行动，赋能石化、冶金、建材、机械、轻工、纺织等行业，使其焕发新活力。重点以国家标准提升引领传统产业，支持企业用数智技术、绿色技术改造提升传统产业，强化环保、安全等制度约束。

四是健全促进实体经济和数字经济深度融合制度。完善实体经济与数字经济深度融合的标准和规范，推动实体经济与数字经济在底层基础设施、关键核心技术、数据要素、企业主体等多方面深度融合。适应人工智能与实体经济高质量发展要求，加快智能算力基础设施、下一代网络基础设施、云服务与应用基础设施、数字孪生基础设施建设，构建高速泛在、智能敏捷的数字化基础设施体系，促进数据共享，为实体经济和数字经济融合发展提供坚实的基础设施支撑。要加强关键核心技术攻关，完善促进数字产业化和产业数字化政策体系，提升数字产业的自主创新能力和核心竞争力。鼓励领军企业通过战略引领、技术创新、业务模式变革和组织架构优化，推动数据驱动和场景落地，促进企业全面升级和竞争力提升。强化数字经济治理体系的法治化建设，制定出台促进和规范数字经济发展的法律法规，健全平台经济常态化监管制度，构建适应数字经济和实体经济融合发展的政策体系，促进平台经济创新发展。

（三）健全宏观经济政策体系

科学的宏观调控和有效的政府治理是发挥社会主义市场经济体制优势的内在要求。必须完善宏观调控的政策体系，统筹推进投资、财税、绿色、区域、开放等领域政策的优化，强化政策统筹，增强宏观政策取向一致性，确保同向发力、形成合力。

一是持续完善投资政策。在发展新质生产力过程中，政府投资在弥补市场失灵、促进技术革命性突破涌动、生产要素创新性配置、产业深度转型升级等方面发挥着举足轻重的作用。要完善民间投资内生增长机制，健全政府投资决策与管理机制，调动多元投资主体的积极性。要加大基础研究投资和科技成果转化投资，加大战略性新兴产业投资和未来产业投资，加大产业转型升级和设备更新改造投资。要优化发展新质生产力的投融资环境，加快打造市场化法治化国际化一流营商环境，着力提升投融资规划、建设和管理水平。

二是不断完善财税政策。科学合理的财税制度安排可以通过大幅提高劳动力素质、大幅提高生产资料技术水平、大幅提高生产关系现代化水平等路径推动新质生产力加速形成。要聚焦基础研究和科技创新、新兴产业发展和现代化产业体系建设、绿色发展和人力资本提升，改革完善财税制度，持续加大相关领域投入和税收优惠，进一步提升财税政策支撑新质生产力发展效能。

三是加快完善绿色发展政策。新质生产力本身就是绿色生产力，发展新质生产力客观上就是在发展绿色生产力。绿色政策是形成绿色生产力的根本保障，要坚定不移走生态优先、绿色发展之路，不断解放和发展生产力，推动生态文明建设迈上新台阶。完善绿色发展责任落实机制，建立健全统筹高质量发展、高品质生态和高水平安全的综合性评价考核体系。要支持龙头企业与高校、科研院所组建绿色技术产业联盟、智库联盟等平台，加大政府对绿色关键共性技术的研发支持力度。同时，健全资源环境等各种要素的市场化配置体系。完善碳排放权、用能权、用水权、排污权等资源环境要素市场建设。稳步建设全国碳排放权交易市场，优化碳排放初始分配方式。强化资源环境要素市场顶层设计和一体化设计。

四是完善实施区域协调发展政策。要加快构建与新质生产力相适应的区域政策体系，不断提高区域政策的精准性、有效性和协同性。完善有利于推进全国统一大市场的政策，全面实施全国统一的市场准入负面清单制度，消除歧视性、隐蔽性的区域市场准入限制。要完善有利于促进区域融合发展的政策。依托骨干交通通道，完善有利于促进区域协同融合发展的政策体系。依托先行先试重点区域，完善有利于复制推广好经验好做法的政策体系。

五是完善高水平对外开放政策。开放是新质生产力发展的必然要求。通过制度衔接、贸易往来、双向投资、金融开放、科技合作等途径，建立高效畅通的全球要素流动机制，有助于集聚全球先进优质生产要素并实现优化配置。要稳步扩大制度型开放，推进重点领域规则、规制、管理、标准相通相容，支持有条件的地区和开放平台率先构建与高水平国际经贸规则相衔接的制度体系和监管模式，扩大自主开放和单边开放。完善外贸体制改革配套政策，促进数字贸易、服务贸易等创新发展，建立健全高标准自由贸易区网络。统筹"引进来"和"走出去"，持续优化利用外资结构和质量，保障外资企业国民待遇，优化对外投资指导服务和监管，完善海外风险防控和利益保护体系。推动金融高水平开放，支持外资金融机构在华展业，创新对外债务债权管理体系，有序推进人民币国际化。进一步加强教育科技人才领域的国际合作，推动建立世界主要科学中心和创新高地，营造具有全球竞争力的开放创新生态。优化区域开放布局，打造形态多样的开放高地，实施自由贸易试验区提升战略。完善推进高质量共建"一带一路"机制，构建全方位互联互通网络，深化绿色、数字等新兴领域合作。

第二章

科技创新政策

新质生产力的特点是创新，既包括技术和业态模式层面的创新，也包括管理和制度层面的创新。习近平总书记强调，必须继续做好创新这篇大文章，推动新质生产力加快发展[①]。党的二十届三中全会对构建支持全面创新体制机制作出专章部署，提出必须深入实施科教兴国战略、人才强国战略、创新驱动发展战略，统筹推进教育科技人才体制机制一体改革，健全新型举国体制，提升国家创新体系整体效能。这些都对加快完善科技创新政策提出了新要求。

一、新质生产力对科技创新政策提出新要求

习近平总书记强调，科技创新能够催生新产业、新模式、新动能，是发展新质生产力的核心要素[②]。高科技是发展形成新质生产力的三大特征之一，提升全要素生产率是发展新质生产力的核心标志。这既与党的十八大以来我国全面实施创新驱动发展战略的部署一脉相承，又在此基础上提出了新的要求。

党中央历来高度重视科学技术和创新发展。特别是党的十八大以来，党的每次重要会议都对科技创新作出重要部署。党的十八大提出实施创新驱动发展战略，强调科技创新是提高社会生产力和综合国力的战略支撑，必须摆在国家发展全局的核心位置；党的十八届三中全

---

① ② 《习近平在中共中央政治局第十一次集体学习时强调 加快发展新质生产力 扎实推进高质量发展》，《人民日报》2024 年 2 月 2 日。

会提出，加大科技体制改革力度，提高创新体系整体效能，进一步增强科技创新对经济社会发展的支撑引领作用；党的十八届五中全会把创新作为五大新发展理念之首，强调以科技创新引领全面创新；党的十九大提出创新是引领发展的第一动力，是建设现代化经济体系的战略支撑；党的十九届四中全会提出，完善科技创新体制机制，要构建社会主义市场经济条件下关键核心技术攻关新型举国体制；党的十九届五中全会提出，坚持创新在我国现代化建设全局中的核心地位，把科技自立自强作为国家发展的战略支撑，把科技创新摆在发展全局前所未有的战略高度；党的二十大报告首次对"实施科教兴国战略，强化现代化建设人才支撑"作出专章部署，强调教育、科技、人才是全面建设社会主义现代化国家的基础性、战略性支撑，明确提出要推动创新链产业链人才链资金链深度融合，形成全面支持创新的基础制度；党的二十届三中全会进一步对深化教育综合改革、科技体制改革和人才发展体制机制改革提出具体要求。

可见，科技创新是一项久久为功、需要打"持久战"的重要任务，在发展新质生产力中发挥着至关重要的核心作用。当前，国际科技合作环境发生巨大变化，我国部署科技创新的重心从"推进以科技创新为核心的全面创新"逐步向"以科技创新推动产业创新"转变，这意味着未来一段时期，无论是科学技术还是创新，不仅要保持一定的投入强度和产出，而且更重要的是要以能否推动形成新业态、新模式和新产业，进而实现生产力跃升为标志。也就是说，发展新质生产力的科技创新支撑关键是更多"面向经济主战场"，解决科技与经济结合不紧密的问题，核心指标是技术转移、创业投资、科技型企业、新兴产业等。

二、我国科技创新政策的演变和成效

党的十八大以来，我国着力实施创新驱动发展战略，中共中央、国务院印发《中共中央 国务院关于深化体制机制改革加快实施创新驱动发展战略的若干意见》和《国家创新驱动发展战略纲要》，确立了创新驱动发展政策的"四梁八柱"，下决心调整一切不适应创新驱动发展的生产关系，极大激发了市场主体的创新活力，全社会创新创业蔚然成风，为推动形成新质生产力奠定良好基础。

（一）党对科技创新政策的部署力度持续加大

党中央历来重视科技事业发展。1956 年 1 月，中共中央在北京召开全国知识分子会议，会议向全国人民发出"向科学进军"的伟大号召。在国家科学规划委员会领导下，以中国科学院为基础，全国 400 多名科学家、近 20 位苏联专家集结到一起，用了半年时间编制完成了新中国第一张科技发展蓝图——《1956—1967 年科学技术发展远景规划纲要（修正草案）》[①]，本着"重点发展，迎头赶上"的方针，确定了 57 项国家重要科学技术任务和 616 个中心问题，提出有全局性意义的 12 项重点任务，在人力、物力上优先予以保证；1978 年 3 月，党中央召开全国科学大会，邓小平同志在大会上作出"科学技术是生产力"的重要论断[②]，我国迎来"科学的春天"，此后出台了《1986—2000 年全国科学技术发展规划纲要》，强调科技创新服务经济建设，促进了科技成果的快速应用。1988 年，邓小平同志进一步提出"科学技术是

[①] 《壮阔东方潮 创新强国路——中国共产党领导科技事业发展纪实》，《科技日报》2021 年 7 月 1 日。

[②] 《科学的春风吹遍神州》，《光明日报》2021 年 3 月 23 日。

第一生产力"[1]；1995 年，在全国科学大会上，江泽民同志提出了科教兴国战略，强调了人才对于社会主义现代化建设的重要意义[2]《国家中长期科学和技术发展规划纲要（2006—2020 年）》出台，该纲要规划了 11 个重点领域、62 个优先主题、16 个重大专项、8 个方面的前沿技术和 4 个方面的基础研究问题，明晰了重点跨越和影响重大的科技领域；2006 年，党中央、国务院再次召开全国科学技术大会，胡锦涛同志发表重要讲话，动员全党全社会为建设创新型国家而努力奋斗[3]。党的十八大以来，以习近平同志为核心的党中央把科技创新摆在国家发展全局核心位置，开启实现高水平科技自立自强、建设世界科技强国的新征程。2023 年，《党和国家机构改革方案》提出组建中央科技委员会，其主要职责包括统筹推进国家创新体系建设和科技体制改革，审议重大科技战略、规划、政策，确定战略科技任务和重大项目，统筹国家实验室等战略科技力量等。中央科技委员会的建立使国家科技宏观统筹管理职能得到进一步强化。

我国不断制定和完善科技创新有关的顶层设计政策和部署。2012年，《中共中央 国务院关于深化科技体制改革加快国家创新体系建设的意见》提出，科技体制改革是一项系统工程，必须形成统筹推进的新机制的重大认识，组建国家科技体制改革和创新体系建设领导小组，健全和完善国家科技宏观决策体系。2015 年，《中共中央 国务院关于深化体制机制改革加快实施创新驱动发展战略的若干意见》强调市场在资源配置中的决定性作用，以及更好发挥政府作用。2016 年，《国家创新驱动发展战略纲要》提出建成世界科技创新强国"三步走"战

---

① 《新中国档案：邓小平提出科学技术是第一生产力》，中国政府网，2009 年 10 月 10 日。
② 《科学的春风吹遍神州》，《光明日报》2021 年 3 月 23 日。
③ 《胡锦涛在全国科学技术大会上的重要讲话》，中国政府网，2006 年 1 月 9 日。

略目标，强调科技创新和体制机制创新双轮驱动。此后，我国先后明确了"四个面向"的科技发展方向，发布《"十四五"国家科技创新规划》和《国家中长期科学和技术发展规划（2021—2035年）》等顶层设计文件，对强化国家战略科技力量、统筹部署基础研究和应用研究、打好关键核心技术攻坚战等重点任务进行规划部署。此后，《党和国家机构改革方案》提出重新组建科学技术部，重组后的科学技术部的职能转变为管宏观、管规划、管政策，不再管项目。

（二）科技创新政策的市场导向不断强化

一是企业在实施科技重大专项中的牵头和主力作用进一步突出。2018年，科技部等印发《进一步深化管理改革 激发创新活力确保完成国家科技重大专项既定目标的十项措施》，明确支持企业承担科技重大专项。二是普惠性税收优惠政策效果显著提升。国家加大研发费用加计扣除力度，扩大政策范围。2017年将科技型中小企业的加计扣除比例由50%提高到75%；2018年将所有符合条件行业的企业加计扣除比例由50%提高到75%；2021年后，依次将制造业企业、科技型中小企业加计扣除比例从75%提高到100%。在此基础上，2023年，将所有符合条件行业的企业加计扣除比例由75%提高到100%，使所有企业统一适用同样的政策，更有利于推动企业增加研发投入。三是对工业母机、集成电路等重点领域研发投入支持力度持续提高。有关部门不断加大对重点领域科技创新财税支持力度，《新时期促进集成电路产业和软件产业高质量发展的若干政策》《关于提高集成电路和工业母机企业研发费用加计扣除比例的公告》等政策不断优化。目前，集成电路企业和工业母机企业开展研发活动中实际发生的研发费用，未形成无形资产计入当期损益的，在按规定据实扣除的基础上，在2023年1月1日至2027年12月31日期间，再按照实际发生额的120%在税前扣除；形成无形资产的，在上述期间按照无形资产成本的 220% 在税前摊销。

（三）科技成果转化政策取得重大突破

一是《中华人民共和国促进科技成果转化法》完成修订，发布《促进科技成果转移转化行动方案》，探索科技成果转化激励新机制。大幅提高对成果完成人和对转化工作具有重要贡献人员的激励力度。各地区、各部门出台一批具体落实措施，从科技人员积极性不高、无形资产价值评估难等根本性问题入手，探索出科技成果转化的一系列有效路径。二是探索定向研发、定向转化、定向服务"三定向"式的研发和成果转化新机制。针对科研项目与产业发展结合不紧密问题，在高校科技项目选题、高校改革等方面，在科研选题中设置成果转化 5% 的股权激励机制等一批改革举措，极大促进了高校科技成果转化。

（四）公平竞争的创新监管制度不断健全

一是包容审慎的监管制度不断完善。2017 年，国务院办公厅印发《关于创新管理优化服务培育壮大经济发展新动能加快新旧动能接续转换的意见》等，市场准入、投资审批、价格竞争等领域监管持续推进。二是产权保护政策不断取得成效。2019 年，中共中央办公厅、国务院办公厅印发实施《关于强化知识产权保护的意见》，明确实施恶意侵权惩罚性赔偿制度等一系列完善的知识产权保护制度，知识产权"侵权易、维权难"等问题得到有效解决，知识产权审查质量和效率持续提升。此后，党中央、国务院相继出台《知识产权强国建设纲要（2021—2035 年）》《"十四五"国家知识产权保护和运用规划》等重要政策文件，不断优化顶层设计和重大任务部署。

（五）支持创新的金融政策不断完善

围绕做好科技金融服务、开展科创企业投贷联动试点、支持深化民营和小微企业金融服务综合改革、金融支持高技术服务业发展等出台了一系列改革举措。银行、保险等金融机构提高对企业创新的金融服务水平，探索股权与债权相结合，开展跟贷、远期利率期权、认股权等业务，为企业创新持续提供资金支持。部分银行金融机构探索运用"合作创投机构投资＋银行贷款""银行贷款＋远期权益""股权收购基金"等投贷联动金融服务模式，为企业创新持续提供资金支持。有关区域围绕科技企业轻资产的特征，突出高成长性的优势，设计股权融资、无形资产抵押、投贷联动等创新融资新渠道，着力解决融资难问题。

三、当前科技创新政策存在的突出问题和挑战

当前，与我国加快形成新质生产力的要求相比，我国科技创新政策还亟须完善，突出表现在以下 4 个方面。

（一）基础研究支持力度不足

2023 年我国研究与试验发展（R&D）经费总量突破 3.3 万亿元，达到 33357.1 亿元，仅次于美国，位居世界第二位。R&D 经费投入强度（R&D 经费与 GDP 之比）为 2.65%，位列世界第 12 位，接近经济合作与发展组织（OECD）国家平均水平（2.73%）。但是投入结构不合理，基础研究和应用研究比例偏低。中国国家统计局和 OECD 报告显示，2023 年我国在基础研究和应用研究上的科研经费占全面 R&D 经费的比重分别为 6.77% 和 11.0%，明显低于美国（分别为 14.3% 和 17.7%）、日本（分别为 12.0% 和 18.4%）和韩国（分别为 15.0% 和 19.9%）等发达国家（见图 2–1）。从企业层面数据看，我国企业投入基础研究的经费仅占全部基础研究投入的 9% 左右，占总研发经费的

比重更是微乎其微，约为 0.6%；相较之下，美国企业在基础研究中的投入占比高达 35% 以上，占总研发经费的 5% 以上。基础研究供给不足严重制约我国原始创新能力和颠覆性技术产出。

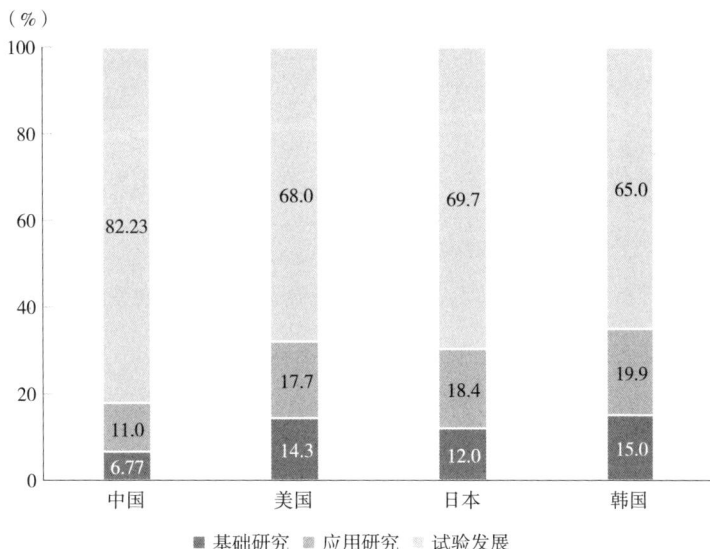

图 2-1　主要经济体全社会 R&D 经费投入结构

资料来源：OECD。

（二）完善关键核心技术攻关机制不健全

近年来，世界各国围绕科技创新制高点的竞争空前激烈，我国科技创新发展面临前所未有的压力和挑战，这就对事关产业链供应链安全的科技政策提出新的要求。当前，我国不断构建社会主义市场经济条件下关键核心技术攻关新型举国体制，充分匹配供需，更好促进科技成果转化为现实生产力。但由于没有配套形成良好的利益机制，"揭榜挂帅"等制度孤掌难鸣，推广成效也大打折扣。比如，知识产权归属问题是悬榜人、揭榜人关注的重点之一，如何建立健全"权责利"相匹配的机制，成为"揭榜挂帅"等制度能否推广落实落好的关键。

又如，对于生物医药领域这类涉及监管环节较多的行业，"揭榜挂帅"等制度只解决了创新源头的"卡点"，但后续如何加快审批上市、如何开展政府招标采购、如何促进国产替代等方面还没有相应的配套政策，导致"有成果"但"难应用"，与预期效果还有一定差距。

专栏 1 美西方国家对我国持续科技打压

美国作为科技强国，近年来通过一系列政策和法案，对我国进行技术打压和封锁，试图遏制我国科技创新势头。一是美国通过组建联盟形式阻止技术向我国扩散。美国对华科技政策趋向于科技脱钩，通过出口管制和投资限制，如禁止华为使用美系电子设计自动化（EDA）软件设计半导体，以及与盟友构建半导体产业联盟排除中国大陆企业，进一步限制了我国大陆企业在电子信息等优势产业的追赶和超越。同时，美国在人工智能和量子技术等新兴领域的联盟构建，也意在遏制我国的创新突破和产业发展。二是通过限制科学仪器及其相关零部件出口中国，形成科学研究技术壁垒。我国近90%的高端科学仪器依赖进口，而美国将大量科研设备列入出口限制清单，严重影响我国科研和产品研发。三是通过"各种清单"打压科技龙头企业。主要包括将相关中国企业列入实体清单、商业管制清单、军事用户清单以及非特别指定国民清单（SDN）中国军事公司清单等。一旦企业被列入上述清单，就必须获得美国政府的许可才能从美国供应商那里购买商品和技术。其中美国商务部工业与安全局（BIS）发布的涉华"实体清单"涉及面最广，对我国科技龙头企业影响最大。

资料来源：作者根据公开资料整理。

（三）"科技—产业—金融"循环不畅

我国科技创新仍面临"科技—产业—金融"循环不畅的堵点问题。一是科技成果与产业需求有所脱节。近年来，我国对科研的投入力度空前加大，已连续多年位列全球第二。然而，尽管投入如此巨大，但在某些关键核心技术领域仍未能实现重大突破。特别是在高端芯片、航空发动机等战略性产业上，依然高度依赖进口。这种依赖不仅凸显了我国在核心技术自主性方面的短板，更对国家的科技产业安全构成了潜在威胁。二是科技成果转化效率亟待提升。我国专利申请量已连续多年位居世界首位，截至 2023 年底，我国（不含港澳台地区）发明专利有效量为 401.5 万件，同比增长 22.4%，成为世界上首个国内有效发明专利数量突破 400 万件的国家。然而，我国科技成果的转化率并不高。据《财经杂志》披露，我国的科技成果转化率大约只有 30%，远低于发达国家 60%~70% 的平均水平。这意味着大量的科研成果仍停留在纸面上，未能有效转化为推动社会进步的动力。三是金融体系难以有效支撑科创企业发展。一方面是科创企业，尤其是初创企业，仍然普遍面临融资难、融资贵的问题。这些企业往往因缺乏充分的抵押资产或信用记录，难以获得传统金融机构的青睐。另一方面是各级政府设立的新兴产业创业投资引导基金规模有所下降，未能充分满足创新型企业的融资需求，叠加资本市场对科技创新企业上市支撑不足，科技独角兽企业大幅减少。从胡润研究院发布的近几年"全球独角兽榜"看，我国上榜独角兽企业数量与美国的"剪刀差"的趋势有所扩大，从 2019 年的分别为 206 家和 203 家，差距不断被拉大到 2023 年的分别为 340 家和 703 家（见图 2-2）。

（四）高水平开放创新程度不高

历史经验反复证明，深化开放创新合作、融入全球创新网络是加

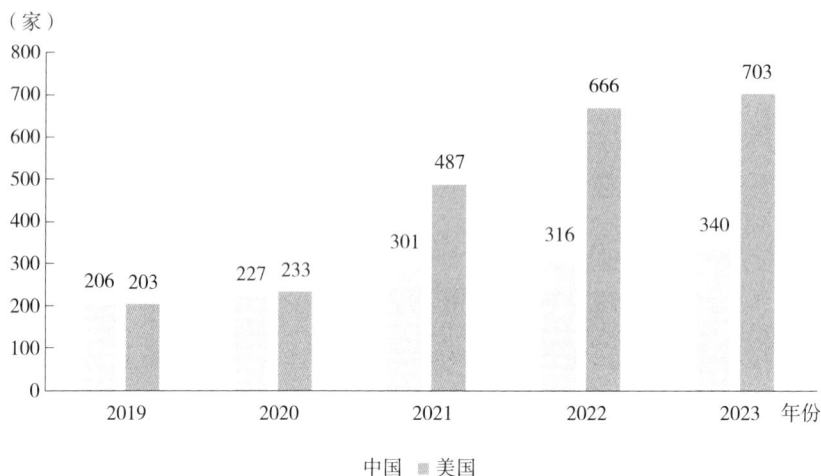

图 2-2　2019—2023 年中美独角兽企业数量比较

资料来源：历年胡润研究院发布的"全球独角兽榜"。

快形成新质生产力的重要途径。人才、技术、资本等创新要素全球流动机制仍待健全，开放创新网络有待完善。例如，在人才招引方面，受美国近年来采取的人员交流限制举措影响，我国企业、高校和科研院所对海外人才招引的难度加大；在资本流动方面，外商投资准入负面清单中对科研服务业的限制依然较多，本土企业跨境投资的金融、保险等服务缺失。

四、加快形成新质生产力的科技创新政策

综合考虑内外部环境条件的趋势性变化，适应新质生产力形成的新要求，坚持破除不利于科技创新的制度藩篱，不断完善新型举国体制，加快构建有效集聚、利用创新资源的体制机制和政策环境。重点是要加强原创性、颠覆性科技创新，加快实现高水平科技自立自强，打好关键核心技术攻坚战，使原创性、颠覆性科技创新成果竞相涌现，

充分发挥我国巨大市场优势条件，不断创造新技术、新产业、新产品的应用场景，及时将科技创新成果应用到具体产业和产业链上，加大从源头创新到产业化的全链条支持，进一步推动创新链产业链资金链人才链深度融合，加快推动新一轮科技创新体制改革，为发展新质生产力提供强大支撑。

（一）提升前沿技术研发和颠覆性创新能力

一是进一步明确国家战略科技力量在推动产业创新发展新质生产力中的定位。国家实验室、全国重点实验室和国家科研机构是产业技术开发的中坚力量；高水平研究型大学应深耕基础研究，承担育人使命，树立有组织科研思维，创新有组织科研模式；科技领军企业要肩负起打通从科技强到企业强、产业强、经济强的通道的责任。二是进行基础研究机构的财政拨款制度改革。改革高校等主要从事基础研究机构的财政拨款制度，提高基础研究稳定性持续性支持经费的比例，扩大经费"包干制"实施范围，激励更多科研人员自由探索、勇闯科研"无人区"。改变"重物轻人"的观念，加大对基础研究科研人员的稳定支持力度，大幅提高科研人员的基本工资水平，让科学家心无旁骛追求其科学兴趣。三是建立适应颠覆性创新的支持机制。进一步明确国家实验室和国家科研机构在国家创新体系的功能定位，聚焦国家发展重大战略需求，强化使命担当，坚持"少而精"原则，由中央财政全力保障国家实验室建设运营经费，稳定、足额支持一批专职从事前沿重大技术研究的人才队伍。有序、梯度培育国家实验室体系，加快重组全国重点实验室，打造国家战略科技力量的"主力队""预备队""青年队"等，确保国家战略科技力量时刻都有战斗力。由中央科技委员会统筹推动中央和地方科研院所改革，进一步明确聚焦主责主业，建立中国特色现代科研院所制度，确保战略科技力量建设取得实效。坚持以企业为中心、以产品为目标，通过企业自主分配科研资金，调动大学、科研院所等研发资源开发颠覆性创新技术。四是提高对创新的容错能力。对于财政支持的颠覆性创新，建议对项目采取"里程碑"式管理，每到一个"里程碑"节点就组织评估，成功的继续支持，失败的总结经验。

（二）加快打通科技成果转化堵点

一是进一步推动《中华人民共和国促进科技成果转化法》落实落细。加大《中华人民共和国促进科技成果转化法》宣贯力度，加强与其他相关配套制度衔接，支持高校、科研院所、医疗卫生机构依法建立科技成果披露机制和尽责容错机制，特别是对于履行勤勉尽责义务且未牟取非法利益的，不因科技成果后续价值变化、经营决策失误承担责任。二是优化创新产品产业化生态。充分发挥我国丰富的应用场景和广阔的市场优势，先推动技术用起来，推动创新产品在武器装备、电信、交通、能源等政府主导的领域率先应用，使其迈出产业落地"第一步"；再进行技术迭代，不断完善技术和产品，提高可靠性，借助设备更新和消费品"以旧换新"，支持创新产品逐步进入市场。三是完善自主创新成果推广应用政策。鼓励保险公司不断优化保险产品方案和服务质量，降低首台（套）应用业绩标准，出台政府采购"国货国用"相应实施细则，有效降低首台（套）生产企业的准入门槛，加大国有企业、重大工程对自主创新产品应用范围，建立相关免责机制。四是建立健全新型举国体制。坚持有限目标，抓紧研究提出可有力带动经济转型升级的"国家产业核心技术清单"，努力实现关键核心技术整体突围。进一步健全"揭榜挂帅""赛马制"等制度，重点部署若干标志性战略工程，制订相应的行动计划和实施方案，明确发展路线图、时间表和相应的技术经济政策支持措施。加强对产业核心技术全生态链的支持，在技术、产业、政策上共同发力，做好体系化布局，集中力量打"攻坚战""歼灭战"，确保产业链取得实质性突破，保证在极限情形下的国家安全。

（三）构建创新型企业梯度培育体系

一是打好龙头科技企业"保卫战"。积极关注和支持被打压的科技领军企业发展，加大国内市场、技术、人才和上下游企业支持，加快供应链国产化替代和多元化供应。二是支持大企业牵头开展核心技术攻关。支持领军企业牵头与高校、科研院所以及产业链上下游企业联合组建创新共同体，承担国家重大科技项目，建设若干产业创新中心、制造业创新中心。三是支持中小企业创新发展。加大对中小微企业技术创新和专业化发展的支持力度，支持研发专精特新产品。加大国家科技计划对中小型科技企业的支持力度，大幅提高中小企业承担研发任务的比例。四是进一步完善支持企业创新的政策体系。进一步提高企业研发投入抵扣力度。积极发展风险投资，壮大耐心资本，建立适应科创企业上市融资的评价体系。提高信贷支持创新的灵活性和便利性。进一步建立包容审慎的监管体制。健全国有企业科技创新激励、考核评价和容错制度。进一步为企业打通知识产权创造、运用、保护、管理、服务全链条，健全知识产权综合管理体制，增强系统保护能力。统筹做好知识产权保护、反垄断、公平竞争审查等工作，促进创新要素自主有序流动、高效配置。

（四）着力推动全方位开放创新

一是鼓励国家、地方、民间资本和境外资本共同出资，设立专项资金支持关键共性技术攻关，创新传统科研攻关项目的"揭榜挂帅"制度，充分调动国内外创新企业、团队积极性，全面参与"拉榜""揭榜""挂帅"全过程。二是扎实推进高技术领域开放创新，更广范围、更深层次融入国际创新生态体系，确保国际一流、前沿的知识、技术、人才、团队能够畅通交流、密切合作。支持和鼓励外商投资企业共同参与"科技自立自强"有关项目。三是在粤港澳大湾区、长三角等地区探索建立开放创新特区，持续提升专业人才在出入境通关、开展境内投资创业等活动的便利性，加快建设世界重要人才中心和创新高地。

第三章

人才政策

党的二十届三中全会提出，教育、科技、人才是中国式现代化的基础性、战略性支撑，要统筹推进教育科技人才体制机制一体改革，健全新型举国体制，提升国家创新体系整体效能。这是继党的二十大报告中首次将建设教育强国、科技强国、人才强国"三大目标"叠加阐述后，对新征程上推进教育科技人才体制机制一体改革的又一重要论述，事关科教兴国战略、人才强国战略、创新驱动发展战略的有效联动，事关以全面深化改革实现中国式现代化的战略目标达成。

一、新质生产力对人才政策提出新要求

纵观世界近现代史，自地理大发现以来的全球性大国，在其发展过程中，无不遵循了从世界人才中心到科技强国、再到经济强国、终至世界强国的发展规律。随着新一轮科技革命和产业变革加快发展，国际环境日趋复杂多变，围绕高素质人才和产业链中高端的国际竞争和大国博弈空前激烈，发展以新领域、新赛道、新动能和新优势（即"四新"）为代表的新质生产力，是推动经济高质量发展、抢占全球科技制高点、建设中国式现代化的必然要求。

创新驱动的实质是人才驱动。从党的十八大提出"创新驱动发展战略"，到党的十九大报告发出建设"科技强国"和"教育强国"的动员令、党的十九届五中全会强调把"科技自立自强"作为国家发展的战略支撑，再到党的二十大报告首次将建设教育强国、科技强国、人

才强国"三大目标"叠加阐述，彰显出党中央对人才事业的高度重视。新质生产力的形成与发展，离不开一支规模宏大、素质优良、结构优化、作用突出的人才队伍，这是源源不断出现原创性、颠覆性科技创新成果的重要前提，是支撑高水平科技自立自强目标实现的基础保障。

无论是宏观层面的国家创新体系建设，还是具体的科技创新活动，都与人才政策密不可分。当前，虽然我国人才政策体系日趋完善，人才规模和质量都有了明显提升，但是仍处于从人力资源大国到人才强国的跃迁过程。持续优化人才政策体系，是构建支持全面创新体制机制、进而发展新质生产力的题中应有之义。习近平总书记强调，要按照发展新质生产力要求，畅通教育、科技、人才的良性循环，完善人才培养、引进、使用、合理流动的工作机制[①]。新质生产力的形成，不仅对人才政策亟须解决的关键难点堵点问题提出了更多挑战，也对人才政策的制定和执行提出了更高要求。因此，本章不仅关注人才政策本身，还更加注重体制机制的建立与完善，如国家科研战略目标的落实、相关法律法规的完善以及各种资源的优化配置。

二、我国人才政策的演变与成效

（一）人才政策体系日趋完善

党的十八大以来，党中央高度重视人才工作，不断加强党管人才的全面领导，系统布局科学谋划科技人才发展方向，加快推动科技人才体制机制改革走实走深，科教兴国战略、人才强国战略、创新驱动发展战

[①] 《习近平在中共中央政治局第十一次集体学习时强调 加快发展新质生产力 扎实推进高质量发展》，《人民日报》2024年2月2日。

略取得显著成就。特别是 2021 年 9 月中央人才工作会议召开后，各级政府以"放权、松绑、激励、服务"为重点改革内容，陆续推出了涉及人才引、育、用、留、聚，以及服务与安全保障等方面的人才政策。

从政策数量看，从中央到相关部门的政策供给不断增加。其中，"十三五"时期人才方面的政策发布尤为密集，平均每年高达 35 份，数量较 2013—2015 年（平均每年 14 份）有了明显增多。据不完全统计，自 2013 年以来，共出台人才政策文件 220 余项。其中，党中央、国务院层面出台的人才政策文件有 76 项，占比 34.1%，体现出党和国家高度重视人才事业的发展和科技人才队伍的建设，将人才尤其是科技人才的相关工作摆在更加突出的位置，顶层设计力度不断加大。同时，科技部、教育部等有关部门出台的人才政策文件有 147 项，占比 65.9%，体现出相关部门对人才培育各个具体环节的谋划走深走细走实。不难看出，当前的人才政策已经自成体系，并较为全面地涵盖了不同职业、不同层次、不同发展阶段的人才队伍。

从政策内容看，涉及人才战略、人才遴选、人才培养与使用、人才集聚、人才激励、人才开放、平台建设、服务与安全等 8 个方面。其中，人才战略包括创新驱动发展规划等综合性规划以及人才发展规划等专项规划，如人才发展目标、重点任务、体制机制改革等内容。人才遴选政策包括分类评价、完善标准、实施同行评议、扭转评价过度利益化倾向、下放职称评审自主权等内容。人才培养与使用政策包括加强职业技术人才、专业技术人才、高层次人才等各类人才的培养，以及优化选人用人制度、优化科研经费管理使用方式，总体上，优秀科创团队和科研人才获得了物质和精神层面更高水平、更大程度的支持和奖励；结构上，不同类型的人才得到了更加科学细致的划分，尤其是领军人才和青年科技人才的首位度和扶持力度得到了强化。人才集聚政策则既强调合力又注重活力，一方面促进人才项目基地结合，另一方面又鼓励人才在区域和研究单位之间合理有序流动，并通过重大决策专家咨询政策挖掘人才集聚的效能。人才激励政策可分为物质与精神的多重激励方式，包括总体的绩效激励，更具市场化和个性化的科技成果转化收益激励、科技成果享有权益的扩大等物质激励，以及荣誉和表彰等精神奖励。人才开放政策包括积极引进国际人才、推进高等教育国际化、加强国际人才服务与保障、加强职业资格国际认证等内容。平台建设政策包括软硬件设施的双提升，前者如高水平科技创新基地、科技创新中心和新型研发机构，后者主要侧重于高校和院所管理改革等。服务与安全政策包括推动资源共享、加大培训力度、健全公共服务体系、人才安全预警等内容。

从发布主体看，以党中央、国务院及各有关部门为主体的人才政策，多为综合性战略性支持政策，政策站位高、涉及面广，初步形成了多部门、各层级、全领域协同的政策供给体系，并充分明确了不同职能的关键职责，发挥了多级政府、各类市场、不同用人单位的积极作用。从政策受众看，基本形成了全方位、全过程、全领域覆盖的人才政策。从政策工具看，既有奖励、荣誉等正向激励政策，又有工匠精神、企业家精神等涉及价值观引导和行为约束的政策；既包括强制性、命令性规定的权威工具，又使用财务金融、税收优惠等环境型政策工具。

（二）人才政策取得积极成效

党的十八大以来，人才政策日益专业化和科学化，并向法治化不断演进，政策实施的效果更加具有针对性，并且政策的可操作性和可落地性也显著提升，使得广大科技人才更具活力，集体和个人的获得感不断增强，最终使得科技自立自强工作取得了积极进展和突出成效。

当前，我国人才规模稳步扩大，科研创新平台捷报频传，人才成长和创新创业环境明显改善，企业创新主体地位日益巩固，为培育形成新质生产力集聚起磅礴的人才支撑力量。

人才规模稳步增长。"十三五"时期，我国研发人员全时当量5年增长超过了30%，人才规模连续多年位居世界第一。另据科技部2023年12月发布的《中国科技人才发展报告（2022）》，我国研发人员全时当量已位居全球第一，从2012年的324.7万人年，迅速增长到2022年的635.4万人年，每万名就业人员中研发人员数由2013年的43人年提高到2021年的77人年，实现跨越式增长（见图3-1）。高技能人才占技能劳动者比例实现了"台阶式"跃升，从2013年的5%增长到2022年的36.13%（见图3-2）。国家重点研发计划参研人员中45岁以下科研人员占比超过80%，更多优秀青年科技人才在国家重大科技任务中挑大梁、担重任。爱思唯尔"中国高被引科学家"数量从2013年的72人次增长至2022年1169人次，中国科技人才在世界崭露头角（见图3-3）。

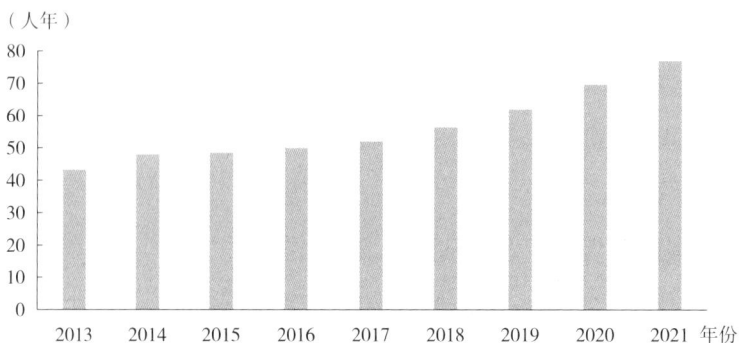

图 3-1　2013—2021年每万名就业人员中研发人员数

资料来源：《中国科技人才发展报告（2022）》。

（%）

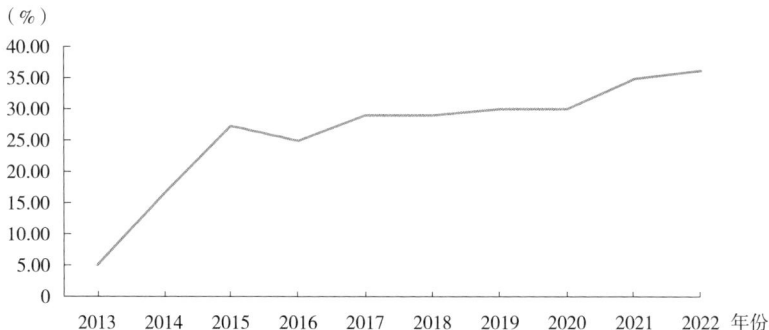

图 3-2　2013—2022 年高技能人才占技能劳动者比例

资料来源：作者自绘。

（人次）

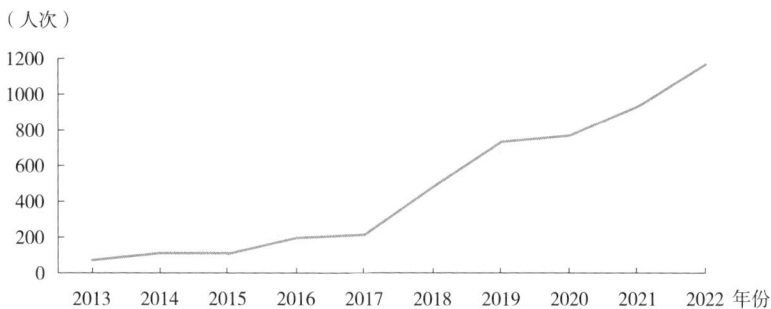

图 3-3　2013—2022 年爱思唯尔"中国高被引科学家"数量

资料来源：爱思唯尔数据库。

科技竞争力不断提升。在人才规模不断扩大的同时，不断优化科技人才队伍结构，加快建设定位清晰、效能增强、梯次合理的人才队伍。国内涌现出大量科技领军个人与团队，不断刷新科技创新高度，与发达国家的差距逐年缩小。2022 年，由欧洲工商管理学院等多家单位联合发布的《2022 年全球人才竞争力指数》报告显示，我国人才竞争力指数排名第 36 位，10 年间上升了 11 个位次，且所有一级指标竞争力指数均高于 134 个国家的平均值。

平台建设成效显著。一是更多高校跻身世界一流大学行列。QS世界大学排名是评估大学能力的重要参考之一。2023年最新QS世界百强大学排行榜中，中国大陆的北京大学（第12名）、清华大学（第14名）、复旦大学（第34名）、浙江大学（第42名）、上海交通大学（第46名）、中国科学技术大学（第94名）等6所高校榜上有名，再加上香港5所、台湾1所，我国共有12所高校上榜，数量明显提升。二是科研院所成果转化量质齐升。据《中国科技成果转化年度报告（2024）》，以转让、许可、作价投资、技术开发、咨询、服务6种方式转化科技成果的总合同金额由2019年的1085.9亿元增长到2023年的2054.4亿元，总合同项数由2019年的43.3万项增长到2023年的64.0万项。截至2023年底，从事科技成果转化的专职机构达1038家、专职人员达17881名，科技成果转移转化人才队伍建设趋向专业化。三是企业创新能力稳步提升。依据发明专利数量、质量、成果影响力、全球化保护等指标，科睿唯安遴选出2023年度全球创新百强企业，其中，我国有15家企业跻身全球创新百强，入榜企业大多集中于电子和计算机设备及半导体行业，反映出我国部分行业的创新能力较为领先。《2023年中国专利调查报告》显示，我国企业有效发明专利产业化率达到51.3%，连续5年保持增长态势。其中，用于自主品牌产品的发明专利产业化平均收益是用于代加工产品专利收益的两倍之多，企业专利与品牌综合运用效益更加突出。

人才主动性创造性持续激发。系统推进人才培养、评价、激励、引进等关键环节改革，健全科研人员全职业生涯激励制度，实行"揭榜挂帅""赛马制"，有利于人才脱颖而出、各尽其能、各展其才的发展环境更加优化，培养了一大批顶尖科学家、骨干科技人才、卓越工程师和大量的高素质产业技术人员，形成了规模宏大、结构合理、素质优良的科技人才队伍。推动科技成果使用权、处置权和收益权"三权"下放，加快科技成果转移转化体系建设，开展职务科技成果赋权试点，最大限度激发各类创新主体和科研人员的积极性创造性。

创新创业环境持续优化。中国（大陆）营商便利度指数排名在世界银行发布的年度《营商环境报告》中也有显著提升，从 2018 年的第 78 位跃升至 2020 年的第 31 位，被评为全球改善最显著的 10 个经济体之一。在知识产权保护方面，进步同样明显。美国商会全球知识产权中心发布的《国际知识产权指数》显示，我国从 2013 年的 36.52 分增加至 2023 年的 57.86 分，明显上升；但相较于美国（95.48 分）、英国（94.14 分）、法国（93.12 分）、德国（92.46 分）、瑞典（92.14 分）、日本（91.26 分）、荷兰（90.7 分）等前 7 位经济体，我国仅排名第 24 位，还有较大提升空间。

三、当前人才政策面临的挑战与问题

（一）三类关键核心技术人才供给严重不足

顶尖人才供给不足，胜任原始创新和颠覆式创新的战略科学家和领军人才缺乏。我国长期以集成创新和消化吸收再创新等渐进式、跟随式创新为主。但由于在国际科技界、文化界、产业界原创性成果不足，导致人才难以成为世界级的大家、大师，最终演变为科技领军人才和战略科学家数量不足的结构性短板。随着中美科技竞争愈演愈烈，新时代我国人才政策所面临的关键挑战之一，就是培养从 0 到 1 的高层次科技创新人才。科睿唯安发布的年度"高被引科学家"榜单显示，我国"高被引科学家"数量逐年攀升，2018 年拥有高被引科学家 482 人次（全球第三）；2019 年增加为 636 人次（全球第二），占全球总数的 10.2%；2022 年数量增加至 1169 人次（全球第二），占全球总数的 16.4%。而 2022 年美国"高被引科学家"总数为 2622 人次，占全球总数的 38.3%，是中国的两倍多。

技能型人才短缺，关键核心技术仍面临"卡脖子"窘境，受制于人的局面没有根本性改变。制造业行业技能人才尤为紧缺。与技能型人才规模较大的德国和日本相比，其高技能人才占技能人才的比例超过 40%，而我国高技能人才直到 2021 年规模才超过 6000 万，与人力资源和社会保障部披露的 2 亿技能人才总量相比，占比仅为 30% 左右。调研发现，发达省市的高水平技能人才结构性矛盾突出，导致我国目前存在不少科技"卡脖子"问题，由于缺少业务精湛的卓越工程师、工匠和高技能人才队伍，即便技术研发取得突破也难以完全解决这些问题。

科技成果产业化缺乏"硬科技"创新的企业家人才。当前，推动新材料、新能源、新一代信息技术、高端光电芯片、智能制造、AI、航空航天、生物工程技术等"硬科技"领域创新，缺乏打通科技成果产业化的关键链条、承担科技成果转化的企业家人才。同时，科技成果转化落地过程较长，会涉及技术评审、转让期限、合作模式等多个商业环节，以及合同法、知识产权保护等多领域法律，急需精通技术、市场、法律且兼具协调组织能力的复合型专业人才，为成果转化提供中介服务。遗憾的是，这类人才在现实工作中极为匮乏，难以满足实际需要。

（二）引才政策对海外高层次人才和专家吸引力不够

分国别和地区看，瑞士洛桑国际管理学院（IMD）发布的《2023

年 IMD 世界人才排名报告》显示，我国人才竞争综合实力排在第 41 位，不仅在被调查的 64 个经济体中处于中下区间，而且有个别指标明显是短板弱项，如"吸引和留住人才"仅排在第 52 位。分城市看，我国最具竞争力的北京、上海等一线城市的外籍人才占比仍低于世界级一线城市，全球人才集聚的效应尚未发挥。与之对应的是，瑞士、新加坡、美国、丹麦、荷兰等国分列 2023 年全球人才吸引力指数排名榜单前 5 位，对全球人才的集聚效应日趋明显。显然，当前国内对高端人才和顶尖科研力量的吸引力有限，高端人才特别是有国际影响力的顶尖人才供需缺口明显。以人工智能领域为例，美国吸引全球人工智能人才流入的指数为 6.294，我国仅为 0.677，我国已成为美国顶级人工智能人才的最大海外来源，国内 56% 的人工智能留学人才选择在美国发展，美国现有的人工智能顶级人才 29% 来自中国，人才外流形势尚未得到根本性改变。

（三）人才发展的体制机制改革尚不到位

"破四唯"与"立新标"未能有机衔接，科研人才负担更重。调研中，很多科研人员反映，现行的评价体系要求论文、项目、教学、奖励和社会服务"全面开花"，其中，SCI 论文数量、影响因子等仍占支配性权重。据《光明日报》2023 年 5 月报道，某医学专家 2022 年在国外发表了 48 篇论文，原因是"学校有要求"。上海某试点单位鉴于一人才在技术攻关中作出巨大贡献，允许其破格先任正高级职称，其后 3 年内补上晋级所需 SCI 文章即可，然而该人才未能如期完成文章发表任务，该单位不得不将其正高级职称取消。有的单位虽然延长了评价周期，但评价指标也随之叠加，如从 1 年发表 2 篇 SCI 到 3 年发表 8 篇 SCI，"唯论文"的实质并未改变。

"一刀切"考核与人才分类培养相悖，降低了人才评价科学性。

首先，有的高校和科研院所不顾基础研究、应用研究间的属性差异，规则设置依旧一套到底，"一刀切"地制定评价周期和评价指标，挫伤了应用型人才的创新热情。其次，虽然代表性成果制获得普遍认可，但实际操作中可能出现对"代表作"判定标准不一、质量不易把握等问题，专家评委免不了回到数论文、看奖项、论"帽子"的老路上。最后，目前的人才评价体系过于强调第一作者、第一单位和第一基金项目，与科学跨学科发展的全球大趋势背道而驰，例如，近年国际量子计算领域发布的重磅文章动辄作者人数超过 100 人，这样的合作规模和深度在我国较难实现。

事业单位工资管理制度限制收入合理增长，影响人才创新积极性。高水平研究型大学、国家级科研院所等科研主力单位均属于事业单位，工资整体不高且有严格上限，与高端人才实际贡献不相匹配。例如，集成电路领域青年工程师在企业年薪可达 30 万元以上，资深工程师（10 年以上）年薪动辄上百万元，而同领域科研事业单位的人均年收入仅为 10 万~15 万元。多家事业单位的招聘人员反映，"高层次人才一听收入就跑了"。当前，全国多地出台"单点突破"制度创新，以绕开"统得过死"的绩效工资政策。但绩效总量受限引发内部收入"零和博弈"，如果增加高年资、高职称的引进人才绩效，那么其他人员绩效势必减少。很多单位表示，已出现"招进女婿气走儿"的人才流失现象。例如，某部委一科研事业单位 2018 年以来离职人员占比已超 24%。

（四）促进人才区域合理布局的流动机制有待建立

国内人才合理流动和布局受体制机制掣肘。例如，高校和科研院所在人员编制、机构设置、人才选聘、收入分配等自主权方面受到较大限制，导致优秀人才引不来、用不上。再如，由于企业高管和高技术人才在学校担任"产业教授""科技导师"的政策还不明确,"产业教授"们的绩效和薪酬发放、协同育才效果评估、校企合作成果收益等管理制度缺位,难以充分调动"体制外"人才积极性。

海外高层次人才在华工作流动不便利问题日益突出。首先,出入境和工作许可办理不便捷。在调研中,多位外籍人才表示,"来华工作许可、永久居留证申办手续烦琐""适用入境免签政策的国家数量少、免签入境后停留时间太短"。其次,国内工作流动限制较多。外籍高层次人才工作岗位和就业区域一旦发生变化,必须办理工作签证转聘手续或重新办理工作签证,关联企业、集团内部调动也不能通用。即使长三角、京津冀等地区试点实行了海外高层次人才"一地认可、区域互认"的举措,但改革范围依然较窄,如长三角地区仅限在上海青浦、江苏吴江、浙江嘉善三地互认,不利于海外高层次人才合理流动和共享。

(五)人才政策的前瞻性系统性精准性有待提升

政策制定的前瞻性仍需加强。政策供给伴随着政策环境变化而发生变化。部分政策由于更新滞后,导致其时效性不足,对资源调度和人才培养的指导意义有限,导致无论是人才培养的规模还是结构,都与实际经济运行和社会需要存在错配。例如,2018年人力资源和社会保障部印发了《技能人才队伍建设实施方案(2018—2020年)》,明确提出发展技工教育、推进培训、举办竞赛、改革评价、加强保障等举措。但是,这些措施都是基于现有产业结构进行设计的,忽视了人才在转变经济发展方式和调整产业结构中的重要作用。

政策设计的系统性还有不足。目前,人才政策体系已经基本建立,现有政策虽然能够回应人才应该如何贯通培养、选拔机制应如何进一步完善、评价方式应如何以价值贡献为导向、激励表彰应如何更为全面有效等重要关键问题，但政策与政策之间缺乏系统集成，顶层设计不统一。例如，在政策层面，《关于提高技术工人待遇的意见》从经济和政治待遇方面对高技能人才进行激励；《技能人才薪酬分配指引》则提出改革薪酬制度，提倡年薪制、协议薪酬制、专项特殊奖励等方式。在具体案例中，我国制定了相应的奖励及表彰办法，奖励了在世界技能大赛中获奖的人才。但无论是政策还是案例，都过于零散化，存在"临时性"和"一事一议"的特征，尚未形成制度和法律法规，导致缺乏制度的稳定性和对人才的预期引导功能。

政策执行的适配度亟待提升。通过政策梳理发现，有关人才发展的统领性文件较多，但实施细则文件较少，且现有文件对制度和资源保障方面的陈述较弱，导致同一项政策在不同地区执行中存在明显差异，显著影响了人才发展区域均衡。例如，2004年《教育部等七部门关于进一步加强职业教育工作的若干意见》印发，明确提出要提高高技能人才的待遇水平，但实际执行中，很多地方因为资源投入不足导致政策执行不到位，而且得不到有效监督。有些地区盲目跟风，没有基于充分的调查研究和现状分析进行合理规划，也没有充分考虑本地区的政策承载力，导致"借来的"人才新政与地方现阶段实际发展情况不相匹配，引进的高层次人才也没有与当地经济社会发展、产业集群发展相匹配，未做到最大限度地发挥高层次人才创造性，政策驱动力较为低效。有些地区借鉴人才政策时"眉毛胡子一把抓"，只是生搬硬套，既没有结合实际情况灵活执行、科学施策，也没有根据外部变化及时调整、创新政策执行的方式方法，导致政策扶持对象没有"应享尽享"，政策效用也未得到最大限度的发挥。

四、优化人才政策体系的对策建议

新时代的人才政策体系，要以加快形成新质生产力为战略导向，以深入推进人才体制机制改革为突破口，持续补齐政策短板、充实政策内容，不断提高人才政策供给质量，不拘一格用好用活各类人才，塑造我国人才制度优势。

（一）聚焦发展新质生产力的急需紧缺人才，着力提升人才自主培养质量

建立国家战略需求牵引的人才培养模式。按照发展新质生产力要求，围绕国家战略科技任务目标，前瞻性规划战略人才力量培养，大力培养高层次人才。通过重大人才项目和专项人才计划、任务导向培养、校企合作培养、后备培养等方式，培养造就更多国家战略人才。优化重大科技创新组织机制，鼓励高校、科研院所和领军企业联合申报国家重大科技攻关项目，培养一批既能在关键核心技术领域做出创新突破、又能在交叉领域协同攻关的科技领军人才与创新团队，推动科技人才队伍体系化、建制化、协同化。对标国际科技人才中心城市，加快推动北京、上海、粤港澳大湾区建设国家高水平人才高地取得实效，积极发挥"头雁"效应，用好吸引集聚人才平台在区域的正溢出效应，促进"雁阵"格局形成。

扩大"双一流"高校优质教育资源供给。一是聚焦优质高等教育资源稳步扩容。按照年均2%~5%的增速，稳步扩大"双一流"高校本科招生数量，增加国内优质高等教育资源供给，中央部属高校以及上海、南京、武汉、西安等优质高等教育资源密集的地方优先承担新增招生任务。优化投入机制，适度提高本科生生均拨款标准，

加大中央预算内投资支持力度。二是开展"新理科""新工科""新医科"建设。超前布局急需学科专业，形成紧密对接产业链、创新链的学科专业体系。提高理工农医类专业招生规模，加大学科专业调整力度，将高校学科专业布点调整比例提高到 20% 以上。扩招计划重点向国家战略和急需紧缺领域的学科专业增加，人文社科相关专业不增或少增。三是优化优质高等教育资源区域布局。适时扩大"双一流"高校范围，将部分学科实力雄厚、培养质量过硬的院校纳入"双一流"高校范围。研究支持部分东部地区"双一流"高校在人口大省、创新高地、高等教育薄弱省布局建设若干新校区，拓展办学空间。

构建特殊人才跨学段贯通培养体系。深入实施中学生科技创新后备人才培养计划，支持基础教育学校建设一贯制实验班。构建大中小学段衔接的高水平培养体系，稳步提高研究生推免比例、硕博连读比例、本科直博比例。实施"沃土计划""脱颖计划"，探索在全国试点布局建设一批科学高中，健全高中与高校、科研机构、企业协同育人机制。支持"双一流"高校在中小学建立培养基地，构建与高校衔接的课程、教学、评价标准等，开发对标大学和科研院所的高端课程，推动高校和中学联合培养常态化、制度化。

发挥产教融合对技能型人才的协同培养作用。推广"两院一园"（学院 + 研究院 + 产业园区）模式，推动校企共建重点实验室、工程研究中心、技术创新中心、创业创新中心、企业技术中心等创新平台，协同推进人才培养。将企业需求融入教育教学内容，鼓励行业企业为高校提供课程资源、开展师资培训、提供实习实训岗位等，推进高校人才培养标准与行业标准相融合、教学实践与生产实际相融合、教师队伍与行业企业人才队伍相融合。在集成电路、储能技术、生物育种、医学攻关、量子信息、生物技术、工业母机、科学仪器、海洋装备、先进通信、新型显示、原创药品、关键农机装备等领域新建 100 个左右国家产教融合创新平台，造就培养一大批应用型、复合型、创新型人才。

（二）实施积极开放的引才政策，健全更有国际竞争力的人才引进机制

探索高端人才特别通行证制度。吸引海外高层次科技人才及团队来华工作，为世界知名高校外籍毕业生提供停居留以及工作许可办理。逐步探索面向海外公开招聘科研学术带头人，以优厚待遇和发展平台面向全球吸引紧缺人才。健全外籍人才跨境流动便捷机制，为外籍人才及其家属提供长期有效多次出境的 F 字、M 字签证便利，试点多次出入境快捷通关免备案制度，不断扩大入境免签国家数量。

完善人才柔性引进政策保障。建立完善访问学者制度，坚持"但求所用、不求所有"，鼓励以咨询、讲学、科研等多种形式开展活动。鼓励开展国际学术交流合作，便捷教学科研人员因公临时出国（境），根据人才自身需求和事项的特征，灵活设定访问人次、访问次数、访问期限等参数，不断提高国际学术交流效果和引才效率。

（三）营造保障科研人员专心科研的制度生态，完善人才使用机制

健全以品德、能力、业绩为导向的分类评价制度。尊重基础研究、应用研究、前沿技术研究的不同创新规律，重视在成果转化各链条扮演不同角色的科研人员的作用，实施分类评价、分项激励政策。在评价过程中引入并持续优化第三方评价机制，保证评价奖励全过程的公平公正。对国防科技涉密领域和参与国家重大科技项目的人才，开辟特殊评价通道。推行代表作评价机制和以同行评价为基础的业内评价机制，重视标志性成果的质量、贡献及影响，勇于破除"唯论文、唯职称、唯学历、唯奖项"的痼疾。系统整合各类人才计划，推动"帽子"回归学术性功能，落实职称评审权限下放改革措施。

强化人才多层次激励制度。改革薪酬激励制度、试点年薪制改革。在全时全职承担任务的科研团队负责人的引进工作中，总体上遵循"一项一策"原则，充分发挥清单式管理和年薪制优势，所需经费不受事业单位绩效工资总量限制，允许项目经费单独核定。进一步加大对原始创新和知识产权的保护力度，完善科技创新成果的市场化回报机制，充分为高校和科研院所赋权，鼓励各类用人单位灵活采取股权、期权、科技分红等激励措施，确保将转化收益按贡献奖励给主要完成人。

（四）坚持向用人主体授权，推动人才有序流动和合理布局

扩大用人主体自主权。在机构设置、人才评聘、定岗定薪等方面简政放权，激发科研机构和用人单位的内驱力和能动性。完善科研院所、教育卫生等企事业单位法人治理结构，加快探索新型事业单位试行国际化、专业化人才管理机制。完善科研单位内控制度建设，减轻人才事务性负担，简化课题申报、经费报销、项目结项、成果评优等事项流程，强化结果监督。聚焦人才的技术技能水平推动职务改革，逐步取消研究高校、科研院所业务管理岗位的行政级别。大力推广"产业教授""科技副总"等模式，提高优质人才资源配置效率。

提升国际人才往来便利化水平。建立更加开放、更为便利的海外高层次人才及其家属进出、交流、工作、创业、停留、定居等出入境和停居留政策体系。扩大免签政策适用范围，放宽技术技能型人才和优秀留学生取得永久居留权条件，简化办理手续。为华人华裔科学家及其家人申请长期居留和永久居留提供便利，促进海外华人加速回流。破除在华工作流动壁垒，逐步扩大来华工作许可互认范围。逐步取消

海外高层次人才在关联企业、集团内部更换岗位、职务的签证限制。设置相对灵活的工作许可证，变更用人单位或工作地区时，以备案形式代替重新办证。

（五）推动政策上下延伸，营造有利于人才发展的良好环境

提升政策制定系统性。加强部门间政策协同，科学制定具体政策、专项政策和综合性政策，形成人才发展配套政策合力。具体政策"小而美"，专项政策"细而精"，综合性政策"大而全"，既发挥单一政策解决"疑难杂症"的精准作用，又激活"一揽子"政策的协同效应。营造"尊崇人才、礼遇人才、爱惜人才、包容人才"的社会舆论环境和有利于人才发展的生态环境。通过选取典型案例和树立先进榜样，充分调动各类型、各层次人才的创新主动性和内驱能动性，为实现"人人成才、人尽其才"的目标注入不竭动力。

加强政策执行有效性。明确政策实施各主体间的权责关系，保障政策实施所需的资源投入和配套支持。例如，完善政策执行的监督机制、政策效果的追踪机制、政策作用对象的反馈机制等。总结各地区因地制宜的差异性政策，研判政策推广的可能性和差异性，留足政策调整的灵活空间，保证不同行业、不同部门对政策能够科学执行并具备一定的自主性，提高政策的生命力和可延续性。

第四章

金融政策

在强国建设、民族复兴的新时代新征程上，战略性新兴产业和未来产业是培育发展新质生产力的主阵地。发展新质生产力迫切需要用差异化的金融服务满足处于不同生命周期的科创企业需求，加速科技成果向现实生产力的转化，更好服务科技创新和传统产业转型升级。对金融机构而言，科技金融作为金融"五篇大文章"之一，已成为金融创新和服务优化的重要方向，是推动金融强国建设和开拓中国特色金融发展的必由之路。展望未来，必须进一步深化金融供给侧改革，以强大的科技金融服务体系有力支撑科技创新和产业升级，实现科技与金融相互促进、相互赋能，为高质量发展注入澎湃动能。

一、新质生产力对金融政策提出新要求

金融是国民经济的血脉，是现代经济的核心。新质生产力发展需要金融体系提供必要的资金支持，同时也对金融服务质效提出了更高要求。

一是新质生产力发展需要更加优化的金融市场布局。新质生产力发展需要大量资金投入，科技创新早期环节普遍具有无抵押、无现金流、高风险等特点，往往超出银行机构以及债券投资者的风险承受能力，难以充分匹配科创企业的融资需求。相比间接融资模式，股权投资更加关注企业长期盈利能力而非过去和当期收益，能够给予科技创新企业更加充分和高效的融资支持。为更好适应和服务新质生产力

发展，金融体系应具备活跃的直接融资市场，企业融资来源尤其是初创型企业融资应以股权资本为主、债权资金为辅，充分发挥资本市场和创业投资市场对新质生产力发展的支持作用。

二是新质生产力发展需要优化科技金融发展生态。新质生产力除了涉及战略性新兴产业和未来产业外，还包括传统产业的智能化、高端化和绿色化转型升级。金融服务的支持对象更加广泛，需要以金融科技为支撑，通过完善金融基础设施，提升金融服务的精细化水平。金融基础设施方面，加强科技创新评价标准、知识产权交易、信用信息系统等基础设施建设，充分利用云计算、大数据、区块链、人工智能等先进技术，实现金融基础设施与科技的更好融合和联动发展，形成布局完整、技术先进、运行高效、支撑有力的金融基础设施体系。金融服务方面，金融机构应突破依靠资产负债表、利润表和现金流量表"三张表"的传统评价体系，利用科技手段提升对企业创新能力的评价分析能力，结合企业初创期、成长期、成熟期等不同阶段的发展需求，推动企业知识产权"信用化"与"数字化"，实现风险精准定价、高质高效服务实体经济、赋能新质生产力发展。

三是新质生产力发展需要更加完善的风险分担机制。科技型企业在全生命周期各阶段，将面临创新风险、利率波动、市场变动等多重风险，这就需要以完善的风险分担机制为保障，通过保险、期货等衍生品、资产证券化等多种方式，有效分散和对冲各类风险和不确定性。在技术研发阶段，应充分发挥政府性融资担保体系的作用，对创新能力强、有市场潜力的企业给予差别化增信支持，解决企业初创环节难以获取外部融资的困境。在应用推广阶段，要充分发挥金融机构的风险识别和分担作用，完善科技企业信用评价体系，丰富科技型企业融资模式，帮助科技型企业优化融资结构，最大限度地分散创新风险、提高创新效益。

四是新质生产力发展需要更加审慎包容的金融监管体系。新质生产力对金融活动的需求相对更加多元化，这就需要金融机构强化综合性金融服务供给，金融服务、金融机构之间的联系将进一步增强，金融风险链式传导的可能性也将随之提升。如何精准有效识别风险，快速穿透至金融产品底层资产，找准风险的根源，从源头上防控风险，将成为金融监管面临的重大挑战。对此，一方面是坚持实质大于形式的监管原则，明确金融创新活动实质，依法将所有金融活动纳入监管，全面强化机构监管、行为监管、功能监管、穿透式监管、持续监管，切实提高金融监管的有效性，加强监管协同，形成监管合力，做到金融风险"早识别、早预警、早暴露、早处置"；另一方面是为科技创新和金融支持留有试错、容错空间，强化金融监管科技能力建设，全方位推广监管科技应用，推动金融监管实现智能化、科技化、数字化，提升穿透式监管、持续监管能力，在严防创新风险外溢的基础上，切实支持金融创新产品、服务、业务模式，更加有效地匹配新质生产力发展需求。

二、我国金融政策支持新质生产力发展的现状和成效

科创型企业是新质生产力的重要载体和前沿阵地，具有高成长、高风险、轻资产等特点，在其孵化期、初创期、成长期、成熟期等企业生命周期的不同阶段，需要与其生产经营特征相匹配且涵盖风险投资、信贷、保险、租赁等多层次的金融支持（见表4-1）。近年来，我国不断完善科技金融市场化体系，支持新质生产力发展的金融政策工具日渐丰富，已经基本搭建起涵盖科技信贷（知识产权质押贷款、科技普惠贷款）、股票市场（科创板、创业板、北交所）、债券市场（科

创债）、风险投资的立体式、广覆盖的科技金融模式，逐步适应多样化的科创企业融资需求。

表 4-1 科创型企业不同生命周期阶段的融资特征

生命周期阶段	风险水平	风险特征	融资方式
孵化期	高	市场风险高	自有资金、民间借贷、政府引导基金、天使投资
初创期	高	经营风险与财务风险高	风险投资、银行贷款
成长期	中高	管理风险与财务风险高	风险投资、银行贷款
成熟期	中低	组织风险与创新动力不足	股票、债券等资本市场直接融资

资料来源：作者自制。

（一）银行体系支持新质生产力发展的举措和成效

近年来，银行体系持续完善支持科技创新、制造业转型升级相关政策体系，相关部门先后推出涉及资金、信用、风险分担等多方面的支持政策，推动商业银行科技金融服务提质增效。

一是强化对科创领域贷款的支持引导。根据中国人民银行数据，2022 年以来，央行先后设立科技创新再贷款和设备更新改造再贷款，额度共计 6000 亿元，截至 2023 年底，两类再贷款分别拉动信贷 5760 亿元、1570 亿元。2024 年 4 月，央行接续推出科技创新和技术改造再贷款，额度为 5000 亿元，引导金融机构向处于初创期、成长期的科技型中小企业，以及重点领域的数字化、智能化、高端化、绿色化技术改造和设备更新项目提供信贷支持。在此之前，国家金融监督管理总局也从金融服务的角度加强了对科创领域的支持，于 2024 年初发布《关于加强科技型企业全生命周期金融服务的通知》，对商业银行等金融机构做好科技创新金融服务工作提出加强科技型企业全生命周期金融服务等要求。2024 年 4 月，国家金融监督管理总局等三部门协同发力、深度配合，发布《关于深化制造业金融服务 助力推进新型工业化的通知》，要求银行业金融机构单列制造业信贷计划，明确支持重点和任务目标，推动更多信贷资源支持制造业发展，持续提升制造业中长期贷款占比。

二是鼓励发展信用贷款。以信用信息降低金融机构对抵押和担保的依赖，切实支持科技创新及中小微企业贷款融资需求。2019年以来，国家发展改革委建立健全全国一体化融资信用服务平台网络，推广"信易贷"模式，着力破解银企信息不对称困境，助力中小微企业融资提供"信用方案"。根据国家发展改革委数据，截至2024年7月底，银行机构通过服务平台累计发放贷款28.8万亿元，其中向民营企业发放贷款22.7万亿元，占比达到78.8%。

三是持续推进风险共担与补偿。"政府+银行""政府+银行+担保机构"等风险共担机制不断完善，科创企业贷款的风险补偿机制建设取得一定成效（见图4-1）。2015年，科技部、财政部出台《国家科

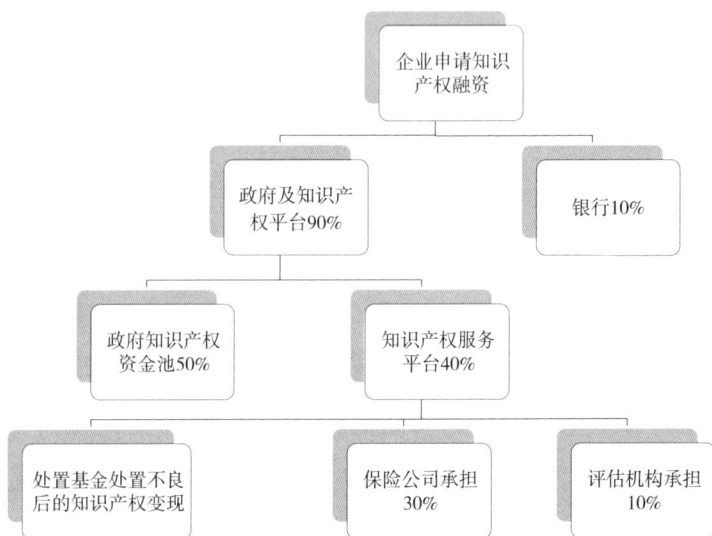

图4-1 信用贷款风险补偿机制示意图

资料来源：作者根据广州市知识产权质押融资风险补偿模式自绘。

技成果转化引导基金贷款风险补偿管理暂行办法》，明确转化基金对合作银行发放的科创型企业贷款给予一定的风险补偿。2020 年科技部印发《关于科技创新支撑复工复产和经济平稳运行的若干措施》，提出研究推动科技成果转化贷款风险补偿试点，引导地方政府和商业银行积极支持科技型中小微企业发展。各地在此基础上出台本地科技成果转化贷款风险补偿相关办法，科技相关贷款风险补偿机制基本建立。

（二）资本市场支持新质生产力发展的举措和成效

发展新质生产力需要依靠创新，资本市场通过分担创新风险、优化资源配置，在支持创新上具有天然的优势。近年来，随着我国持续推进资本市场全面深化改革开放，资本市场对新产业、新业态和新技术的包容性明显提升，创新资本形成和风险分担双重属性更加鲜明。

一方面是股票市场全面深化改革持续推进，为不同发展阶段的科技创新企业提供合适的融资渠道。当前我国多层次多品种股票市场体系建设已经基本完成，涵盖主板、新三板、科创板、北交所和区域性股权交易系统等，有助于为不同发展阶段的科技创新企业提供合适的融资渠道。特别是随着新三板的扩围、科创板和北交所的设立，为科技创新企业提供了更加便捷的上市融资途径，科创型企业在股票市场融资的平台更加丰富和专业。注册制改革、再融资、并购重组等重大改革举措也加快推进，有利于进一步夯实股票市场支持创新的基础。从成效看，近年来股票市场支持科技创新水平显著提升，流向科技创新领域的融资额及其占比不断攀升。根据《上海证券报》统计数据，2023 年 A 股市场融资总额超过 3500 亿元，其中科创板、创业板和北交所分别融资 1438.84 亿元、1223.11 亿元和 147.33 亿元，占比约 80%。科创板的支持效应更加突出，生物医药、高端设备、光伏新能源等高新技术及战略性新兴产业领域的上市公司数量不断增加。截至2024年10月8日已达到576家，其中新一代电子信息技术领域的上市公司超过240家，支持新质生产力及相关产业企业发展的示范效应、集聚效应和规模效应更加突出。

另一方面是债券市场"新产品"持续涌现，在助力培育新质生产力方面发挥着更加重要的作用。2022年，沪深交易所结合科创企业和债券市场特点，在原有创新创业债（简称"双创债"）的基础上推出科技创新公司债券（简称"科创债"），在产品开发和资金筹集的运用上，充分考虑了科技创新领域的投资和融资特点，使得资金投向科技创新领域的途径更为多样化，提升企业自主创新的内在驱动力。同时，科创债的成功发行，能够增强发行企业在资本市场的识别度，凸显其科技特性和创新价值。此外，政策层面也持续鼓励民营企业发行科创债。2024年4月，中国证监会发布了《资本市场服务科技企业高水平发展的十六项措施》，进一步明确了债券市场如何精准地支持科技创新。从成效看，科创债对科技创新的长期资金供给作用不断显现，债券发行规模快速攀升。根据万得数据，截至2024年10月8日，科创债累计发行796只，发行规模合计超9027亿元，募集资金主要投向新质生产力发展的前沿领域，包括集成电路、人工智能、高端制造等。2022—2024年科创债发行规模逐年攀升，依次为966亿元、3509亿元和4469亿元。

（三）风险投资支持新质生产力发展的举措和成效

风险投资作为连接科技创新与资本市场的重要桥梁，具有高风险和高收益的特征，与科技研发中的不确定性存在天然契合，是新质生产力的重要推动力。近年来，我国持续加强风险投资领域政策引导，以科技创新为导向的风险投资市场格局不断完善，对数字化与信息化、先进制造、高科技、半导体与集成电路、人工智能、大数据等新质生产力领域初创企业的培育发挥了关键作用。

一是强化顶层设计，实施差异化监管。2023 年以来，证监会不断完善创投基金的相关监管政策，在活跃资本市场、提振投资者信心的同时，引导资本更多流向科技创新领域。2023 年 8 月，证监会积极支持私募股权创投基金发展，落实差异化监管政策，简化优质私募股权创投基金登记备案手续；2023 年 9 月，针对私募投资基金行业，发布首部行政法规《私募投资基金监督管理条例》（以下简称《条例》）。《条例》在总则中明确对创业投资基金实施分类监管，并为创业投资基金设置专章，在投资范围、投资期限、合同策略等方面明确创业投资基金应当符合的条件，并加强创业投资基金监管政策和发展政策的协同配合，在登记备案资金募集、投资运作、风险监测、现场检查等方面，对创业投资基金实施差异化监管和自律管理，对主要从事长期投资、价值投资、重大科技成果转化的创业投资基金在投资退出等方面提供便利。

二是以政府性基金为主要抓手，精准引导更多资本下沉。当前政府主导的投资基金在私募股权市场中扮演了关键角色，不仅促进了股权投资市场的稳步增长，还助力了新兴产业的崛起、产业结构的优化以及社会资本的活跃参与，为市场注入了新的活力。近年来，产业导向型基金从国家级逐步向省级、市级下沉，安徽、陕西、广东、上海等地相继组建高达千亿元规模的引导基金，多数聚焦于战略性新兴产业和未来产业，包括新能源、新材料、智能制造、半导体、先进制造、生物医药等。通过设立政府投资基金，财政资金以股权投资的形式支持科技创新，并通过母基金、子基金多级放大，采取市场化手段极大提高了财政资金支持新质生产力的效率。截至 2024 年上半年，据清科研究中心统计，我国累计设立政府引导基金 2126 只，目标资金规模约 12.82 万亿元，可以撬动近百万亿元的资金投入。

三、当前金融政策支持新质生产力发展存在的问题

当前我国已经初步形成了涵盖银行、股票和债券市场、风险投资等多层次的新质生产力发展金融支持体系，但是金融支持科技创新在实践中仍面临诸多"堵点""痛点"。金融机构和资本市场需要与时俱进，更好适应我国科技创新和产业升级中面临的新形势、新要求，进一步提高金融资源的配置效率。

（一）银行体系支持新质生产力发展的效果有待优化

在我国以银行为主导的金融市场结构下，信贷仍然是企业融资的最主要渠道，但是银行信贷供给与科技创新以及产业升级的实际金融需求间仍存在一些不相匹配的现实障碍。

一是支持新质生产力与商业银行风控约束面临矛盾。新质生产力有别于传统生产力，更加注重技术的创新和升级，具有风险高、投资周期长、抵押物少的特征。因此新质生产力的信贷需求与银行信贷审慎经营原则匹配度较低。内部而言，银行面临资本金、资产质量、流动性等层面的约束；外部来看，面临宏观经济发展周期、企业实际融资需求等层面的约束。特别是，在当前房地产和地方债务风险化解压力较大的背景下，银行风险规避心态较重，对支持新质生产力形成明显制约。

二是实际资金需求与资金供给面临多重不匹配。新旧动能加快转换背景下，商业银行信贷需求接续转换，但服务新质生产力还需加快转变运营理念、调整有关信贷制度、创新服务模式。一方面是民营

企业信贷融资需求尚未得到充分满足。新质生产力发展离不开民营企业、小微企业的创新发展，但由于商业银行信贷偏好于大企业、大工程等能稳定产生现金流的项目，民营企业、小微企业融资与国企、大企业相比在贷款利率、授信额度等方面均处于劣势。另一方面是用于制造业转型升级的资金支持力度有待提升。虽然近年来制造业中长期贷款增速较高，但截至 2023 年底，制造业中长期贷款占全部制造业贷款比例为 51%，考虑到 2024 年以来制造业中长期贷款增速有所下滑（见图 4-2），信贷支持制造业转型升级力度有待进一步增强。部分地区支持制造业转型升级，主要通过短期的经营性周转性融资产品，长期投资和研发的中长期融资产品相对较少，形成了短期贷款所占比重较大、中长期贷款占比小的贷款结构，不利于制造业转型升级和新质生产力的长远发展。

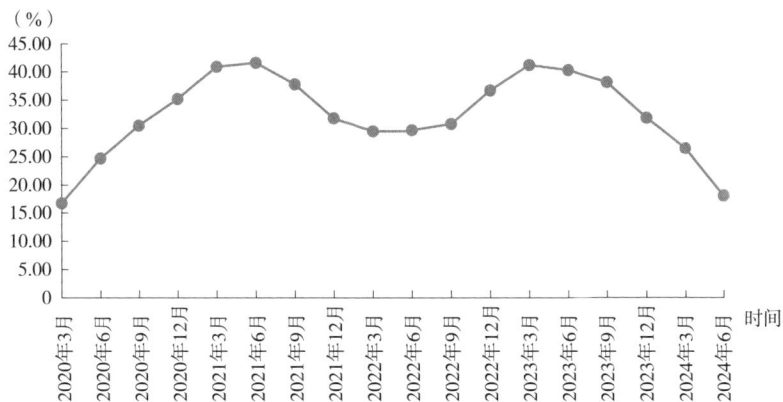

图 4-2 制造业中长期贷款增速

资料来源：中国人民银行。

三是相关信贷风险补偿机制有待健全。一方面是风险补偿基金功能有待强化。当前我国已经基本建立科技贷款风险补偿制度，但从实践看，存在持续、规范经营缺陷。风险补偿基金主要依赖一次性财政拨款，缺乏后续补充资金规划和细则。这导致补偿金能够撬动的信贷资金有限，难以满足科技企业的资金需求。另外，目前还存在风险补偿流程复杂、理赔困难的现象。另一方面是投贷联动的盈利补偿机制有待健全。在净息差下行的情况下，商业银行经营压力持续加大。加大对新质生产力的支持力度，既是政策要求，也是银行业自身发展需求。但是较传统经济而言，科创企业风险较高，商业银行仅依靠息差收入很难覆盖风险，投贷联动等创新金融产品尚未大范围形成有效盈利模式，导致银行信贷支持无法分享企业的成长收益和综合收益，大部分银行主要为其科创板客户提供金融理财服务，尚未实现综合金融服务的多渠道盈利。

（二）资本市场支持新质生产力发展的力度有待增强

当前，我国资本市场与科技创新对接仍然存在着明显短板。与美国等成熟资本市场相比，科技创新型企业在我国资本市场中的占比仍然偏低，与新质生产力相关的科创企业便利、多元化的直接融资渠道仍然较为有限。

股票市场对科创企业的长期融资来源作用亟待增强。从市值来看，根据《中国基金报》数据，新质生产力板块在 A 股中的市值占比不断提升，从 2014 年初的 0.3% 上升至 2024 年 10 月的 7.3%，但整体占比仍然较低。而 2023 年我国战略性新兴产业占 GDP 比重在 13% 以上，占比明显高于股市中的占比。从市值排名前十企业的行业类型看，市值排名靠前的企业多为金融、能源、白酒等传统产业，鲜见高新技术企业尤其是独角兽企业身影。上市企业行业结构落后，"新经济"标杆企业少，表明我国股票市场对新质生产力的支持力度仍然有限。在近年来持续低迷的市场环境下，科技企业上市难度明显增大。据万得数据统计，2022 年，创业板和科创板上市企业数量分别为 148

家和 123 家，合计在 A 股首发上市中占比超六成。与之对比，2023 年
创业板和科创板各有 110 家和 67 家企业上市，同比分别下降 25.7% 和
45.5%。

　　债券市场方面，债券融资渠道对科技创新支持的力度和效率有
待提升。由于科技创新企业的高成长性和高收益，科创债在一二级
市场广受欢迎，但是其体量发展相对我国债券市场规模仍然较小。此
外，在当前激发民营经济活力、支持民营企业融资、鼓励民营企业科
技创新的背景下，科创债发行主体仍然偏向于高等级、传统行业，占
比较高的为传统行业的央企、国企，民营类科创企业发展融资的可得
性仍有待提高。万得数据显示，截至 2024 年 10 月 8 日，从科创债发
行企业数量看，央企、国企占比高达 94%，民营企业占比不到 5%；
从科创债发行额看，央企、国企占比高达 98%，民营企业占比不到
2%（见图 4-3）。

　　导致上述现象的深层原因在于：一是发行门槛较高。中小型科
创企业具有资产规模偏小、内部管理机制欠完善、轻资产性、现金

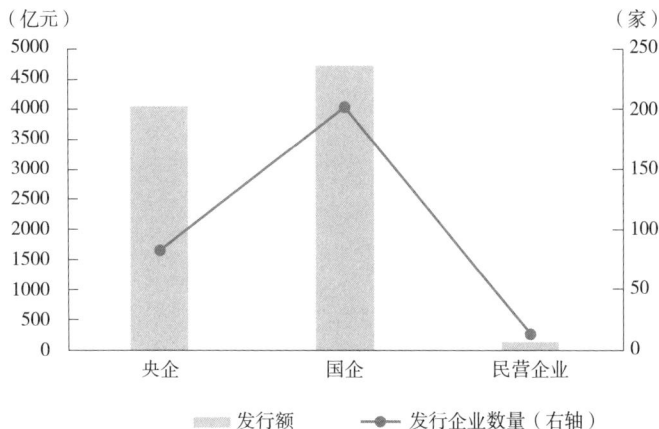

图 4-3　科创债的发行主体构成情况

资料来源：万得数据库。

流不稳定、高成长性和高风险性并存等特征，导致财务指标表现较弱，目前债券市场对体现发行人科技研发能力的信息重视度不够，风险评估考量比较保守，因而难以准确、充分地体现科创企业的经营情况和信用风险水平，导致其难以达到债券发行门槛。二是企业增信能力有限。由于多数科创企业自身信用资质弱，发行科创债均需要进行增信。科创企业因大部分资产都是专利、知识产权等无形资产，而非厂房、机器设备等有形资产，可抵质押的资产较少。而寻找第三方担保的成本较高，担保费用与发债规模挂钩，增信成本的增加会大幅推升科创企业发债融资成本，降低发债积极性。三是存在期限错配问题。科创投资具有高风险、长期限等特征，需要长期限的资金支持。当前创投基金的期限一般为5~7年甚至7年以上，但目前相关领域债券发行期限普遍较短，以3~5年期为主，与相关行业的发展特征难以完全匹配，发债筹集资金用于设立基金面临债券到期后的再融资问题。

（三）风险投资支持新质生产力发展的潜能有待激发

虽然近年来我国风险投资（VC）和私募股权投资（PE）快速发展，但是由于资本市场和相关的法律法规制度不够健全，风险投资缺乏有效的市场化退出机制和渠道，导致风险投资对新质生产力的杠杆撬动作用尚未充分发挥。

一是"耐心资本"供给不足、基金存续期偏短，难以支持新质生产力持续发展。我国整体上缺乏长期投资资本，导致投资行为短期化，而新质生产力的形成需要长期的耐心资本支持。与美国私募股权投资基金中长期资本的整体占比超过90%形成鲜明对比，我国养老金、高校捐款、保险公司、主基金和家族基金等长期投资发展相对滞后、规模尚未形成，长期资金占比不高、供给不足。目前我国私募基金的资金来源情况为，高净值个人资金和民营投资机构资金约占总资金的20%，而机构资金占比则超过80%。在机构资金中，企业资金（其他类）占比接近40%，各种资产管理计划的资金略低于企业资金比例，而长期资金，比如政府引导基金、保险及养老资金、社会公益基金、高等教育基金等，合计占比不超过10%。

二是资本退出渠道过于依赖回购，风险资本退出后面临较大的资金压力。企业上市是风险资本退出的重要渠道。退出难也是国内创投和私募股权基金面临的难关之一。由于A股IPO门槛较高，科创板、新三板缺乏流动性，国际上主流的并购退出方式在国内占比仍然很低。根据中国证券投资基金业协会的相关数据，我国私募股权投资的退出选择相对有限，上市转让约占20%，协议转让为40%~50%，回购方式为20%~30%。资本退出难，不仅影响了风险投资对于科技创新企业的投资动力，也削弱了风险投资对所投资企业长期价值成长的关注。同时，我国私募股权投资对于创新型企业的投资退出更多采用回购方式，也可能给创新型企业带来二次融资问题，甚至上升为生存危机。

三是国有属性资金硬性约束大、社会资本参与积极性低，双重挤压导致创投"投早投小"意愿不足。我国创投市场与海外市场有显著不同，以国有属性资本为主。清科数据显示，2023年国资控股和国资参股CP合计披露出资占比高达77.8%；规模超过10亿元的基金中，国有背景的基金管理机构占比超过六成，占据绝对的主导地位。一方面，由于国有背景资金监管较严，面临保本增值的约束，风险偏好较低，国资主导的创投机构偏向中后期、成熟期等较低风险项目。同时，国有背景创投机构在投资决策、薪酬管理与收益分配上缺乏变通、流程冗长，极易错失"投资良机"。另一方面，由于国有资本在创业投资中占主导地位，间接抬高了社会资本在创业投资市场的"入局门槛"，形成"挤出效应"，社会资本参与创业投资的难度较大、积极性不足，两种因素叠加导致创投市场难以实现"投早投小"的主要功能。

四、促进新质生产力发展的金融政策优化建议

党的二十届三中全会对进一步深化金融体制改革作出重大部署，强调积极发展科技金融、绿色金融、普惠金融、养老金融、数字金融，加强对重大战略、重点领域、薄弱环节的优质金融服务。针对上述金融支持新质生产力发展中的"堵点"，应进一步强化金融供给侧改革，优化政策举措，加强政府、金融机构、科技企业和资本市场各方面协作，持续完善涵盖银行信贷、股票市场、债券市场、创业投资等在内的多层次、多元化金融支持体系，促进优质生产要素向新质生产力领域加快集聚，为强化新质生产力在经济高质量发展中的引领带动作用提供坚实金融支撑。

（一）构建差异化、多层次的科技信贷支持体系

一是持续优化商业银行服务新质生产力模式、产品、风控举措。引导商业银行转变运营模式，鼓励商业银行通过各种方式和举措，有效降低信息不对称性，减少对传统抵押和担保方式的依赖。充分发挥科技赋能作用，通过大数据、人工智能、云计算、区块链等先进技术，持续优化和提升对科技企业、中小企业的业务开发与风险控制能力，从而进一步提升金融服务的质量和效率。

二是引导商业银行开展投贷联动支持新质生产力。完善投贷联动制度设计，推动投贷联动模式普及推广。改进并完善商业银行在投贷联动业务中关于股权投资的法律框架和规定，建立并完善投贷联动业

务的操作指导原则，确立进入投贷联动市场的准入条件，界定监管职责，加强金融机构之间的协调与合作。探索适当减少商业银行持有股权资产的风险权重，延长风险权重提级的时间期限，降低银行的运营成本。

三是进一步健全新质生产力信贷支持风险补偿制度。强化银政风险分担，解决金融机构后顾之忧。强化财政协调，建立风险补偿和共担机制，鼓励支持地方政府设置中小企业风险补偿金、提高政府风险分担比例。

四是丰富多层次科技贷款信用风险补偿专项资金来源。各地应根据本地特点，创新财政资金利用方式，建立和完善国家政策与地方实践结合的风险补偿基金资金补充制度。完善科技贷款风险补偿机制的管理制度和管理机构，为科技型中小企业贷款风险补偿机制的建立及运行提供多样化的服务和有效监管。优化风险补偿基金实施细则和操作规程。规范补偿程序，简化前端手续，强化事后追溯等细化设计，免除银行放贷后顾之忧。

（二）建设具有包容性和适应性的多层次股票市场

一是优化制度机制顶层设计，更好支持"硬科技"企业上市。深化推进全面注册制改革，完善优化上市审核标准，形成适应新质生产力发展需要的"硬科技"企业筛选机制，保证"硬科技"企业上市审核的公开、透明、可预期。更好对接国家产业政策和重点支持领域，适度降低科创企业上市的营收、市值门槛，为突破关键核心技术的科创企业上市融资和并购重组设立"绿色通道"，推动更多符合国家战略需求的企业融资发展，支持上市公司注入优质资产、出清低效产能，实现创新资源的优化配置，推动产业链、价值链整合升级，支持相关企业做大做强。

二是持续利用科创板改革试验田，不断提高科创企业服务能力。进一步推动关键制度创新，持续完善适应新质生产力发展的股权激励、再融资和并购重组相关制度，改革完善询价转让制度，优化改革科创板做市配套机制。持续完善发行定价机制，不断降低科创企业融资成本。完善科创企业股权激励措施，扩大股权激励范围，降低股权激励成本，使股权激励更好服务新质生产力的形成。例如，科创企业的激励对象范围从研发团队扩大至管理团队、运营团队。加强股权激励监管，防止滥用和利益输送，确保股权激励的公平有效。

三是优化资本市场生态建设，营造支持新质生产力发展的良好环境。提高科技创新企业的信息披露要求，增强市场对科技创新企业的信任度，吸引更多的资本投入科技创新领域。持续推动创新型企业规范经营运作、提高信息披露质量，以完善的公司治理为基础，助力创新型企业长远健康发展。完善科技创新指数系列布局，并通过丰富交易所交易型开放式指数证券投资基金（ETF）产品线，为中小型投资者提供更多机会，分享科技创新企业的成长红利。鼓励投资者树立理性、注重价值和长期投资的理念，严格履行监管职责，对任何违法违规行为持"零容忍"态度，坚决打击市场中的不正当行为，确保市场秩序的稳定和公正。

四是丰富支持科技的长期资金来源，探索鼓励长期性社会资金进入资本市场。鼓励社保基金、企业年金、养老保险等长期资金参与资本市场，畅通相关体制机制，适当放宽耐心资本投资权益类市场的比例和范围。推动健全各类专业机构投资者长周期考核机制，设立适应新质生产力发展的公募基金等证券投资机构业绩评价机制，大力推广长期投资、价值投资理念。便利境外投资者投资 A 股市场，进一步优化沪深港通机制，把更多科创上市公司股票纳入沪深股通标的。

（三）强化债券市场对科技创新的精准支持力度

一是引导科创债券市场重视非财务信息。科创债券发行人应突出披露科创属性、科创领域资金用途等内容，引导信用评级机构、投资者强化对无形资产、技术变革、行业发展前景、融资渠道、期限结构、表外因素等信息的分析，更准确地把握科创债的真实信用风险水平。

二是完善多元化科创债券增信机制。发挥政策性融资担保机构、国家级融资担保基金等的积极作用，加大对科创债券的增信支持。引导保险公司、再保险公司等市场机构开发针对科创债券的信用保证保险。持续推动科创企业以自身知识产权相关资产或收益为其发行科创债质押增信，针对知识产权处置难、风控难、评估难等重点难点问题，建立由政策性担保机构、再担保机构、担保基金、信用保证保险等共同分担的知识产权质押融资风险分担机制。

三是加快建立我国高收益债券市场。结合我国发展初期的现状和投资者风险偏好，适当降低债券的发行要求，简化流程和手续，加强信息披露和投资者权益保护，培育高风险承受能力的科创债投资者，设置合格投资者准入门槛，完善相关制度，提高市场流动性。加强投资者保护，包括多元化债券投资人保护条款设计、完善受托管理人制度、明确风险处置机制等。提高信息披露的透明度，强化对发行人和中介机构的行为约束。完善做市商制度，提高交易活跃度。

（四）发挥创业投资对社会资本的杠杆撬动作用

一是优化风险投资政策体系，更好发挥国有资本在创业投资市场中的引导作用。鼓励成立由财政出资分担风险，引导社会资本和金融资本跟进拟合，形成带有 SPV 特征的多样化投资基金。完善对国资背景创投机构的尽职免责、保值增值考核制度，延长创业投资基金存续期，推动形成"鼓励创业、宽容失败"的投资生态，优化财政资金引导"投早投小投科技"的绩效考核，打造中国式创业投资基金，更好带动社会资本参与创业投资市场。统筹容错机制与风险防范机制建设，保护创新企业项目，完善对赌协议机制设计，避免资本强势转移风险，推动国有创投机构建立分级分类风险预警机制，引导双方平衡创新风险。

二是扩大资金来源，更好培育和形成"耐心资本"。提升存量资本效能，增强政府和国有企业在资金投入上的连续性、一致性和协调性，探索建立长期创业投资基金，更好发挥国有资本在市场中作为耐心资本的领导作用。吸引增量资本，进一步鼓励长期资金和社会资本参与创业投资，探索并逐步扩大养老金、捐赠基金、银行和保险资金，以及企业年金等长期资本在创业投资活动中的参与度。完善相关政策和服务，实施差异化的税收优惠政策，适应长期投资者需求，加强投资后的管理和服务，提高被投资企业的存活率，增强长期资本对创业投资市场的信心和耐心。

三是优化畅通多样化资本退出渠道，确保风险资本在募投管退各环节平滑流动。优化资本市场上市公司结构，深化股票市场注册制改革，鼓励更多优秀企业在主板、创业板、科创板等不同板块上市。发展区域股权市场和私募基金二级市场，制定相应政策法规，激发机构或政府设立S基金的积极性。扩大市场参与和交易规模，持续增加市场参与者数量，提高创业投资机构所持股权的流动性。构建系统性退出框架，提高资金在募资、投资和退出各环节的流动效率，为创业投资市场的健康发展提供支持。

（五）完善科技金融生态协同体系和相关配套政策

一是强化知识产权和股权债权等财产权利的保护机制。科技创新往往伴随着大量知识产权的产生，并可以通过资产证券化的方式转化成股权、债权和期权等金融财产权利。加强知识产权等财产权利的保护，确保创新成果能够得到合理的回报，可以激励更多的科技企业和科研人员投入研发，促进科技成果的转化。同时，知识产权和资本权利的有效保护，也是吸引风险投资等资本投入的关键因素。

二是推动知识产权质押模式的配套制度和基础设施建设。健全知识产权评估体系，加快推进知识产权取得、转让和质押的统一登记制度建设。制定统一知识产权价值评估指引细则，完善评估机制和标准；适时引入市场化定价机制，加快搭建全国统一的知识产权交易平台，实现价格发现功能，推动知识产权融资发展。进一步提升知识产权保护力度，完善知识产权领域诚信体系建设，支持设立知识产权仲裁调解机构，建立健全知识产权领域维权援助机制。

三是建立科技企业信息共享机制。建立科技成果评价体系，完善科技创新企业的信用体系，建立科技创新企业与银行信贷、资本市场对接的绿色通道，探索建立信用信息平台与金融机构的信息共享平台，在人民银行征信系统的基础上，对接市场监管、税务、司法等主管部门，整合税务、市场监管、海关、司法以及水电费、社保缴纳等领域的信用信息，打通个人征信系统与企业征信系统，建立完整的科技企业信息收集、披露和信用评价体系，实现政府部门、金融机构和科创企业之间的信用信息共享。

第五章

数据要素政策

迈入新时代新征程，世界百年未有之大变局全方位、深层次加速演进，新一轮科技革命和产业变革突飞猛进，全球科技创新空前活跃密集，数据要素及以其为关键生产要素驱动的数字技术、数字经济，正呈现交叉融合、高度复杂和多点突破的态势，以无所不在的渗透性、扩散性、带动性融入生产、分配、流通、消费和社会服务管理等各环节，广泛赋能经济发展和社会转型，催生一批具有重大影响力的新产业新业态，推动产业体系转型升级，促进生产力加速迭代跃升，已成为新质生产力培育和高质量发展最重要的创新动力源。

回溯我国数据要素政策发展历程，党和国家始终高度重视构建完善数据要素（信息）政策体系。20世纪90年代互联网商业化使用以来，在数据要素政策领域，我国大体经历了从信息化奠基、大数据战略实施，到数据作为新生产要素全面融入国家发展蓝图的深刻演进过程。特别是党的十八大以来，我国持续加强数据要素政策顶层设计，不断完善数据要素政策体系，着力推进数据要素市场化配置改革，培育壮大数据要素市场，加快夯实数字经济高质量发展的市场基础，进而为发展新质生产力、构筑国家竞争新优势提供强有力的支撑。

当前，我国步入加快推进中国式现代化的新阶段，进一步构建和完善适应新质生产力的数据要素政策体系，最大限度释放数据要素价值，成为推动科技创新、产业升级乃至重塑生产力和生产关系的关键着力点。为此，本章从理论上揭示了数据要素作用于新质生产力形成的内在机理，深入剖析新质生产力对数据要素政策提出的多维度要求，并在全面梳理我国数据要素政策体系演进脉络的基础上，总结分析了我国数据要素政策体系构建的总体情况和面临的障碍。最后，研究提出旨在优化完善数据要素政策体系、促进新质生产力蓬勃发展的政策建议。

一、新质生产力对数据要素政策提出新要求

不同于传统生产力，新质生产力将数据作为驱动经济运行的新质生产要素，打破了传统生产要素的质态，推动经济社会发展发生革命性变革。作为国家基础性战略资源和关键生产要素，数据要素全方位赋能新质生产力形成，提高全要素生产率，助推生产力实现"质"和"量"的双重跨越。

（一）数据要素推动创新范式变迁，加快技术革命突破进程

数据要素不仅是推动科技创新范式变迁的新生力量，还是构建新型国家创新生态系统的基石，正成为孕育全球科学技术革命突破性发展的关键所在。一方面，数据要素驱动科学研究方式发生深刻变化。万物互联时代到来，数据科技、机器学习、深度学习、智能算法、人工智能等方面的加速发展，运用海量数据和计算技术来发现新知识、理解复杂现象和解决实际问题，逐渐成为与传统的实验科学、理论推导和计算模拟并列的科学研究"第四范式"。这种以数据为驱动的科学研究范式，正不断推动科学研究不断向极宏观拓展、向极微观深入、向极端条件迈进、向极综合交叉发力，不断拓展人类社会的知识边界和技术前沿，缩短创新知识发现和科技成果转化周期，为新质生产力形成奠定坚实根基。另一方面，数据要素推动国家创新生态系统加快构建与迭代升级。以数字技术、数字经济为代表的新一轮科技革命与

产业变革持续向纵深演进，全球技术创新进入空前密集期，数据要素广泛应用、数字技术深度渗透，通过促进跨界融合与开放式创新，推动国家创新生态系统和产业技术创新模式加速重构，不断催生新技术、新业务、新模式等革命性突破，助力整个经济体系的生产模式、技术禀赋及需求结构转型升级，从而为新质生产力不断涌现和跃升提供源源不断的动力支撑。

（二）数据要素促进要素创新配置，优化生产力构成体系

数据要素作为生产力的关键组成部分，对生产力的各个要素产生全面深刻的影响，是助力生产要素优化配置、促进生产要素融通赋能、推动生产力构成发生质的跃升的关键变量。一方面，数据要素直接作用于生产力构成要素，催生新质劳动资料、新质劳动对象和新质劳动力，促进劳动者、劳动资料、劳动对象及其优化组合的跃升。数据要素是数字经济时代劳动资料、劳动对象和劳动力共同作用形成的新生产物，数据要素通过倍增效应，激发传统和新质劳动力积极性、创造力和生产潜能，显著扩大生产可能性边界，持续拓展劳动资料的范围和边界，提升劳动资料使用效率，推动劳动对象构成从单一的实体自然物转变为"自然物＋人造自然物＋数字虚拟物"，形成了传统加新质、高度协同、有机支撑的劳动资料、劳动对象和劳动力的全新组合，使得生产力构成发生新的质的跃迁。另一方面，数据要素以其低成本复用、指数级增长、准公共品、强渗透赋能等内在特性，与土地、劳动、资本、技术、知识、管理等生产要素深度融合，强化各类生产要素网络化共享、智能化协同、系统化整合和高效化利用，畅通物质流、人才流、资金流、技术流和信息流，实现资源要素高效自由配置、市场经营主体融合赋能，变革创新社会生产力组织分工方式，持续激发技术创新、模式创新、业态创新，改变了传统的生产方式和经济运行机制，全面提高经济运行效率和质量，成为培育发展新质生产力和经济发展新动能的重要驱动力，对未来全球产业分工格局产生重要影响。

（三）数据要素变革社会生产关系，推动产业深度转型升级

生产力不仅包括物质生产力的物质性方面，还涵盖了生产关系方面。生产力决定生产关系，生产关系反作用于生产力。习近平总书记强调，发展新质生产力，必须进一步全面深化改革，形成与之相适应的新型生产关系[①]。随着数据要素、数字经济加快融入经济社会发展全过程和各领域，作为体现新发展理念的生产力质态，新质生产力赋予了生产关系新的内涵，紧随其发展，必须重塑与新质生产力相匹配的生产关系，构建数据要素治理体系，进而更好支撑科学技术创新和产业深度转型升级，助力新质生产力形成和高质量发展。一方面，作为新型生产要素，数据要素及其市场发展不断重塑数据要素市场与数字经济发展利益分配格局，塑造数据要素市场主体新型权责利关系，从而更好发挥数据要素市场机制效能，激发各类主体企业家精神，实现数据要素、高素质人才、科技金融、应用场景等的有机融合、协同发力，加快现代化产业体系建设进程，培育壮大新产业、新技术、新产品和新业态"四新"经济。另一方面，数字经济营商环境持续优化，数据要素、数字技术深化改造生产关系，突破部分不适应新质生产力发展的生产关系桎梏。与实体经济深度融合，畅通数据要素、数字教育、数字科技、数字人才、数字产业等产业价值循环链条，促进社会生产模式、组织形态和价值分配领域发生全面革新，从而支撑新质生产力持续形成和产业深度转型升级。

[①]　习近平：《发展新质生产力是推动高质量发展的内在要求和重要着力点》，《求是》2024年第11期。

二、我国数据要素政策体系总体情况

（一）我国数据要素政策体系的建立与完善

纵观我国数字经济发展历程，在不同的时期，数据要素政策发力的重点方向和领域各有不同。据此，可将我国数据要素政策体系演进历程大体划分为 3 个阶段。

1. 第一阶段（2014 年前的萌芽阶段）：政策重点是推进国家信息化战略，推动政务信息资源开发利用

20 世纪 90 年代以来，随着互联网和信息通信技术的快速发展，以"三金工程"（金桥工程、金卡工程、金关工程）的启动为标志，我国正式拉开国民经济信息化的序幕。1997 年 4 月，第一次全国信息化工作会议在深圳召开，聚焦信息资源开发利用和信息化发展战略，会议提出了国家信息化体系的定义、组成要素、指导方针、工作原则、主要任务等内容，通过了《国家信息化"九五"规划和 2010 年远景目标（纲要）》。此后，国家还先后制定了《国民经济和社会发展第十个五年计划信息化重点专项规划》《2006—2020 年国家信息化发展战略》等信息资源开放利用的相关政策。这一时期，大力推进政务信息化，促进政府信息资源的开发利用和共享，推动国民经济和社会信息化发展，成为我国数据 / 信息要素政策的主要着力点。

进入 21 世纪第二个 10 年，随着移动互联网、大数据、云计算、物联网、数据存储等技术及终端设备快速发展，数据资源的重要性空前提升，我国信息化发展步入大数据驱动的数字化发展新阶段，国家数据要素政策重点开始从信息资源开发利用向促进大数据发展转变。

2. 第二阶段（2015年至2017年的探索发展阶段）：政策重点是实施大数据国家战略，促进大数据产业发展

2014年3月，大数据首次被写入政府工作报告；2015年的政府工作报告明确提出要制订"互联网+"行动计划，推动大数据、云计算、物联网、移动互联网等与现代制造业结合，促进电子商务、工业互联网和互联网金融健康发展。此后，国家陆续出台了一系列政策文件，如《国务院关于积极推进"互联网+"行动的指导意见》《促进大数据发展行动纲要》《大数据产业发展规划（2016—2020年）》《国务院办公厅关于促进和规范健康医疗大数据应用发展的指导意见》《国家信息化发展战略纲要》《"十三五"国家信息化规划》等，与此同时，数据要素发展与安全相关的法律法规建设也稳步推进，《中华人民共和国网络安全法》正式通过生效。这些文件和法律的出台标志着我国数据要素政策进入了一个系统化和战略化的新阶段。

这一时期，我国大数据和数据要素发展政策聚焦于构建完善的政策体系，加强基础设施建设，推动产业创新和市场建设，同时注重国际合作与开放共享，以及加强数据安全和伦理问题的管理，强调要完善数据/信息制度体系，全面提升数据/信息采集、处理、传输、利用、安全能力，构筑国家数据/信息优势。

3. 第三阶段（2018年至今的系统推进阶段）：政策重点是搭建数据要素基础制度"四梁八柱"，加快数据要素市场建设

党的十九大以来，数据作为生产要素的地位得到进一步强化。2017年12月，习近平总书记在中共中央政治局第二次集体学习时指出，要构建以数据为关键要素的数字经济。建设现代化经济体系离不开大数据发展和应用。要深入实施工业互联网创新发展战略，系统推进工业互联网基础设施和数据资源管理体系建设，发挥数据的基础资源作用和创新引擎作用，加快形成以创新为主要引领和支撑的数字经济。①2019 年，党的十九届四中全会通过的《中共中央关于坚持和完善中国特色社会主义制度 推进国家治理体系和治理能力现代化若干重大问题的决定》中明确指出，健全劳动、资本、土地、知识、技术、管理、数据等生产要素由市场评价贡献、按贡献决定报酬的机制。

为加快推进数据要素市场化配置，培育发展数据要素市场，做强做优做大数字经济，党和国家进一步加强了数据要素政策顶层设计，制定出台了《关于构建更加完善的要素市场化配置体制机制的意见》《中共中央 国务院关于新时代加快完善社会主义市场经济体制的意见》《建设高标准市场体系行动方案》《要素市场化配置综合改革试点总体方案》《"十四五"大数据产业发展规划》《"十四五"数字经济发展规划》《工业和信息化部关于工业大数据发展的指导意见》等政策文件。这些文件明确提出，要加快培育数据要素市场，健全数据要素市场运行机制，研究制定加快培育数据要素市场的意见，建立数据资源产权、交易流通、跨境传输和安全等基础制度和标准规范，推动数据资源开发利用。

在此背景下，我国数据要素政策体系建设步入加速阶段。《中共中央 国务院关于构建数据基础制度更好发挥数据要素作用的意见》（即"数据二十条"）正式印发，是我国数据要素政策体系建设历程上的里程碑事件，"数据二十条"重点从数据产权、流通交易、收益分配、安全治理等 4 个方面明确了数据要素市场制度建设的基本框架、前进方向和重点任务，标志着我国已初步搭建数据要素基础制度和政策体系的"四梁八柱"。此后，国家各职能部门抓紧落实"数据二十条"的

---

① 《习近平：审时度势精心谋划超前布局力争主动 实施国家大数据战略加快建设数字中国》，《人民日报》2017 年 12 月 10 日。

重点任务，制定出台了《全国一体化政务大数据体系建设指南》《企业数据资源相关会计处理暂行规定》《"数据要素×"三年行动计划（2024—2026年）》《国家发展改革委　国家数据局　财政部　自然资源部关于深化智慧城市发展　推进城市全域数字化转型的指导意见》，旨在加快推动数据要素市场建设，激发数据要素价值，更好支撑新质生产力形成和高质量发展。

在这一时期，我国还加快了数据要素相关的法律法规制定工作。《中华人民共和国个人信息保护法》《中华人民共和国数据安全法》《网络安全审查办法》等数据与网络相关的法律法规相继通过生效，共同构成了我国网络与数据安全领域的法律框架，进一步明确了数据安全责任，建立了数据安全管理体制，加强了对数据活动的规范。

（二）我国数据要素政策体系构成

"数据二十条"颁布实施以来，围绕数据产权、流通交易、收益分配和安全治理等方面，我国持续完善数据要素政策体系，业已形成一个相对全面系统的框架体系，为推动数据要素市场化配置改革、促进数据要素高效流通和价值释放、支撑新质生产力培育和经济社会高质量发展奠定了坚实基础。

1. 数据产权制度方面，着力推进公共数据授权运营试点及相关管理制度建设

"数据二十条"明确提出，要探索建立数据产权结构性分置制度，在国家数据分类分级保护制度下，推进数据分类分级确权授权使用和市场化流通交易，明确数据产生、收集、处理、存储、传输、使用等各环节的产权归属和权益保护。全国多个省市，如北京、上海、天津、广东、贵州、福建、浙江等，已制定了公共数据授权运营管理相关的政策文件法规，如《浙江省公共数据条例》《浙江省公共数据授权运营管理办法（试行）》，积极开展公共数据授权运营试点，探索建立公共数据平台，推动公共数据的开放和使用。

2. 流通交易制度方面，着力推进数据交易所交易规则设计和加强应用场景培育

"数据二十条"明确提出，构建促进使用和流通、场内场外相结合的交易制度体系，建立数据可信流通体系。自贵阳大数据交易所成立以来，全国各地陆续建立了几十家数据交易机构，加强数据交易场所体系设计，出台数据交易场所管理办法，建立健全数据交易规则。例如，上海数据交易所搭建了"办法—规范—指引"3个层级的交易规则体系，制定了全局性的统领文件《上海数据交易所数据交易管理办法》，细化9项规范，推出6项指引，从顶层设计到操作指引，着力打造适应数据要素市场发展规律的交易规范体系。与此同时，为发挥数据要素的放大、叠加、倍增作用，构建以数据为关键要素的数字经济，国家数据局等17部门联合印发了《"数据要素×"三年行动计划（2024—2026年）》，以强化场景需求为牵引，带动数据要素高质量供给、合规高效流通，培育新产业、新模式、新动能。此外，为构建数据安全合规有序跨境流通机制，国家互联网信息办公室制定了《促进和规范数据跨境流动规定》，明确了数据出境安全评估、个人信息出境标准合同、个人信息保护认证等数据出境制度的相关要求。

3. 收入分配制度方面，着力推动数据资产入表和畅通数据收益分配渠道

"数据二十条"明确提出，要扩大数据要素市场化配置范围和按价值贡献参与分配渠道，完善数据要素收益的再分配调节机制。2023年8月，财政部制定印发了《企业数据资源相关会计处理暂行规定》，明确了数据资源可以作为无形资产或存货等资产类别进行确认，并且要求企业按照企业会计准则相关规定，对数据资源相关交易和事项进行会计核算。该文件的出台将推动企业数据资源的资产化和价值化，使得数据资源作为一种新型生产要素得到权威认可。这不仅有助于企业更好地使用数据资源带来经济利益，还能促进整个社会对数据资源价值的认识和重视。

4. 安全治理制度方面，着力完善数据要素安全治理制度和市场治理制度建设

"数据二十条"强调，要把安全贯穿数据治理全过程，构建政府、企业、社会多方协同的治理模式，形成有效市场和有为政府相结合的数据要素治理格局。我国已建立以《中华人民共和国网络安全法》《中华人民共和国数据安全法》《中华人民共和国个人信息保护法》等为核心的数据安全治理基础制度规则框架，形成了包括《中华人民共和国反垄断法》《中华人民共和国反不正当竞争法》《中华人民共和国电子商务法》《中华人民共和国价格法》《网络反不正当竞争暂行规定》等在内的数据要素市场治理基础制度规则体系。

三、当前数据要素赋能新质生产力发展面临的主要问题

（一）高质量数据要素有效供给相对不足

在制度建设、政策支持、技术创新和场景应用等多重因素的驱动下，我国数据要素市场步入快速成长阶段。截至 2023 年，我国数据生产总量达到 32.85 泽字节（ZB），同比增长 22.44%，非结构数据爆发式增长，但受数据真实性、准确性、完整性、一致性和及时性等不足，以及数据要素质量短板、数据资源底数混乱、高价值公共数据共享开

放意愿不足、公共数据与社会数据融合度较差等因素影响，我国高质量数据要素有效供给不足，海量数据与丰富场景的综合优势潜力亟待释放，数据难以实现资源化、资本化以及资产化，在很大程度上制约着新质生产力的形成。

（二）数据要素市场化配置范围相对有限

充分发挥数据要素倍增效应，需要运用市场机制更大范围、更高质量配置数据要素。但是，受数据要素标准化、确权、定价、估值、收益分配等问题制约，再加上数据要素供需关系不匹配、市场机制发育不完善，场内交易与场外交易不衔接，"数据烟囱""数据孤岛"现象依然严重，使得我国数据要素市场化配置改革进展相对缓慢，数据要素市场化配置规模和范围仍相对有限，难以满足数字经济高质量发展要求和新质生产力培育需要。

（三）数据要素驱动创新发展能力尚需增强

新质生产力是由科技创新主导、以数据要素为基础的"第四范式"，是推动全球新一轮科技革命和产业变革的关键所在。然而，受制于底层数字技术关键领域"卡脖子"、数据驱动创新生态不完善、数实融合发展应用场景不丰富等因素影响，我国数据密集型科技创新体系、数据驱动科技创新能力建设仍存在诸多堵点卡点，数据要素难以全面融入战略性、前瞻性科技创新前沿，在一定程度上阻碍了国家科技创新体系的升级迭代，进而影响了数据要素助力新质生产力形成的整体效能。

（四）数据要素治理现代化水平亟待提升

近年来，凭借庞大的网民规模、完善的数据基础设施、深厚的数字技术积累等综合优势，我国数据要素市场成长迅速，但总体仍处于起步阶段，发展路径和发展模式仍不够成熟，从数据要素生产、流通、交易、分配及治理等全流程来看，仍存在数据要素产权、采集加工标准、流通交易规范、利益分配机制以及监管治理能力等诸多方面的不足，政府、市场、社会多方共治的格局尚未形成，数据要素市场治理能力与治理体系现代化水平相对偏低，难以有效支撑新质生产力培育壮大。

（五）高素质数据人才培育成长环境相对不优

高素质数据人才是我国数字人才队伍的重要组成部分，是支撑数字中国、网络强国建设的重要力量。释放数据要素潜在价值，培育新质生产力，促进高质量发展，离不开高素质数据人才的坚实支撑。然而，由于教育、科技、人才循环方面存在各种体制机制障碍，数据人才培育成长环境不优，造成迅猛增长的数据人才需求与质低量少的数据人才供给之间不适配和不平衡，高素质数据人才数量相对不足、人才素质与产业相关岗位需求不匹配问题日益凸显，成为新质生产力培育和经济高质量发展的关键瓶颈。

四、着力优化数据要素政策体系的若干建议

当前，我国数字经济处于加速发展阶段，数据要素市场化配置改革持续深入，统一开放、竞争有序的数据要素市场加快建设，数据要素赋能新质生产力形成，有广阔的空间和巨大的潜力。然而，需要看到的是，数据要素支撑新质生产力形成尚存在诸多政策障碍，适应新质生产力发展的数据要素政策体系仍不完备不健全，迫切需要多措并举，着力构建完善理论、科技、产业、市场、人才高效协同、相互促进的数据要素政策体系，更好地实现数据要素赋能新质生产力形成，促进高质量发展。

（一）加强基础理论研究，强化对数据要素赋能新质生产力的规律性认识

一是强化对数据要素赋能新质生产力机理和规律的理论研究。加大对数据科学、数字经济以及新质生产力理论的研究力度，特别是数据要素如何赋能新质生产力的基本规律和主要机制。建立跨学科研究平台，整合经济学、管理学、计算机科学等多领域资源，深入探讨数据价值评估、数据流通机制、数据安全与隐私保护等问题，形成系统的理论支撑。同时，加强对国际先进经验的比较研究，借鉴并吸收适合我国国情的政策理念与实践案例，以理论创新引领政策创新。

二是有效处理发展与安全、活力与秩序等重大关系。在制定数据要素政策时，要平衡好鼓励创新与保障安全、促进竞争与维护秩序之间的关系。既要通过政策激励促进数据的开放共享和高效流动，为新质生产力培育提供充足的数据资源，又要建立健全数据安全管理体系，强化数据跨境流动规则，确保国家安全和个人隐私不受侵犯。此外，应设立合理的市场准入门槛，既保持市场的开放性和活力，又避免无序竞争，维护良好的市场秩序。

（二）加强数据科技创新，完善适应新质生产力形成的数据科技政策体系

一是着力完善数据科技创新体系。加快构筑完善的国家创新体系，健全数据、计算与人工智能等关键核心技术攻关新型举国体制，打造企业主导、产学研深度融合的创新生态系统。强化企业科技创新主体地位，发挥科技型骨干企业引领支撑作用，重点提升数据生成、采集、存储、加工、分析、安全与隐私保护等通用技术水平和技术集成能力。补齐基础软硬件、开源框架、组件和工具的关键数据技术短板，强化自主大数据、人工智能等开源社区和底层生态建设，夯实数据要素和

新质生产力发展技术底座。

二是着力推进数据标准体系建设。以标准建设为牵引，协同推进数据相关国际标准、国家标准、行业标准和团体标准建设，重点完善数据产品、数据服务、数据资产、数据治理、交易流通、行业应用等方面关键标准体系。遴选重点行业、领域、地区开展数据标准试验验证和试点示范，加大数据标准应用推广力度。

三是着力提升数据科技政策和治理能力。坚持包容审慎理念和全生命周期治理导向，强化数据科技创新政策与监管政策衔接协同，完善政策一致性评估机制和方法，创新对大数据、云计算、人工智能、量子信息等新兴前沿科技产业的监管机制和治理模式，引导数据科技规范健康持续发展。

（三）培育壮大数据产业，构建加快新质生产力形成的强大数据产业体系

一是构建完善的数据基础设施体系。协同推进 5G 网络、千兆光网、工业互联网、车联网、智能电网等建设，全面升级宽带网络，超前部署下一代互联网。积极培育卫星互联网等空天基础设施，大力推进北斗规模应用。加快全国一体化大数据中心体系建设，统筹优化算力基础设施布局，促进跨区域算力高效协同，合理布局通用算力、智能算力、超级算力、密态算力、边缘算力等算力资源，提升全国范围内数据和算力资源配置效率。积极运用新一代数字技术改造、提升、加强传统基础设施，构建智慧敏捷、经济高效的现代化数据基础设施体系。

二是培育壮大数据产业集群。围绕数据生成、采集、存储、加工、分析、应用、安全等全生命周期流转过程，支持电力、电信、金融、互联网等数据密集型行业的数据企业加强数据产品创新、模式创新、业态创新和场景创新，打造具有市场应用前景的高价值数据产品和服务谱系，促进数据产业向高端化、规模化、链群化发展。支持有条件的地区建设以数据产业为主导产业集群的国家新型工业化产业示范基地，支持各个地区发挥比较优势，培育壮大具有地方特色优势的数据产业集群，提升数据产业集群辐射带动力。

三是培育壮大数据相关战略性新兴产业和未来产业。聚焦数据相关战略性新兴产业和未来产业，强化原创性数据科技创新，拓展关键性、颠覆性数据科技应用和场景生态，通过数据要素赋能，加快推动战略性新兴产业和未来产业高质化、集群化、生态化发展，推进新质生产力和产业体系整体跃迁。

（四）完善数据市场治理，夯实支撑新质生产力形成的数据要素市场根基

一是加快健全完善现代数据产权制度。针对个人数据、企业数据和公共数据的本质差异及产权界定难易程度，坚持制度建设和技术手段确权并举，分类有序推进，逐步合理界定个人数据、企业数据和公共数据的产权边界，分类推进公共数据、企业数据、个人数据确权授权使用，探索完善数据资源持有权、数据加工使用权、数据产品经营权"三权"分置框架。

二是创新多元化数据要素市场化配置改革路径。强化数据交易市场体系顶层设计，发挥场景应用牵引作用，规范引导场外交易，培育壮大场内交易，构建在使用中流通、场内场外相结合的交易制度体系，培育壮大规范的数据交易市场。聚焦数据全生命周期流通配置过程，建立合规高效的数据要素流通和交易制度，完善数据全流程合规和监管规则体系，培育壮大更多合格的数据要素市场主体，不断扩大数据要素流通交易规模，充分释放数据要素价值，加速新质生产力的形成。

三是构建多方共治数据要素市场治理体系。压实数据企业主体责任，规范各类市场经营主体数据资源利用和竞争行为，防范数据滥用和泄露风险，打造包容创新、公平竞争的数据要素市场环境，完善多元主体共同参与的市场治理体系。健全完善数据分级分类标准体系，构建数据安全分级分类治理制度体系，维护国家数据安全，保护个人信息和商业秘密，把安全贯穿数据治理全过程，牢牢守住数据安全底线。

四是全面提升全球数据要素资源配置能力。坚持总体国家安全观，建立健全兼顾安全与自由流动目标、内外有别的跨境数据流动安全管理制度体系。积极参与数据流动、数据安全、数字货币、数字经济税收等国际规则和数字技术标准制定的国际合作，推动形成公平、公正、开放、共赢的全球数据要素配置流通环境，提升全球数据要素整体资源配置效率。

（五）加快推进数实融合，塑造做强做优做大实体经济强大的数据原动力

一是大力推动数据要素赋能传统产业转型升级。瞄准制造业、农业、物流等传统实体产业，加快推动数据要素在生产、管理、销售等各环节的深度融合，形成数据驱动的生产方式和商业模式创新。支持企业利用工业互联网、数字孪生等新技术，将物理空间与数字空间有效结合，提升传统产业数字化、智能化水平。

二是深化数据与产业链协同发展。充分发挥数据要素在产业链供应链中的价值，构建基于数据驱动的产业链协同机制，提升产业链数字化管理和智能化调度能力。加强跨行业、跨区域的数据共享与协同，构建区域协同、产业联动的数字生态系统，增强实体经济的整体竞争力和抗风险能力。

三是深化数实融合体制机制改革。针对数实融合过程中的痛点和难点，制定有针对性的激励政策和支持措施，特别是对中小企业在数字化转型过程中的支持。深化数据要素市场化配置改革，促进数据要素更好地赋能实体经济发展，形成数据驱动产业深度转型的新范式。

（六）打造数据人才队伍，强化数据要素赋能新质生产力的人力资本支撑

一是着力扩大优质数据人才供给。瞄准数据产业和数据要素市场发展需要，深入实施全民数字素养社会建设，做好数据人才育、引、留、用等专项工作，加大交叉学科人才培养力度，重点加强劳动者数据分析、数据挖掘、算法设计、人工智能、数据安全等方面的能力培养，全面提升劳动者数据素养和创新能力。

二是着力创新数据要素人才培育模式。持续完善数据科学、网络科学、算法设计、人工智能等领域的人才培养体系，全面推行工学一体化技能人才培养模式，深入推进产教融合，培养跨学科基础型数据理论人才和应用型数据开发人才。加强创新、产业、资金、人才等资源整合，鼓励通过创新创业，培育造就一批数据要素人才。

三是着力完善数据人才培育政策体系。适应畅通数据、科技、人才、产业发展循环要求，深化数据人才教育体制机制改革，完善数据人才激励机制和收入分配等方面的政策，打破制约数据人才培育的体制与政策障碍，弘扬和培育科学家精神、企业家精神、工匠精神，为数据人才成长成才创造良好环境。

第六章

产业政策

新质生产力的主要载体是产业。发展新质生产力要求通过整合科技创新资源，改造提升传统产业，培育壮大新兴产业，前瞻布局未来产业。必须尽快健全传统产业优化升级体制机制，完善战略性产业政策和治理体系，建立未来产业投入增长机制，加快推动新质生产力形成和发展。

一、新质生产力对产业政策转型提出新要求

产业政策是政府在一定时期内为实现产业发展目标（支持性或限制性）直接或间接采取的各类政策的综合，主要通过经济、法律、行政等手段来实现。为加快建设现代化产业体系，更好推动新质生产力发展，我国产业政策需要在以下4个方面进一步调整优化。

（一）需要更加精准发力

为更好适应新质生产力发展需要，我国产业政策边界、政策方向、出台时机需要更加精准。

一是政策边界要更加精准。重点解决战略性新兴产业和未来产业发展初期和早期阶段的市场培育和规范问题，发展过程中的环保、节能、安全、质量等外部性问题，发展环境上的市场秩序和创新激励的问题，推动形成激励创新、促进发展和公平竞争的市场环境。

二是政策方向要更加精准。对于新兴产业、未来产业、传统产业等处于不同发展阶段的产业而言，要因业施策，找准产业发展的切入

点，推动传统产业改造提升，新兴产业培育壮大，未来产业前瞻布局。针对产业链关键环节技术瓶颈问题，要点链协同，补锻并举，打造具有国际竞争力的"杀手锏"技术；针对大中小企业共建共享协同效应有待深化的问题，要构建产业链龙头企业和大中小企业协同发展生态，解决企业间有效分工协调问题；针对区域同质化竞争问题，要指导各地深耕优势细分赛道，因地制宜发展新质生产力，解决新兴产业和未来产业发展同质竞争隐忧问题。

三是政策出台时机要更加精准。以颠覆性技术为核心的未来产业和新兴产业对政策供给变化高度敏感，在发展关键节点如果不能得到有效支持，其发展会受到较大影响。一方面，产业政策若明显超前于新兴概念验证和主导设计发展，容易造成一拥而上、概念炒作、新瓶旧酒等乱象；另一方面，政府监管若明显滞后于新兴技术发展，规范和标准缺失，可能导致新业态忽视安全、野蛮生长，技术负外部性造成的社会损失难以弥补，进而阻碍新技术市场化发展。政策出台时机识别是产业政策的重点和难点，既不能"拔苗助长"放大挤出效应，也不能"无为而治"错失先发优势；既不能"一禁了之"粗暴限制发展，也不能"一放了之"无视潜在风险。为此，需要根据相关产业发展所处的生命周期阶段出台相应政策：新兴产业发展政策主要是围绕如何壮大产业规模来解决制约其发展的关键性问题；未来产业发展政策则主要围绕如何孕育与布局来解决制约其发展的关键性问题。

（二）需要更加宽容试错

我国现有产业政策是典型的赶超型产业政策，政策支持的大多数行业，其发展路径是比较成熟的，政策支持举措比较明确。而新质生产力领域产业的发展，其技术和商业模式的创新具有高度不确定性、多元化和动态性特征，在产业发展初期通常需要大规模试错。要根据产业特性和产业发展周期的阶段性，转变产业政策模式，构建更加包容、更加鼓励创新的产业支持体系。第一，加大对战略性新兴产业和未来产业发展的公共物品支持，包括促进研发、创业孵化、职业培训等方面投资，确保公平的市场竞争。第二，对于部分技术专用性强的行业，可以采取全局协调型产业政策[①]，在优先考虑研发补贴等创新激励的同时，鼓励多个技术路线共同发展，并为企业开展专用性投资提供支持。第三，考虑到新质生产力部分领域发展的长周期性和不确定性，产业政策的支持期限要进一步立足于中长期，从而能够让政策调整有更多的弹性空间[②]。

（三）需要更加正向多元

考虑到新质生产力领域产业发展的复杂性，我国产业政策应该采取多元化的政策措施。一是税收减免优惠，包括对特定产业和企业在一定期限内的企业所得税减免、增值税减免等，企业进口设备和重要零部件进口环节关税和增值税的减免等。二是技术改造和设备更新激励，主要是对符合国家产业政策的技术改造项目提供技改贴息贷款、缩短设备折旧年限、对国内不能生产的进口先进技术设备和零部件减免进口环节税等。三是研究开发支持，主要是针对特定产业和企业的新技术、新产品研发提供的资金支持，以及为研发创新成果产业化提

---

① 根据贺俊（2023）研究，全局协调型产业政策与市场增进型政策并不是完全对立的。大规模试错型产业，也可能在局部领域需要政府全局协调的恰当参与。新兴产业发展初期通常先要经历大规模试错阶段，而在这个阶段增进市场和促进竞争是重要的，当主导技术接近成熟时，全局协调才适宜介入。当然，全局协调作为一种强选择性产业政策，是市场增进型产业政策的"剩余"选项。参见贺俊：《新兴技术产业赶超中的政府作用：产业政策研究的新视角》，《中国社会科学》2022 年第 11 期；黄群慧、贺俊：《赶超后期的产业发展模式与产业政策范式》，《经济学动态》2023 年第 8 期。

② 2010 年国务院出台《国务院关于加快培育和发展战略性新兴产业的决定》，考虑到战略性新兴产业占国民经济的比重不到 4%，为了更好地促进其发展，当时提出的政策目标分别是 5 年和 10 年两个阶段，战略性新兴产业由 2010 年的不到 4% 提高到了 2020 年的约 12%。

供的各类资金支持等。四是政府采购和重大设备首台（套）政策，扩大新兴产业和未来产业的市场需求，引导传统产业改造升级。五是通过政府产业投资基金引导支持重点产业发展。

（四）需要更好对接国际高标准经贸规则

从国际经贸规则发展趋势看，绿色环保、贸易平衡、社会责任、数据安全等可持续和安全发展理念在全球范围广泛兴起，对世界各国企业、产品、产业提出了更高要求。新质生产力培育要和国际更高标准和规则衔接，需要在技术创新、碳排放、产业生态等方面进一步对接国际经贸高标准规则。从绿色发展政策看，要实施支持绿色发展的财税、金融、投资、价格政策和标准体系，发展绿色低碳产业，健全绿色消费激励机制，促进绿色低碳循环发展经济体系建设。从金融政策看，金融机构应该坚持按商业标准为企业提供融资服务，国家政策性金融的服务领域应聚集在按市场标准难以得到融资，但经济社会发展又不可或缺的重要领域。从进口替代看，在国际规则许可范围内，可采取被接受的支持手段，通过政府采购、首台（套）设备采购政策等，对重点领域发放进口替代的补贴。从改进产业发展生态看，强化市场竞争优胜劣汰、资本市场兼并重组等市场化手段，政府重点关注企业兼并重组过程中出现的下岗失业、转岗就业、债务处置、产权交易纠纷等问题，关注数据"孤岛"、行政壁垒、地方保护等阻碍全国统一市场建设的不当行为。

二、我国产业政策的演变和成效

随着改革开放的深入与经济的快速发展，我国产业政策经历了一个由计划管理与选择性产业政策混合的产业政策体系向以选择性产业政策为主体、以功能性政策为辅助的产业政策体系转变的过程。同时，随着各项政策的落地见效，我国产业发展成效显著，创新驱动作用日益凸显，绿色化智能化发展水平不断提高。

（一）我国产业政策的演变

1.体制转轨初期（改革开放初期至20世纪后期）

改革开放之初，我国产业发展整体水平不高，产业结构矛盾突出。同时，我国加速由计划经济体制向市场经济体制转轨，但市场经济体制没有完全建立，政府在经济发展中仍然起主导作用。这一阶段我国实施以选择性产业政策为主导的政策模式，政策手段具有比较明显的行政色彩。针对严重失衡的产业结构，提高三次产业体系的完整性成为产业政策的重点。

2.体制改革深化阶段（21世纪初期至2010年前后）

21世纪初，我国市场经济体制初步建立，市场在资源配置中开始发挥基础性作用。这一阶段，我国主要实施以选择性产业政策为主的政策模式，功能性产业政策作用不断提升，财税、信贷、资源价格等经济手段日益受到重视，进一步细化和强化了对行业发展的指导，但关键领域政策手段仍然存在一定的行政色彩，政策对象仍以国有企业和大中型企业为主。同时，随着我国加入世界贸易组织，出口导向日益明显，提高产业国际竞争力成为产业政策重点。

3.新时代全面深化改革阶段（2012年至今）

经过30多年的经济体制改革，到党的十八大前后，我国市场经济体制基本建立。这一阶段，产业政策目标为"推动产业迈向中高端水平"，更加强调政府应将政策重点放在构建良好的制度环境及外部环境方面，知识产权保护、质量监管、基础设施建设等功能性产业政策显著增强，政策手段不断调整创新，选择性产业政策涉及领域逐渐宽泛，限制类产业政策仍然具有明显的行政调控色彩。同时，新冠疫情以来，为应对国际国内经济环境的复杂变化，我国将产业发展和安全上升到国家战略层面，实现高质量发展和高水平安全良性互动成为产业政策重点。

（二）我国产业政策的成效

我国通过制定实施产业政策，有力地促进新质生产力的培育发展，取得了明显成效。主要表现为以下 4 个"有效促进"。

1. 有效促进产业结构优化升级

在政策引导下，我国产业结构不断调整优化。改革开放初期政策推动我国农业、轻纺业快速发展，初步改变了我国工业结构过重问题；从 20 世纪 90 年代中后期开始，我国第三产业快速发展，到 2015 年，第三产业比重首次突破 50%，2004—2023 年我国制造业比重始终稳定在 25% 以上（见图 6-1）。党的十八大以来，我国以五年规划为蓝图，持续培育发展壮大战略性新兴产业。根据国家发展改革委数据，我国战略性新兴产业增加值占国内生产总值比重从 2014 年的 7.6% 上升至 2023 年的 13% 以上。部分领域亮点突出，如新能源汽车产量从 2012 年的 1.26 万辆增长到了 2023 年的 958.7 万辆（见图 6-2）。

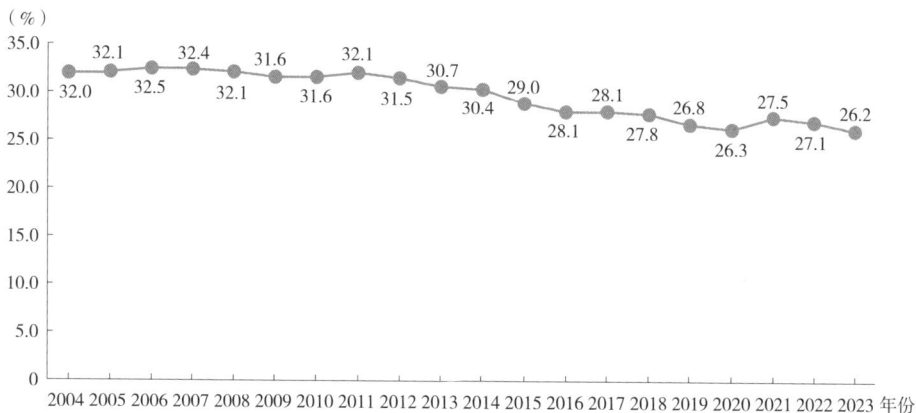

图 6-1　2004—2023 年我国制造业比重

资料来源：国家统计局。

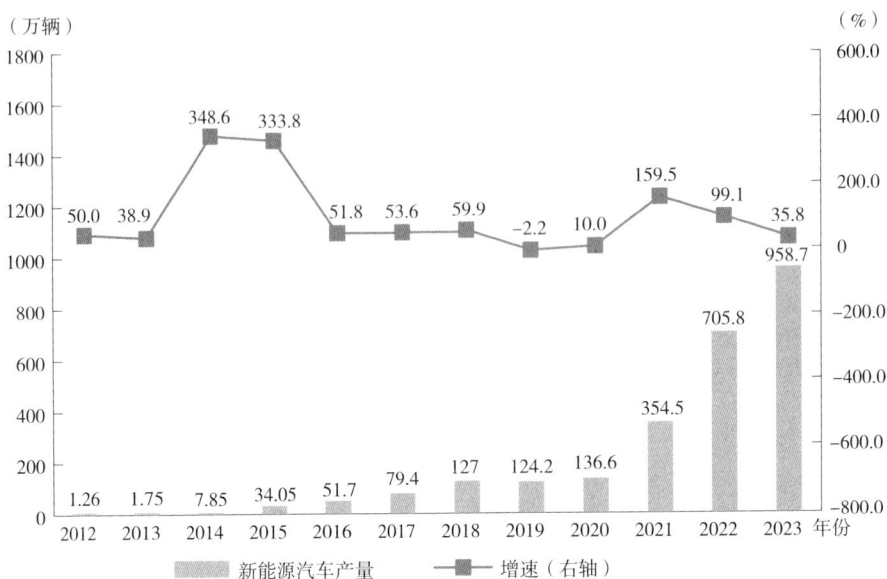

图 6-2　2012—2023 年我国新能源汽车产量

资料来源：中国汽车工业协会。

2. 有效促进产业创新能力大幅增强

党的十八大以来，我国深入实施创新驱动发展战略，围绕推动科技创新和产业创新深度融合、加快关键核心技术攻关等出台了一系列政策，不断加大科技创新支持力度。研发投入强度由 2012 年的 1.91%提升至 2023 年的 2.64%（见图 6-3），通过政策引导和支持，我国逐步缩小了与发达国家的产业创新差距，全球创新指数排名从 2012 年的第 34 名跃升至 2024 年的第 11 名。攻关了一批重大技术装备的核心技术和关键技术，自主设计制造的华为麒麟芯片打破美国技术封锁，全球首座第四代核电站正式投入商业运行，全球首台 16 兆瓦海上风电机组并网发电，国产大飞机 C919、国产首艘大型邮轮投入商业运营，"祖冲之号""夸父"量子计算云平台上线。

图6-3　2012—2023年我国研发投入情况

资料来源：国家统计局。

3. 有效促进产业绿色低碳转型

党的十八大以来，我国先后印发了顶层设计文件《中共中央 国务院关于加快经济社会发展全面绿色转型的意见》《关于加快推动制造业绿色化发展的指导意见》，并出台《绿色低碳转型产业指导目录（2024年版）》，为产业迈向绿色低碳发展提供指导。在政策引导下，我国绿色动能加快释放。根据工业和信息化部数据，截至2023年底，我国累计创建绿色工厂5095家，产值占制造业总产值的比重超过17%，已培育了196个国家级绿色数据中心，可再生能源电力的平均利用率由2018年的15%提升至50%以上，全年环保装备制造业总产值超过9700亿元。产业集约化水平大幅提升，2023年大宗工业固废综合利用量约22亿吨，利用率达54%；累计有78家钢铁企业3.9亿吨粗钢产能完成全流程超低排放改造，重点行业主要污染物和二氧化碳排放强度持续下降。

4. 有效促进产业智能化升级

党的十八大以来，我国始终注重数字化转型的顶层设计，从国家层面制定总体规划和战略布局，并出台一系列政策措施，鼓励企业加大数字化投入、推动传统产业转型升级、加强数字基础设施建设等，我国产业数字化取得了积极进展。根据2017—2023年瑞士洛桑国际管理发展学院（IMD）发布的全球数字竞争力评价，我国整体上进步明显，从2017年的第31位上升到2023年的第19位（见表6-1）。根据工业和信息化部数据，2023年全球共有153座"灯塔工厂"，其中有62座在我国，占比超过40%；已培育了421家国家级智能制造示范工厂、万余家省级数字化车间和智能工厂；工业机器人装机量占全球比重超过50%；国家"两化"融合公共服务平台服务工业企业18.3万家，数字化研发设计工具普及率达到79.6%，关键工序数控化率达到62.2%。

表6-1 世界主要国家在全球数字竞争力评价中的排名

	2017年	2018年	2019年	2020年	2021年	2022年	2023年
美国	4	1	1	1	1	2	1
德国	—	19	17	18	18	19	23
日本	—	22	23	27	28	29	32
韩国	19	14	10	8	12	8	6
中国	31	30	22	16	15	17	19

资料来源：根据瑞士洛桑国际管理发展学院（IMD）2017—2023年发布的全球数字竞争力评价整理得到。

三、当前产业政策存在的突出问题和挑战

党的二十大报告明确指出，充分发挥市场在资源配置中的决定性作用，更好发挥政府作用。产业政策作为政府引导产业发展的重要手段，应该做到"有效市场与有为政府有机结合、相互补充"。但由于我

国的产业政策脱胎于计划经济体制向市场经济体制转型时期①，虽然总体上与社会主义市场经济要求相符合，但仍有需要进一步完善的空间，具体表现如下。

（一）产业政策行业聚焦度有待提升

纵观 2009 年以来推行的重点产业调整与振兴规划中的《产业结构调整指导目录》《外商投资产业指导目录》等重要的产业政策文件可以发现，我国产业政策涉及行业较多，既有传统产业，也包括新兴行业，涵盖领域广。而发达国家在产业支持政策制定上多注重聚焦新兴产业领域。例如，2020 年美国发布了《关键和新兴技术国家战略》（CETs），每两年更新一次关键和新兴技术领域列表及各领域内的具体技术清单；2022 年美国发布的《关键和新兴技术清单》中列出了 20 项关于未来发展的关键技术，其中不乏涉及未来产业领域的内容；2024 年 2 月，美国国家科学技术委员会（NSTC）发布了新一版《关键和新兴技术清单》，跟 2022 年版本相比，2024 年版《关键和新兴技术清单》中包括了先进计算、先进制造、人工智能、半导体与微电子等共 18 类新兴技术领域。

（二）民营企业和中小企业"政策红利"的获得感有待增强

民营经济是社会主义市场经济发展的重要成果，是推进中国式现代化的生力军，在稳增长、扩就业、促创新等方面发挥了重要作用，但与其贡献相比，我国民营企业、中小企业获得的政策支持有待提升。例如，一些地方在政府采购等领域对民营企业设置了不合理限制和隐性壁垒，影响了民营企业的市场准入和公平参与竞争；一些行

---

① "产业政策"正式写入我国文件是在 1986 年出台的《中华人民共和国国民经济和社会发展第七个五年计划》中。1989 年 3 月，国务院通过《国务院关于当前产业政策要点的决定》。1994 年，国务院出台《90 年代国家产业政策纲要》。

业或领域对中小企业的市场准入门槛较高，如需要较高的注册资本、特殊资质或技术条件等，导致中小企业难以进入某些具有潜力的市场领域。

（三）产业政策手段有待优化

改革开放以来，我国为快速推进工业化进程，实施追赶和模仿战略，更多地采取选择性产业政策，对标发达国家在相同发展阶段的主导产业，在不同时期选择若干需要重点扶持的产业，运用财政补贴、贷款贴息、税收减免、低价供地、电价优惠等多种政策手段，推动资源要素流向重点产业和企业。随着我国市场经济体制的确立，我国日益重视功能性产业政策的作用，不断完善产业发展生态建设，加强产品质量安全、知识产权建设等。但囿于产业政策实施的路径依赖，我国目前产业政策手段集中在事前管理，事中事后监管有待加强，对新兴产业发展的包容性有待增强。与此同时，我国产业政策评估机制不完善，导致政策调整不及时。

四、加快形成适应新质生产力发展的产业政策体系

习近平总书记 2024 年 3 月 5 日在参加十四届全国人大二次会议江苏代表团审议时强调，发展新质生产力要"培育壮大新兴产业，超前布局建设未来产业"，同时指出"发展新质生产力不是忽视、放弃传统产业"[1]。这就要求适应新质生产力形成和发展的产业政策重点，不仅是培育壮大新兴产业和超前布局未来产业，还要改造传统产业；为了更好地实现农业政策目标，还需要完善相应的配套机制。

---

① 《习近平在参加江苏代表团审议时强调 因地制宜发展新质生产力》，《人民日报》2024 年 3 月 6 日。

（一）产业政策方向和重点

1. 培育壮大新兴产业

一般性新兴产业发展，依靠市场自我调节为主，政府政策主要是放宽准入，创新监管方式，为新产业新业态发展创造良好生态。战略性新兴产业是我国潜在的主导产业，政策重点包括以下几方面。

一是解决战略性新兴产业关键核心技术堵点。特别是对重点国家依赖较大的关键零部件，实行"揭榜挂帅""赛马制"等制度，支持和鼓励重点企业技术攻关。支持技术创新平台建设，组建国家级创新平台、产业技术创新共同体、战略联盟等，靶向制定战略性新兴产业技术路线图，对标世界先进技术，提升原始创新和引领性技术攻关能力，提高关键核心技术溢出的吸收水平。

二是增强战略性新兴产业链重点环节韧性。强化重要矿产资源保障，加强国际产业安全合作，鼓励企业建立重要资源管理体系，推动重要矿产资源来源多元化。促进新兴产业与数字经济等生产性服务业融合发展，支持新兴产业融合集群发展，强化数字化服务平台企业与集群互动发展。通过市场需求拉动关键技术进步，通过政府采购等方式，稳定关键环节的产品需求，为研发的新产品提供应用和迭代的机会。

三是完善战略性新兴产业发展生态建设。合理布局一批与各地区产业基础和科技创新优势相关联的重大科学装置，牵引新兴产业优化布局。完善我国战略性新兴产业标准体系，提高战略性新兴产业国际标准的话语权。加强知识产权保护，形成良好的创新氛围。围绕战略性新兴产业所需要的创新精神、科学素养和经营管理能力等，建立多层次的人才培养体制。强化反垄断，完善平台企业垄断认定、数据收集使用管理、消费者权益保护等方面法律规范，维护市场公平竞争。

2.前瞻布局未来产业

一是前瞻部署未来产业重点领域。运用技术预见等科学方法开展颠覆性技术研判，在类脑智能、量子信息、基因技术、未来网络、深海空天开发、氢能与储能等前沿科技和产业变革领域，组织实施未来产业孵化与加速计划，预测产业发展技术路线和演进趋势。

二是加强前沿颠覆技术供给。加强国家科技重大项目和重大科技攻关工程对未来产业基础研究的支持，加大未来产业发展专项资金等对企业核心技术研发投入，推动未来产业创新能力建设。鼓励龙头企业牵头组建创新联合体，联合国家产业创新平台等创新载体，集聚产学研用优势力量，突破一批对未来产业创新发展具有体系化影响的关键核心技术，加强前沿技术多路径探索、交叉融合和颠覆性技术供给。

三是补齐科技成果转化薄弱环节。支持高校院所、企业等联合建设一批未来产业概念验证中心，开展原理验证、技术可行性验证、产品原型制备和验证等服务，走好科技成果转化"最初一公里"。建设细分产业领域专业化中试平台，健全科技成果产权制度，繁荣技术交易市场，畅通"技术—产业"流动渠道。

四是推动创新性研究成果产业化。通过场景应用加速技术、产品迭代升级。推进国家级、省级未来产业先导区建设，在特定区域内综合采用政府采购、消费补贴、资质发放、试点示范等方式持续释放场景资源，推动人工智能、量子技术、生命科学、氢能源等领域新技术新产品率先落地应用。培育未来产业集群，提升产业化能级。以企业为主体，鼓励面向应用场景开展创新研发，支持高校和科研院所针对原创性、颠覆性技术，建设早期试验场景，谋划和布局一大批高技术产业落地，建设具有国际影响力的科技创新中心，培育一批领军企业和具有国际竞争力的产业集群。

五是建设未来产业培育发展的良好生态。改革市场准入和监管机制，减少对未来产业的强监管，增强未来产业治理能力并完善技术风险防范机制，完善相关法律法规，完善面向未来产业的创新孵化体系、科技公共服务体系、知识产权保护体系和科技投融资体系。加强新型基础设施建设，重点布局高性能算力、下一代通信网络、数字孪生城市等设施，为开拓全新应用场景提供基础支撑。在重点领域培育一批掌握关键资源和核心能力的"链主"企业和一批专精特新中小企业。加快完善科教融合体制机制，加强面向未来产业的人才培养和引进。

3.改造提升传统产业

一是支持重点行业和重点企业高端化智能化绿色化升级。以纺织服装、钢铁、有色等优势行业为重点，推进"三化"改造，深化新一代信息技术、人工智能、高端装备、绿色环保技术等应用，大力发展先进制造业、智能制造和服务型制造业。智能制造方面，培育一批数字化转型发展示范的优势产业集群，以场景化方式支持打造一批"数字车间""智能工厂""企业上云"等示范标杆，支持建设一批综合型、特色型、专业型工业互联网平台，鼓励龙头企业带动产业链上下游整体推进数字化转型，推动工业互联网与重点产业链网络协同发展，支持重点行业建设"产业大脑"，构筑网络化生产制造和服务体系。绿色化改造方面，聚焦石化、化工、建材、钢铁、有色等重点领域，加强能效对标引领，开展减污降碳协同创新和碳捕集、利用与封存工程试点示范，建设绿色工厂、绿色工业园区和绿色供应链。强化资源高效循环利用，围绕实现资源化、减量化和无害化，培育创建矿产资源高效开发利用示范基地和示范企业，推进再生资源高值化循环利用和工业废水循环利用，探索建立"近零排放"工业园区。

二是增强产业基础能力。推进产业基础再造，加快基础零部件、基础元器件、基础材料、基础软件、基础工艺和产业技术基础等薄弱环节攻关突破和产业化应用。支持重点产业"增品种、提品质、创品牌"，加快绿色、智慧、创新产品开发，通过先进标准体系倒逼质量提升、产品升级。强化需求和场景牵引，优化"揭榜挂帅""赛马制"等科研任务组织方式，深化重点产品和工艺"一条龙"应用，扩大创新产品应用市场。创新协同制造服务，提升工业设计、检验检测、现代物流对传统优势产业改造升级的支撑水平。布局建设跨行业共享制造平台，鼓励企业开展技术产品跨行业交叉应用，拓展传统产业技术产品价值空间。

三是优化产业发展生态。探索平台化、网络化等组织形式，发展跨物理边界虚拟园区和集群，构建虚实结合的产业数字化新生态。发挥骨干企业创新引领作用，推动先进技术和设备在产业体系内部自主研发，支持建设科技创新服务平台。加强优质企业梯度培育，形成覆盖创新型中小企业、专精特新"小巨人"企业、制造业单项冠军企业培育体系。积极引导产业链"链主"企业联动上下游企业开展协同式改造，推动大中小企业融通发展。构建创新要素市场，打破创新资源要素流通壁垒。针对重点发展领域和行业，统筹推进融合型人才培育体制改革，优化技术人才、管理人才以及不同层级人才的结构比例，不断壮大融合型人才规模，快速提升人才素质。

（二）完善产业政策有效实施的配套机制

1.健全中央与地方政府产业政策上下联动治理机制

中央政府主要从战略和全局层面组织实施相应的产业政策，统筹产业发展和维护产业安全。地方政府要结合本地情况，创造性落实中央的产业政策，加强对企业的服务，通过培育产业联盟、中介组织等方式强化产业链上下游企业合作，完善人才和金融等市场环境，营造良好产业生态系统，引导产业集聚发展。

2.建立产业政策与竞争政策协同机制

强化竞争政策的基础地位，把维护公平竞争作为加强产业政策与竞争政策协同的首要原则，进一步强化公平竞争审查的刚性约束，出台产业政策前进行公平竞争审查，从源头上避免产业政策排除、限制市场竞争。加强、优化市场监管，倒逼企业公平竞争。产业政策与竞争政策在不同发展阶段的侧重点有所不同。对尚处于发展初期的战略性新兴产业和未来产业，应加大产业政策支持力度；对于相对成熟的产业，要逐渐扩大反垄断法的适用领域，强化竞争政策规制功能，促进市场机制的良性运行。

第七章

投资政策

党中央、国务院一直十分重视运用投资政策推动科技创新能力建设、战略性新兴产业发展以及新质生产力的培育与发展。党的二十届三中全会明确提出，健全因地制宜发展新质生产力的相关规则和政策，鼓励和规范发展天使投资、风险投资、私募股权投资，更好发挥政府投资基金作用，发展耐心资本；统筹用好各类政府性资金，规范实施政府和社会资本合作新机制，建立政府投资支持基础性、公益性、长远性重大项目建设长效机制，健全政府投资有效带动社会投资体制机制，充分释放放大效应。

一、新质生产力对投资政策提出新要求

（一）投资政策的范畴与职能部门

投资政策指的是中央政府为稳定投资增长、优化投资结构、加快科技创新能力建设、鼓励民间投资、提高全要素生产率等制定的一系列政策措施，主要包括：全社会固定资产投资政策，重大建设项目和生产力布局政策，政府投资政策（含发行特别国债开展的专项投资政策），政府投资基金政策，政府和社会资本合作政策，基础设施资产证券化政策，鼓励民间投资、外商投资政策，等。投资政策涵盖范围较为广泛，本章主要围绕与发展新质生产力密切相关的高技术产业投资政策、创业投资政策等开展论述，外商投资等内容在其他章节中涉及。

国家发展改革委作为国务院宏观调控和综合经济管理部门，负责投资宏观管理。包括拟订全社会固定资产投资总规模、结构调控目标和政策，会同相关部门拟订政府投资项目审批权限和政府核准的固定资产投资项目目录；安排中央财政性建设资金，按国务院规定权限审批、核准、审核重大项目；规划重大建设项目和生产力布局；拟订并推动落实鼓励民间投资政策措施。此外，国家发展改革委还负责拟订支持实体经济发展、加快发展先进制造业的政策措施，会同有关部门提出工业重大项目布局建议和相关产业重大工程并协调实施；协调重大技术装备推广应用和产业基地建设；组织拟订推进创新创业和高技术产业发展的规划和政策，推进创新能力建设和新兴产业创业投资；会同有关方面提出国家重大科技基础设施规划布局建议；提出国家技术经济安全和培育经济发展新动能政策建议，推动技术创新和相关高新技术产业化，组织重大示范工程；等。

（二）投资政策是科技创新的重要推动力量

习近平总书记强调，科技创新能够催生新产业、新模式、新动能，是发展新质生产力的核心要素。必须加强科技创新特别是原创性、颠覆性科技创新，加快实现高水平科技自立自强[①]。政府投资是推动科技创新的重要力量。《政府投资条例》明确指出，政府投资是指在中国境内使用预算安排的资金进行固定资产投资建设活动，政府投资资金应当投向市场不能有效配置资源的社会公益服务、公共基础设施、重大科技进步等公共领域的项目。《中央预算内投资补助和贴息项目管理办法》指出，投资补助和贴息资金重点用于市场不能有效配置资源，需要政府支持的经济和社会领域，主要包括公益性和公共基础设施投资

---

① 《习近平在中共中央政治局第十一次集体学习时强调　加快发展新质生产力　扎实推进高质量发展》，《人民日报》2024 年 2 月 2 日。

项目、保护和改善生态环境的投资项目、促进欠发达地区经济和社会发展的投资项目、推进科技进步和高新技术产业化的投资项目等。由此可见，投资政策是推动科技创新的重要驱动力。

（三）加快培育和发展新质生产力对投资政策提出新要求

培育和发展新质生产力对投资政策提出了新要求。一是要通过投资技术和结构政策的优化，改变传统的投资增长方式和路径，提高资本的配置效率，促进经济转型升级，催生新质生产力投资动能。二是要通过投资产业结构和空间结构政策的调整，引导生产要素向高效能产业、企业和区域加速流动、汇聚，实现顺畅自由流动、良性循环互动，释放新质生产力投资空间。三是要综合运用多元化、差异性的投资政策工具，加强各类投资政策的协同配合、统筹衔接和错位安排，形成对新质生产力的政策合力。四是要通过投资政策的调整，改善投资环境，打通制约投资有效性的政策性制度性痛点堵点，培育适应新质生产力发展要求的经营主体及生态体系。五是要优化政府资金的投向领域和方式，通过项目投资补助和贷款贴息等方式，重点支持新质生产力领域的投资，更好发挥引导撬动作用。六是要探索科技创新与传统产业、新兴产业相融合的模式，创新融资政策工具，优化融资结构，为发展新质生产力提供更加便利、实用和多元化渠道。

二、我国投资政策支持新质生产力发展的现状和成效

近年来，我国出台了一系列投资政策，对促进战略性新兴产业和未来产业发展，培育有利于科技创新及其成果转化的市场环境发挥了积极作用。

（一）支持新质生产力发展的投资政策

1.支持"十四五"规划中与新质生产力密切相关的重大工程的投资政策

国家"十四五"规划纲要共确定了 102 项需要投资政策支持的重大工程项目。"科技前沿领域攻关""国家重大科技基础设施""制造业核心竞争力提升"领域的重大工程有 19 项。其中，投资政策支持的科技前沿领域攻关主要包括人工智能、量子信息、集成电路、生命健康、脑科学、生物育种、空天科技、深地深海等，在这些领域通过政府投资带动社会投资实施一批具有前瞻性、战略性的国家重大科技项目。投资政策支持的国家重大科技基础设施建设主要包括：建设北京怀柔、上海张江、粤港澳大湾区、安徽合肥综合性国家科学中心，适度超前布局国家重大科技基础设施，集约化建设自然科技资源库、国家野外科学观测研究站（网）和科学大数据中心，加强高端科研仪器设备研发制造，投资建设战略导向型、应用支撑型、前瞻引领型和民生改善型 4 类国家重大科技基础设施等。投资政策支持的制造业核心竞争力提升重大工程主要包括：强化要素保障和高效服务，降低企业生产经营成本，推动工业用地提容增效，推广新型产业用地模式，扩大制造业中长期贷款、信用贷款规模，增加技改贷款，推动股权投资、债券融资等向制造业倾斜，等。

2.高技术产业投资支持政策

2016 年，国家发展改革委发布了《高技术产业发展项目中央预算内投资（补助）暂行管理办法》，对政府投资支持高技术产业发展作了如下规定：一是高技术产业发展项目建设资金原则上以项目建设单位自筹为主，国家采用中央预算内资金补助和贴息的方式予以支持，作为国家无偿投入。高技术产业发展项目中央预算内投资补助方式，根据项目属性分别采用定比例支持、分档支持、定额支持等方式，并对每一类项目设定补助的最低限和最高限。二是项目汇总申报单位根据建设领域和重点要求，组织申请单位编报项目资金申请报告。对于已经申报的高技术产业发展项目，国家发展改革委组织专家或委托机构，对项目资金申请报告进行初审与评审、评估。

3.战略性新兴产业投资支持政策

2020年9月，国家发展改革委等五部门发布《关于扩大战略性新兴产业投资 培育壮大新增长点增长极的指导意见》，提出：一是聚焦重点产业投资领域，加快新一代信息技术产业提质增效、生物产业创新发展步伐、高端装备制造产业补短板、智能及新能源汽车产业基础支撑能力建设、数字创意产业融合发展等。二是打造产业集聚发展新高地，深入推进国家战略性新兴产业集群发展工程，推进产城深度融合，聚焦产业集群应用场景营造，提高产业集群公共服务能力。三是增强资金保障能力，统筹用好各级各类政府资金、创业投资和政府出资产业投资基金，创新政府资金支持方式，强化投资牵引作用，提升金融服务水平，鼓励金融机构创新开发金融产品和服务。

4.创业投资支持政策

一是加强法治建设。经过近20年的制度完善，2023年7月，国务院发布我国私募投资基金行业首部行政法规《私募投资基金监督管理条例》，为创投行业规范健康发展奠定基础。二是完善政策环境。在培育多元创业投资主体、多渠道拓宽资金来源、加强政府引导等方面发布了一系列指导意见，促进创业投资市场持续健康发展。三是优化财税支持政策。完善鼓励创投行业长期投资的阶梯式税收优惠政策，允许创投机构选择多样化的税收核算方式等。四是建设多层次资本市场。股票市场推出科创板、全面注册制，完善创业板、银行业、保险业、债券市场在投贷联动、投债联动、知识产权融资机制以及科技金融风险分担和补偿等方面进行了制度探索。五是开展国际合作。开展合格境外有限合伙人（QFLP）制度试点、跨境融资便利化试点，实施境外上市备案管理制度等，为创投企业和投资者的"引进来"与"走出去"，提供更加宽松、便利的市场环境。

（二）支持新质生产力发展的政策效果

1. 高技术产业投资和产出迅猛增长

2017—2023 年，我国高技术产业投资年均增长 15%，高技术产业投资占全部投资的比重从 6.8% 上升至 19.5%（见图 7-1）。2024 年上半年，高技术产业投资同比增长 10.6%，高于全部投资 6.7 个百分点。在大规模设备更新政策带动下，2024 年上半年，设备工器具购置投资同比增长 17.3%，拉动固定资产投资增长 2.1 个百分点，对投资的贡献率达 54.8%。2023 年，我国"三新"经济增加值相当于国内生产总值的 17.7%，比 2015 年提高近 3 个百分点。2013—2023 年，规模以上高技术制造业增加值年均增长 10.3%。2024 年上半年，产业向"新"向

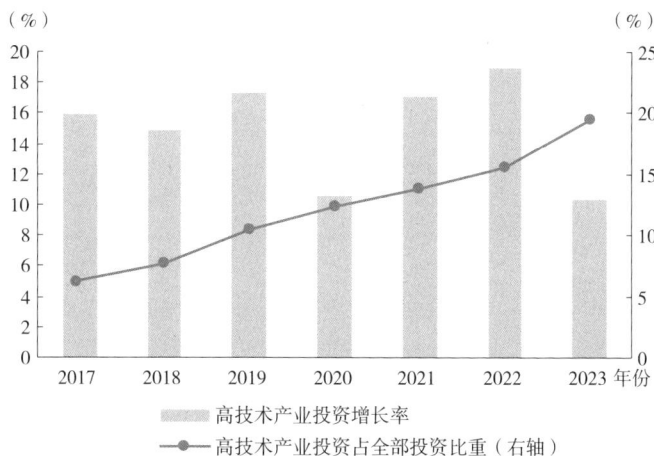

图 7-1 高技术产业投资增长率及其占比

资料来源：国家统计局。

"绿"转型态势更加明显，规模以上高技术制造业增加值占规模以上工业增加值的比重为 15.8%。

2. 自主创新能力显著提升

我国全社会研发投入从 2012 年的 10298 亿元增长到 2023 年的 33278 亿元，其中，基础研究投入从 2012 年的 499 亿元增长到 2023 年的 2212 亿元，年均增长率近 15%（见图 7-2）。2024 年 7 月，法国《费加罗报》报道称，中国在创新领域取得长足进步，在被视为未来数年至关重要的 44 个创新领域中，已在其中 37 个领域处于优先地位[①]。可见，我国高科技投资已经取得了明显进展，在诸多领域突破了外部围堵，开始掌握科技自立自强的主动权。根据半导体研究机构 Knometa Research 的报告，2023 年，在全球半导体产能分布中，韩国占 22.2%，中国台湾占 22%，中国大陆占 19.1%。预计到 2026 年，中国大陆的 IC

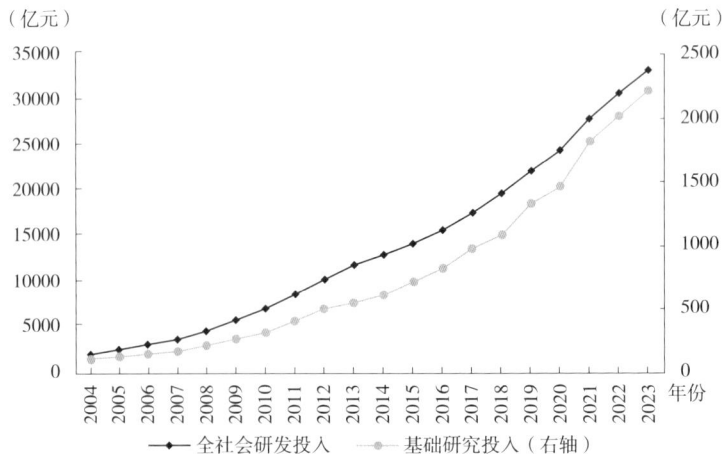

图 7-2　我国全社会研发投入及基础研究投入总额

资料来源：国家统计局。

---

① 《法媒：中国在几乎所有战略领域处于领先地位》，俄罗斯卫星通讯社公众号，2024 年 7 月 5 日。

晶圆厂产能将增至全球第一[①]。这一增长的背后离不开投资政策的大力支持。

3. 新经济新动能不断涌现

在政府引导基金等一系列投资政策的支持下，新一代信息技术、高端装备制造、新能源、新能源汽车、新材料等领域成为全社会的重点投资方向（见表7-1），涌现出很多代表新质生产力发展方向的"中国智造"名片。根据工业和信息化部数据，我国电子信息制造业营业收入从2012年的7万亿元发展至2023年的15.1万亿元，新一代信息技术产业增长迅猛。2020年，智能网联汽车上升为国家战略，发展新能源、智能网联汽车更成为重中之重。2023年，新能源汽车产销量分别达958.7万辆和949.5万辆，连续9年保持全球第一。2022年，风电和光伏发电新增装机达到1.25亿千瓦，连续3年突破1亿千瓦。这些新兴产业成为经济稳定增长的重要支撑。

表7-1 国家新兴产业创业投资引导基金及其参股基金支持企业行业分布

	企业数量（家）	投资金额（万元）	平均投资（万元）
1. 新一代信息技术产业	4114	8244333	2004
新兴软件和新型信息技术服务	1763	3364301	1908
电子核心产业	810	1998783	2468
互联网与云计算、大数据服务	730	1333663	1827
人工智能	623	1155233	1854
2. 高端装备制造产业	735	1449233	1972
智能制造装备产业	553	1075900	1946
航空装备产业	98	201889	2060
3. 新材料产业	434	838944	1933

[①] 《趋势明显！数据显示：中国大陆芯片产能全球第一，占比22.3%》，互联鱼公众号，2024年5月17日。

续表

	企业数量（家）	投资金额（万元）	平均投资（万元）
先进石化化工新材料	108	194252	1799
前沿新材料	71	127757	1799
先进无机非金属材料	62	112855	1820
4. 生物产业	1908	5150544	2699
生物医药产业	1039	2953252	2842
生物医学工程产业	725	1853169	2556
生物农业及相关产业	65	165328	2544
5. 新能源汽车产业	176	459357	2610
新能源汽车装置、配件制造	144	368822	2561
6. 新能源产业	148	304710	2059
生物质能及其他新能源产业	52	111274	2140
太阳能产业	32	74311	2322
智能电网产业	23	45334	1971
7. 节能环保产业	337	680770	2020
先进环保产业	148	284672	1923
高效节能产业	141	280306	1988
资源循环利用产业	40	91483	2287
8. 数字创意产业	258	576059	2233
数字文化创意活动	220	485104	2205
9. 高技术服务业	316	538680	1705
新技术与创新创业服务	132	257080	1948

资料来源：《2023 年国家新兴产业创业投资引导基金发展报告》。

4. 创业投资快速发展

创业投资具有"投早、投小、投硬科技"的天然属性，与科技型中小企业融资需求相契合。近年来，创业投资市场发展迅速，成为我国创新发展不可忽视的重要力量。从管理规模看，2020—2022 年，我国创业投资市场管理资本总量年增速均超过两位数。截至 2022 年底，创业投资市场管理资本总量已达到 1.45 万亿元，整体可用资金较为充裕（见图 7-3）。2024 年，创业投资市场加速规范整合，国资活跃度进一步提高，境外上市有所回暖，早期投资占比有所回升，科技型上市企业中 VC/PE 渗透率持续提升，创业投资对促进"科技—产业—金融"良性循环、形成新质生产力发挥了重要引擎作用。

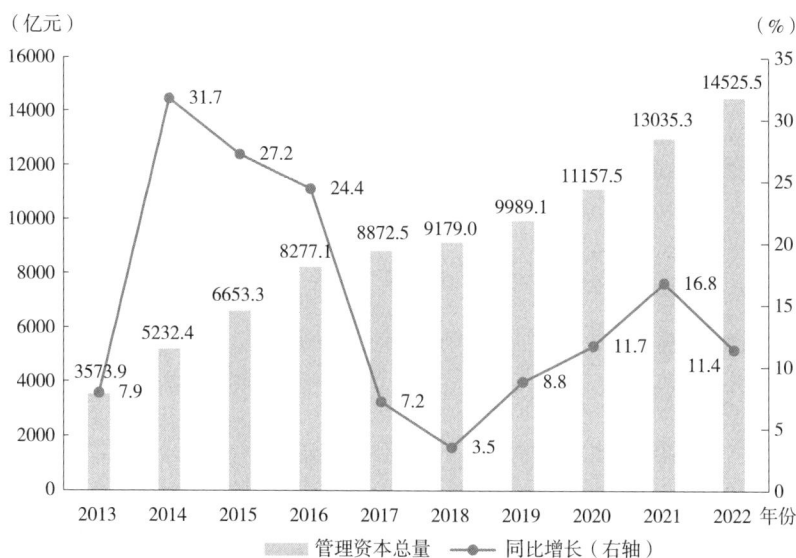

图 7-3　2013—2022 年我国创业投资管理资本总量

资料来源：《中国创业投资发展报告 2023》。

三、当前投资政策支持新质生产力发展的不足

（一）投资方向上，长期性战略布局有待加强

第一，前沿领域投资布局与政策保障存在短板。一是研究布局能力不足。未来产业高度依赖的前沿领域整体创新生态建设不足，亟须增加总体性、前瞻性研究投入。二是监测与识别的政策安排有待完善。通过技术识别和技术预见，识别未来产业的关键领域，研判发展进展

和态势的组织机制亟待健全。三是基础研究能力建设方面投入不足。缺乏基础研究的长期储备和积累，导致技术创新与突破、应用与开发的难度增大。

第二，投资领域同质化问题较为严重。一些地区盲目投资不符合本地发展实际的项目，造成一些新兴产业存在中低端恶性竞争和结构性过剩。例如，科研基础设施项目与当地建设能力和实际需求不相符，导致科研资源闲置浪费，投资效率不高。从科创资金利用情况看，在集成电路、生物医药、元宇宙等领域存在资本扎堆现象，短期内大量资金跟风涌入特定行业赛道，导致同质化竞争，引发一级、二级市场估值倒挂。

第三，数字化绿色化融合型投资存在一定障碍。数字化和绿色化是新一轮科技革命和产业变革的两个重要趋势，为加快形成新质生产力提供了重要赛道。但在数字化绿色化转型中，一是企业面临前期资金投入大、效果不明显等问题，单个企业数字化转型脱离整个产业链的协同配合，事倍功半；二是存在转型方向不明确、实施路径不清晰、转型深度不足、库存资金占用严重等问题。

（二）投资方式上，传统模式难以满足发展需要

第一，缺乏以人为中心的导向机制。在科技创新和新兴产业投资过程中，关键环节并不是建设多少科技城和产业园区，不是设施设备的"高大上"，而是能否为科研人员和高技能人才提供更好的创新条件和环境。但是，目前一些地区仍然存在"投资于物"的导向，而非"投资于人"，培育创新人才的投资和政策支持不足，人才的福利待遇不够，科研人员的创新环境仍然较差，影响了创新能力的发挥。

第二，投资资金配置方式亟须改变。发展新质生产力对投资与其他要素相结合的方式提出了更高要求，需要方式本身的革新与转变，

增强长期性、融合性和内生性，形成推动新质生产力的资金链，驱动创新链、支撑产业链、塑造人才链。但是，目前投资政策推动创新资源协同配置与融合发展的功能仍有待进一步完善，部门之间协同性有待进一步提高，有的行业领域科技管理政出多门，资源难以有效配置，致使科技创新投资的效率和效益不高。

第三，投资项目决策和管理方式仍需完善。一是项目决策专业性有待提高。高新技术领域项目专业性强，但目前一些科技重大项目的工程咨询往往流于形式，重大行政决策的合法性论证制度、专家咨询制度有待完善。二是项目存在"重建轻管"问题。投资主管部门对项目的监管主要在事前审批、事中建设阶段，对项目竣工验收后的监管较为缺乏。三是项目后评价机制仍有待完善，对于高新技术领域项目的评估工作机制、评估成果运用等方面都有待加强。

（三）投资主体上，多主体共同发力尚需加强

第一，国有资产在支持创新的容错机制等方面有待完善。一是国有资产保值增值硬约束、聚焦主责主业对投向领域存在限制，以国有机构出资为代表的股权投资基金，在基金投向、风险控制、绩效考核等方面有更为严格的约束要求。二是容错机制不健全，国有资产管理体制在决策监管流程、激励约束机制等方面缺乏灵活性，不能适应市场发展变化的要求。三是部分政府引导基金、地方产业基金定位不明，市场化运作机制不健全，容易导致政府投资超出一定边界，对民间投资造成挤出效应。

第二，民间投资功能和作用未得到充分发挥。民间投资大部分仍集中在传统产业，而传统产业面临着更大的市场竞争压力和技术更新挑战，许多民营企业需要进行技术改造和设备更新等投资。然而，市场主体盈利预期下降，企业扩大投资的能力减弱，民间投资信心不足，

普遍存在"不能投、不愿投、不敢投"现象。此外，创新领域投资前期投入大、不确定性强、技术门槛高、失败风险高，在缺乏完善的信用担保机制和财产保护机制的前提下，大部分中小民营企业不愿对前沿技术领域进行投资。

（四）资金来源上，耐心资本短缺掣肘原始创新

第一，面向科创企业的信贷融资不足。早期科创企业普遍缺乏资产作为抵押担保，难以从银行获得贷款。根据中国人民银行、中国证券基金业协会的数据，2015—2022 年，各年股权投资总规模均远小于当年新增人民币贷款总量。2022 年，股权投资总规模仅占新增人民币贷款总量的 6.14%。由于直接融资规模总量偏低，叠加银行业提供的金融产品缺乏对创新支持的针对性、支持创新体系的信用增进机制薄弱等因素，造成了科创企业获得的信贷融资资源相对不足。

第二，支持创新的债券种类少、规模小、期限短。我国债券市场近年来发展较快，总规模仅次于美国，但大部分仍以政府信用担保的国债、地方政府债为主，企业债占债券市场融资规模的比重仅有 2% 左右，而在美国债券市场中，企业债占比接近 20%。目前，我国推出的企业创新债种类主要包括由国家发展改革委主管的创新创业孵化专项债、由证监会主管的创新创业公司债、由银行间交易商协会主管的创新创业专项债务融资工具等。总体来看，我国创新创业债的种类仍然较少，募集条件较高，只有少数头部企业才能满足发行条件。此外，我国债券市场评级机制不健全，机构的债券评级不能反映企业真实的财务风险与绩效水平，债券上市后也缺乏动态的评级调整机制，投资者不敢长期持有企业债，导致企业债发行期限普遍较短，发行期 3 年以内的占比超过 50%。债券发行期限过短又导致企业偿债压力较大，对企业现金流和资金周转能力提出较

高要求，抑制了企业发债融资意愿。

第三，社保资金、保险资金等长期资金对科创企业的支持有限。一是社保资金的保值增值要求与创业投资的高风险特征存在矛盾。社保基金、养老金按照"审慎投资、安全至上、控制风险、提高收益"的方针运营管理，首先考虑的是资金安全性，而创业投资具有高风险、高失败特征。根据中国基金业协会统计，截至 2022 年第三季度末，社保基金投资股权创投基金的规模仅占社保基金总规模的 1%，远低于社保基金股权投资 30% 的上限。二是社保基金的投资限制仍然较多。目前，社保基金股权投资的范围仅为中央企业及其子公司，以及地方具有核心竞争力的行业龙头企业包括优质民营企业，养老金股权投资的范围仅限于中央企业及其一级子公司以及地方具有核心竞争力的行业龙头企业，且投资国家重大项目和重点企业股权的比例合计不得高于养老基金资产净值的 20%。在穿透监管的规则下，这一规定对社保资金支持初创期企业形成较大限制。三是年金基金支持创业投资存在制度障碍。根据《人力资源社会保障部关于调整年金基金投资范围的通知》，企业年金、职业年金等补充性养老基金投资范围不包括创投基金。

第四，资本市场良性循环不畅。创业板和科创板对市值指标的要求过高，大多数科创企业因无法满足准入条件而难以上市融资。新三板挂牌后股票交易不活跃，影响后续融资活动。各个层次资本市场之间转板机制不完善，影响市场发挥整体融资、定价和交易等功能。退出渠道有限，IPO 审批趋紧，并购市场不健全，S 基金市场发展相对滞后，导致股权投资退出难、流动性受限，资金不能及时有效回收。股权投资基金的存续期与企业创新周期不匹配，也抑制了创新资本持续支持创新项目。

四、投资政策发力的方向和举措

（一）增强发展新质生产力的投资内生动力

一是完善民间投资内生增长机制。加强投资引导，破除市场准入壁垒，健全公平竞争制度框架和政策实施机制，在重点领域细化深化对民营企业的政策支持。提升投资保障，从融资支持、要素保障、信息服务、工具创新等多方面健全对民间投资的保障机制，优化民间投资信用体系，发挥投贷联动机制作用，健全多层次资本市场，支持民间资本通过基础设施领域不动产投资信托基金（REITs）等方式盘活存量资产，切实推动民间投资项目落地实施。加强投资服务，在政府推进有效投资重要项目协调机制中纳入鼓励民间投资工作机制，优化民间投资项目的管理流程，畅通问题反馈和解决渠道，提高政策连续性和稳定性。

二是健全政府投资决策与管理机制。持续优化调整政府投资方向，进一步加大对新质生产力、人力资本、无形资产等重点领域的支持力度。用好中央预算内投资、超长期特别国债、地方政府专项债券等各类政府投融资工具，建立政府投资稳定增长机制。充分发挥政府投资对社会投资的带动作用，将政府投资更多用于重大项目资本金，优化完善投资回报机制，吸引社会资本参与国家重大工程建设。完善政府与社会资本合作机制，在正外部性强、失败风险较高、社会资本进入意愿较低的早期创新、产业关键共性技术攻关等领域，通过设立政府引导基金等方式撬动社会资本参与战略性新兴产业和未来产业投资。

三是调动多元投资主体的积极性。推动国有企业在新质生产力领域加大有效投资，完善国有企业投资决策机制，健全中长期考核评价制度、投资容错免责及追责机制，支持国有企业围绕战略安全、产业引领、国计民生、公共服务等方面扩大有效投资。积极利用外资发展新质生产力，继续扩大外资市场准入，加快重点领域开放进程，畅通创新要素跨境流动，持续发挥重大外资项目示范作用，加强项目协调服务，加大知识产权保护力度，完善鼓励外资企业利润再投资政策。

（二）优化发展新质生产力的投资方向及领域

一是加大基础研究投资和科技成果转化投资。基础科学为产业关键共性技术和颠覆性技术提供理论基础，科技成果转化则是科技创新的最后一环，决定了创新的最终经济价值。加强科技创新全链条部署、全领域布局，全面增强科技实力和创新能力。瞄准新一代科技革命发展方向和未来产业发展需要，部署实施一批国家重大科技项目，投资建设一批国家级创新基地、国家实验室，强化企业创新主体地位，构建上下游紧密合作的创新联合体，促进产学研融通创新，加快科技成果向现实生产力转化。

二是加大战略性新兴产业投资和未来产业投资。战略性新兴产业是具有重要战略意义、能够引领未来发展、对经济社会全局和长远发展具有重大引领带动作用的产业。未来产业是由前沿技术驱动，当前处于孕育萌发阶段或产业化初期，具有显著战略性、引领性、颠覆性和不确定性的前瞻性新兴产业。战略性新兴产业和未来产业是形成和发展新质生产力的重要载体和支撑。扩大智能网联新能源汽车、前沿新兴氢能、新材料、创新药等产业领域投资，打造生物制造、商业航天、低空经济等一批投资新增长引擎，开辟类脑智能、量子信息、基因技术、未来网络、6G 等前沿领域投资赛道。

三是加大产业转型升级和设备更新改造投资。实施制造业核心竞争力提升行动、技术改造升级工程，推动工业重点领域节能降碳和智能化升级。建设重大中试项目和区域中试中心。聚焦冶金、化工、轻工、建材、纺织服装、机械等重点产业，更新换代高技术、高效率、高可靠性的先进设备。加快淘汰更新能耗排放不达标、安全风险隐患大的老旧装置，释放设备更新改造的投资潜力。

（三）完善发展新质生产力的融资政策体系

一是继续完善多层次资本市场。进一步发挥科创板金融改革试验田的作用，探索丰富科创板上市标准，不唯市值论，不唯利润论，为更多具有较强成长性但尚未盈利的创新型企业上市融资开放绿色通道。对科创板和创业板的功能定位作明确区分，差异化发展，在突出科创板硬科技底色的同时，继续做强创业板。完善北交所内部分层和转板机制，发挥其连接新三板基础层、创新层和科创板、创业板的枢纽功能。

二是大力发展天使投资和风险投资。继续为金融机构、国有企业、政府引导基金出资的创业投资基金松绑，探索银行、保险等金融机构滚动发行连续多期资管产品投向天使投资基金、创业投资基金以及创业投资母基金，扩大社保基金、养老金等优质长期资金投资创业投资基金试点范围。在上市减持、税收优惠政策上给予长期投资、价值投资更多倾斜。鼓励发展S基金市场，拓宽早期投资退出渠道，畅通资本循环流通。

三是完善覆盖创新型企业全生命周期的银行信贷体系。鼓励商业银行设立科技支行、股权投资子公司等专营机构，扩大专营机构独立授信权责，子公司投资收益部分抵补母行对创新型企业的授信风险。完善"贷带投""投联贷""投资期权"等投贷联动模式，鼓励银行与创业投资机构合作，对创业投资基金已投或拟投的优质企业配套远期收益共享产品。鼓励银行与产业链"链主"企业合作发展应收账款模式、保兑仓融资模式、融通仓融资模式等供应链金融，为产业链上下游创新型中小企业提供定制化金融产品和批量授信。

四是提高保险机构支持创新的力度。发挥保险资金的长期资金优势，在符合险资安全性和收益性的前提下，通过债权、股权、基金、资产支持计划等多种形式，为创新型企业提供较低成本的中长期资金来源。支持保险机构投资创新型企业发行的优先股、并购债券等新型金融工具。给予创新类股权投资更低的风险因子设置，减少资本占用，适当放宽配置比例上限要求。出台保险出资股权投资基金和创业投资基金细则，探索建立由创业投资基金提供高技术门槛项目投研服务，由保险公司定向引流并提供定增、重组、IPO 服务的双向促进机制。

五是丰富债券融资种类和优化债券融资期限结构。针对创新型企业特点设计开发更多创新创业债品种，适度降低现有的创新创业债、科创债发行条件，扩大创新创业债融资规模。探索由高新技术产业开发区运营机构发行创新创业专项债融资工具，用于建设和改造园区基础设施和为入园企业提供融资增信服务。丰富债券增信手段，发展股债结合、风险缓释等新型金融工具。完善债券市场评级机制、结算托管机制和违约监管机制，鼓励创新型企业发行中长期票据、永续票据、定向债等债券融资，培育合格的机构投资者承销和分销创新创业债。

（四）优化发展新质生产力的投融资环境

一是加快打造市场化法治化国际化一流营商环境。维护公平竞争的市场秩序，进一步完善市场准入制度体系，创新优化招标投标体制机制，破除地方保护和所有制歧视，推动要素自由流动。完善法制化保障，加强制度环境的透明稳定和可预期。促进跨境投资便利化，更大力度吸引和利用外资，合理削减外企的投资限制，扩大制度性开放。提升政务服务质量，强化数据共享，推动投资服务规范化和便利化。

二是着力提升投融资规划、建设和管理水平。推动投融资规划与国土空间规划、城镇规划有效衔接。促进项目收益平衡模式从一次性收益平衡转向持续的运营收益平衡，从单纯开发建设模式向全生命周期发展模式转变。优化政府投资的资金安排，明确政府投资的优先序，满足最紧迫的公共投资需求。加强项目全生命周期管理，从项目设计、融资、建设、运营等方面综合施策，控制项目全生命周期成本。

第八章

财税政策

党的二十届三中全会提出健全因地制宜发展新质生产力的体制机制，这对财税政策提出了新的更高要求。必须深入剖析财税政策支持新质生产力发展的现状和问题，研究财税政策促进新质生产力发展的可能途径，为新质生产力加快发展提供坚实的政策支撑。

一、新质生产力对财税政策提出新要求

财政是国家治理的基础和重要支柱。新质生产力的发展需要政府提供必要的财力支持和税收激励的大力协同，对财税政策的系统性和针对性提出了新的更高要求。

（一）发展新质生产力需要财税政策加大科技投入，促进科技创新加速发展

创新是经济高质量发展的第一动力，也是发展新质生产力的核心动能。科技创新活动的效益外溢性和高风险性，使得世界各国纷纷利用财税政策鼓励和引导企业自主创新、发展新质生产力。发展新质生产力需要大量资金投入，政府给予必要的财税政策扶持，一方面有助于缓解科创企业特别是在其早期容易出现的融资困难，另一方面也是政府与企业共担创新风险、弥补市场不足的重要体现。为了更好地适应和服务新质生产力发展，财税政策应进一步加大财政科技投入力度，丰富财税支持手段，明确财税支持重点，增强税收激励政策的系统性和针对性，促进基础研究、传统产业升级、战略性新兴产业和未来产

业等加快发展，充分发挥财税政策对改善和提升生产资料技术水平的支持功能。

（二）发展新质生产力需要财税政策加大人力资本投入，促进教育及人才队伍加速发展

人是生产力中最活跃的因素，也是经济高质量发展的决定性力量。新质生产力的形成与发展，离不开一支规模宏大、素质优良、结构优化、作用突出的人才队伍。习近平总书记强调，要按照发展新质生产力要求，畅通教育、科技、人才的良性循环，完善人才培养、引进、使用、合理流动的工作机制①。财税政策有助于大幅提升劳动力素质。目前我国正处于从人力资源大国到人才强国的跃升过程。为了更好地适应和服务新质生产力发展，财税政策应进一步加大教育投入，建立全民终身教育系统，完善税收支持政策体系，合理降低税收负担，增加社保、医疗、养育、教育、培训等人力支出，有效改善劳动者生产生活基本环境，在大力促进人力资源向人力资本转化的基础上，着力促进人的全面发展，充分发挥财税政策对改善和提升劳动力素质的支撑保障功能。

（三）发展新质生产力需要财税政策加大绿色投入，促进经济社会发展加速向绿色低碳转型

绿色是高质量发展的普遍形态，新质生产力本身就是绿色生产力。我国作为全球制造业大国，需要在未来市场竞争中拥有低碳优势，才能在产业链分工中占据高附加值环节，提升产业国际竞争力。当前，绿色低碳发展已经成为社会普遍共识，但发展绿色生产力总体上依然面临诸多严峻挑战。新型绿色贸易壁垒对我国绿色低碳产业全球化发

---

① 《习近平在中共中央政治局第十一次集体学习时强调 加快发展新质生产力 扎实推进高质量发展》，《人民日报》2024年2月2日。

展造成阻滞，供应链主导企业的气候雄心将难以避免地增加我国供应链外移的风险。发展新质生产力将有助于我国经济社会加速向生态文明绿色发展模式转变。发展绿色生产力涉及主体多、时间跨度大，是经济社会变革中的典型性复杂系统。财税政策涉及财政税收等多种政策工具，本身也很复杂。有效实现这两个复杂系统之间的关联和贯通，对财税政策提出了新的更高要求。提升绿色产业竞争力需要更加全面的财税政策支撑，需要统筹国内国际两个大局，根据竞争形势，分类施策，大力提升财税政策支撑绿色生产力发展的系统性。

二、支持新质生产力形成的财税政策现状与成效

近年来，在加快推进高质量发展实践中，我国已经初步构建了适应新质生产力形成的财税政策基本框架，在鼓励科技创新、促进传统行业加快转型与高科技企业快速发展等方面发挥了重要导向作用。

（一）适应新质生产力形成的财政支出强度逐步增加

财政支出政策是促进新质生产力加快形成的重要工具。近年来，我国综合运用财政补贴、政府采购、资产管理和财政金融等工具，在科技创新、教育事业支出、引育人才、绿色转型等方面进行了多维度、全方位支持。在科技创新方面，财政科技支出稳步增长。整合优化相关财政科技创新专项资金，聚焦重点产业链和关键环节，支持攻关突破一批短板弱项技术。充分发挥好财政资金"四两拨千斤"的撬动作用，推动金融资源和社会资本更多投向科技创新，促进各类创新资源向企业聚集。通过落实完善首台（套）重大技术装备、新材料首批次应用保险补偿政策等，以市场化方式破解初期应用瓶颈，促进各类创新资源向企业聚集。从成效看，2023年我国财政科技支出规模

达到 11995.8 亿元，占一般公共预算支出的 3.5%，较 2012 年提高 0.4 个百分点[①]，科技创新成为财政支出的重点领域予以优先保障。在教育事业支出方面，稳步提高教育经费保障水平。稳步提高义务教育学校生均公用经费基准定额，小学由年生均 650 元提高到年生均 720 元，初中由年生均 850 元提高到年生均 940 元[②]。强化学前教育、特殊教育普惠发展，增加普惠性学前教育资源供给，改善特殊教育学校基本办学条件，持续改善县域普通高中学校基本办学条件，加快补齐县域普通高中短板。提高国家助学贷款最高贷款额度 4000 元，调减国家助学贷款利率 30 个基点，延续实施国家助学贷款免息及本金延期偿还政策，惠及约 1100 万人。从成效看，按照财政教育投入"一个不低于、两个只增不减"[③]要求，2023 年我国财政教育支出规模为 41242 亿元，占一般公共预算支出的 15.0%；财政性教育经费支出占 GDP 比重连续 11 年保持在 4% 以上。在引育人才方面，充分发挥地方积极性。各地通过发放人才补贴、提供住房、子女义务教育、医疗服务等营造适宜创新创业的良好环境。在绿色转型方面，节能环保支出力度在不断提高，2023 年财政节能环保支出规模为 5636 亿元，占一般公共预算支出的 2.1%[④]。

（二）适应新质生产力形成的税收政策不断细化

税收政策是促进新质生产力形成的核心政策工具，通过市场化的方式激励和引导新型要素资源配置，培育发展新质生产力的新动能。在科技创新方面，我国逐渐形成了涵盖创新链、产业链、资金链、人

---

① ④ 资料来源：根据财政部《2023 年财政收支情况》及历年财政决算数据整理计算得到。

② 资料来源：《关于 2023 年中央和地方预算执行情况与 2024 年中央和地方预算草案的报告》。

③ 《国家教育事业发展"十三五"规划》提出保证国家财政性教育经费支出占国内生产总值的比例一般不低于 4%，确保财政一般公共预算教育支出逐年只增不减，确保按在校学生人数平均的一般公共预算教育支出逐年只增不减。

才链的多税种、全流程科技创新税收优惠政策体系。增值税、企业所得税、个人所得税、关税等税收优惠，遍布创业投资、研究与试验开发、成果转化、重点产业发展、全产业链等相关领域，对激发企业创新活力、打好关键技术攻坚战和促进高质量发展发挥了重要作用。作为国家鼓励科技创新的重要政策抓手，研发费用加计扣除政策不断优化、持续加力。行业范围从科技型中小企业逐步拓展至所有符合条件的行业，加计扣除比例从 50% 逐步提高至 100%。2023 年 3 月，国务院常务会议决定，将符合条件的行业企业的研发费用税前加计扣除比例提高至 100% 的政策作为一项制度性安排长期实施。2023 年全国提前享受研发费用加计扣除政策的企业超过 40 万户，累计享受研发费用加计扣除金额 1.85 万亿元[①]。在教育事业方面，形成了涵盖幼儿园、小学、初中、高中基础教育和大学本科、研究生高等教育的全链条、多元化税收优惠政策体系。其中，综合运用增值税、企业所得税、个人所得税和房产税等，支持教育教学活动、降低运营成本、鼓励社会力量积极投入，支持教育事业高质量发展。在引育人才方面，积极探索吸引科技创新人才的税收优惠政策。目前，先后在粤港澳大湾区、横琴粤澳深度合作区、海南自由贸易港等地出台了吸引高端人才和紧缺人才的低税负优惠政策等。目前，我国已经成为世界科技人力资源最为丰富的国家，人才资源规模、科技人力资源以及研发人员数量等指标居全球首位。在绿色转型方面，2018 年开征的环境保护税标志着我国绿色税制体系初步成形，此后资源税、消费税、车辆购置税等传统税种有序进行绿色转型，并先后围绕增值税、企业所得税、城镇土地使用税等出台了 56 项税收优惠政策，积极引导企业和居民进行绿

---

① 《国新办举行税收服务高质量发展新闻发布会》，国务院新闻办公室网，2024 年 1 月 18 日。

色低碳发展，助力经济社会全面绿色转型。截至 2023 年 6 月，我国支持科技创新发展税费及支持教育事业发展税费的优惠政策如表 8-1、表 8-2 所示。

表 8-1　我国支持科技创新发展税费的优惠政策（截至 2023 年 6 月）

事项名称	税种类别	政策内容
创业投资	企业所得税	• 公司制创业投资企业投资初创科技型企业按投资额 70% 抵扣应纳税所得额政策； • 公司制创业投资企业投资中小高新技术企业按投资额 70% 抵扣应纳税所得额政策； • 合伙制创业投资企业的法人合伙人投资初创科技型企业按投资额 70% 抵扣应纳税所得额政策； • 合伙制创业投资企业的法人合伙人投资中小高新技术企业按投资额 70% 抵扣应纳税所得额政策； • 在特定区域内开展公司型创业投资企业有关企业所得税优惠政策试点
	个人所得税	• 有限合伙制创业投资企业个人合伙人投资初创科技型企业按投资额 70% 抵扣应纳税所得额政策； • 天使投资人投资初创科技型企业按投资额 70% 抵扣应纳税所得额政策； • 合伙制创业投资企业个人合伙人可选择按单一投资基金核算税收优惠政策
吸引和培育人才优惠	企业所得税	• 将企业职工教育经费税前扣除比例由 2.5% 提高至 8%
	个人所得税	• 粤港澳大湾区高端紧缺人才个人所得税优惠政策； • 横琴粤澳深度合作区高端紧缺人才个人所得税优惠政策； • 海南自由贸易港高端紧缺人才个人所得税优惠政策； • 广州南沙个人所得税优惠政策； • 横琴粤澳深度合作区澳门居民个人所得税优惠政策； • 福建平潭个人所得税优惠政策
研究与试验开发	增值税	• 研发机构采购设备增值税政策
	企业所得税	• 企业投入基础研究企业所得税优惠政策； • 研发费用加计扣除政策； • 设备、器具一次性税前扣除政策； • 企业外购软件缩短折旧或摊销年限政策
	个人所得税	• 由国家级、省部级以及国际组织对科技人员颁发的科技奖金免征个人所得税政策

续表

事项名称	税种类别	政策内容
研究与试验开发	进口税收	• 进口科学研究、科技开发和教学用品免征进口关税和进口环节增值税、消费税政策
	其他税费	• 非营利性科研机构自用房产土地免征房产税、城镇土地使用税政策
成果转化	增值税	• 技术转让、技术开发和与之相关的技术咨询、技术服务免征增值税政策
	企业所得税	• 企业以技术成果投资入股递延纳税优惠政策； • 企业非货币性资产对外投资企业所得税分期纳税政策； • 居民企业技术转让所得减免企业所得税优惠政策； • 在中关村国家自主创新示范区特定区域开展技术转让企业所得税优惠政策试点
	个人所得税	• 高新技术企业技术人员股权奖励分期缴纳个人所得税政策； • 职务科技成果转化现金奖励减征个人所得税政策； • 职务科技成果转化股权奖励递延纳税政策； • 个人以技术成果投资入股递延纳税政策
	其他税费	• 专利收费减免优惠政策； • 申请费、发明专利申请实质审查费、年费和复审费减免政策
重点产业发展	增值税	• 软件产品增值税即征即退政策； • 集成电路重大项目企业增值税留抵退税政策； • 制造业、科学技术服务业等行业企业增值税留抵退税政策
	企业所得税	• 集成电路和工业母机研发费用 120% 加计扣除政策； • 集成电路和软件企业所得税减免优惠政策； • 集成电路设计企业和软件企业职工培训费税前扣除政策； • 软件企业即征即退增值税款作为不征税收入政策； • 集成电路生产企业生产设备缩短折旧年限政策； • 高新技术企业减按 15% 税率征收企业所得税政策； • 制造业和信息技术传输业固定资产加速折旧政策； • 技术先进型服务企业减按 15% 税率征收企业所得税政策； • 动漫企业享受软件产业发展企业所得税优惠政策； • 延长高新技术企业和科技型中小企业亏损结转年限政策
	进口税收	• 集成电路和软件企业免征进口关税、集成电路企业分期缴纳进口环节增值税政策； • 新型显示企业免征进口关税、分期缴纳进口环节增值税政策； • 重大技术装备生产企业和核电项目业主免征进口关税和进口环节增值税政策

续表

事项名称	税种类别	政策内容
全产业链	增值税、企业所得税、个人所得税等	• 中小高新技术企业向个人股东转增股本分期缴纳个人所得税政策； • 科技企业孵化器、大学科技园、众创空间税收优惠政策； • 创新企业境内发行存托凭证增值税、企业所得税、个人所得税优惠政策； • 科普单位门票收入免征增值税政策

资料来源：国家税务总局《我国支持科技创新主要税费优惠政策指引》。

表 8-2　我国支持教育事业发展税费的优惠政策（截至 2023 年 6 月）

事项名称	政策内容
支持各类教育教学活动	• 从事学历教育的学校提供的教育服务免征增值税政策； • 从事学历教育的学校举办进修班、培训班免征增值税政策； • 中外合作办学提供学历教育服务免征增值税政策； • 职业学校校办企业从事相关业务活动免征增值税政策； • 托儿所、幼儿园提供的保育和教育服务免征增值税政策； • 在境外提供的教育服务免征增值税政策； • 非学历教育服务增值税简易计税政策； • 教育辅助服务增值税简易计税政策； • 教育行业企业全额退还增值税留抵税额政策； • 非营利组织的收入免征企业所得税政策； • 子女教育支出个人所得税专项附加扣除政策； • 继续教育支出个人所得税专项附加扣除政策； • 学生勤工俭学提供的服务免征增值税政策
降低教育机构运营成本	• 学校、托儿所、幼儿园自用房产、土地免征房产税、城镇土地使用税政策； • 学校、幼儿园占用耕地免征耕地占用税政策； • 非营利性学校承受用于办公、教学、科研的土地、房屋权属免征契税政策； • 学校等单位进口相关用品免征进口税收政策； • 高校学生公寓和食堂收入免征增值税政策； • 高校学生公寓免征房产税政策； • 高校学生公寓租赁合同免征印花税政策； • 教师和研究人员依照税收协定享受免税待遇政策
鼓励社会力量积极投入教育事业	• 个人教育捐赠个人所得税税前扣除政策； • 财产所有权人将财产赠与学校书立的产权转移书据免征印花税政策； • 纳税人将房屋产权、土地使用权赠予教育事业不征土地增值税政策； • 产教融合型试点企业兴办职业教育投资的教育费附加和地方教育费附加抵免政策；

续表

事项名称	政策内容
鼓励社会力量积极投入教育事业	• 通过中国教育发展基金会用于公益救济性捐赠所得实行税前扣除政策； • 国家助学贷款利息收入免征增值税政策； • 境外捐赠人无偿向各类学校等捐赠的直接用于教育事业的物资免征进口税收政策

资料来源：国家税务总局《支持教育事业发展税费优惠政策指引》。

三、当前财税政策面临的问题与挑战

新质生产力具有丰富的内涵，创新的特质，高科技、高效能、高质量的基本特征，这些在技术、生产要素、产业体系、组织模式、动力机制等方面的基本特性，要求生产关系的相应配置具有内在适应性，从而对财税体制和政策提出了新的更高要求。

（一）新质生产力内涵丰富，财政政策系统性不强

加快新质生产力形成是一项系统性、整体性、全局性工程，不仅是一个技术问题，而且涉及人才、资金、政策、体制等多方面因素，需要畅通教育、科技、人才的良性循环，推动教育强国、科技强国和人才强国建设等相互支持配合，实现传统产业、新兴产业和未来产业接续发展。与新质生产力的要求相比，当前财税政策仍存在完善空间，主要表现为支持教育、科技、人才等领域的财政资金统筹协调不足、政策"碎片化"现象突出、激励效应不充分等。与此同时，科技成果从实验室研究转化应用到产业发展中需要经历多个环节，我国尚未建立起与科技创新全周期相对应的系统性财税支持政策体系。新形势下适应新质生产力形成要求财税政策系统性深化，通过一体谋划，不断丰富完善财税支持政策，实现多工具协同共治、多政策组合发力，助

力高水平科技自立自强和产业创新发展，服务绿色低碳经济，鼓励更高水平"走出去"和"引进来"。

（二）创新成为核心要素，财政政策精准性不高

科技创新是一个长期且艰难的过程，面临更大的不确定性，并非一蹴而就，需要持续稳定的资源保障。发展新质生产力需要充分发挥财政在对冲不确定性、强化要素资源保障等方面的积极作用。与新质生产力的要求相比，财政资源配置仍存在重复、分散等现象，聚焦重点关键领域相对不足，如我国科技创新领域存在重应用、轻基础倾向，基础研究投入占比相对较低，且政府投资重基建固定资本轻人才流动资本等，人力资本总体投资不足；普惠性政策较多而针对性还不强，缺少"滴灌"式政策措施，容易导致地方和企业一拥而上的泡沫化过度超前发展。新形势下适应新质生产力形成要求财税政策应聚焦科技创新，将催生新产业、新模式、新动能的科技创新活动置于财政支持的优先方向，特别是精准支持基础研究、原创性颠覆性科技创新，完善培育经济新动能的基础性工作和制度性设计等。

（三）高科技、高效能、高质量要求突出，财政政策质效不优

新质生产力具有高科技、高效能、高质量特征。高科技、高效能、高质量应成为衡量财政政策绩效的重要参考，财政政策应该有利于促进实现高科技、高效能、高质量。与之相比，我国仍存在财政资金分配使用效率不高、高质量发展科技支撑不足与投入效能不高并存等问题。例如，现有税收政策建基于工商业经济之上，更习惯以机器设备等实物资产作为政策设计的标准，而未来产业和新兴产业更多以数字化技术和智能创意为基础，人才成为形成竞争优势的核心资产，当前税收支持政策灵活性有效性有待提升。新形势下适应新质生产力形成

要求要树立系统性思维，加强教育投入与科技投入统筹衔接，一体化配置国家科技投入、教育投入和人才培养投入，综合运用税收优惠、政府采购、财政贴息、保险补偿、政府投资基金等多元化工具，充分发挥财政资金的撬动作用和激励引导效应。

（四）绿色发展底色明显，财政政策强度不高

绿色发展是高质量发展的底色，新质生产力本身就是绿色生产力。实现新质生产力的"质优"，需要绿色赋能，加快生产力的绿色转型升级，一体推进绿色生产、绿色生态、绿色生活。与新质生产力的要求相比，支持绿色转型的财政政策强度有待提升。一方面，2023 年我国节能环保支出占一般公共预算支出的 2.1%[①]，仅占 GDP 的 0.4%，意味着对"双碳"目标的支持和保障作用不够充分。另一方面，绿色税制的政策效应存在进一步优化空间，如政策工具不完整、调控力度小，征收范围偏窄，税率标准偏低，碳税尚处讨论阶段，整体税制绿化程度不高，等。新形势下适应新质生产力形成要求立足长远、系统谋划，将协同推进减污降碳作为新一轮财税改革的具体重要目标，以健全绿色财税政策体系为核心，以提高绿色财政支出占比和推动相关税种绿色转型为重点，强化激励约束和引导效应，助力生产力的绿色转型。

四、促进新质生产力发展的财税政策建议

加快形成新质生产力，必须充分发挥财税政策作用，促进科技创新，提升劳动力素质，大力提高生产力绿色化水平。

---

① 资料来源：根据财政部《2023 年财政收支情况》及历年财政决算数据整理计算得到。

（一）完善财税政策，着力提升科技创新水平

财政政策方面：一是加大财政科技创新投入。实行财政科技经费增长高于经常性收入增长制度，有效发挥政府投入在国家创新中的引导和推动作用。完善中央财政科技经费分配和管理使用机制，健全中央财政科技计划执行和专业机构管理体制，加强事中事后监管，建立全过程全链条式监管体系，特别是对新产业、新业态、新商业模式实行包容审慎监管[①]。扩大财政科研项目经费"包干制"范围，赋予科学家更大技术路线决定权、更大经费支配权、更大资源调度权。二是建立多元化科技投入体系。创新财政科技投入管理体制机制，合理配置政府资金和资源投入。鼓励科技型中小企业加大研发投入，提高研发费用加计扣除比例。三是加强有组织的基础研究。提高科技支出用于基础研究比重，完善竞争性支持和稳定支持相结合的基础研究投入机制。积极培育新能源、新材料、先进制造、电子信息等战略性新兴产业和未来产业。四是实施扶持自主创新的政府采购制度。扩大政府采购规模，提高创新型项目在政府采购中的比重，支持国内企业创造品牌和技术创新。实施自主创新产品优先（优惠）采购制度，提高国家整体自主创新能力和核心竞争力。五是优化财政补贴政策。强化财政贴息力度，对初创型企业获得的设备更新相关再贷款贴息由现行 1.5% 提高至 2%，贴息期限由不超过 2 年提高至 5 年。强化对中小微企业的财政补贴力度，对中小微企业采取分阶段分环节财政补贴，对于处于初创期中小微企业提高财政补贴力度，选取最有商业潜力与创造性的企业给予补贴支持；对于有发展潜力但目前发展受阻的中小微企业给予更多补贴支持。

[①]　孙明杰：《改革开放以来政府职能转变研究》，上海三联书店，2022 年版，第 271 页。

税收政策方面：一是完善固定资产加速折旧政策。对中小微制造业企业新购进价值500万元以上的设备，不区分折旧年限，均可在购置当年税前一次性扣除。对制造业中使用设备较多的行业，如汽车、电子电气、橡胶及塑料等制造业行业新购进的设备、器具，将其一次性扣除标准从不超过500万元提高至不超过600万元。二是优化研发费用加计扣除政策。提高智能制造研发费用税前加计扣除比例，对于制造企业的智能制造研发活动，在按规定据实扣除的基础上，再按照实际发生额的120%在税前加计扣除。形成无形资产的，在上述期间按照无形资产成本的220%在税前摊销。研究对科技型中小企业的研发支出实行可退税的税收抵免政策，对科技型中小企业发生的研发费用，实行加计扣除政策，如果企业发生亏损，则可申请退税，并将可退税金额设定为研发费用的10%。三是完善设备投资税收抵免政策。扩大适用税收抵免政策的专用设备范围，将数字化智能化专用设备、绿色化专用设备全部纳入税收抵免范围，并制定详细的专用设备目录。适度提高专用设备投资税收抵免比例，将专用设备投资税收抵免比例提升至15%~20%，并提高向后结转年限至7~8年。当年设备投资不足抵免时，允许企业退税。四是完善增值税留抵退税。对市场主体初创期较大规模投入形成的大额留抵税额等，建议采取部分退税、部分留抵的方式，并降低现行退税频次。合理设置退税条件，允许新办企业享受留抵退税政策，将允许享受优惠的企业范围限定为实际投资额达到一定规模且属于先进制造业的新办企业。

（二）完善财税政策，着力提升劳动力素质

财政政策方面：一是建立以人为本的财政支出体系，切实增加劳动者社保、医疗、哺育、教育、培训等人力支出，为全力提升劳动力素质提供必要的政策环境。二是持续加大教育投入，确保财政投入占

国内生产总值的比重始终保持在 4% 以上并稳定增长，有效发挥财政支出的主渠道作用。改革教育兴办模式，实施宽松的税收抵扣制度，鼓励社会通过多种渠道和多种方式捐资助教。支持民办教育和培训机构发展，实行全民兴办教育制度。鼓励中外交流，支持跨国合作办学，增强中华文化吸引力和感召力。

税收政策方面：一是协调工资性税收和资本性税收，合理降低工资薪金所得实际税率，扩大专项扣除范围，提高个人所得税费用扣除标准。二是完善鼓励人才税收政策，加大个人所得税对各类人才的优惠支持力度，促进人才队伍加速壮大。三是研究实施社会保障"费改税"，提高保障程度，降低支出预期，加快将农业转移人口全面纳入城镇社保体系。

（三）完善财税政策，着力发展绿色生产力

财政政策方面：一是建立绿色低碳财政支出稳定增长投入机制。加强财政资金统筹，在预算安排上对"双碳"项目给予优先保障，夯实财政支持"双碳"目标的资金基础。二是健全多元投入机制。研究设立国家低碳转型基金，聚焦解决产业转型中的痛点、堵点，支持传统产业和资源富集地区绿色转型发展。充分发挥国家绿色发展基金在内的各类绿色政府投资基金引导作用，开展基金、贷款、债券等多种业务联动投放，合理放大财政资金杠杆作用。完善"绿色债券"投资目录，将具有公益性、符合条件的绿色低碳发展项目纳入政府债券支持范围，稳定支持能源、农林水利、生态环保等涉及"双碳"领域持续发挥绿色效益。采取投资补助、资本金注入、财政贴息、以奖代补等方式，激发社会资本、金融机构、公益组织等在"双碳"领域积极投入。深度参与国际气候环境资金机制治理，用好用足国际多双边机构资金资源，促进国内生态环保领域基础设施项目建设和体制机制创

新。三是深化绿色政府采购制度改革。完善绿色采购政策体系，加大采购过程绿色因素考量，加强信息公开与监督评价。

税收政策方面：优化现有税收优惠政策。在能源供给端，加强对电网建设、调控与管理的支持，提升电力外送和资源调控能力。加强对储能领域的支持，加大研发投入和相关企业的税费优惠，提高电源侧、电网侧和用户侧储能投资积极性。加强对其他清洁能源产业的支持，如支持氢能和生物质能的收集、生产、储存、运输等相关产业建设。在能源需求端，加大对新能源电力消纳的支持，提升用户侧在可调负荷资源、储能、分布式能源等新型市场参与市场交易的积极性。降低工业企业清洁能源使用成本，加大对碳减排技术研发设计、节能环保产品使用、资源循环利用税费优惠力度，激励工业企业提升清洁能源消费比重。加大对重点行业领域低碳消费支持，如优化车辆购置税与车船税的税率设置，根据排放测度标准差异化对待纯电动汽车和增程式电动汽车，鼓励使用可再生能源和绿色建材提高建筑的能源效率等。

第九章

绿色发展政策

　　绿色发展是顺应自然、促进人与自然和谐共生的发展，是用尽可能少的资源环境代价取得最大经济社会效益的发展，加快绿色发展与人类社会生产力发展方向一致、互促共进。党的十八大以来，我国牢固树立和践行绿水青山就是金山银山的理念，坚定不移走生态优先、绿色发展之路，不断解放和发展生产力，推动生态文明建设迈上新台阶。站在新的发展起点上，以习近平同志为核心的党中央提出加快形成新质生产力，建设现代化产业体系，对我国绿色发展提出新的更高要求。目前，我国已经建立了涵盖法规、目标、产业、消费、科技、金融、市场机制等方面的绿色发展政策体系，在实践中取得了举世瞩目的绿色发展成效，但与生态文明建设目标和新质生产力形成要求相比仍存在许多薄弱环节。进一步优化绿色发展政策体系，对培育壮大新质生产力、建设人与自然和谐共生的现代化具有重要意义。

一、新质生产力对绿色发展提出新要求

　　发展新质生产力是推动高质量发展的重要着力点，绿色发展是其鲜明底色和内在要求。在全球绿色发展大势下，我国发展新质生产力要将绿色发展放在更加突出的位置，持续推动绿色技术取得革命性突破、产业绿色低碳转型迈出更大步伐、资源环境等绿色要素实现更优配置。

（一）新质生产力具有绿色低碳高质量的内在属性

习近平总书记指出，绿色发展是高质量发展的底色，新质生产力本身就是绿色生产力①。这是我们党对马克思主义生产力理论和生态观的重大理论创新，也是习近平经济思想和习近平生态文明思想的丰富和发展，为我国构建人与自然和谐共生的现代化提供了思想指引和根本遵循。从出发点看，新质生产力要摆脱传统经济增长方式、传统生产力发展路径，要转变高投入、高消耗、高污染、低效益的粗放发展模式，实现高科技、高效能、高质量的发展；从基本内涵看，绿色发展有利于增进劳动者福祉，提升资源节约集约循环利用水平，拓展生态产品价值实现路径，这也为劳动者、劳动资料、劳动对象及其优化组合的跃升创造了有利条件。绿色、低碳、高质量既是新质生产力自身的鲜明特征，也是发展新质生产力的根本导向和必然结果。

（二）提升产业绿色化水平是发展新质生产力的重要抓手

习近平总书记指出，我们必须加快发展方式绿色转型，助力碳达峰碳中和②。我国是全世界唯一拥有联合国产业分类中所列全部工业门类的国家，传统产业体系完整、体量巨大，风电、光伏、新能源汽车等战略性新兴产业蓬勃发展。但从整体上看，我国传统产业发展对重化工业、化石能源的依赖程度较高，新兴产业发展也存在关键材料依赖高、全生命周期生态环境影响不容忽视等问题，持续提升绿色低碳发展水平和国际竞争力都有较大空间。作为后发的发展中大国，我国要在全球生产力发展竞赛中实现"后发优势"，要创造比西方发达国

①② 习近平：《发展新质生产力是推动高质量发展的内在要求和重要着力点》，《求是》2024年第 11 期。

家更先进的文明形态，必须进一步加快培育绿色新兴产业，布局建设未来产业，这是形成和壮大新质生产力的重要源泉。

（三）发展绿色低碳技术是发展新质生产力的重要驱动

习近平总书记指出，科学技术是第一生产力、第一竞争力[①]。从人类生产力发展历史看，历次生产力跃升都伴随科学技术革命性突破，都以能源革命为先导，都带来人与自然关系、全球竞争格局等深刻变革。从科学革命进程来看，20世纪初发生了以相对论和量子力学的诞生为标志的第二次科学革命，这次科学革命一直延续至今，呈现融合化、平台化等特征。在全球绿色发展大势下，绿色低碳技术创新成为全球新一轮科技革命和产业变革的重要内容，有望成为新一轮创新发展的引爆点。伴随可再生能源、电动汽车、储能、智慧能源等的不断创新突破，绿色低碳技术创新进入高度活跃期，绿色发展新动能正在加速形成。我国绿色产业基础和市场优势突出，处在全球绿色低碳技术创新前沿，通过发展绿色低碳技术，加强与信息技术、智能技术等的创新融合，可以为新质生产力发展提供永续动能。

（四）创新性配置资源环境等要素是发展新质生产力的关键保障

习近平总书记指出，发展新质生产力，必须进一步全面深化改革，形成与之相适应的新型生产关系[②]。当前，我国商品和服务市场发展迅速，但要素市场发展明显滞后，特别是在绿色发展领域，行政性管控仍然较多，已经难以适应绿色生产力发展的需求，亟须进一步深化市场化、法治化改革。同时，我国人口众多、人均资源相对不足、生态环境整体脆弱，区域城乡发展不平衡，要实现高碳能源与低碳能源有

[①] 习近平：《加快构建新发展格局　把握未来发展主动权》，《求是》2023年第8期。

[②] 习近平：《发展新质生产力是推动高质量发展的内在要求和重要着力点》，《求是》2024年第11期。

序更替，实现资源型地区和行业公正转型，还需要发挥集中力量办大事等新型举国体制优势和政府"有形之手"作用，不断创新治理体系和治理方式。此外，新质生产力与生产关系有着作用和反作用的逻辑关系，我国不断深化绿色生产力发展理论和实践创新，对彰显中国特色社会主义制度优势具有重要意义。

二、支持新质生产力的绿色发展政策现状

党的十八大以来，我国坚持把生态文明和美丽中国建设摆在强国建设、民族复兴的突出位置，持续完善绿色发展政策体系，加快发展以绿色为重要特征的新质生产力，积极促进经济社会发展全面绿色转型。

（一）绿色发展法律法规不断完善

我国把法律法规体系作为推动绿色发展的制度保障。2015年以来，中共中央、国务院先后印发了《中共中央 国务院关于加快推进生态文明建设的意见》和《生态文明体制改革总体方案》，建立了产权清晰、多元参与、激励约束并重、系统完整的生态文明制度体系。2018年，生态文明正式写入宪法，标志着生态文明建设进入了法治化新阶段。《中华人民共和国民法典》确立了"绿色原则"，先后制定了《中华人民共和国环境保护税法》《中华人民共和国核安全法》《中华人民共和国土壤污染防治法》《中华人民共和国资源税法》等法律，填补了相关领域空白。党的十八大以来我国生态文明和绿色发展领域的法律法规如表9-1所示。

表 9-1　党的十八大以来我国生态文明和绿色发展领域的法律法规

名称	制修订日期
一、法律	
中华人民共和国清洁生产促进法	2012 年 2 月
中华人民共和国环境保护法	2014 年 4 月
中华人民共和国水法	2016 年 7 月
中华人民共和国水污染防治法	2017 年 6 月
中华人民共和国核安全法	2017 年 9 月
中华人民共和国土壤污染防治法	2018 年 8 月
中华人民共和国大气污染防治法	2018 年 10 月
中华人民共和国环境保护税法	2018 年 10 月
中华人民共和国防沙治沙法	2018 年 10 月
中华人民共和国循环经济促进法	2018 年 10 月
中华人民共和国节约能源法	2018 年 10 月
中华人民共和国环境影响评价法	2018 年 12 月
中华人民共和国资源税法	2019 年 8 月
中华人民共和国土地管理法	2019 年 8 月
中华人民共和国森林法	2019 年 12 月
中华人民共和国固体废物污染环境防治法	2020 年 4 月
中华人民共和国生物安全法	2020 年 10 月
中华人民共和国长江保护法	2020 年 12 月
中华人民共和国草原法	2021 年 4 月
中华人民共和国噪声污染防治法	2021 年 12 月
中华人民共和国湿地保护法	2021 年 12 月
中华人民共和国黑土地保护法	2022 年 6 月
中华人民共和国黄河保护法	2022 年 10 月
中华人民共和国野生动物保护法	2022 年 12 月
中华人民共和国青藏高原生态保护法	2023 年 4 月
中华人民共和国海洋环境保护法	2023 年 10 月
中华人民共和国矿产资源法	2024 年 11 月

续表

名称	制修订日期
二、法规	
城镇排水与污水处理条例	2013 年 10 月
畜禽规模养殖污染防治条例	2013 年 11 月
中华人民共和国海洋倾废管理条例	2017 年 3 月
中华人民共和国防止拆船污染环境管理条例	2017 年 3 月
建设项目环境保护管理条例	2017 年 7 月
自然保护区条例	2017 年 10 月
中华人民共和国环境保护税法实施条例	2017 年 12 月
中华人民共和国防治海岸工程建设项目污染损害海洋环境管理条例	2018 年 3 月
防治船舶污染海洋环境管理条例	2018 年 3 月
中华人民共和国防治海洋工程建设项目污染损害海洋环境管理条例	2018 年 3 月
全国污染源普查条例	2019 年 3 月
放射性同位素与射线装置安全和防护条例	2019 年 3 月
废弃电器电子产品回收处理管理条例	2019 年 3 月
排污许可管理条例	2021 年 1 月
地下水管理条例	2021 年 10 月
消耗臭氧层物质管理条例	2023 年 12 月
国务院关于修改《消耗臭氧层物质管理条例》的决定	2023 年 12 月
碳排放权交易管理暂行条例	2024 年 1 月
生态保护补偿条例	2024 年 4 月

资料来源：作者根据公开资料整理。

（二）绿色发展目标责任持续强化

我国把绿色发展作为经济社会发展转型的重要目标。"十一五"以来，我国先后将单位生产总值能耗降低、单位生产总值二氧化碳排放降低、地级及以上城市空气质量优良天数比率等作为约束性目标，纳入国民经济和社会发展五年规划（见表9-2）。党的二十大报告强调协同推进降碳、减污、扩绿、增长，推进生态优先、节约集约、绿色低碳发展，进一步强化了绿色发展的目标导向。国家发展改革委、统计局等部门联合印发了绿色发展指标体系、生态文明建设考核目标体系，进一步将目标任务细化落实到各级地方政府、行业领域、重点企业等。

表 9-2 "十一五"以来经济社会发展五年规划中的绿色发展目标

发展目标		"十一五"	"十二五"	"十三五"	"十四五"
单位生产总值能源消耗降低（%）		20	16	15	13.5
单位生产总值二氧化碳排放降低（%）			17	18	18
非化石能源占一次能源比重（%）			11.4	15	
单位生产总值用水量降低（%）		30		23	
单位工业增加值用水量降低（%）			30		
主要污染物排放总量减少	化学需氧量（%）	10	8	10	
	二氧化硫（%）	10	8	15	
	氨氮（%）			10	10
	氮氧化物（%）			10	15
地级及以上城市空气质量优良天数比率（%）				80 以上	87.5
细颗粒物未达标地级及以上城市浓度下降（%）				18	
达到或好于 III 类水体比例（%）				70 以上	85
劣 V 类水体比例（%）				5 以下	
耕地保有量（亿亩）		18	18.18	18.65	
新增建设用地规模（万亩）				3256 以内	
森林覆盖率（%）		20	21.66	23.04	24.1
森林蓄积量（亿立方米）			143	165	

注：空格为未提出该目标。

资料来源：作者根据公开资料整理。

同时，中共中央、国务院印发了《党政领导干部生态环境损害责任追究办法（试行）》，实行"党政同责、一岗双责"，各级党委和政府对本地区生态文明建设负总责，建立实施了"约束性指标—综合性考核—责任清单制度"。通过建立"考核评价—干部任免—财政奖励"体系，将考核评价结果与干部任免、财政奖惩、土地指标奖励等进行挂钩。建立了"督查与审计—问责与整改"体系，实施中央生态环境保护督察和国家自然资源督察，对领导干部实施自然资源资产离任审计制度。

（三）绿色产业政策深入实施

我国把加快产业转型升级作为绿色发展的重要着力点。党的十八大以来，我国将节能环保、新能源、新能源汽车等纳入战略性新兴产业，持续加大支持力度。国家发展改革委等部门先后发布《绿色产业指导目录（2019 年版）》《绿色低碳转型产业指导目录（2024 年版）》，积极培育壮大绿色发展新动能。当前，我国风电、光伏发电等清洁能源设备生产规模稳居世界第一，节能环保产业发展水平不断提升，为进一步深化绿色发展转型奠定了坚实的产业基础。2013—2023 年，我国风电和光伏装机规模及占比情况如图 9-1 所示。

同时，我国积极引导资源型产业有序发展，坚决遏制高耗能、高排放、低水平项目盲目建设，着力化解过剩产能和淘汰落后产能。"十三五"期间（2016—2020 年），累计退出钢铁过剩产能 1.5 亿吨以上、水泥过剩产能 3 亿吨，地条钢全部出清，电解铝、水泥等行业的落后产能基本出清。当前，传统产业绿色转型加快推进，绿色火电、现代煤化工等传统产业领域的新质生产力正在迸发勃勃生机。

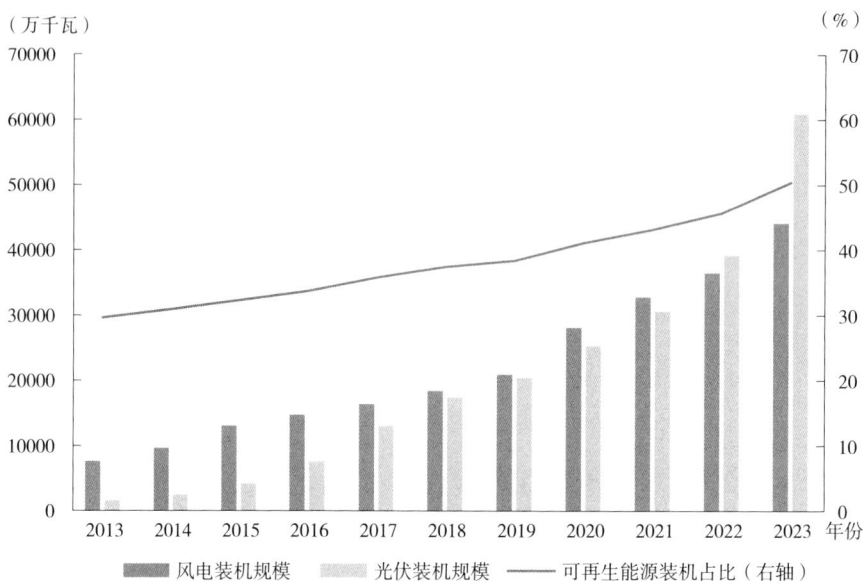

图 9-1　2013—2023 年我国风电和光伏装机规模及占比

资料来源：作者根据公开资料自制。

专栏 2　建设一流标杆型绿色火电企业 打造能源领域新质生产力

国家能源集团泰州发电有限公司为江苏省内装机容量最大的火电企业，总装机容量 400 万千瓦。公司创造了发电效率最高、煤耗指标最低、环保指标最优 3 项"世界之最"，成为先进、清洁、高效火电技术的世界级"名片"。

公司积极探索火电清洁绿色发展的技术路线。2012—2015 年，公司利用 1、2 号机组大小修机会，增设电除尘第五电场，取消脱硫系统旁路，进行了脱硫双塔双循环、低氮燃烧器和选择性催化还原法脱硝、湿式电除尘等技术改造，主要污染物排放大幅下降，一期两台机组率先完成了百万机组的超低排放改造，2 号机组被国家能源局定为超低排放改造示范机组。二期机组设计初期就率先提出"六电场＋单塔双循环＋湿式电除尘"的超低排放技术路线，高标准配备了环保设施，投产即实现超低排放，实现了该技术在百万二次再热机组的首次成功应用。同时，以"全厂不见灰、不见煤"为目标，全面梳理固弃物装运、灰库、煤场、输煤廊道等重点环节和区域。建成码头岸电系统，实现船舶靠港期间发电机大气污染物"零排放"。输煤转运站降尘率达到了95%以上，实现固弃物综合利用率达100%。公司超低排放监测系统荣获江苏省电力科学技术进步二等奖，公司荣获"国家煤电节能减排示范电站""中国美丽电厂"荣誉称号。

资料来源：《绿色发展示范案例（江苏篇⑬）| 勇于担当作为 守护绿水蓝天 精心打造一流标杆型绿色火电企业》，中华人民共和国生态环境部，2020年6月4日。

（四）绿色消费政策加快出台

我国把引导绿色消费作为改善民生福祉、促进供需高水平衔接互动的重要抓手。党的十八大以来，我国积极倡导绿色低碳消费理念和生活习惯，持续开展全国节能宣传周、中国水周、全国城市节约用水宣传周、全国低碳日、全民植树节、六五环境日、国际生物多样性日、世界地球日等主题宣传活动，2023年，将每年8月15日设为全国生态日。

同时，国家相关部门相继印发了《关于加快推动生活方式绿色化的实施意见》《关于促进绿色消费的指导意见》《关于进一步加强塑料污染治理的意见》等文件，鼓励优先购买新能源汽车、高能效家用电器等绿色产品。通过广泛开展节约型机关、绿色家庭、绿色学校、绿色社区、绿色出行、绿色商场、绿色建筑等创建行动，积极开展生活垃圾分类、粮食节约和反食品浪费以及减少塑料餐具等一次性用品行动，绿色消费群体持续扩大，绿色生活方式已经成为很多消费者的自觉选择。

专栏 3　我国塑料污染治理成效显著

塑料污染治理是世界性难题，近年来已上升为全球焦点话题。根据我国发布的《中国塑料污染治理理念与实践》研究报告，我国废塑料回收利用量已位居世界第一。2010 年至 2020 年，我国完成废塑料回收利用 1.7 亿吨，相当于累计减少了 5.1 亿吨原油消耗和 6120 万吨二氧化碳排放，废塑料材料化利用量占同期全球总量的 45%。2021 年我国废塑料材料化回收约 1900 万吨，材料化回收率达到 31%，是全球废塑料材料化回收平均水平的 1.74 倍；废塑料材料化回收利用产值达到 1050 亿元，同比增长 33%，并且实现了 100% 本国材料化回收利用。

资料来源：《〈中国塑料污染治理理念与实践〉发布 我国废塑料回收利用量世界第一》，《光明日报》2022 年 4 月 26 日。

（五）绿色科技政策加快落地

我国把加大绿色科技创新作为壮大绿色生产力的重要源泉。党的十八大以来，我国持续加大科技创新投入力度，鼓励企业和科研机构开展节能、环保、新能源等领域的科技创新，通过政策引导和资金支持推动绿色科技成果转化应用。全社会研发投入由 2012 年的 1.03 万亿元增长到 2023 年的 3.3 万亿元，研发投入强度由 1.91% 提高到 2.64%，接近 OECD 国家平均水平[①]。

特别是，我国在先进可再生能源发电和综合利用、新型电力系统、安全高效核能、绿色高效化石能源开发、电动汽车、绿色建筑等领域集中攻关和示范试验一批核心技术，并积极利用人工智能、大数据、区块链、量子通信等新兴技术与绿色技术产业深度融合，不断培育催生我国绿色发展领域的新优势。

专栏 4　胜利石油推动 CCUS 技术创新

碳捕集、利用与封存（CCUS）技术是化石能源大规模低碳利用的新兴技术。胜利油田驱油封存潜力巨大，适宜二氧化碳驱油的地质储量约 15 亿吨，能够封存二氧化碳达 2 亿吨以上；周边配套炼化产业规模大、尾气中二氧化碳浓度高，具备大规模捕集、利用与封存的工程能力。

聚焦国内"规模第一、技术第一、效益第一"目标，胜利油田

---

① 资料来源：《中国统计年鉴 2023》。

公司科学制定 CCUS 发展规划，坚持创新驱动、自立自强，历经室内实验研究、关键技术攻关、先导试验、工程示范 4 个发展阶段，突破 CCUS 全链条关键技术，做好多元支撑、配套供给，构建了 CCUS 产业保障体系，迈出了 CCUS 规模化应用、产业化发展的关键一步。

资料来源：《国家能源局能源绿色低碳转型典型案例汇编（2024）》。

（六）绿色财税金融政策密集出台

财税金融支持是发展绿色新质生产力的关键保障。党的十八大以来，我国持续加强绿色发展领域的财税金融支持。财政政策方面，积极支持节能降碳、污染治理、清洁取暖等领域重大工程，2022 年节能环保领域的支出达 5412.8 亿元；积极支持发展可再生能源，2023 年中央财政可再生能源电价附加补助地方资金预算两次共 74 亿元。税收政策方面，实施了资源税、环境保护税等绿色税制改革，2022 年资源税、环境保护税总额分别达 3388.6 亿元和 211.2 亿元[1]；实施了资源综合利用增值税优惠、污染防治第三方企业所得税减免、新能源汽车车辆购置税减免等税收优惠政策[2]。金融领域，建立健全绿色信贷、绿色债券、绿色保险标准体系，稳步扩大绿色金融、转型金融支持范围，推进环境信息披露。中国人民银行推出碳减排支持工具等结构性货币政策工具，引导金融机构加大对绿色发展等领域的支持力度。

---

[1] 资料来源：《中国统计年鉴 2023》。
[2] 资料来源：《财政部关于下达 2023 年可再生能源电价附加补助地方资金预算的通知》。

专栏 5 　我国绿色金融相关政策进展

目前，我国已初步形成绿色贷款、绿色债券、绿色保险、绿色基金、绿色信托等绿色金融产品和市场体系。

绿色贷款。截至 2023 年末，本外币绿色贷款余额达 30.08 万亿元，同比增长 36.5%，高于各项贷款增速 26.4 个百分点，比年初增加 8.48 万亿元。其中，投向具有直接和间接碳减排效益项目的贷款分别为 10.43 万亿元和 9.81 万亿元，合计占绿色贷款的 67.3%[①]。

绿色债券。2023 年 1—8 月，我国合计发行绿色债券 569 只，发行规模 8301 亿元。2022 年—2023 年 8 月，我国转型债券合计发行 46 只，发行规模 375.88 亿元，其中低碳转型债券和低碳转型挂钩债券合计发行 324.58 亿元，占比 86.4%[②]。

绿色保险。截至 2023 年 6 月底，绿色保险上半年保费收入 1159 亿元；保险资金投向绿色发展相关产业余额 1.67 万亿元，同比增长 36%。2023 年全年绿色保险业务保费收入达到 2297 亿元，赔款支出 1214.6 亿元[③]。

绿色基金。2020 年 7 月，财政部连同生态环境部与上海市共同设立了我国生态环境领域首只国家级投资基金——国家绿色发展基金，

---

① 《中国绿色贷款余额超 30 万亿元》，中国政府网，2014 年 1 月 27 日。
② 《宏观视角下的碳中和：我国"双碳"政策及碳排放、绿色金融现状》，东方财富网，2023 年 9 月 26 日。
③ 孙榕：《绿色保险：从"1"到"N"还有多远》，《金融时报》2024 年 5 月 15 日。

首期规模 885 亿元 [1]，财政部、长江经济带沿线 11 省市、金融机构和大型企业均参与出资，主要投向环境保护和污染防治、绿色交通、清洁能源等绿色发展领域。

绿色信托。根据中国信托业协会发布的《中国信托业社会责任报告（2022—2023）》，2022 年绿色信托存续资产规模 3133.95 亿元，存续项目数量 728 个，新增资产规模 1968.93 亿元，新增项目数量 291 个。

资料来源：作者根据公开资料整理。

（七）绿色发展市场机制积极探索

我国把市场机制作为优化绿色要素配置、促进新质生产力形成和发展的重要基础。2015 年，《中共中央 国务院关于进一步深化电力体制改革的若干意见》印发，全面推动电力市场建设。9 年来，涵盖中长期、现货、辅助服务等交易品种的电力市场交易体系建设取得重要突破，电价体系改革取得突出进展，电力商品属性不断显现。积极建设绿电绿证市场，推进可再生能源绿色电力证书全覆盖，截至 2023 年 10 月，已累计达成绿电交易电量 878 亿千瓦时，核发绿证 1.48 亿个。

同时，我国加快建立健全碳排放权、用能权、用水权、排污权等资源环境要素市场，通过持续强化总量刚性约束、逐步扩大市场覆盖范围、推动数据标准统一规范、健全交易制度和技术规范、强化法律法规和监管体系建设等方式，资源环境要素的市场化配置体系不断健全。

[1] 《国家绿色发展基金扬帆起航，传递中国坚定绿色发展信心》，中国政府网，2020 年 7 月 17 日。

专栏6　全国碳排放权交易市场建设成效

2021年7月全国碳排放权交易市场正式开市，目前已经完成了两个履约周期，第一个履约周期是2019—2020年，第二个履约周期是2021—2022年。全国碳排放权交易市场覆盖年二氧化碳排放量约51亿吨，纳入电力行业的重点排放单位2257家，成为全球覆盖温室气体排放量最大的碳市场。

一是建立了一套较为完备的制度框架体系。国务院印发实施《碳排放权交易管理暂行条例》，生态环境部出台管理办法和碳排放权登记、交易、结算3个管理规则，以及发电行业碳排放核算报告核查技术规范和监督管理要求等，对注册登记、排放核算、报告、核查、配额分配、配额交易、配额清缴等涉及碳排放权交易的关键环节和全流程提出了明确要求和规范，初步形成了拥有行政法规、部门规章、标准规范以及注册登记机构和交易机构业务规则组成的全国碳排放权交易市场法律制度体系和工作机制。

二是建成了"一网、两机构、三平台"的基础设施支撑体系。建成了全国碳市场信息网，集中发布全国碳市场权威信息资讯。成立全国碳排放权注册登记机构、交易机构，对配额登记、发放、清缴、交易等相关活动精细化管理。建成并稳定运行全国碳排放权注册登记系统、交易系统、管理平台三大基础设施，实现了全业务管理环节在线化、全流程数据集中化、综合决策科学化，全国碳排放权交易市场基础设施支撑体系基本形成。

三是碳排放核算和管理能力明显提高。建立碳排放数据质量常态化长效监管机制，实施"国家—省—市"三级联审，运用大数据、区块链等信息化技术智能预警，将数据问题消灭在"萌芽"阶段。创新建立履约风险动态监管机制，督促企业按时足额完成清缴。参与碳市场的企业均建立了碳排放管理的内控制度，将碳资产管理纳入日常生产经营活动，相关企业的管理能力和核算能力显著提升。

四是市场表现平稳向好。截至 2024 年 7 月底，全国碳排放权交易市场累计成交量达到 4.67 亿吨，成交额约 271 亿元。市场活跃度稳步提升，第二个履约周期成交量比第一个履约周期增长了 19%，成交额比第一个履约周期增长了 89%。第二个履约周期企业参与交易的积极性明显提升，参与交易的企业占总数的 82%，比第一个履约周期上涨了近 50%。碳价整体呈现平稳上涨态势，截至 2024 年 10 月底，全国碳排放交易市场累计成交量达 4.9 亿吨，成交额约 297 亿元。

资料来源：《国新办举行〈碳排放权交易管理暂行条例〉国务院政策例行吹风会》，中华人民共和国国务院新闻办公室网，2024 年 2 月 26 日；wind 数据库。

三、当前绿色发展政策面临的问题与挑战

我国正处在中国式现代化发展和美丽中国建设的关键阶段，作为全球能源消耗、碳排放第一大国，面临统筹高质量发展、高品质生态和高水平安全等艰巨任务。对标新质生产力发展要求，我国绿色发展政策体系还存在诸多问题和薄弱环节。

（一）绿色发展目标制定和责任落实机制有待完善

我国资源、环境、生态、气候等领域统计核算体系基础薄弱，资源产出率、碳排放、新污染物等监测体系尚不完善，既不利于各级政府科学制定绿色发展相关目标和及时跟踪实施进展，也不利于企业将绿色转型成效转化为经济效益。以碳排放统计核算为例，核算边界不清、能源活动水平及化石能源碳排放因子选择不合理等问题仍然普遍存在，碳排放数据监测和核查环节弄虚作假等问题时有发生。同时，由于绿色发展涉及面广，"九龙治水"、越位错位等问题不同程度存在，政府与市场之间、中央与地方之间、部门之间和地区之间绿色发展目标责任分解落实有待完善。

（二）绿色技术创新成果转化体系尚不健全

绿色低碳技术创新整体滞后，自主创新能力有待提升。绿色低碳领域中小企业较多，行业集中度不高，具有核心技术的龙头企业较少，可能出现"有市场无技术"的风险。科技成果"多而不精"，缺少变革性、颠覆性重大原始技术，高质量成果产出能力不强。随着外部发展环境日趋复杂，关键核心技术创新能力不强，许多基础零部件、关键基础材料、先进基础工艺严重依赖发达国家的问题更加充分地暴露出来。特别是部分发达国家实施碳边境调节机制、碳足迹认证等"绿色壁垒"，我国钢铁、有色、机电等传统领域以及光伏、电池、电动汽车等新兴领域的"高碳"短板愈发凸显，持续增强绿色科技竞争力面临严峻挑战。

（三）绿色发展市场化机制亟待健全

我国资源环境相关要素市场和产品服务市场建设普遍处于初期阶段，初始分配、有偿使用、市场交易、纠纷解决、配套服务等配套制度普遍薄弱，有利于绿色发展的市场化机制尚不健全。目前，碳排放权、用能权、用水权、排污权市场建设进度不一，普遍存在法律法规不健全、数据基础薄弱、初始分配不合理、市场交易不活跃等问题，市场在促进资源环境要素优化配置上的作用尚未充分发挥。绿色价格体系近年来积极创新探索，但是尚不能满足绿色低碳转型的要求，绿色价格改革的力度仍待加大，机制仍待创新。例如，随着新型电力系统的发展，新能源和新型主体快速发展，系统对储调资源和系统灵活调节能力的需求也急剧上升，而相应的价格机制尚未完全理顺，难以从根本上解决绿色低碳转型的成本疏导和合理分摊问题。

（四）绿色金融等激励支持存在不足

我国能源使用外部成本尚未充分内部化，绿色低碳发展的投入与收益不平衡，造成"劣币驱逐良币"等现象。一些政策片面注重短期效果，许多企业形成"补贴依赖症"。一些有利于引导绿色低碳发展的以奖代补政策、节能产品惠民政策等陆续取消，已有的可再生能源补贴政策长期拖欠大量资金，对引导绿色低碳技术创新带来不利影响。一些绿色低碳领域标准水平落后于发达国家，并且更新滞后，标准体系引领技术创新升级的作用没有有效发挥。绿色金融产品创新性不足，主要以绿色信贷、绿色债券为主，而绿色基金、绿色保险、碳金融产品等与发达国家还有较大差距。绿色金融、普惠金融等改革创新举措的融合度不高，在促进绿色消费方面的作用有待进一步发挥。

（五）绿色发展政策体系的协调配合不强

绿色低碳发展是一项长期、复杂、系统的工程，涉及经济社会各领域各环节的系统性变革，但我国绿色政策体系协调性不足，缺位错位现象不同程度存在。目前围绕降碳、减污的政策措施数量较多，然而，在"扩绿"和"增长"方面发力仍然不足。财税、金融、投资等政策"组合拳"尚未很好发挥合力，传统能源转型面临着行业经营困难、资金缺乏、机制不顺、负担沉重、存在安全隐患等问题。公平竞争的市场环境不健全，部分行业垄断和区域分割严重，地方保护问题突出，竞争性环节尚未实现市场化定价，进入市场障碍和限制多，低于成本价中标等不规范竞争现象屡屡发生。企业技术产品和服务能力参差不齐，市场存在企业技术、信用等信息不对称问题。市场秩序不规范，环保基础设施领域恶性竞争问题突出，节能环保服务业违约现象增多。

四、优化绿色发展政策的建议

发展新质生产力，推动经济社会发展全面绿色转型，必须坚持以习近平新时代中国特色社会主义思想为指导，把绿色发展理念贯穿于经济社会发展全过程各方面，持续完善绿色发展政策体系，协同推进降碳、减污、扩绿、增长。

（一）完善绿色发展的目标责任机制

强化绿色发展目标约束。统筹国内发展需要和国际竞合形势，研究制定科学合理"跳一跳、够得着"的绿色低碳发展目标，作为约束性目标纳入国民经济和社会发展规划。以降碳为统领，加强节能、减污、扩绿、增长等目标衔接，加强近期目标任务和中长期目标任务的衔接。统筹保障国家重大区域战略和产业链供应链安全需要，加强绿色发展相关目标与区域政策、产业政策协调。

完善绿色发展责任落实机制。整合生态文明、绿色发展领域的评价考核制度，建立健全统筹高质量发展、高品质生态和高水平安全的综合性评价考核体系，推动发展和保护有机协同。进一步理顺政府与市场之间、中央与地方之间、部门之间和地区之间绿色发展责任，构建权责统一、权责明晰的责任落实机制。坚持内外有别，充分考虑内外部发展面临的不确定因素，适度增强目标和责任落实机制的灵活性。

（二）健全以企业为主体的绿色技术转化体系

充分发挥企业在绿色技术创新体系中的核心作用。加快构建以企业为主体、产学研高效协同的创新体系，支持龙头企业与高校、科研院所深度合作，组建绿色技术产业联盟、智库联盟等平台，探索联合攻关、利益共享、知识产权运营的有效模式。以低碳零碳目标为导向，鼓励独角兽企业、专精特新企业研发零碳钢、绿氢、深远海上风电等绿色新质生产力。采用"揭榜挂帅""赛马制"等制度，在绿色技术研发中由企业承担更多科研任务。完善研发费用税前加计扣除等惠企政策，强化企业研发投入激励。

积极发挥政府在绿色技术创新体系中的引导作用。建立健全以绿色技术市场化应用为导向的考核体系，加大对绿色关键共性技术的研发支持力度。合理界定绿色技术产权，不断完善知识产权保护制度，完善绿色技术市场交易规则，保护企业绿色创新活动。着力打通高校院所和企业科技成果转移转化通道，加速科技成果向现实生产力转化。健全绿色技术服务体系，建立绿色技术信息服务平台和绿色技术交易平台，降低企业的信息成本，促进绿色技术供给和需求的对接。建立健全产品碳标识认证制度、碳足迹管理体系，引导全产业链降碳行为。

（三）完善绿色金融等支持政策

丰富绿色金融、转型金融标准和产品。加快推动《绿色低碳转型产业指导目录（2024年版）》落地，研究启动绿色债券、绿色贷款标准更新。尽快推动首批转型金融标准公开征求意见，抓紧启动第二批转型金融标准的研究编制工作。研究推动转型债券、社会影响力债券、绿色票据等产品发展。研究发展绿色信贷 ABS 产品，盘活存量绿色信贷资产。进一步推广使用中欧《可持续金融共同分类目录》，提升国际投资者对国内绿色金融产品的认可度。

完善绿色金融、转型金融配套制度。先易后难、循序渐进推进高水平环境信息披露。立足我国实际，结合国际可持续信息披露准则（ISSB 准则）等的国际进展，修订《金融机构环境信息披露指南》。积极创造条件，推动代表性金融机构试用 ISSB 准则开展可持续信息披露。鼓励产业链"链主"企业发挥引领带动作用，推动产业链上的中小企业披露可持续信息，进一步拓展披露主体范围。强化绿色金融评价机制，深入开展金融机构绿色金融评价，鼓励拓展评价结果应用场景。完善金融机构绿色金融综合评价方案，更全面体现金融机构绿色金融业务开展情况。

（四）健全资源环境等各种要素的市场化配置体系

完善碳排放权、用能权、用水权、排污权等资源环境要素市场建设。稳步建设全国碳排放权交易市场，优化碳排放初始分配方式，提升碳排放数据质量，适时扩大碳市场纳入行业范围。深化用能权有偿使用和交易制度试点，鼓励存量项目通过强化节能降碳改造升级等参与用能权交易，鼓励在大气污染防治重点区域开展用煤权交易。加快建设多层次统一用水权交易市场，强化水资源刚性约束，构建多层次用水权交易平台体系，推进跨流域用水权交易。完善排污权初始分配和有偿使用制度，建立分级管理的排污权储备、回购、调配、出让制度，逐步推动区域排污权市场一体化规划、一体化建设、一体化运行、一体化监管和统一执法。

将资源环境要素一体纳入要素市场化配置改革总盘子。强化资源环境要素市场顶层设计和一体化设计，健全法律、数据、基础设施、监管等配套政策体系。坚持宏观衔接、中观衔接、微观衔接相结合，促进资源环境要素市场与国家宏观政策取向相协调，与要素市场化配置改革相协调，与重点领域市场价格改革相协调，与区域重大战略和区域协调发展战略相协调。坚持近期、中期、远期相结合，加强不同要素交易衔接融合，探索多要素协同交易，推动交易平台整合，开展资源环境要素市场建设的宏观政策取向一致性评估和环境协同效益评估"双评估"。

（五）提升绿色发展政策的协同效应

强化绿色发展激励和约束政策协同。进一步完善促进绿色低碳发展的价格机制，综合考虑企业能耗、环保绩效水平，完善高耗能行业阶梯电价制度。加强税收政策支持，严格执行环境保护税法，研究将挥发性有机物、新污染物纳入征收范围，在税收优惠政策中加强对绿色低碳转型的考虑。强化财政政策的支持力度，优化生态文明建设领域财政资源配置，确保投入规模同建设任务相匹配。

强化绿色发展重大改革举措协同。把握国内外绿色发展形势、产业格局和能源流向变化，适时推动绿色发展相关重大改革。统筹发展、减排和安全，深化电力、天然气等重点领域和环节的价格改革，如输配电价优化、灵活性资源定价、天然气门站价格市场化改革等。健全绿色发展宏观统筹机制，打破部门分割，消除不同政策之间的冲突，形成协同推进绿色发展的治理格局。

第十章

区域协调发展政策

发展新质生产力要落到具体的区域空间上，我国国土面积十分广阔，区域间差异性很大，不同区域在发展新质生产力时不可能"齐头并进"，也不可能复制同一种模式，更不是"一样化"地发展新质生产力，而是要结合不同区域的实际因地制宜发展新质生产力，从而使新质生产力与不同区域的发展实际相适应，与中国式现代化建设的宏伟目标相协调。党的二十届三中全会提出，完善实施区域协调发展战略机制，构建优势互补的区域经济布局和国土空间体系。因地制宜发展新质生产力，要加快构建并不断完善与新质生产力相适应的区域政策，不断提高区域政策的精准性和有效性，并加强区域政策与财政、货币、就业、产业、科技、环保等政策协调配合，提高政策取向一致性，使不同区域在发展新质生产力上既合理分工，又形成合力，防止区域之间出现"内卷式"恶性竞争。

一、新质生产力对区域协调发展提出新要求

更加精准、更加有效的区域政策是因地制宜发展新质生产力的内在要求，是在发展新质生产力的进程中做好因地制宜大文章的重要着力点，也是新时代新征程促进区域高质量发展、提高区域发展平衡性协调性的关键所在，区域政策越精准，越有利于使新质生产力与不同区域发展实际相适应。

（一）提高区域政策精准性

我国国土面积广阔，地区之间资源禀赋、发展基础、发展潜力等差异性大，在发展新质生产力的进程中，各地区不可能套用一种模式，"一样化"或"齐步走"式地发展新质生产力，而是要遵循客观规律、因地制宜，根据不同地区的资源禀赋、产业基础、科研条件等，有选择地推动新产业、新模式、新动能发展，形成既符合国家发展新质生产力战略导向要求，又符合区域实际的新质生产力发展之路。区域政策的精准性越高，越有利于因地制宜发展新质生产力。不同地区在发展新质生产力进程中要增强全国区域发展"一盘棋"意识，牢牢把握自身在国家发展大局中的战略定位，找准自身的区域特色和区域优势，在加强区域间融合互动中拉长自身长板，协同推进产业链、供应链、创新链、人才链跨区域融合和错位竞争，不断将自身的比较优势转化为新质生产力，从而在全国层面加快形成优势互补高质量发展的经济布局，使发展新质生产力与不同区域的主体功能定位相适配，与中国式现代化建设宏伟目标相协调。

（二）强化区域创新协同性

新时代新征程，科学技术的革命性突破是催生新质生产力的核心动力。从区域政策的角度看，迫切需要进一步完善有利于区域创新的政策，为因地制宜发展新质生产力提供源源不断的动力支撑。要增强全国区域发展"一盘棋"意识，根据不同区域的产业基础和区位条件，统筹国家战略科技力量和企业科技主体力量，发挥北京、上海、粤港澳大湾区国际科技创新中心的核心引领作用，合理布局区域科技创新中心，发挥重庆、成都、武汉、西安等区域科技创新中心的辐射带动作用，推进科技创新和产业创新深度融合，不断开辟产业发展新赛道，积极培育新产业、新模式、新动能。

（三）强化不同区域主体功能定位

绿色发展是高质量发展的底色，新质生产力本身就是绿色生产力。在因地制宜发展新质生产力的进程中，在区域政策领域要注重强化不同区域的主体功能定位，根据生态空间、农业空间、城镇空间等不同国土空间的主体功能定位完善相关区域政策，更好统筹好降碳、减污、扩绿、增长之间的关系，以新质生产力的"含绿量"提升新质生产力的"含金量"。不断彰显新质生产力的绿色底色，健全绿色低碳发展机制，加快经济社会发展全面绿色转型，形成节约资源和保护环境的空间格局、产业结构、生产方式、生活方式，全面推进美丽中国建设，在不断发展新质生产力的进程中推进人与自然和谐共生的现代化。

（四）提高区域之间的融合互动

不同的区域并不是在封闭的区域"围墙"内发展新质生产力，而是要秉持开放的思维，不断完善有利于高水平开放合作的政策，推进区域间的融合互动和融通补充，在充分发挥各地比较优势的基础上加快发展新质生产力。推动京津冀、长三角、粤港澳大湾区等地区更好发挥高质量发展动力源作用，进一步完善有利于京津冀、长三角、粤港澳大湾区辐射带动周边地区发展新质生产力的相关政策，畅通科技成果转移转化和产业化渠道，辐射带动周边地区加快发展新质生产力。优化长江经济带发展、黄河流域生态保护和高质量发展机制，进一步完善有利于长江流域和黄河流域融合互动的政策，充分发挥长江、黄河联动东中西、协调南北方的纽带作用，促进产业链、供应链、创新链、人才链深度融合，切实将长江黄河打造成造福人民的"幸福河"。

二、我国区域协调发展政策的演进与成效

区域政策是国家针对特定区域制定的与全国普遍性的或其他区域有差别的相关政策。由于我国不同区域间异质性很强、差异很大，只有量身定制区域政策，才能提高区域政策的针对性和有效性，才能更好促进区域协调发展。依托我国区域领域的重大战略和相关规划，我国形成了相对系统和完善的区域政策体系，为促进区域协调发展提供了重要保障。

（一）形成了以不同领域政策为主但区域有别的区域政策体系

目前，我国区域政策基本上是以不同领域的政策为主要依托，重点体现区域上的差别。比如国家针对西部地区的区域政策主要体现在《中共中央 国务院关于深入实施西部大开发战略的若干意见》中，共制定了包括财政政策、税收政策、投资政策、金融政策、产业政策、土地政策、价格政策、生态补偿政策、人才政策、扶持政策等在内的10个领域的政策体系。这些领域的政策在西部地区体现一定的特殊性，有别于全国统一的政策，比如在税收政策部分，明确对设在西部地区的鼓励类产业企业减按 15% 的税率征收企业所得税，体现了税收政策的区域差别性。中部地区、东北地区也形成了类似的区域政策体系。国务院颁布的《全国主体功能区规划》明确提出实行分类管理的区域政策，旨在形成经济社会发展符合各区域主体功能定位的导向机制，制定了包括财政政策、投资政策、产业政策、土地政策、农业政策、人口政策、民族政策、环境政策、应对气候变化政策在内的区域政策体系。为落实《海南自由贸易港建设总体方案》，国家针对海南专门制定了相应的税收政策、贸易政策、投资政策、金融政策、人才

政策、运输政策、产业政策以及其他政策，构成海南的区域政策体系。比如在税收政策中，明确海南的人才个人所得税最高 15%，对鼓励类企业实施 15% 企业所得税，"双 15%" 的政策是只针对海南的，有别于全国的普遍政策。

（二）初步构建起以基本公共服务均等化为目标的政策框架

推进基本公共服务均等化是我国区域协调发展的核心，是在区域发展领域贯彻以人民为中心发展思想的重要体现，也是我国区域协调发展中存在的突出问题，更是建立区域协调发展政策的聚焦点。从新时代新征程解决我国发展不平衡不充分问题来看，推进区域间基本公共服务均等化也是新时代促进区域协调发展的重要目标之一和推进中国式现代化建设、实现中华民族伟大复兴的有机组成部分。当前，国家正以完善基本公共服务标准为基础，围绕公共教育、就业创业、医疗卫生、社会保障等重点领域推进基本公共服务均等化，聚焦重点区域、重点群体和薄弱环节，不断加大财政转移支付力度，提高社会保障水平，织密扎牢民生"保障网"，初步构建起以推进不同区域间基本公共服务均等化为目标的政策框架。

（三）初步形成以服务推进全国统一大市场建设为目的的政策导向

发挥市场在资源配置中的决定性作用，需要坚决破除地区之间利益藩篱和政策壁垒，促进商品要素资源在更大区域范围内畅通流动。我国不断完善有利于城乡区域间劳动力自由流动的支持政策，全面放宽城市落户条件，深化"人地钱挂钩"配套政策，打破阻碍劳动力在城乡区域间流动的不合理行政壁垒。深化农村土地制度改革，推进建立城乡统一的建设用地市场，进一步完善承包地所有权、承包权和经营权三权分置制度，深入推进宅基地所有权、资格权、使用权三权分置改革，为推进农业转移人口市民化提供政策支持。按照加快建设高效规范、公平竞争、充分开放的全国统一大市场要求，依托京津冀、长三角、粤港澳大湾区、长江经济带、黄河流域生态保护和高质量发展等区域重大战略，率先探索建立并不断完善有利于基础设施互联互通、生态环境共保共治、产业发展互补共兴、科技创新协同发力、社会治理共管共享的政策体系，通过区域一体化建设引领带动全国统一大市场建设。

（四）初步建立起分类施策的区域政策体系

我国区域间差异大，不同区域在发展进程中面临的矛盾和问题亦不尽相同，我国针对不同区域的突出矛盾和问题，初步建立起分类施策的区域政策体系，以更好彰显区域比较优势，激发区域发展动能。一是依托发展基础好或区位条件好的区域，初步建立起充分放权赋能先行先试的政策体系。比如国家在支持深圳建设中国特色社会主义先行示范区、浦东新区建设社会主义现代化建设引领区、海南建设自由贸易港、浙江高质量发展建设共同富裕示范区等方面出台了一系列政策，鼓励这些地区围绕特定目标先行先试、积累经验、提供示范。二是针对发展滞后区域和落后区域，逐步建立起精准扶持的政策体系。我国逐步建立并不断完善针对革命老区、边疆地区、民族地区、重点生态功能区、老工业基地、资源枯竭型地区、乡村振兴重点帮扶县等发展比较滞后地区的帮扶政策体系，在国家精准扶持和地区自身努力下，不断激活这些地区的发展活力，逐步改善这些地区的民生福祉。

（五）初步建立起体现效率和促进公平的区际利益协调政策体系

由于不同地区的区位条件、自然禀赋、发展基础以及国家主体功能定位不同，我国区域之间差别很大。为了更好地推进中国式现代化建设，我国坚持全国区域发展"一盘棋"，初步建立起体现效率和促进公平的区际利益协调政策体系。一是建立并不断完善对口支援和对口帮扶政策体系。形成了针对新疆、西藏和青海、四川、云南、甘肃四省两个自治区的对口支援体系，在完成脱贫攻坚任务之后，为了更好巩固拓展脱贫攻坚成果，国家进一步完善东西部协作机制，不断深化对口支援、定点帮扶等政策，助力欠发达地区加快发展。二是探索建立并不断完善横向生态补偿政策体系。针对我国欠发达地区和主要生态功能区在空间上高度重叠的实际，国家提出按照区际公平、权责对等、试点先行、分步推进的原则，不断完善市场化、多元化的横向生态补偿政策，积极推进生态产品价值实现，拓宽绿水青山向金山银山转化的渠道，为生态功能区拓展更多资金来源渠道。三是建立并不断完善促进区域之间协作与合作的政策体系。更好发挥有为政府和有效市场的作用，通过政府搭台、企业唱戏的办法，不断促进相互之间互补性强、合作潜力大的区域间开展对口协作与合作，积极推进全国统一大市场建设，从更大的区域范围内统筹要素资源，促进区域间互利共赢发展。

三、当前区域协调发展政策存在的主要问题和挑战

我国区域政策大部分都是依托区域重大规划而制定的，部分区域政策对象范围空间过大，比如西部地区、中部地区、东北地区等都是涵盖几个或者十几个省份，区域内部异质性很高，以如此大的空间范围作为区域政策的基本单元，与因地制宜发展新质生产力的要求尚不完全适应，亟须按照因地制宜的要求提高区域政策的精准性和有效性。

（一）区域政策基本单元划分有待与因地制宜发展新质生产力要求相适应

一是与因地制宜发展新质生产力的要求相比，我国区域政策基本

单元划分还有待进一步完善。比如划分的革命老区、民族地区、老工业基地等，这种划分并不是根据区域问题而划分的问题区域，而是根据不同类型划分的类型区域。尽管我国很多革命老区和民族地区由于位置偏远，发展往往比较滞后，但革命老区、少数民族地区的特点并不是导致其出现发展问题的根本原因，根本原因在于高原高寒、交通不便、区位偏远等因素。区域问题主要体现在部分地区发展滞后、衰退或过度膨胀等方面，此类问题相对集中的区域则构成了滞后区域、衰退区域或过度膨胀区域，这类区域在发展新质生产力上面临的难度最大，最需要国家的精准施策。二是我国区域政策作用的空间单元过大，在很大程度上不容易体现因地制宜发展新质生产力的要求。比如目前的西部开发政策、东北振兴政策、中部崛起政策等，政策空间单元都是几个省份或者十几个省份，如此大的空间单元，其内部的异质性非常强。为了照顾大面，区域政策往往面面俱到，不利于因地制宜发展新质生产力。

（二）区域政策作用有待进一步提升

目前，我国制定了针对特定区域或特定类型的相关政策，但从促进区域协调发展和因地制宜发展新质生产力的角度看，这些政策的有效性还有待进一步提升。比如我国针对西部地区、中部地区、东北地区等制定了相应的区域政策，但是政策涉及产业、环境、投资、科技、基础设施等诸多方面，很多政策方向性的内容多，具体可操作的偏少，存在"落地难"的问题，针对结合不同区域的比较优势因地制宜发展新质生产力的精准性政策有待进一步完善。比如《国务院办公厅关于中部六省比照实施振兴东北地区等老工业基地和西部大开发有关政策范围的通知》明确，中部六省中 26 个城市比照实施振兴东北地区等老工业基地有关政策，243 个县（市、区）比照实施西部大开发有关政策，而在实际操作中，由于缺乏相应的实施细则，很多地方反映"两个比照"政策并没有很好地落地见效，致使中部地区的老工业基地和相对落后的县域在发展新质生产力时难以有效借力国家的"两个比照"政策。

四、优化调整区域协调发展政策的主要思路

根据因地制宜发展生产力和在更高水平上推进区域协调发展的需要，加快完善区域政策体系，不断提高区域政策的精准性和有效性，不断激发区域高质量发展的内生动力，逐步化解区域发展不平衡不充分问题。

（一）发挥政府在区域政策制定中的主导作用

政府需要在制定区域政策中发挥主导作用，只有建立起政府主导的区域政策体系和管理机制，才能取得较好的效果。一是要建立并不断完善相应的管理体制。我国在2023年成立了中央区域协调发展领导小组及其办公室，这是新时代新征程促进区域协调发展的重要协调议事机构，要充分发挥中央区域协调发展领导小组在区域政策制定中的主导作用，不断完善有利于因地制宜发展新质生产力的区域政策体系。二是要提高区域政策的针对性。区域政策是政府干预经济发展与协调区域经济关系的重要工具，我国区域不协调问题很多，涉及很多领域。目前我国区域政策适用对象过于宽泛，针对性不强，操作难度大。要有效实现区域协调发展的目标，必须使区域政策的适用对象和领域十分明确，政策工具系统完备并具有针对性。三是要有完善的政策管理制度。在推进区域协调发展和因地制宜发展新质生产力方面，需要加快建立并进一步完善闭环式管理的

区域政策管理模式，既要保障区域政策的针对性，又要使出台的区域政策真正能落地、起作用。

（二）区域政策的制定应不影响市场在资源配置中的决定性作用

区域政策的制定要遵循市场规律，发挥市场配置资源的决定性作用，在此基础上，按照提高区域发展协调性和平衡性的要求完善相关政策。只有这样，才能更好实现效率和公平的统筹兼顾，既能不断做大做优社会财富"蛋糕"，又能切好分好社会财富"蛋糕"。要按照因地制宜的原则制定更加精准的区域政策，使不同区域的比较优势能够得到充分发挥并不断转换成为新质生产力，构建优势互补高质量发展的区域经济格局。鼓励不同区域根据市场需求，围绕创新链积极布局产业链，使不同区域的科技优势加快转换成新质生产力。依托我国不同层级不同类型的科技创新中心，加快科技成果向现实生产力转化，不断开辟产业新赛道，抢占市场竞争制高点，加快形成多极点支撑、多层次联动、网络化发展的区域经济格局，为因地制宜发展新质生产力提供更多新的支撑点。

（三）发挥财政转移支付和金融支持的主体作用

区域政策要真正发挥作用，财政转移支付和金融支持是不可或缺的。目前，我国财政转移支付能力和金融支持能力在不断提升，为在更高水平上推进区域协调发展和因地制宜发展新质生产力提供了更加有力的支撑。今后，财政转移支付要继续瞄准区域间基本公共服务均等化发力，使不同区域在提供基本公共服务上能够实现大体均衡，从而为不同区域因地制宜发展新质生产力提供更加公平的平台。金融支持要更加聚焦现代化产业体系和特色优势产业，围绕不同区域能够为新质生产力提供有力支撑的产业进行精准的金融"灌溉"或者"滴灌"，使不同区域在因地制宜发展新质生产力上有更多产业支撑。

（四）采用法律、经济、行政等综合手段

进一步发挥新型举国体制优势，不断推进区域治理体系和治理能力现代化，采用法律、经济、行政等多管齐下的手段因地制宜发展新质生产力，在更高水平上促进区域协调发展。就法律手段而言，主要是通过立法来推进区域协调发展，加快建立并不断完善有关区域发展领域的法律法规体系。就经济手段而言，主要是设立相应的基金或者给予一定的投资倾斜、税收优惠、金融支持等。就行政手段而言，主要是对于问题地区的甄选、扶持力度的确定、扶持手段的选择、实施效果的评估等都要十分规范透明，并鼓励相关利益群体充分参与。我国目前在区域政策制定方面还有很大的提升空间。从法律上来说，我国还没有对区域政策进行明确的界定，要建立什么样的区域政策，区域政策都包括哪些方面的内容，目前还都在探索之中。从人均GDP来看，新时代以来，我国区域发展的相对差距在缩小，但绝对差额有所拉大，尽管我国采取了诸多促进区域协调发展的经济手段，出台了不少区域政策，但是这些政策手段还不十分系统，区域之间的绝对差额仍有所拉大。从行政的角度来看，我国的区域管理仍需进一步规范，亟须加快形成科学合理、符合区域发展实际的行政管理体系，加快完善人口规模很小或人口净流出很多的行政区的行政设置，为因地制宜发展新质生产力和促进区域协调发展提供体制和机制上的保障。

五、优化区域协调发展政策的建议

针对不同区域发展实际，不断完善更有针对性的区域政策，通过增强区域科技创新能力，推动要素资源的创新性配置，因地制宜发展新质生产力，实现产业结构的深度转型升级，从而通过重点区域的

"一马当先"，带动全国区域发展的"万马奔腾"。

（一）完善有利于促进区域协同创新的政策

一是进一步完善有利于促进创新链和产业链深度融合协同发展的政策。建立健全劳动、资本、土地、知识、技术、管理、数据等生产要素由市场来评价贡献、按贡献决定报酬的政策体系，激发要素参与生产的积极性。围绕加强知识产权保护、促进企业科技创新、完善科技成果转化、激励科学技术人员投入科技创新和研究开发活动等重点领域，协同完善科技创新政策相关内容，共同助推新质生产力的发展。充分发挥创新在因地制宜发展新质生产力中的核心驱动作用，根据我国区域发展实际，合理布局区域科技创新中心，将区域科技创新深深根植在区域产业体系中，围绕产业链部署创新链，围绕创新链布局产业链。二是完善有利于集聚人才的区域政策。创新是第一动力，人才是第一资源，聚焦重点区域，进一步完善既有利于用好人才又有利于集聚人才的政策，推进教育、科技、人才"三位一体"协同融合发展。不断向科学技术广度和深度进军，着力造就拔尖创新人才，培养更多高素质的技术技能人才和能工巧匠，加快推进人口大国向人才强国转变，为国家战略科技力量提供强有力的人才支撑。

（二）完善有利于推进全国统一大市场建设的政策

一是深化要素市场化配置改革，完善有利于促进要素在不同区域间顺畅流动的政策。充分发挥市场配置资源的决定性作用，不断提高要素配置效率，进一步激发全社会创造力和市场活力，推动经济发展质量变革、效率变革、动力变革，为发展新质生产力提供坚实政策支撑。二是结合区域重大战略，完善有利于区域市场一体化建设的政策。结合区域重大战略和区域协调发展战略实施，在维护全国统一大市场的前提下，完善有利于推进京津冀、长三角、粤港澳大湾区以及成渝地区双城经济圈、长江中游城市群、中原城市群、关中平原城市群等区域优先开展区域市场一体化建设的政策，围绕基础设施、生态环保、科技创新、产业发展、公共服务等领域先行探索一体化发展的机制，积极总结并复制推广典型经验和做法。三是在积极推进"立"的基础上，加快破除不利于全国统一大市场建设的政策障碍。全面实施全国统一的市场准入负面清单制度，消除歧视性、隐蔽性的区域市场准入限制，建立并不断完善市场准入负面清单动态调整机制和信息公开机制。

（三）完善有利于落实区域主体功能定位的政策

根据不同区域的主体功能定位完善相关政策，使相关政策与区域的主体功能定位相适配。城镇化地区要在发展新质生产力方面发挥示范引领作用，发挥京津冀、长三角、粤港澳大湾区在发展新质生产力方面的龙头带动作用，经济大省要切实挑起发展新质生产力的"大梁"，不断增强创新策源能力、创新成果转化和产业化能力，辐射带动其他区域新质生产力发展。中西部地区和东北地区结合自身科研优势和产业基础，在不断强化科技创新能力的同时，加强科技成果的产业化能力和承接产业转移的能力，深化东中西部产业协作。农业地区结合乡村全面振兴，积极谋划县域富民产业，在培育乡村新产业新业态中不断促进新质生产力发展。生态地区着力做好生态产业化和产业生态化的大文章，在不断完善生态产品价值实现机制进程中促进新质生产力发展，实现高水平保护和高质量发展的统筹兼顾。

（四）完善有利于促进区域融合发展的政策

进一步彰显不同区域比较优势，促进不同区域优势互补，在因地制宜发展新质生产力的进程中实现"1+1>2"的协同融合发展效应。一是依托骨干交通通道，完善有利于促进区域协同融合发展的政策体系。

依托"6 轴 7 廊 8 通道"国家综合立体交通网骨架，联动不同区域重大战略，完善区域一体化发展机制，构建跨行政区合作发展新机制，在因地制宜发展新质生产力中实现东中西联动、南北方协调。二是依托先行先试重点区域，完善有利于复制推广好经验好做法的政策体系。依托区域重大战略实施，加快形成可复制可推广的经验和做法，不断完善区域间互学互鉴的政策体系，促进"盆景"变"风景"，"苗圃"变"森林"，更好发挥区域重大战略在发展新质生产力方面的引领示范和辐射带动作用。

第十一章

对外开放政策

对外开放是我国的一项基本国策，是发展新质生产力的内在要求。改革开放以来，特别是党的十八大以来，我国在吸收和借鉴当今世界各国，包括资本主义发达国家的反映现代社会化生产规律的先进经营方式、管理方法的基础上，不断深化对外开放政策，有力促进了社会生产力发展，增强了综合国力，提高了人民生活水平。

一、新质生产力对高水平对外开放提出新要求

新质生产力是由技术革命性突破、生产要素创新性配置、产业深度转型升级催生的符合新发展理念的先进生产力质态。我国对外开放政策对新质生产力发展的促进作用主要体现在3个方面：从生产要素看，对外开放政策鼓励充分发挥市场机制作用，引导各类生产要素按照比较优势，跨境跨区域配置到更有发展潜力的行业、更有竞争优势的企业，推动信息和知识共享，有利于提升生产要素的规模、质量和配置效率；从全球市场看，对外开放政策推动商品和服务在更大范围、更宽领域、更深层次自由流动，推动企业融入和发展全球产业链供应链，通过垂直分工和水平分工，更好地响应市场需求，塑造国际竞争新优势，有利于从需求和供给两个方面推动市场升级；从制度环境看，对外开放政策支持推动我国对接国际高标准规则，深度参与全球治理体系改革，构建新型国际关系，推动全球治理体系朝着更加公正合理的方向发展，有利于形成透明稳定可预期的制度环境。

党的十八大以来，以习近平同志为核心的党中央提出并实施更大范围、更宽领域、更深层次的对外开放，促进各类优质生产要素向新质生产力集聚，推动形成与新质生产力相适应的生产关系，并不断深化完善与生产关系相配套的对外开放政策。更大范围既包括以降低关税和非关税壁垒促进商品和要素跨国流动的边境开放，也包括产权保护、产业补贴、环境标准、劳动保护、政府采购、电子商务、金融领域与国际高标准规则相衔接的边境后开放。更宽领域是在全面取消制造业领域外资准入限制措施的同时，不断拓展深化服务业、农业全方位对外开放，大幅放宽市场准入，在更多领域允许外资控股或独资经营。更深层次是在推动商品和要素流动型开放的同时，更加注重制度性、结构性安排，积极主动建设更高水平开放型经济新体制，也就是围绕服务构建新发展格局，在优化区域开放布局的基础上，以规则、规制、管理、标准等制度型开放为重点，聚焦投资、贸易、金融、创新等对外交流合作重点领域，进行体制机制改革系统集成。

二、高水平对外开放促进新质生产力发展的成效

党的十八大以来，我国对外开放政策对培育和发展新质生产力的促进作用主要体现在对外贸易政策、外商投资和对外投资政策、金融开放政策、促进国际科技合作政策、优化区域开放布局政策、支持数字和绿色丝绸之路开放政策等。

（一）对外贸易政策为新质生产力形成与发展提供广阔市场

联合国可持续发展目标为环保技术、信息技术、清洁能源等新兴产业带来了巨大的市场需求。我国持续加强国内外市场的联系和互动，

鼓励企业结合国际市场需求向绿色化、数字化方向发展，支持加大对新能源汽车、锂电池、光伏产品"新三样"的研发投入和出口力度，支持跨境电商等外贸新业态新模式发展。

2017—2023 年，我国"新三样"出口大幅提升，出口总额从 1328 亿元增长至 1.06 万亿元，涨幅达到 700%（见图 11-1）。2023 年，我国跨境电商进出口总额达 2.38 万亿元，增长 15.6%（见图 11-2）。其中，出口 1.83 万亿元，增长 19.6%；进口 5483 亿元，增长 3.9%，参与跨境电商进口的消费者人数达到 1.63 亿。在全球经济复苏态势疲弱、贸易投资整体下降的大背景下，我国对外贸易规模在全球市场中的占比显著提升。2023 年我国进出口总值同比增长 0.2%，占全球市场份额保持在约 14% 的较高水平，稳居货物进出口全球第一。

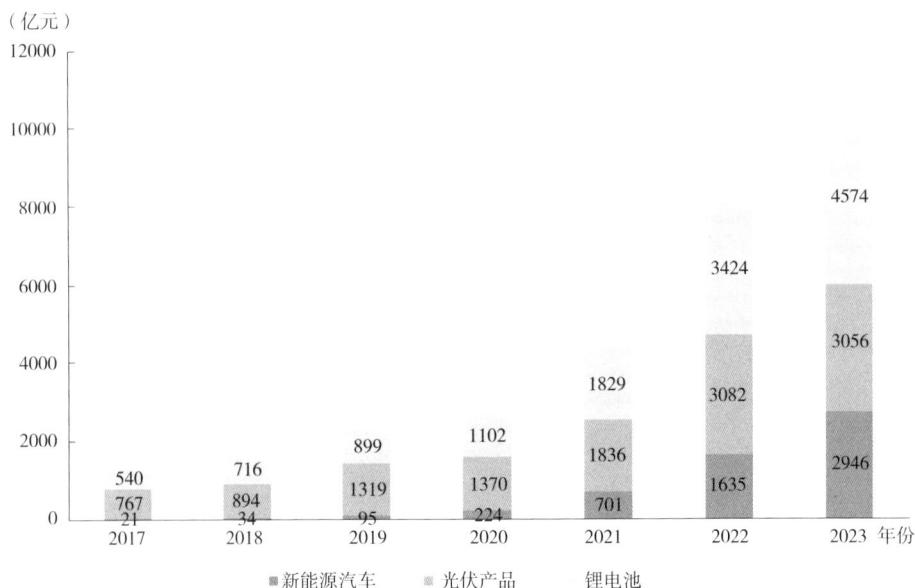

图 11-1 2017—2023 年我国"新三样"出口情况

资料来源：海关总署。

（万亿元）

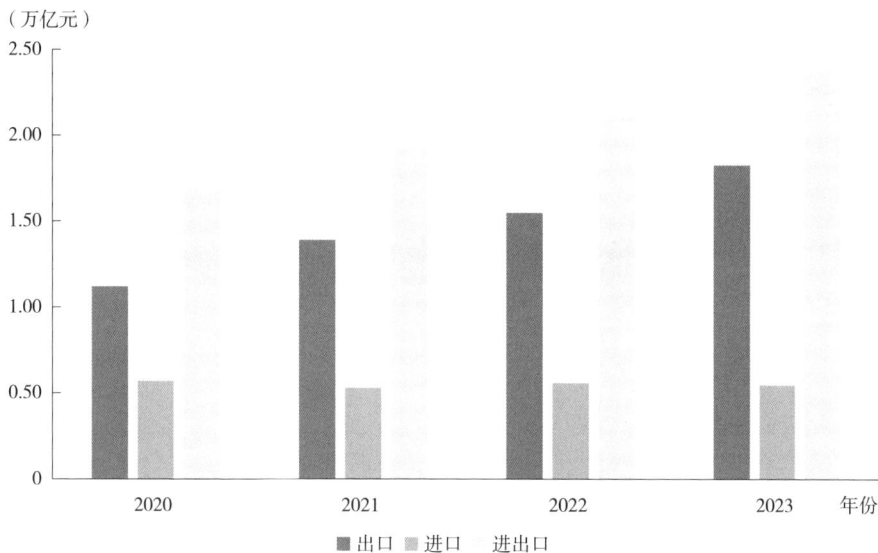

图 11-2　2020—2023 年我国跨境电商进出口规模

资料来源：海关总署。

（二）外商投资和对外投资政策为新质生产力的形成和发展提供更多优质资本

我国推动高质量"引进来"，实行准入前国民待遇加负面清单管理制度，全面取消制造业领域外资准入限制措施，并逐步向电信、教育、医疗等服务领域开放。我国持续发布并动态修订《鼓励外商投资产业目录》和《西部地区鼓励类产业目录》，出台《中华人民共和国外商投资法》，为外商投资营造市场化法治化国际化一流营商环境，引导外资投向高技术产业。2018—2022 年，我国高技术产业实际利用外资从 321 亿美元增长至 683.5 亿美元，增幅达到 113%，占实际利用外资总额的比重从 27.7% 增长至 36.1%（见图 11-3）。2023 年，我国实际使用外资金额 1.13 万亿元人民币，占全球跨国直接投资的比重超过 12%，位居全球第二。

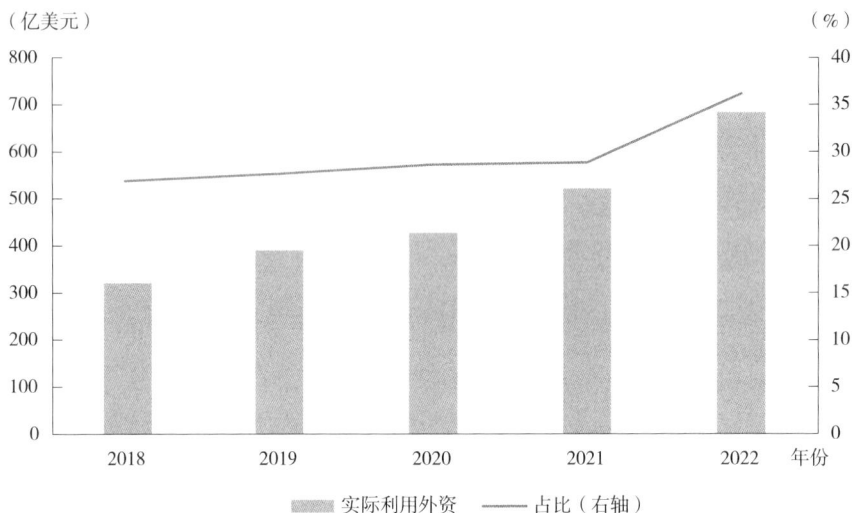

图 11-3　2018—2022 年我国高技术产业利用外资

资料来源：商务部。

　　同时，我国推动高水平"走出去"，出台《企业境外投资管理办法》《关于进一步引导和规范境外投资方向的指导意见》等政策文件，持续优化境外投资指导服务和监管措施，推动国际产业和投资合作。截至 2023 年，我国对外直接投资存量达到 2.96 万亿美元，连续 7 年位列全球前三；当年对外直接投资流量为 1772.9 亿美元，占全球份额超过 11%，连续 12 年位列全球前三。

（三）金融开放政策为新质生产力的形成和发展注入更为强劲的动力

　　2018 年以来，金融管理部门推出了 50 多项金融对外开放政策举措，特别是《关于进一步扩大金融业对外开放的有关举措》等政策，取消了银行保险机构的外资股份比例限制，为吸引国际资本、助力企业加大技术研发投入、扩大生产规模、拓展市场空间提供了丰富的资金支持，推动了新质生产力的快速形成和发展。目前，我国银行业资产规模居全球第一，保险市场规模居全球第二，债券市场规模居全球第二，外汇储备规模连续 19 年稳居全球第一。截至 2023 年，外资银行在华共设立 41 家法人银行、116 家外国及港澳台银行分行和 132 家代表处，是我国金融业发展的一股重要力量。

（四）促进国际科技合作政策加速了新质生产力的形成和发展

当今世界，人类社会比以往任何时候都需要国际科技合作以共同应对时代挑战，促进和平发展。党的十八大以来，我国积极拓展政府和民间科技交流合作渠道，以共建"一带一路"为平台，积极融入全球创新网络，深度参与全球科技治理，高水平国际期刊论文数量、国际专利申请数量位居世界前列。2022 年，按第一作者单位统计分析，我国发表高水平国际期刊论文 93641 篇，占世界总量的 26.86%，位居世界第一（见表 11-1）。截至 2023 年 7 月，我国高被引论文 5.79 万篇，仅次于美国的 7.66 万篇，位居世界第二。截至 2023 年底，世界知识产权组织（WIPO）统计我国申请人提交的《专利合作条约》（PCT）国际专利申请量超过 6.96 万件，位居世界第一。与此同时，我国与 80 多个"一带一路"共建国家签署政府间科技合作协定，在卫生、交通、材料、能源等领域共建 50 多家"一带一路"联合实验室，在共建国家建成 20 多个农业技术示范中心和 70 多个海外产业园；面向东盟、非洲、拉美等国际组织和地区，建设了 9 个跨国技术转移中心，累计举办技术交流对接活动 300 余场，有效促进了新质生产力的形成和发展。

表 11-1　2022 年主要国家发表高水平国际期刊论文情况

国家	发表高水平国际期刊论文数		占世界比重		被引用次数	
	篇数	位次	占比（%）	位次	次数	位次
中国	93641	1	26.86	1	649644	1
美国	78843	2	22.62	2	306818	2
英国	16506	3	4.73	3	80009	3

续表

国家	发表高水平国际期刊论文数		占世界比重		被引用次数	
	篇数	位次	占比（%）	位次	次数	位次
德国	10862	4	3.12	4	58228	4
意大利	8494	5	2.44	5	34567	9
加拿大	8479	6	2.43	6	34699	8
韩国	8201	7	2.35	7	43077	5
西班牙	8129	8	2.33	8	31361	11
印度	7545	9	2.16	9	41519	6
法国	7380	10	2.12	10	32200	10

注：将各学科影响因子和总被引次数均为本学科前 10%、每年刊载的学术论文及述评文章数大于 50 篇的期刊定义为世界各学科代表性科技期刊，在其上发表的论文被定义为高水平国际期刊论文。

资料来源：Web of Science 核心合集 SCI，统计时间截至 2023 年 8 月。

（五）优化区域开放布局政策为新质生产力的协同发展提供新机遇

党的十八大以来，我国实行更加积极主动的区域开放战略，以共建"一带一路"为重点，深化沿海开放，扩大向西开放、向周边国家开放，加快推进自由贸易试验区、海南自由贸易港建设，构建陆海内外联动、东西双向互济的全面开放新格局，为各地区因地制宜发展新质生产力扩展了空间。同时，我国大力推进开放通道建设，积极建设中欧班列、西部陆海新通道，不仅提升了物流效率和贸易便利化，还促进了区域经济的深度融合和产业升级。截至 2024 年 5 月，铁路网覆盖 99% 的城市区人口 20 万人以上城市，高铁网覆盖 96% 的城市区人口 50 万人以上城市。2023 年，中西部和东北地区研究与试验发展（R&D）经费增速均快于东部地区，中西部地区有效承接产业转移，外贸占比提高了近 7 个百分点，进出口年均增速高于全国整体 4.5 个百分点。

我国加快建设自由贸易试验区和自由贸易港，为新质生产力的发展提供了更加开放的环境。国家层面发布 60 余个自由贸易试验区、自由贸易港有关政策文件。各自贸试验区的建设方案明确了自贸试验区发展目标和产业定位，支持各地因地制宜开展差别化探索，促进特色产业集群高质量发展。各自贸试验区积极强化了规则衔接和机制对接，促进了区域内的产业协同和创新合作，为新质生产力的发展提供了良好的制度环境和市场条件。2013—2023 年，我国设立了 22 个自由贸易试验区，累计向全国复制推广 300 多项制度创新成果，极大地促进了各地区新质生产力的形成与发展。

（六）支持数字和绿色丝绸之路开放政策有力促进新质生产力的形成和发展

数字丝绸之路开启了新质生产力的新航道，通过加强与"一带一路"共建国家在数字经济领域的合作，有力推动了 5G、大数据、人工智能等数字技术应用和创新。我国已构建起 130 套跨境陆缆系统，5G 基站、数据中心、云计算中心、智慧城市等广泛建设，促进了产业数字化转型和智能化升级，为新质生产力的发展注入了强大的创新动力。

同时，绿色丝绸之路塑造了新质生产力发展的新引擎，我国出台的《关于推进绿色"一带一路"建设的指导意见》明确了绿色发展的目标和任务。绿色丝绸之路建设促进了经济、社会和环境的协调发展，为新质生产力的培育提供了可持续的发展路径。根据国务院新闻办公室 2023 年 10 月发布的《共建"一带一路"：构建人类命运共同体的重大实践》白皮书，我国已经与"一带一路"共建国家建设生态环保大数据服务平台、环境技术交流与转移中心和低碳示范区，与 30 多个发展中国家开展 70 余个减缓和适应气候变化项目，培训了 120 多个国家共 3000 多名环境管理人员和专家学者。

三、高水平对外开放面临的困难和挑战

从国际看，我国对外开放促进新质生产力发展面临十分严峻复杂的外部挑战，主要体现在 4 个方面：一是与美西方国际科技合作渠道不畅。以美国为首的利益集团在高科技领域对我国持续打压遏制，特别是关键核心技术领域的技术封锁和贸易限制措施明显增多，千方百计地阻碍我国与美西方国家在技术研发、产业合作等方面的深度交流。二是贸易保护主义思潮卷土重来。美国主导的贸易保护主义思潮在部分发达国家盛行，频繁挥舞贸易制裁大棒，对我国新技术产品和新发展模式设置贸易壁垒，导致我国企业在拓展国际市场时面临更高的成本和风险。三是主要新兴经济体创新能力快速提升。主要新兴经济体凭借着较低的成本优势、庞大的市场潜力和较强的学习能力，大力引进先进技术，持续加强国际合作，加快培育本土创新企业，产业竞争力显著提升，对我国的创新能力提出更高要求。四是国际不稳定不确定性因素增多。合作国的政治局势动荡、经济危机、自然灾害等因素都会制约新质生产力的形成和发展。

从国内看，我国开放型经济发展水平仍有待提升，突出表现在 3 个方面：一是短期内吸引外资的国内有效需求增长动力不足，新旧动能转换仍然处于阵痛期，需要进一步巩固经营主体和投资主体的信心。二是营造市场化法治化国际化一流营商环境仍然任重道远，外资企业和外籍人才工作生活的便利性有待进一步加强，"聚天下英才而用之"的制度环境和政策体系还有进一步完善的空间，这对国内改革的整体性、集成性、协同性提出更高要求。三是统筹开放和安全的难度进一步加大。我国坚持独立自主和对外开放相统一的原则，在持续扩

大自主开放的同时，需要妥善应对对外开放可能带来的风险挑战，维护和提升产业链供应链自主可控水平。应该看到，我国改革进入到啃硬骨头的攻坚期和深水区，每一项对外开放举措都可能产生外溢性影响，这就要求我们在对外开放合作中更好地维护国家利益和国家安全。

四、推进高水平对外开放的政策建议

发展新质生产力，必须进一步全面深化改革，形成与之相适应的生产关系。党的二十届三中全会对完善高水平对外开放体制机制作出全面系统部署，提出建设更高水平开放型经济新体制，客观上要求进一步完善配套政策体系，为形成和发展新质生产力营造良好的政策环境。

一是优化边境后开放规则，稳步扩大制度型开放。首先，进一步完善制度型开放政策体系的顶层设计，建立对外开放、对外援助以及参与全球治理等重大政策之间的协同机制。其次，大力支持有条件的地区和对外开放平台进行制度创新，率先建成与国际高标准规则相衔接的制度体系和监管模式，建立健全容错机制，大幅提升集聚和发展先进生产要素的能力。再次，增强产权保护、劳动保护、政府采购、国有企业、环境标准、数据跨境流动等重点领域改革的系统性、整体性、协同性。最后，在推动共建"一带一路"高质量发展的同时，更好发挥各类双多边合作机制作用，提升我国在绿色发展、人工智能、生物多样性、卫生健康等新兴领域的国际影响力，积极参与国际治理规则的塑造和调整。

二是促进外贸与以我国为主导的产业链供应链协同发展，完善外贸体制改革配套政策。首先，进一步完善外贸促进政策体系和与之相关的基础设施体系，建立健全高标准自由贸易区网络，充分发挥跨境电子商务综合试验区等平台作用，加快推进跨境电商和海外仓建设，推动边境贸易、易货贸易、市场采购贸易、离岸贸易、保税维修贸易等贸易新业态新模式发展，进一步提高贸易便利化水平。其次，进一步建立健全服务贸易促进体系，完善跨境服务贸易负面清单管理制度，推动国家服务贸易创新发展示范区建设，探索数据跨境流动国际合作，促进货物贸易与服务贸易协调发展。最后，进一步推动国内国际两个市场在规则标准、检验认证、监管体系、信用体系、物流基础、知识产权保护等方面的互联互通，深化内外贸一体化试点，培育相关龙头企业和产业集群，以市场为导向、按商业原则参与全球市场竞争，主动融入和引领全球产业链供应链价值链调整。

三是提高外商投资和对外投资的质量和水平，完善双向投资管理体制改革配套政策。在利用外资方面，要进一步全面落实《中华人民共和国外商投资法》及其实施条例，落实好《扎实推进高水平对外开放更大力度吸引和利用外资行动方案》等政策文件，鼓励和支持外资企业融入现代化产业体系和创新体系，不断优化引资产业结构，增强外资在国内大循环中的契合性和融合度。常态化清理政府采购、招标投标、标准制定、产权保护等领域中关于内外资不合理差别待遇的政策措施，保障外资企业国民待遇，助力外资企业深耕中国、发展壮大，实现互利共赢。发挥重大外资项目示范带动作用，及时了解和解决外商在华投资经营中的实际困难，为符合条件的外资企业建立数据跨境流动"绿色通道"，进一步加强外商投资服务保障。在对外投资方面，要继续以共建"一带一路"为引领，支持企业按市场化原则，通过绿色投资、并购投资、联合投资等方式"走出去"，优化全球资源配置、开拓多元化海外市场。支持企业与全球合作伙伴加强优势互补和利益共享，深化第三方市场合作。支持专业服务机构和商协会国际化发展，更好发挥中国企业"走出去"综合服务基地等平台作用，为"走出去"企业提供公共服务和专业服务，提升企业参与国际大循环的能力。完善企业对外投资保护体系，更好发挥双多边投资合作机制作用，推动与更多国家商签投资保护协定，为中资企业海外发展创造更为优良的营商环境和安全稳定的发展环境。推动企业加快建立对外经营合规管理体系，遵守所在国法律法规和国际通行规则，履行必要的社会责任，提高对外投资风险防控能力和企业合规管理水平。探索对外投资立法工作，为对外投资高质量发展提供更加有力的法律保障，有效维护我国公民、法人的海外合法权益。

四是推动金融高水平开放，提升服务实体经济的能力。第一，有序推进资本市场双向开放，支持有条件的企业有序赴境外上市，探索优质境外企业境内上市，支持企业利用两个市场、两种资源实现健康发展。支持外资金融机构在华展业，保障外商投资证券公司、基金公司等公平接受监管、参与市场竞争。第二，有序推进人民币国际化，以市场驱动、企业自主选择为基础，进一步推动在贸易中使用人民币计价结算，优化人民币跨境支付系统，增强跨境人民币业务便利度、降低跨境人民币的使用成本。落实好境内银行境外贷款、境外机构境内债券发行等政策，提升人民币融资货币功能；进一步活跃离岸人民币市场，深化双边货币合作。第三，强化金融对国际贸易和跨境投资的支持，针对贸易新业态创新金融产品服务，完善跨境投资的金融服务体系，更好地提供汇率风险管理、多币种贷款、投资风险保险等金融服务。第四，创新对外债务债权管理体系，进一步完善企业中长期外债分类管理，支持信用优良、对促进实体经济高质量发展具有带动引领作用的优质企业借用中长期外债。

五是进一步加强国际科技合作，建设世界主要科学中心和创新高地。第一，健全市场化、社会化的人才管理服务体系，消除户籍、地域、身份、学历、人事关系等制约人才合理流动和高效配置的因素，完善人才培养、引进、使用、合理流动的工作机制，保障和落实用人主体自主权。第二，推动各类政府性科研基金的双向开放，便利化科技人才跨境合作。发挥政府、市场、专业组织、用人单位等多元评价主体作用，创新人才评价机制，改革职称制度和职业资格制度。第三，优化高等学校学科设置和人才培养模式，深入推进世界一流大学和一流学科建设。推动高校学科设置进一步与科技、产业、社会发展需求有机融合，与创新链、产业链、资金链、人才链深度融合，主动参与全球竞争与合作，集聚具有国际竞争力的人才资源和创新要素，把高校建设成为拔尖创新人才培养的主阵地、基础研究的主力军和重大科技突破的策源地。第四，支持国内外经营主体联合开展科技攻关，共同设立研发中心、共同申请国内科技创新基金项目。支持境外机构投资者持续开展科技领域的创业投资、股权投资，与境内科技型企业实现共同发展。鼓励国内龙头企业提升在全球产业链、供应链、创新链中的地位，联合上下游合作伙伴开展新技术研发、新模式探索。第五，强化全链条知识产权保护与国际合作，完善"一带一路"知识产权国际合作常态化机制，持续深化中美欧日韩、金砖国家、中日韩、中欧等知识产权领域机制性交流；完善知识产权的交易、转让和综合利用制度，让知识产权保护在国际合作中实现更大价值。

六是进一步优化区域开放功能分工，打造形态多样的开放高地。第一，进一步加强基础设施互联互通，构筑效率高、成本低、服务优的经贸通道。改善沿边地区交通基础设施，畅通面向重点方向的交通通道，鼓励内陆地区建设交通物流枢纽，形成分工明确、布局合理、安全高效的产业链供应链体系，为新质生产力的形成和发展提供坚实的物质基础。第二，进一步加快推动规则标准的"软联通"，在交通、贸易、投融资等领域，积极推进与共建"一带一路"国家的规则标准对接，完善涉外法律体系，以制度型开放提升贸易投资合作质量和水平。鼓励各地特别是内陆地区深度参与"空中丝绸之路""数字丝绸之路"建设，积极发展跨境电商、数字贸易等新业态新产业，为新质生产力的形成和发展提供制度保障。第三，加快全国统一大市场建设，建立全国统一的市场制度和监督管理体系。引导各地区准确把握比较优势，避免低层次重复和过度同质竞争，打破地方保护、区域壁垒和市场分割，全面优化营商环境，更大力度吸引和利用外资，促进要素自由流动和资源高效配置，为新质生产力提供良好的发展环境。

七是进一步完善高质量共建"一带一路"的配套政策，发挥培育和发展新质生产力引领作用。第一，坚持推动构建人类命运共同体，秉持共商共建共享原则，持续推进政策沟通、设施联通、贸易畅通、资金融通、民心相通事项，落实构建"一带一路"立体互联互通网络、支持建设开放型世界经济、开展务实合作、促进绿色发展、推动科技创新、支持民间交往、建设廉洁之路、完善"一带一路"国际合作机制等8项行动。加快推进中欧班列高质量发展和"空中丝绸之路"建设。第二，推动与更多共建国家商签自由贸易协定、投资保护协定，促进货物贸易、服务贸易进出口额稳步增长。统筹推进标志性工程和"小而美"民生项目，同各方共同加强对共建"一带一路"项目和人员的安全保障。推动"一带一路"绿色发展，持续深化绿色基建、绿色能源、绿色交通等领域合作。第三，继续实施"一带一路"科技创新行动计划，支持共建国家青年科学家来华短期工作。建立"一带一路"企业廉洁合规评价体系，加强共建"一带一路"各领域多边合作平台建设。

参考文献

[1]《中共中央关于进一步全面深化改革、推进中国式现代化的决定》辅导读本 [M]. 北京：人民出版社，2024.

[2] 习近平. 不断做强做优做大我国数字经济 [J]. 求是，2022（02）.

[3] 习近平. 发展新质生产力是推动高质量发展的内在要求和重要着力点 [J]. 求是，2024（11）：1–3.

[4] 习近平经济思想研究中心. 新质生产力的内涵特征和发展重点 [J]. 学习月刊，2024（03）：10–12.

[5] 于凤霞. 发展未来产业培育新质生产力的作用机理和重点任务 [J]. 中国发展观察，2024（Z1）：48–53.

[6] 中共中央 国务院关于建立更加有效的区域协调发展新机制的意见 [J]. 中华人民共和国国务院公报，2018（35）：11–17.

[7] 中共中央 国务院关于构建数据基础制度更好发挥数据要素作用的意见 [N]. 人民日报，2022-12-20.

[8] 方敏，杨虎涛. 政治经济学视域下的新质生产力及其形成发展 [J]. 经济研究，2024（03）：20–28.

[9] 王云平. 我国产业政策实践回顾：差异化表现与阶段性特征 [J]. 改革，2017（02）：46–56.

[10] 王双彦. 税收政策助推新质生产力高质量发展的挑战及对策研究 [J]. 产业创新研究，2024（08）：1–3.

[11] 王明姬，查梓琰．发展新质生产力的人才政策研究 [J]．宏观经济管理，2024（09）：62–67.

[12] 王继源，窦红涛，贾若祥．以新质生产力为黄河流域生态保护和高质量发展赋能 [J]．科技中国，2024（04）：28–31.

[13] 史亚洲．新质生产力视野下构建中国式现代化产业体系的逻辑和着力点 [J]．长安大学学报（社会科学版），2024，26（01）：1–14.

[14] 田帆，王哲．强化关键核心技术领域人才支撑问题研究 [J]．宏观经济研究，2024（06）：77–91.

[15] 邓子纲．健全因地制宜发展新质生产力体制机制研究 [J]．科学社会主义，2024（04）：22–30.

[16] 邓宇．发展新质生产力与深化科技金融创新——兼论国际经验与中国实践 [J]．西南金融，2024（04）：2–10.

[17] 乔黎黎，邱灵，张铭慎，等．新时代加快建设创新型国家的若干问题（笔谈）[J]．宏观经济研究，2018（11）：64–78.

[18] 任保平，王子月．新质生产力推进中国式现代化的战略重点、任务与路径 [J]．西安财经大学学报，2024，37（01）：3–11.

[19] 刘文军，李赓，黄丰雨．转变财政科技经费配置管理方式，提升科技投入效能 [J]．中国科学院院刊，2023，38（02）：193–202.

[20] 刘伟．科学认识与切实发展新质生产力 [J]．经济研究，2024（03）：4–11.

[21] 刘华军，吴倩敏．新时代十年中国绿色发展之路 [J]．中国人口·资源与环境，2024，34（03）：102–111.

[22] 刘凯鹏．按照发展新质生产力要求畅通教育科技人才的良性循环 [J]．新湘评论，2024（06）：18–19.

[23] 刘明慧，李秋．财税政策何以驱动新质生产力发展 [J]．上海经济研究，2024（03）：31–41.

[24] 刘烈宏．进一步释放数据要素价值 加快推进数字中国建设 [J]．旗帜，2024（04）：52–54.

[25] 孙明杰．改革开放以来政府职能转变研究 [M]．上海：上海三联书店，2022.

[26] 孙锐．为新质生产力发展提供人才引领支撑 [J]．人民论坛，2024（06）：26–30.

[27] 曲婉，白京羽.积极推进颠覆性创新加快构建未来产业新长板 [J].中国党政干部论坛，2024（02）：59–63.

[28] 朱波.浅析习近平生态文明思想的发展历程及其理论特征 [J].黑龙江工业学院学报（综合版），2023，23（05）：11–17.

[29] 许生.发挥财税在"新质生产力"形成中的促进作用 [N].中国税务报，2023–09–27.

[30] 何代欣.充分发挥财政在加快新质生产力形成中的积极作用 [J].中国财政，2024（06）：42–44.

[31] 佟家栋，于博.新质生产力与高水平对外开放：必要性、一致性与实现路径 [J].国际经济合作，2024，40（04）：1–7.

[32] 吴志成.在高水平对外开放中发展新质生产力 [J].中国党政干部论坛，2024（04）：33–38.

[33] 吴偕林.把培育和发展新质生产力与构建现代化产业体系更好结合起来 [N].学习时报，2024–05–08.

[34] 宋宪萍，曹宇驰.后发国家制造业嵌入全球价值链的国家角色定位 [J].经济纵横，2024（01）：28–38.

[35] 张杰.中国全面转向全产业链政策的重大价值、关键内涵与实施途径研究 [J].学海，2023（01）：82–93.

[36] 李涛，欧阳日辉.数据是形成新质生产力的优质生产要素 [N].光明日报，2024–4–23.

[37] 李培欢.国内生态环境治理研究：发展历程、脉络转换与范式解读 [J].党政干部学刊，2022，（12）：24–30.

[38] 李善民.加快建设教育强国、科技强国、人才强国 [J].人民论坛，2022（23）：8–11.

[39] 李瑞琴，王超群，陈丽莉.以制度型开放助推新质生产力发展：理论机制与政策建议 [J].国际贸易，2024（03）：5–14.

[40] 杨农.推进金融科技产业"三融合" [J].中国金融，2022（15）：21–23.

[41] 周文，许凌云.论新质生产力：内涵特征与重要着力点 [J].改革，2023（10）：1–13.

[42] 周文，何雨晴.新质生产力：中国式现代化的新动能与新路径 [J].财经问题研究，2024（04）：3–15.

[43] 周洪宇.加快建设教育强国、科技强国、人才强国 [J].红旗文稿，2023（05）：24–28.

[44] 国务院新闻办公室.新时代的中国绿色发展 [M].北京：人民出版社，2023.

[45] 国务院新闻办公室 . 中国的能源转型 [M].2024.

[46] 国家统计局 . 中华人民共和国 2023 年国民经济和社会发展统计公报 [R].2024.

[47] 国家统计局 . 中国统计年鉴 2023[M]. 北京：中国统计出版社，2023.

[48] 国家数据局 . 全国数据资源调查报告（2023 年）[R].2024.

[49] 金碚 . 论"新质生产力"的国家方略政策取向 [J]. 北京工业大学学报（社会科学版），2024（02）：1-8.

[50] 陆继霞 . 从"天人合一"到"绿水青山"：中国生态观的发展历程 [J]. 人民论坛，2022（08）：120-122.

[51] 陈宇学，陆九天 . 强化现代化建设的教育、科技、人才支撑 [J]. 科学社会主义，2022（06）：42-47.

[52] 陈曦，韩祺 . 新发展格局下的科技自立自强：理论内涵、主要标志与实现路径 [J]. 宏观经济研究，2021（12）：95-104+135.

[53] 侯晓丽，徐文静，贾若祥等 . 完善城乡融合发展体制机制研究 [J]. 经济地理，2024（08）：25-30.

[54] 姜江，韩祺 . "十三五"时期我国创新驱动发展的思路与任务 [J]. 全球化，2016（09）：50-63+134.

[55] 姜江 . 中长期科技创新发展的展望与建议 [J]. 开放导报，2021（03）：48-55.

[56] 姜江 . 加快实施创新驱动发展战略的思路和举措 [J]. 经济纵横，2018（04）：48-55.

[57] 姜江 . 贯彻新发展理念，建设创新型国家关键要推动三大拓展、六大举措 [J]. 经济研究参考，2017（63）：21-23.

[58] 段从宇，胡礼群，张逸闲 . 中国式现代化进程中教育、科技、人才三者关系的科学识辨与正确处理 [J]. 教育科学，2023，39（02）：48-55.

[59] 贺俊 . 新兴技术产业赶超中的政府作用：产业政策研究的新视角 [J]. 中国社会科学，2022（11）：105-124+206-207.

[60] 夏杰长，李銮淏 . 数实融合驱动经济高质量发展：驱动机制与优化路径 [J]. 探索与争鸣，2024（09）：102-114。

[61] 徐林 . 国际贸易规则下中国产业政策如何优化 [EB/OL]，财新网，2018-05-03.

[62] 贾若祥，王继源，窦红涛 . 以新质生产力推动区域高质量发展 [J]. 改革，2024（03）：38-47.

[63] 贾若祥，侯晓丽．国外推进区域协调发展的管理体制和机制及对我国的启示 [J]. 中国经贸导刊，2008（20）：30–31.

[64] 贾若祥，郭华庆．聚焦大保护、大开放、高质量发展，助推西部大开发形成新格局 [J]. 金融博览，2024（10）：25–28.

[65] 贾若祥，郭华庆．以科技创新推动产业创新 夯实新质生产力产业基础 [J]. 科技中国，2024（04）：6–9.

[66] 贾若祥，窦红涛．新质生产力：内涵特征、重大意义及发展重点 [J]. 北京行政学院学报，2024（02）：31–42.

[67] 贾若祥．"十四五"时期完善我国区域政策体系和区域治理机制 [J]. 中国发展观察，2020（08）：57–62.

[68] 贾若祥．完善我国区域政策体系 [J]. 中国发展观察，2018（10）：70–73.

[69] 贾若祥．适应新质生产力发展的区域政策研究 [J]. 新经济导刊，2024（05）：11–16.

[70] 郝彬凯．高质量利用外资支撑新质生产力涌现：内在逻辑与实践进路 [J]. 当代经济研究，2024（06）：16–25.

[71] 常庆欣．新质生产力理论对马克思主义生产力理论的创新发展 [J]. 国家治理，2024（09）：27–32.

[72] 盛朝迅．新质生产力的形成条件与培育路径 [J]. 经济纵横，2024（02）：31–40.

[73] 郭丽岩．依托人才强国建设加快形成新质生产力 [J]. 经济，2023（12）：18–20.

[74] 曾铮，王磊．数据市场治理：构建基础性制度的理论与政策 [M]. 北京：社会科学文献出版社，2021.

[75] 曾铮，王磊．数据要素市场基础性制度：突出问题与构建思路 [J]. 宏观经济研究，2021（03）：85–101.

[76] 渠慎宁．加快发展新质生产力：时代背景、主要特征、支撑载体与实现路径 [J]. 当代世界与社会主义，2024（02）：39–46.

[77] 谢明勇．"教育、科技、人才"三位一体推进高水平国家级科研平台建设 [J]. 国家教育行政学院学报，2022（11）：3–5.

[78] 韩祺，姜江，于潇宇，等．增强国家战略科技力量的思路与政策研究 [J]. 今日科苑，2022（10）：9–15.

[79] 韩祺，姜江．产业政策发展和安全并举的思路与政策研究 [J]. 宏观经济研究，2024

（04）：70-77+117.

[80] 黄汉权.深刻领悟发展新质生产力的核心要义和实践要求[J].求是,2024（11）：24-29.

[81] 黄承梁,杨开忠,高世楫.党的百年生态文明建设基本历程及其人民观[J].管理世界,2022,38（05）：6-19.

[82] 黄群慧,贺俊.赶超后期的产业发展模式与产业政策范式[J].经济学动态,2023（08）：3-18.

[83] 潘教峰,何子豪,鲁晓.科技创新战略-政策体系研究："3+5"框架体系的提出与分析[J].中国科学院院刊,2024,39（01）：70-78.

[84] 潘越.走中国特色金融道路 助推新质生产力发展[J].中国经济问题,2024（05）：10-15.

[85] 蔡杨,李粉.创业投资市场面临的压力、成因与建议[J].中国投资（中英文）,2023（Z3）：20-21.

[86] 戴翔,刘长鹏,成鹏东.制度型开放赋能新质生产力发展：理论与实证[J].财贸研究,2024,35（05）：1-15.

[87] 薛钦源,史丹,史可寒.新质生产力的形成逻辑、新质特征和理论要素[J].当代财经,2024（07）：3-16.

后记

　　发展新质生产力需要构建系统的政策体系框架以形成政策合力。《因地制宜发展新质生产力：政策篇》作为中国宏观经济研究院（以下简称宏观院）"因地制宜发展新质生产力丛书"中的一册，旨在从政策层面深入分析培育发展新质生产力对不同领域政策提出的新要求及下一步完善政策体系的主要方向，帮助读者更好地理解发展新质生产力的政策着力点。

　　本书编写组成员主要来自宏观院决策咨询部、经济研究所、对外经济研究所、投资研究所、产业经济与技术经济研究所、国土开发与地区经济研究所、社会发展研究所、市场与价格研究所、能源研究所，编写组在研究撰写过程中多次组织开展内部讨论，认真研究本书在丛书中的定位、研究基本框架、核心观点和主要内容，书中关于新质生产力的研究成果和主要观点汇聚了宏观院院部和8个研究所的集体智慧。宏观院决策咨询部、中国发展出版社为本书的出版作了协调、编辑等工作。本书成稿过程中，还得到中国社会科学院经济研究所黄群慧研究员，宏观院副院长宋葛龙研究员、原副院长马晓河研究员、原副院长吴晓华研究员，国家发展和改革委员会学术委员会秘书长刘中显研究员，中国科学院大学经济与管理学院赵红教授等专家学者的宝贵意见和建议，在此一并表示诚挚感谢。

本书编写组

2024 年 11 月

因地制宜发展新质生产力丛书

丛书主编：黄汉权

因地制宜发展
新质生产力
实践篇

中国宏观经济研究院编写组　著

中国发展出版社

CHINA DEVELOPMENT PRESS

图书在版编目（CIP）数据

因地制宜发展新质生产力. 实践篇 / 中国宏观经济
研究院编写组著. -- 北京：中国发展出版社，2024.
11（2025.3重印）. --（因地制宜发展新质生产力丛书 /
黄汉权主编）. -- ISBN 978-7-5177-1440-8

Ⅰ. F120.2

中国国家版本馆CIP数据核字第202424JK95号

书　　　　名：因地制宜发展新质生产力：实践篇
著作责任者：中国宏观经济研究院编写组
责 任 编 辑：郭心蕊　王海燕
出 版 发 行：中国发展出版社
联 系 地 址：北京经济技术开发区荣华中路 22 号亦城财富中心 1 号楼 8 层（100176）
标 准 书 号：ISBN 978-7-5177-1440-8
经 　销 　者：各地新华书店
印 　刷 　者：北京博海升彩色印刷有限公司
开　　　　本：710mm×1000mm　1/16
印　　　　张：14
字　　　　数：210 千字
版　　　　次：2024 年 11 月第 1 版
印　　　　次：2025 年 3 月第 2 次印刷
定　　　　价：68.00 元

联 系 电 话：（010）68990635　68990625
购 书 热 线：（010）68990682　68990686
网 络 订 购：http://zgfzcbs.tmall.com
网 购 电 话：（010）88333349　68990639
本 社 网 址：http://www.develpress.com
电 子 邮 件：187182397@qq.com

"因地制宜发展新质生产力丛书"
编委会

丛书主编

黄汉权

丛书副主编

刘泉红　周毅仁　孙学工　盛朝迅

丛书编委（按姓氏笔画排序）

总序 *

习近平总书记关于发展新质生产力的重要论述，是马克思主义生产力理论的重大创新，是习近平经济思想的最新成果，深化了我们党对生产力发展规律的认识，为新时代新征程用新的生产力理论指导新的发展实践指明了方向、提供了遵循。

一、深刻理解新质生产力的科学内涵和基本特征

"新质生产力是创新起主导作用，摆脱传统经济增长方式、生产力发展路径，具有高科技、高效能、高质量特征，符合新发展理念的先进生产力质态"，"科技创新能够催生新产业、新模式、新动能，是发展新质生产力的核心要素"，"新质生产力本身就是绿色生产力"，"因地制宜发展新质生产力"，"发展新质生产力，必须进一步全面深化改革，形成与之相适应的新型生产关系"……习近平总书记的一系列重要论述，深刻阐明了新质生产力的基本内涵、本质特征、核心标志、核心要素、形成规律以及实现路径等重要问题，是历史逻辑、理论逻辑和实践逻辑的统一。

---

* 本序为丛书主编黄汉权 2024 年发表在《求是》上的《深刻领悟发展新质生产力的核心要义和实践要求》一文。

从历史逻辑看，新质生产力由技术革命性突破、生产要素创新性配置、产业深度转型升级而催生。社会生产力每次出现大的跃升，都对应着新技术对旧技术的"创造性毁灭"。从第一次工业革命的蒸汽机发明到第二次工业革命的电机发明和电气应用，再到第三次工业革命的信息技术突破，每一次科技革命都肇始于划时代的颠覆性技术创新，都带来生产力的飞跃和经济社会的重大变革，人类社会由此从农业社会递次步入工业化、电气化、信息化时代。从历史经验看，历次产业革命都有一些共同特点：一是有新的科学理论做基础，二是有相应的新生产工具出现，三是形成大量新的投资热点和就业岗位，四是经济结构和发展方式发生重大调整并形成新的规模化经济效应，五是社会生产生活方式有新的重要变革。这些要素，目前都在加快积累和成熟中。当前，全球新一轮科技革命和产业变革深入发展。与前三次工业革命不同的是，这一轮科技革命和产业变革以数据等新型生产要素的产生和应用为重要标志，以包括算力、算法、网络通信在内的数字技术、人工智能为底层技术和核心技术，以数字化、智能化、绿色化为方向，具有多领域技术群体突破、交叉融合以及技术迭代加快、创新周期缩短等特征。伴随群体性技术的整体性突破，势必引起生产要素配置方式的深刻变化，给产业形态、产业结构、产业组织方式带来深刻影响，进而推动产业深度转型升级，通过"技术—要素—产业"链条传导，最终形成新的生产力质态。

从理论逻辑看，新质生产力以劳动者、劳动资料、劳动对象及其优化组合的跃升为基本内涵。生产力是马克思主义的一个基本范畴，一般认为，劳动者、劳动资料、劳动对象是生产力的构成要素。根据马克思主义生产力理论，科学技术通过渗透到生产力的构成要素之中，引起它们变化，从而促进社会生产力发展；在社会生产力的发展中，

科学技术推动社会生产的作用日益增强。习近平总书记关于发展新质生产力的重要论述，继承了马克思主义生产力理论的分析框架，同时又赋予其新的内涵，进行了创新和发展。从劳动者看，人是生产力中最活跃的因素，没有创新型人才、战略型人才以及掌握现代技术的新型劳动者，加快形成和发展新质生产力也就是一句空话。从劳动资料看，由颠覆性技术带来的生产工具变革往往是新科技革命的主要标志。在新一轮科技革命和产业变革中，大数据、云计算、区块链、人工智能、量子技术等更高科技含量的新型工具不断涌现，为新质生产力提供了动力源泉。从劳动对象看，数字资源、虚拟空间、生物基因、微观粒子等都成为人类劳动的对象，大大拓展了生产新边界，创造了生产新空间。当前，新一轮科技革命和产业变革呈现源头创新、跨界融合、多点突破的新趋势，对生产资源的配置模式、创新要素的流通机制、技术研发的组织构架、创新主体的管理方式都提出新的要求，发展新质生产力需要劳动者、劳动资料、劳动对象在新技术赋能和催化下，实现优化组合和更高效率的配置，进而为大幅提高全要素生产率提供必要条件。

从实践逻辑看，新质生产力已经在实践中形成，需要我们进一步深化认识并大力推动生产力迭代发展和质的跃升。科学只有转化为技术并应用于生产，才能成为现实的生产力。党的十八大以来，我国科技事业迅速发展，一批重大创新成果竞相涌现，一些前沿方向进入并行、领跑阶段，现代化产业体系建设取得重要进展，新质生产力已经在实践中形成并展示出对高质量发展的强劲推动力、支撑力。在技术新突破方面，我们充分发挥国家战略科技力量作用，围绕关键共性技术、前沿引领技术、现代工程技术、颠覆性技术创新，打好关键核心技术攻坚战。在要素新组合方面，在我国，技术、资金、人才、劳动

力、数据、土地、管理等一系列重要的生产要素日益实现便捷化流动、网络化共享、系统化整合、协作化开发和高效化利用，特别是数据作为新的生产要素被引入生产函数，极大拓展了生产可能性边界，深度赋能实体经济转型升级。在产业新形态方面，人工智能、低空经济等具有时代标志和时代特点的新产业新业态加快成熟。在培育新型劳动者方面，我们致力于畅通教育、科技、人才良性循环，优化学科设置、创新人才培养模式，实行更加开放的人才政策，打造全球人才高地，营造鼓励创新、宽容失败的良好氛围，努力培养造就一批具有国际水平的战略科技人才、科技领军人才、青年科技人才和高水平创新团队。

二、全面看待我国发展新质生产力的优势和条件

新一轮科技革命和产业变革正在与世界百年未有之大变局形成历史性交汇，其主要特点是重大颠覆性技术不断涌现，科技成果转化速度加快，产业组织形式和产业链条更具垄断性。"谁在创新上先行一步，谁就能拥有引领发展的主动权。"世界各主要国家纷纷出台创新战略，加大投入，加强人才、专利、标准等战略性创新资源的争夺。我国推动科技事业快速发展，取得举世瞩目成就，根本就在于我们拥有独特的优势和宝贵的经验，能够充分发挥社会主义制度优越性，充分调动人才的积极性、主动性、创造性，集中力量办大事，抓重大、抓尖端、抓基本。我国已进入高质量发展阶段，加快发展新质生产力更具坚实的基础和良好的社会环境。

中国特色社会主义制度优势为发展新质生产力提供可靠保障。我们显著的优势是我国社会主义制度能够集中力量办大事。这是我们成就事业的重要法宝。正是依靠这一优势，我们一次次实现了从无到有、

从小到大、从弱到强的突破，用几十年时间走完了西方发达国家几百年走过的工业化道路。当前，科技创新越来越需要多学科交叉融合和高效协同攻关，亟须有效整合科技资源，发挥国家战略科技力量的引领作用。近年来，党中央不断加强对科技工作的集中统一领导，健全新型举国体制，有力发挥有效市场和有为政府的作用，充分调动各方面积极性，显著提升了国家创新体系整体效能。

不断提升的科技能力为发展新质生产力注入强大动能。经过多年发展，我国科技创新条件不断改善，2023年全社会研究与试验发展经费投入超过3.3万亿元，研发投入强度提升到2.64%，超过经济合作与发展组织（OECD）国家平均水平。重大科学基础设施加快布局，国家大科学装置在建和运行57个，纳入新序列管理的国家工程研究中心207个，国家企业技术中心1798家，国家级科技企业孵化器1606家，国家备案众创空间2376个。科技创新在众多领域取得重大突破，"嫦娥"探月、"天问"探火等深空探测项目成功实施，量子信息、干细胞、脑科学等前沿方向取得重大原创成果，太阳能光伏、新能源汽车、数字经济等领域实现换道超车，5G网络运用全球领先。

产业体系配套完整的供给优势为发展新质生产力提供重要载体。产业是新质生产力发展的重要载体。党的十八大以来，我国大力推进战略性新兴产业发展，前瞻布局类脑智能、量子信息等未来产业新赛道，新一代电子信息、新能源、新材料、新能源汽车等一批技术含量高、成长性强的新产业持续壮大。2023年战略性新兴产业占国内生产总值比重从2012年的5%提高到13%以上。同时，我国工业特别是制造业体系完整，既为孕育前沿技术和颠覆性技术提供了良好条件，也为新兴产业、未来产业发展提供了配套支撑。比如，围绕锂离子蓄电池，从上游的原材料，到中游的电解液、隔膜、电芯，再到下游的新能源汽车、消费电子和储能电站应用，上中下游集群共生、联动发展，规模经济效应充分彰显，也正是凭借完整的制造业体系优势，我国新能源汽车在国际市场上才更具竞争力。

海量数据的资源优势为发展新质生产力提供要素支撑。数据作为新型生产要素，是形成新质生产力的重要资源，对传统生产方式变革具有重大影响。我国人口数量众多，人们每日的生产生活消费活动都会产生大量数据，消费电子、电子商务、移动支付等领域的市场规模位居全球第一，且仍处于快速增长阶段，直接催生社交媒体、移动出行、数字医疗等产业爆发式增长。我国制造业规模世界第一，机器设备台（套）数存量也是世界第一，工业机器人保有量占世界 1/3，有力支撑了工业互联网的快速兴起。2023 年我国数据生产总量超 32ZB。这些场景形成的海量数据资源，为发展新质生产力提供了丰富的"原料"供给。

超大规模的市场优势为发展新质生产力拓展需求空间。我国拥有超过 14 亿人口，中等收入群体超过 4 亿人，经营主体超过 1.8 亿户，2023 年社会消费品零售总额超过 47 万亿元，是全球第二大商品消费市场、第一大网络零售市场。近年来，以新能源汽车、锂电池、光伏产品为代表的"新三样"产品在技术创新、生产制造、市场销售上形成良性互动，庞大国内市场成为"新三样"技术迭代、产品升级、走向国际的关键支撑，2023 年"新三样"产品出口值合计超过万亿元。同时，中国巨量市场需求持续吸引全球的新技术新产品，成为吸引外商投资的强大引力场。比如，特斯拉上海超级工厂，正是依托庞大的中国市场，快速形成规模经济效应，有效降低成本，加速技术迭代，成为其全球最大的智能工厂。

大量高素质劳动者和企业家的人才优势为发展新质生产力提供了

人才支撑。人才是第一资源。一支规模宏大、素质优良、结构不断优化、作用日益突出的人才队伍，是发展新质生产力最活跃、最具主动性的因素。2022年我国研发人员全时当量提高到635万人年，规模连续多年稳居世界首位。入选世界高被引科学家数量从2014年的111人次增至2022年的1169人次，排名世界第二。人才资源总量达到2.2亿人，高技能人才超过6000万人，每年理工科毕业生超过发达国家理工科毕业生总和。2023年世界500强中国企业上榜数量位居全球首位，拥有一批具有国际眼光和创新思维的企业家人才队伍。这些丰富的人力资源为发展新质生产力提供了坚实的人才支撑。

三、积极探索发展新质生产力的实现路径

新质生产力是摆脱传统经济增长方式、生产力发展路径的先进生产力质态，对生产资源的配置模式、创新要素的流通机制、技术研发的组织构架、创新主体的管理方式等都提出了新的要求。要遵循新质生产力发展的客观规律，从实际出发，先立后破、因地制宜、分类指导，坚持以科技创新引领产业创新，加快发展方式绿色转型，统筹推进深层次改革和高水平开放，畅通教育科技人才良性循环，为发展新质生产力提供坚实保障。

大力推动前沿技术和颠覆性技术的科技创新，加快建设现代化产业体系。前沿技术和颠覆性技术能够催生新产业、新模式、新动能，是新质生产力的重要来源。要健全新型举国体制，强化国家战略科技力量，发挥好企业创新主体作用，高效整合科技资源协同攻关，瞄准人工智能、量子科技、集成电路、生物制造、脑科学、深空深海等前沿领域，坚决打赢关键核心技术攻坚战，促进前沿技术和颠覆性技术

加速涌现。以科技创新推动产业创新，及时将科技创新成果应用到具体产业和产业链上，统筹推进传统产业改造升级、新兴产业培育壮大、未来产业有序布局，实现新技术从"实验室"向"生产线"的跨越。围绕发展新质生产力布局产业链，提升产业链供应链韧性和安全水平，保证产业体系自主可控、安全可靠。大力发展数字经济，促进数字经济和实体经济深度融合，打造具有国际竞争力的数字产业集群。

遵循科技创新和产业发展规律，因地制宜发展新质生产力。我国幅员辽阔，各地基础条件和发展水平各异，要根据资源禀赋、产业基础、科研条件等，有选择地推动新产业、新模式、新动能发展，不能一哄而上、泡沫化、搞一种模式。传统产业同样蕴含新质生产力，各地发展新质生产力不能忽视、抛弃传统产业，要注重用新技术改造提升传统产业，加快向高端化、智能化、绿色化转型。发达地区的科研机构密集、人才数量多、科技实力雄厚，要聚焦国家战略需求，大力推进关键核心技术突破，提升原创性、颠覆性技术供给能力。其他地区要突出优势特色，把发展新质生产力的重点放在应用前沿技术和颠覆性技术改造提升传统产业上，使之脱胎换骨，焕发新活力。

加快发展方式绿色转型，推动形成绿色生产力。绿色发展是高质量发展的底色，新质生产力本身就是绿色生产力。必须牢固树立和践行绿水青山就是金山银山的理念，坚定不移走生态优先、绿色发展之路。破解绿色发展难题，关键靠科技。要加快绿色科技创新和先进绿色技术推广应用，做强绿色制造业，发展绿色服务业，壮大绿色能源产业，发展绿色低碳产业和供应链，打造高效生态绿色产业集群，构建绿色低碳循环经济体系。健全有利于绿色转型的体制机制，持续优化支持绿色低碳发展的经济政策工具箱。同时，在全社会大力倡导绿色健康生活方式。

　　统筹推进深层次改革和高水平开放，形成与新质生产力相适应的新型生产关系。发展新质生产力既是发展的命题，也是改革的命题。如何加快形成与新质生产力相适应的新型生产关系，是当前各地各部门在发展实践中遇到的一个现实问题。要深化经济体制、科技体制等改革，着力打通束缚新质生产力发展的堵点卡点，加快建设全国统一大市场，建立高标准市场体系，创新生产要素配置方式，让各类先进优质生产要素向新质生产力顺畅流动。以制度型开放为重点，扩大高水平对外开放，打造国际一流营商环境，加强国际科技合作，形成具有全球竞争力的开放创新生态，为发展新质生产力营造良好国际环境。

　　畅通教育科技人才良性循环，加快培育新型劳动者队伍。要完善人才培养、引进、使用、合理流动的工作机制，持续强化国家战略人才力量，大力造就能够创造新质生产力的战略人才和能够熟练掌握新质生产资料的应用型人才。深化教育改革，根据科技发展新趋势，优化高等学校学科设置、人才培养模式，为发展新质生产力培养急需人才。深入推进科研院所改革，加快形成符合科研规律、有效满足国家发展和市场需求的科技创新体制。健全要素参与收入分配机制，激发劳动、知识、技术、管理、资本和数据等生产要素活力，更好体现知识、技术、人才的市场价值。实施更加开放的人才政策，加快构建具有国际竞争力的人才引进使用机制，增强对世界优秀人才的吸引力，聚天下英才而用之。

中国宏观经济研究院院长

黄汉权

前言

　　发展新质生产力是以习近平同志为核心的党中央立足新一轮科技革命和产业变革的时代背景，在不断深化生产力规律认识的基础上，围绕高质量发展这个首要任务作出的重大决策部署。2023 年 9 月，习近平总书记在主持召开新时代推动东北全面振兴座谈会上提到新质生产力，提出积极培育新能源、新材料、先进制造、电子信息等战略性新兴产业，积极培育未来产业，加快形成新质生产力，增强发展新动能①。2024 年 1 月 31 日，习近平总书记在中共中央政治局第十一次集体学习时再次强调，发展新质生产力是推动高质量发展的内在要求和重要着力点，并对新质生产力是什么、为什么、如何做进行了系统论述②。党的二十届三中全会通过的《中共中央关于进一步全面深化改革、推进中国式现代化的决定》明确提出，健全因地制宜发展新质生产力体制机制，从改革视角对发展新质生产力作出全面系统部署。

　　发展新质生产力与区域发展息息相关，是各地立足自身比较优势推动高质量发展的关键抓手。习近平总书记指出，我国幅员辽阔、人口众多，各地区自然资源禀赋差别之大在世界上是少有的，统筹区域

————————

　　① 《习近平主持召开新时代推动东北全面振兴座谈会强调 牢牢把握东北的重要使命 奋力谱写东北全面振兴新篇章》，《人民日报》2023 年 9 月 10 日。

　　② 《习近平在中共中央政治局第十一次集体学习时强调 加快发展新质生产力 扎实推进高质量发展》，《人民日报》2024 年 2 月 2 日。

发展从来都是一个重大问题①。要注重发挥比较优势，推动形成优势互补、高质量发展的区域经济布局。2024 年 3 月，习近平总书记参加十四届全国人大二次会议江苏代表团审议时强调，要牢牢把握高质量发展这个首要任务，因地制宜发展新质生产力②。特别是，我国东部、中部、西部和东北地区发展差距显著，即便在同一地区、同一省区内部，各地的区位条件、资源禀赋及发展基础也存在显著差异，不能简单要求齐步走、一刀切，而是要充分发掘比较优势、制定差异化政策，因地制宜探索新质生产力发展路径及模式。正是基于上述考虑，习近平总书记强调，各地要坚持从实际出发，先立后破、因地制宜、分类指导，根据本地的资源禀赋、产业基础、科研条件等，有选择地推动新产业、新模式、新动能发展，用新技术改造提升传统产业，积极促进产业高端化、智能化、绿色化；要防止一哄而上、泡沫化，也不要搞一种模式③。习近平总书记的这一重要论述，为各地立足自身发展实际，积极探索各具特色的发展路径及模式，差异化、有序发展新质生产力指明了方向。

近年来，各地区积极推动创新发展及产业升级，为加快发展新质生产力提供了扎实基础和有益实践。例如，北京以国际科技创新中心为牵引，加快布局新兴产业和未来产业，全面推动发展方式绿色转型，着力打通束缚发展的堵点卡点，全方位竞逐新质生产力。又如，合肥全力打造全球科创名城，坚定不移下好创新"先手棋"，不遗余力、锲而不舍支持科技创新，以科技创新推动产业迭代升级，让科技创新这个"关键变量"成为高质量发展的"最大增量"，在发展新质生产力方

---

① 习近平：《推动形成优势互补高质量发展的区域经济布局》，《求是》2019 年第 24 期。

②③ 《习近平在参加江苏代表团审议时强调 因地制宜发展新质生产力》，《人民日报》2024 年 3 月 6 日。

面走出了独特路径。再如，深圳不断强化企业主导地位，积极推动企业主导的产学研深度融合，以此促进战略性新兴产业和未来产业发展，走出了新质生产力发展的"深圳模式"。

为深入贯彻落实党的二十届三中全会提出的健全因地制宜发展新质生产力体制机制，我们第一时间梳理总结了部分代表性省（区、市）及企业在发展新质生产力方面的亮点做法，形成了一批发展新质生产力的实践案例，以期为国内相关地区推动相关工作提供经验借鉴及实践支撑。《因地制宜发展新质生产力：实践篇》由黄汉权任主编，周毅仁、李晓琳、贾若祥任副主编，共分七章整理了新质生产力的地方及企业实践。第一章聚焦习近平总书记提出的因地制宜发展新质生产力的重大要求[①]，具体阐述了新质生产力催生培育的区域条件，深入解读了因地制宜发展新质生产力需要统筹的三个关系及具体路径，为各地区发展新质生产力提供了方向及路径指引，由周毅仁、李晓琳执笔。第二、三、四章分别聚焦高质量发展的三大动力源地区，即京津冀地区、长三角地区、粤港澳大湾区，梳理总结了代表性省份、城市、园区平台及企业在培育发展新质生产力方面采取的重大举措及成效，第二章由黄征学、郭叶波、潘彪执笔，第三章由刘保奎、刘敏、郭叶波、金田林执笔，第四章由李晓琳、公丕萍、徐唯燊执笔。第五、六、七章分别聚焦中部、西部及东北地区，梳理总结了代表性地区、园区平台及企业培育发展新质生产力的亮点做法及经验成效，第五章由贾若祥、王继源、窦红涛执笔，第六章由卢伟、聂新伟、李沛霖执笔，第七章由李爱民、李智、李沛霖执笔。

新质生产力内涵要义丰富、博大、精深，各地对其理解及实践仍

---

① 《习近平在参加江苏代表团审议时强调 因地制宜发展新质生产力》，《人民日报》2024年3月6日。

处于初期探索阶段。编写组在筛选梳理相关实践案例过程中，力求全面、准确、深刻把握新质生产力的内涵，尽可能涵盖各大板块及重大区域性战略，精准有效提炼相关地区及企业发展新质生产力的路径、经验及亮点做法。但限于专业水平和研究深度广度，我们对新质生产力这一创新概念及发展路径的认识仍存在诸多不足，在筛选汇集案例过程中难免挂一漏万，恳请诸位读者、专家批评指正！

目录

第一章

因地制宜发展新质生产力的战略要求与实践路径

　　因地制宜发展新质生产力提出以后，成为各地高度关注的热点重点，各地围绕新材料、新能源、高端装备、电子信息、新能源汽车、绿色环保等新兴产业领域加快成链成群，围绕人工智能、生物制造、低空经济、新型储能、机器人、未来网络、6G 通信等未来产业赛道加快谋划建设一批前瞻性项目，积极运用数智化、绿色化新技术改造提升传统产业，并提出提高创新能力、优化产业结构、打通技术转化堵点、加强人才队伍建设等具体举措。从全国来看，新质生产力发展最终要落在区域上，不同地区形成发展新质生产力应基于对自身条件的客观判断，最大限度发挥各自比较优势；如果各地脱离实事求是、因地制宜的原则，就可能导致"产业同质"等问题。因地制宜发展新质生产力要坚持全国区域发展"一盘棋"，把"等不得"与"急不得"、"先行"与"后发"、"共性"与"特性"有机统筹起来，加快形成各有特色、优势互补的新质生产力发展格局。

一、客观认识催生新质生产力对区域条件的三大要求

　　2024 年 3 月 5 日，习近平总书记参加十四届全国人大二次会议江苏代表团审议时强调，发展新质生产力不是忽视、放弃传统产业，要防止一哄而上、泡沫化，也不要搞一种模式。各地要坚持从实际出发，先立后破、因地制宜、分类指导，根据本地的资源禀赋、产业基础、科研条件等，有选择地推动新产业、新模式、新动能发展，用新技术

改造提升传统产业，积极促进产业高端化、智能化、绿色化。^①党的二十届三中全会通过的《中共中央关于进一步全面深化改革、推进中国式现代化的决定》指出，要健全因地制宜发展新质生产力体制机制。

　　新质生产力发展最终要落在区域上，不同地区形成发展新质生产力应基于对自身条件的科学判断。习近平总书记指出，新质生产力由技术革命性突破、生产要素创新性配置、产业深度转型升级而催生^②。催生新质生产力对区域条件有三大要求，不同地区发展新质生产力必然无法"一刀切""齐步走"；脱离了自身发展实际去盲目"求新"，很可能导致资源浪费和要素低效率配置。因此，发展新质生产力的实践路径要求必须坚持因地制宜的原则。

（一）要求承载区域在技术层面能够孕育形成原创性、颠覆性科技创新

　　发展新质生产力的源头是新技术，特别是要重视数字技术和绿色技术的突破和应用。这就要求承载区域能够承载起创新策源地功能，具备活跃的创新主体、优越的创新环境、高素质的劳动者队伍、完善的要素支撑、良好的制度环境，促进各类科技创新成果竞相涌现，在全球新一轮技术和产业变革中形成竞争优势、赢得战略主动。

　　党的十八大以来，我国布局建设北京、上海、粤港澳大湾区三大国际科技创新中心，北京怀柔、上海张江、安徽合肥、粤港澳大湾区等4个综合性国家科学中心等高水平创新平台，支持成渝地区双城经济圈共建具有全国影响力的科技创新中心，武汉、西安全力打造区域创新高地。

---

①《习近平在参加江苏代表团审议时强调　因地制宜发展新质生产力》，《人民日报》2024年3月6日。

②　习近平：《发展新质生产力是推动高质量发展的内在要求和重要着力点》，《求是》2024年第11期。

（二）要求承载区域在产业层面具有丰富的应用场景和较强的转化能力

生产力变革最终体现在产业体系的迭代升级上。从产业维度看，新质生产力在产业上的体现包括改造提升传统产业，培育壮大新兴产业，布局建设未来产业[①]。这就要求承载区域具有扎实的产业基础，在制造业智能化、绿色化、创新化发展上具备先行条件，促进战略性新兴产业和未来产业发展，实现产业体系的持续迭代优化，抢占全球价值链中高端。

当前，我国先进制造业集中分布在长三角、珠三角、京津冀等动力源地区，基础扎实、配套完善、科技含量高、与国际市场高度接轨。例如，粤港澳大湾区构建起以电子信息制造、先进装备制造为支柱和一般加工制造为基础的现代制造业体系，已经形成新一代信息通信、超高清视频和智能家电等国家级先进制造业集群。同时，部分中西部城市紧紧抓住新一轮科技革命的机遇，积极承接东部地区及全球产业转移，成都、重庆、郑州、合肥、西安等城市已成为全球电子信息、新型显示、新能源汽车、航空航天等重要的研发和制造基地。

（三）要求承载区域能够大胆改革创新、使生产关系更加适应新质生产力的发展

新质生产力的形成，会引起生产关系的变化，必须通过进一步全面深化改革、扩大高水平对外开放来实现。这就要求承载区域具有改革开放的主动性和先行性，能够以创新性改革举措建立高标准市场体系，促进技术、人才、资金等生产要素向新质生产力发展顺畅流动。其中，高素质的人才队伍是核心要素保障，这就要求承载区域能

[①] 《习近平在中共中央政治局第十一次集体学习时强调 加快发展新质生产力 扎实推进高质量发展》，《人民日报》2024 年 2 月 2 日。

够形成适应新质生产力发展要求的战略性人才队伍和应用型人才队伍，创新人才培养、引进、使用、合理流动的工作机制，激发各类人才活力。

党的十八大以来，我国持续巩固东部沿海地区改革开放先导地位，发挥京津冀、长三角、粤港澳大湾区开放引领作用，深圳、上海浦东新区等改革开放高地持续形成先进经验并在全国范围内复制推广，在重点领域和关键环节改革成效持续显现。推动"一带一路"建设与国家区域重大战略衔接，提高中西部和东北地区开放水平。布局建设高水平开放平台，支持海南逐步探索、稳步推进中国特色自由贸易港建设，先后部署设立21个自由贸易试验区，完善沿边重点开发开放试验区、边境经济合作区、跨境经济合作区功能。

二、有效统筹好三个方面重要关系

各地需要尊重客观规律，从全局角度科学研判科技创新和产业发展趋势规律，基于自身比较优势分析，找到符合自身发展的路径，把"等不得"与"急不得"、"先行"与"后发"、"共性"与"特性"有机统筹起来，将因地制宜发展新质生产力落实在不同区域载体上。

（一）处理好"等不得"与"急不得"的关系

发展新质生产力是我国顺应新技术革命和产业变革趋势、构筑新竞争优势和赢得发展主动权的战略选择。发展新质生产力需要加快形成技术革命性突破，深入实施创新驱动发展战略，牢牢扭住自主创新这个"牛鼻子"，加大源头性技术储备，加快应用性技术研发，推动劳动资料迭代升级。在基础零部件（元器件）、基础材料、基础软件、高端芯片、工业软件等"等不得"的关键领域，要支持有条件的优势地区尽快实现核心技术突破，大力提升底层技术、关键核心技术自主供给能力和原始创新能力，全力推动产业化应用。

对于其他地区，要立足本地产业发展实际，充分认识到新质生产力发展"急不得"的客观规律，逐步完善发展新质生产力所需要的要素支撑环境，形成与新质生产力更相适应的生产关系，坚决避免"一哄而上"，防止重复建设，形成差异化、特色化的新兴产业发展格局。

（二）处理好"先行"与"后发"的关系

我国幅员辽阔、人口众多，各地区自然资源禀赋差别之大在世界上是少有的，再加上历史、文化等多种因素影响，地区间的差异会始终存在。因此在发展新质生产力的过程中，各地的要素构成条件、资源禀赋条件必然各有不同。伴随着我国市场体系的日趋完善，各类生产要素自由流动并向优势地区集中，这是资源配置效率不断提高的必然趋势。从我国区域经济发展的格局来看，以三大动力源地区为代表的东部沿海地区、中心城市和城市群已经形成了先发优势，在新质生产力发展中要承担起引擎功能，发挥好辐射带动作用。

中西部和东北地区科技创新和产业发展基础相对薄弱，但在资源承载力、要素成本等方面相较于东部地区仍然具有优势，要加强不同地区间创新链产业链协同，推动后发地区积极承接产业转移，促进传统产业转型升级，在区域协调发展中提高发展效率，进一步促进新质生产力发展。

（三）处理好"共性"与"特性"的关系

因地制宜发展新质生产力既有共性问题，又有个性问题。从共性上来看，各地都要思考如何用好新技术、如何构建好人才队伍、如何通过更高水平的改革开放释放要素活力，对于共性问题，部分地区率先探索出好的路径、好的做法，要及时在全国复制推广。同时，不同区域因为其自然资源禀赋和区位等条件差异，从主体功能定位上看有所不同，生态地区、农业地区、能源资源地区等承担着维护生态安全、农业安全、能源资源安全的重要功能，这些地区发展新质生产力要充分考虑好安全与发展的关系，着力将特色优势资源转化为新质生产力。

三、因地制宜发展新质生产力的实践路径

在具体实践中，应准确把握因地制宜发展新质生产力的科学内涵和实践要求，增强优势地区策源功能，深入推动区域协调发展，强化区域联动，深入挖掘不同地区人才红利，促进不同地区比较优势充分发挥。

（一）增强优势地区引领功能

以"点"发力支持京津冀、长三角、粤港澳大湾区等优势地区引领技术突破和产业策源。面向世界科技前沿、面向国家重大需求，支持三大动力源地区在关键核心技术、创新成果转化、高端平台赋能上持续攻坚。京津冀地区以北京科技创新中心建设为统领，加强对基础技术、非对称技术、颠覆性技术研究的系统布局，加快集聚创新要素资源、高起点布局高端高新产业。长三角地区以上海科技创新中心建设为引领，组织国际大科学计划和工程，加强分工逐项突破，在脑科学与类脑研究、量子通信、大数据、未来网络、新材料等领域取得突破，带动新兴产业发展。粤港澳大湾区统筹利用港澳优质科技创新资源，对标全球一流水平建设粤港澳大湾区国际科技创新中心，推动粤港澳三地在集成电路、精密仪器、人工智能、生物技术、海洋科技等领域创新链产业链深度融合，形成具有全球竞争力的产业集群。

支持优势地区建设新质生产力发展试验载体。推动试验载体基于

自身实际，从不同维度探索发展新质生产力的路径，赋予试验区更大改革权限，在科技体制改革、要素市场改革、支持民营经济发展、优化人才政策供给等方面实施更加积极的制度创新举措。适时形成一批典型经验和典型案例，为各地因地制宜发展新质生产力提供参考借鉴。

（二）促进不同地区充分发挥比较优势

推动西部地区立足资源禀赋形成特色产业集群。支持新疆、内蒙古、宁夏等省份大力发展非化石能源，推进以沙漠、戈壁、荒漠地区为重点的大型风电光伏基地建设，推动云南、四川等省份因地制宜开发水电，发展"绿电"。支持西部地区在新能源、新材料、生物医药、先进装备制造、现代农牧业等领域着力打造若干特色支柱产业。加大力度支持西部地区补齐交通、水利、能源等基础设施空白，全面优化发展环境。

推动中部地区立足实体经济根基提升产业竞争力。发挥中部地区连南接北、承东启西的区位优势，加快建设合肥、武汉等创新高地，巩固扩大先进存储器、先进轨道交通装备、农机装备等先进制造优势，推动传统制造业改造升级和战略性新兴产业培育。

推动东北地区整合优化科教创新资源促进产业升级。全力破解体制机制障碍，积极培育新能源、新材料、先进制造、电子信息等战略性新兴产业①，推动能源、化工、食品、轻工等传统行业数字化转型，积极发展冰雪经济和海洋经济。

推动不同类型重点功能区域用好独特资源。鼓励生态受益地区与生态保护地区、流域上下游通过资金补偿、产业转移、共建园区等方

---

① 《习近平主持召开新时代推动东北全面振兴座谈会强调 牢牢把握东北的重要使命 奋力谱写东北全面振兴新篇章》，《人民日报》2023 年 9 月 10 日。

式完善多元化横向生态补偿机制，创新生态产品价值实现机制，促进生态地区依托生态资源培育形成清洁能源、环保装备等优势产业。健全资源输出地与输入地之间的利益补偿机制，加快建立支持资源型地区经济转型长效机制，促进能源资源地依托丰富的能源资源培育形成新能源、新材料、数字经济等优势产业。建立粮食主产区与主销区之间的利益补偿机制，鼓励粮食主销区通过提供资金、人才、技术服务支持等方式开展产销协作，促进农业地区依托充足的农产品供给培育形成农产品精深加工、绿色食品等优势产业。

（三）强化区域联动合作

推动产业跨地区梯度转移。优化东西部产业协作机制，在中西部和东北地区布局建设承接产业转移重大平台，发挥好国家承接产业转移示范区引领作用，更好承接沿海地区电子信息、先进制造等产业转移，促进东部地区科研成果落地转化，建设国家战略腹地。

创新跨区域协作机制。积极开展规划衔接、政策沟通、产业协作、要素流动等合作，探索多种形式的区域协同发展机制和产业转移引导机制，推动建立区域间产业转移税收分享机制。创新跨省"飞地经济"等合作开发模式，建立成本共担和利益共享机制。围绕就业信息共享、劳务合作交流、创业服务互动、产业精准承接等方面研究建立合作机制。支持欠发达地区发挥土地资源优势，以委托管理、投资合作等形式与发达地区共建产业园区，通过设立分园、委托管理等方式深化园区共建合作。

深挖中西部和东北地区新质生产力发展空间潜力。以长江中游城市群、关中平原城市群、中原城市群、哈长城市群、兰州—西宁城市群、宁夏沿黄城市群、呼包鄂榆城市群等中西部和东北地区城市群分类提升和结构优化为重点，加快提升中心城市发展能级，增强区域引擎带动作用。将柳州、赣州、遵义等培育为承接产业转移、支撑省际交界地区协调发展的动力传导型城市。

（四）优化区域开放布局

推动沿海地区引领制度型开放。发挥好上海自贸区临港新片区、横琴粤澳深度合作区、前海深港现代服务业合作区和北京市服务业扩大开放综合示范区等开放高地示范引领作用，对标国际自由贸易港、自由贸易区高标准经贸规则体系，加快在投资、贸易、资金、运输、人员和数据跨境流动等重点领域率先实现重大突破。支持广东、江苏、浙江、上海、山东、福建等外贸大省（市）发挥高新技术产品出口竞争优势和民营外贸企业活跃优势，拓展产业空间。

提升内陆和沿边开放支撑能力。以融入共建"一带一路"为引领，高效衔接西部陆海新通道、中欧班列、中老铁路等重要通道。支持新疆加快丝绸之路经济带核心区建设，支持云南建设面向南亚、东南亚的辐射中心，推动广西打造国内国际双循环市场经营便利地；加快推动中部省份主动对接新亚欧大陆桥、西部陆海新通道，高标准建设安徽、河南、湖北、湖南自由贸易试验区，加快郑州—卢森堡"空中丝绸之路"建设，推动江西内陆开放型经济试验区建设；推动东北地区依托中国（黑龙江）、中国（辽宁）自贸试验区以及中日（大连）、中韩（长春）、中德（沈阳）合作示范区等重大开放平台，完善面向东北亚的交通网络，深化面向东北亚开放。

推动开放平台提档升级。适时推动一批开放基础更趋成熟的平台"扩区"，有针对性地在条件成熟地区加大风险压力测试力度。支持自由贸易试验区、内陆开放型经济试验区、沿边临港产业园、国家级经开区等平台高质量发展，发展高水平开放型经济，推进贸易投资便利化改革创新，有力推动产业结构优化升级。研究内陆地区新增保税区、跨境电商综合试验区、国际陆港等多元化开放平台，助力内陆企业深度参与全球价值链分工。

提升海南自贸港全球影响力。既要充分借鉴全球成熟自贸港的先进经验，也要充分考虑我国国情，加强制度集成创新，围绕贸易、投资、跨境资金流动、人员进出、运输来往"五个自由便利"和数据安全有序流动持续深化开放举措，支持海南率先对接高标准国际经贸规则。聚焦南繁育种、深海科技、航空航天等领域开展技术攻关，高水平建设三亚崖州湾科技城、文昌国际航天城、博鳌乐城国际医疗旅游先行区、陵水黎安国际教育创新试验区、洋浦经济开发区等重大平台。持续优化发展环境，增强面向全球开放的发展活力和资源要素吸引力。

（五）释放不同地区人才红利

推动优势地区加快建设面向全球的国际化人才高地。支持北上广深等城市率先完善外籍高端、专业人才来华停居留政策，探索建立技术移民制度。支持建设高端国际人才社区，形成与国际接轨的人才生活保障服务新范式。支持高校前瞻性设立一批未来技术学院和现代产业学院，超常规布局一批急需学科专业，建立就业与招生联动培养机制。

推动中西部和东北地区着力形成应用型人才队伍。在中西部和东北地区围绕支柱产业培育规划布局一批具有专业和区域特色的高校和科研院所，推动建设一批产教融合型城市、企业和实训基地，推广现代学徒制和企业新型学徒制，开展大规模多层次职业技能培训，促进产业用工需求和职业技能培训有效衔接。鼓励中西部与东部地区高校、科研院所开展人才合作，深入推进职业教育东西协作行动。

（六）鼓励地方进一步深化改革创新

指导不同地方围绕新质生产力发展需要，根据各地实际和新质生产力发展重点，开展深层次改革探索，促进形成与新质生产力更相适应的生产关系。加快建立全国统一大市场，鼓励京津冀、长三角、珠三角等地区率先开展区域市场一体化建设，为其他地区以及全国一体化市场体系建设提供经验。推动地区间跨行政区市场准入、人员流动、产权保护等方面的制度对接，支持跨省交界地区探索行政区与功能区分离改革，大力破除行政性垄断和地方性保护，让各类先进优质生产要素向发展新质生产力顺畅流动，全面激发市场活力。积极推动东部地区先进改革经验推广复制，以经营主体需求为导向优化中西部地区和东北地区营商环境，支持民营企业设立研发中心、专业化众创空间、制造业创新中心等创新平台，平等参与政府采购和科研项目招投标，构建能够与东部地区有效衔接的市场监管体系。

第二章

京津冀地区

京津冀地区面积 21.6 万平方公里、人口超过 1 亿人，2023 年经济总量达 10.4 万亿元，是引领全国高质量发展的三大重要动力源之一，也是培育和发展新质生产力最为活跃的地区之一。2023 年 5 月，习近平总书记在主持召开深入推进京津冀协同发展座谈会上强调，努力使京津冀成为中国式现代化建设的先行区、示范区[①]，为京津冀协同发展指明了方向。在发展新质生产力方面，京津冀地区积累了一些好做法、好经验，可以成为先行区、示范区。

一、北京：立足首都优势全方位竞逐新质生产力

北京是全国政治中心、文化中心、国际交往中心、科技创新中心，在培育新质生产力方面具有产业、教育、科技和人才等诸多优势。近年来，北京持续推进国际科技创新中心建设，加快布局新兴产业和未来产业，全面推动发展方式绿色转型，着力打通束缚发展的堵点卡点，全方位竞逐新质生产力，有基础、有底气、有实力。

（一）聚焦建设国际科技创新中心

科技创新是发展新质生产力的核心要素。北京科研院所、高新技术企业等科技资源丰富，自主创新能力强，具备抢占全球科技制高点的条件。目前，北京正朝着建设具有全球影响力的全国科技创

[①] 《习近平在河北考察并主持召开深入推进京津冀协同发展座谈会时强调 以更加奋发有为的精神状态推进各项工作 推动京津冀协同发展不断迈上新台阶》，《人民日报》2023 年 5 月 13 日。

新中心，打造世界高端企业总部聚集之都、世界高端人才聚集之都迈进。

1. 搭建高能级平台汇集创新资源

近年来，北京围绕国际科技创新中心建设，聚力打造中关村国家自主创新示范区"主阵地"和中关村科学城、怀柔科学城、未来科学城、创新型产业集群示范区"三城一区"主平台。中关村国家自主创新示范区主要是推进先行先试改革，加快建设世界领先的科技园区。中关村科学城主要是充分发挥一流高校院所、高新技术企业、顶尖人才集聚优势，系统布局基础前沿和关键核心技术，实现更多"从0到1"的原始创新。怀柔科学城主要是建设综合性国家科学中心，加快形成重大科技基础设施集群，努力打造成为世界级原始创新承载区。截至2024年4月，怀柔科学城已经布局37个科技设施平台，其中29个于"十三五"时期开工建设，已有10个进入运行状态，预计到2025年这29个科技设施平台将全部运行。未来科学城主要是紧抓生物技术、生命科学、先进能源、数字智造等发展机遇，加强东西联动，推进能源谷、生命谷、沙河高教园"两谷一园"建设。创新型产业集群示范区主要承接"三城"创新成果外溢，建设高精尖产业主阵地和成果转化示范区。截至2024年4月，北京汇集了近百所高校、超千家科研院所，拥有全国重点实验室77家，占全国总量的28.1%。

2. 长期高强度投入形成一大批创新成果

长期以来，北京高度重视科技创新投入，研发投资强度稳居全国首位。2022年，北京全社会研究与试验发展（R&D）经费总量为2843.3亿元，同比增长8.1%，占全国R&D经费投入的比重为9.2%，占比保持稳定。自2019年起，北京的全社会R&D经费投入强度多年保持在 6% 以上，总体呈上升态势，2022 年提升至 6.83%（见图 2-1）。高投入带来高产出，从科研成果看，北京市被引论文数量、万人发明专利拥有量位居全国首位。2023 年，北京市全年发明专利授权量 10.8 万件，占全国的 11.7%；年末拥有有效发明专利 57.4 万件，占全国的 11.5%；PCT 国际专利申请量 11438 件，占全国的 15.4%；每万人口高价值发明专利拥有量 137.0 件，是全国平均水平的 11.6 倍；全年技术合同成交额 8536.9 亿元，占全国的 13.9%[①]。大批国家重大科技基础设施在京建设运行，北京的大科学装置数量位居全国首位，基础研究类获奖成果数量大幅增加，涌现出一批具有国际影响力的原始创新成果。

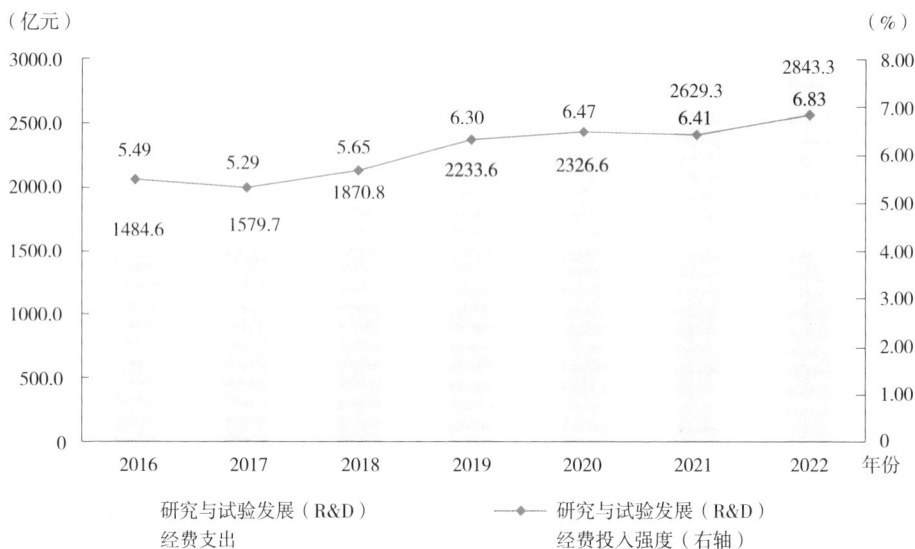

图 2-1 2016—2022 年北京市 R&D 经费投入强度

资料来源：《2022 年北京全社会研究与试验发展（R&D）经费投入情况》，2023。

---

① 《2022 年北京全社会研究与试验发展（R&D）经费投入情况》，北京统计公众号，2023 年 9 月 19 日。

3. 持续完善创新生态，发挥企业创新主体作用

创新激励方面，设立科技创新母基金，规模达 300 亿元，80% 投向原始创新和成果转化阶段，最长投资期为 15 年。北京 80% 的科创企业是硬科技企业，创新质量大幅提升。企业创新引领方面，北京市基于企业全生命周期发展阶段，相继出台了针对科技型中小企业、前沿技术和颠覆性技术创新企业、国家高新技术企业、瞪羚企业、独角兽企业、领军企业等专项支持政策，以及小微企业研发补贴、企业科技研究开发机构、首都科技创新券、创新联合体、企业服务包等专门支持企业开展研发创新的相关政策，形成不断优化的支持政策体系[①]。截至 2023 年底，北京国家高新技术企业、专精特新"小巨人"企业、独角兽企业数量均居全国各城市首位，累计认定在有效期内的国家高新技术企业 2.83 万家，市级专精特新企业 7180 家，其中，国家级专精特新"小巨人"企业 795 家、独角兽企业 114 家。2022 年，全社会 R&D 经费投入中，企业投入占 43.6%，对全社会 R&D 经费增长的贡献率为 48.3%。

（二）聚力培育高精尖新兴产业和未来产业

新质生产力的本质是先进生产力，建设现代化产业体系是生产力转化的核心体现。北京市作为全国首个减量发展的超大城市，产业发展"减与加""舍与得"是选择题，也是必答题，近年来北京市把握产业数字化、智能化、绿色化、融合化发展趋势，全面推动传统产业转型升级，围绕十大高精尖领域壮大新兴产业集群，面向六大领域打造未来产业策源高地，推动先进制造业竞争力整体提升。

1. 聚力推动十大高精尖产业集群全部迈过千亿元门槛

2012 年以来，随着一般制造业企业疏解和落后产能淘汰加快，北

---

① 《走特色科技创新发展之路　北京科技企业蓬勃发展》，《科技日报》2022 年 11 月 29 日。

京逐步放弃"大而全"，转而聚焦"高精尖"。2017年12月，北京市制定了《加快科技创新发展新一代信息技术等十个高精尖产业的指导意见》，选取了新一代信息技术、集成电路等10个产业作为重点发展的高精尖产业，分别编制了指导意见，在资金投入、人才培养、知识产权保护等方面制定了有针对性的配套支持政策，例如，提出采用政府购买服务的方式，支持新一代信息技术在民生领域的示范应用。2018年进一步制定《北京市十大高精尖产业登记指导目录（2018年版）》，有针对性地实施财税、金融、科技、人才、土地、规划等产业政策。近两年，北京市更多扶持高精尖重点工程密集上马。2023年、2024年北京接续推进的300项市级重点工程中，科技创新及高精尖产业项目占到1/3[1]。2024年1月，设立规模100亿元的机器人产业发展投资基金，重点投向机器人本体、产业链零部件、产业链创新应用等领域。截至2023年，北京十大高精尖产业集群收入全部突破千亿级，其中，新一代信息技术产业超3万亿元，智能装备产业超5千亿元[2]。

2. 面向六大领域布局培育20个未来产业

北京市未来产业发展基础扎实，2023年2月，前沿科技咨询机构ICV发布的首个年度全球未来产业发展指数报告显示，未来产业20强城市中，北京仅次于旧金山，全球排名第2。2023年9月，北京市印发《北京市促进未来产业创新发展实施方案》，将未来产业聚焦在未来信息、健康、制造、能源、材料、空间六大领域20个产业。为支持未来产业落地，各区加强要素保障，例如，昌平区延续"拿地即开工"的"小米模式"，将一切审批手续前置办理，按着倒排工期"推"着各部门一起"跑"起来，比常规办理手续能省三四十天时间；经开区依

---

①② 《稳中求进——从十大超千亿产业集群看高精尖之变》，《北京日报》2024年2月21日。

托经开区新城 225 平方公里内的产业园区和企业，对未来产业细分赛道进行分级谋划，实现"一赛道、一规划、一政策、一园区"，计划布局建设 30 个未来产业先导产业园区，培育形成 300 个未来产业优质企业，打造若干个领跑全球的未来产业集群。

3. 全力建设全球数字经济标杆城市

2021 年，北京市发布了《北京市关于加快建设全球经济标杆城市的实施方案》，到 2030 年实现建设目标。产业数字化方面，"十四五"以来，北京市实施"新智造 100"工程，制定《北京市制造业数字化转型实施方案（2024—2026 年）》，对于新获评为国家级智能制造标杆工厂、国家智能制造示范工厂、世界经济论坛"灯塔工厂"的企业，最高给予 3000 万元奖励；对人工智能大模型在制造业细分领域的垂类首次优秀示范应用给予 500 万元奖励。"十四五"以来，北京已建立 10 家产值过百亿元的智慧工厂，培育 103 家智能工厂和数字化车间。智能工厂和数字化车间关键工序装备数控化率达到 88.12%，生产设备联网率达到 79.55%。数字产业化方面，为充分发挥数据要素作用，2023 年北京率先发布地方版"数据二十条"，在多个重点领域先行先试，并建立全国首个数据基础制度先行区。围绕数字贸易发展，先后制定《北京市关于打造数字贸易试验区实施方案》《北京市关于促进数字贸易高质量发展的若干措施》等政策文件，旨在将北京打造成为具有全球影响力的数字经济和数字贸易先导区。统计数据显示，2023 年北京市实现数字经济增加值 18766.7 亿元，占地区生产总值的比重为 42.9%。

（三）扎实推进绿色北京战略

绿色发展是高质量发展的底色，新质生产力本身就是绿色生产力。党的十八大以来，北京市坚决以习近平生态文明思想为指引，深入实施绿色北京战略，在推动城市"减量"发展的深刻转型过程中把绿色发展摆在突出位置，取得了显著成效，绿色成为首都的亮丽底色。

1. 增存并举推动产业绿色化转型升级

一方面，严格遴选绿色增量产业，自2014年起制定实施并持续修订完善新增产业禁止和限制目录，最新的2022年版目录进一步瞄准"双碳"目标，引导新增产业和功能发展更加绿色低碳、生态环保。另一方面，大力推动存量产业绿色低碳改造，完善清洁生产促进工作机制和标准体系，创新开展清洁生产京津冀伙伴计划，推动实现政策协同、标准协同、治理协同和生态环保效益协同，加强重点用能和碳排放企业管理，2021年起，依托"互联网＋监管"平台对全市重点用能单位实施了全覆盖的节能综合监察；2023年度北京有882家排放单位被纳入重点碳排放企业管理，有398家排放单位被纳入一般碳排放单位管理。组织开展工业节能诊断服务，重点行业企业实施能效达标、能效"领跑者"遴选等活动，鼓励企业对标先进提质改造。持续推进工业绿色制造体系建设，推进绿色制造示范创建。截至2024年5月，全市有国家级绿色工厂131家，绿色供应链管理示范企业25家，绿色园区2个。

2. 技术创新加速绿色低碳转型

2022年以来，已有26个项目先后获评北京市先进低碳技术试点，初步测算年减碳量可达到51万吨。分批次印发北京市创新型绿色技术推荐目录，累计推荐了90项绿色技术，覆盖能源节约、替代能源生产、固体废物减量化及资源化、减碳固碳等10余个重点领域。公开推荐了3个需求应用场景，吸引一批绿色技术企业"揭榜"，引导供给与需求对接。结合产业结构和碳排放特征，在高校、电力生产和计算机通信电子设备制造等3个领域评选5家低碳"领跑者"，带动供应链上下游协同降碳。发布北京市节能技术产品推荐目录（2023 年本），涵盖建筑围护结构、供热锅炉系统、空调通风系统、照明和采光系统、电力电气技术、数据中心节能技术、能源管理系统、新能源与可再生能源利用等领域 53 项节能技术产品。组织实施节能技改奖励政策，"十四五"以来，累计支持了 60 个项目实施节能技术改造，累计节能量约 2.8 万吨标准煤，减少二氧化碳排放约 5.8 万吨。

3. 大力发展绿色金融

作为国家金融管理中心，北京的绿色金融发展走在全国前列，政策体系和顶层制度安排日渐完善。绿色政策设计方面，出台了《金融支持北京绿色低碳高质量发展的意见》《"两区"建设绿色金融改革开放发展行动方案》等，建立了"绿色金融专班工作机制"和"绿色金融专家委员会"。绿色金融产品创新方面，首单"碳中和"绿色金融债券、全国首单绿色汽车分期资产支持证券、全球多币种"碳中和"主题境外绿色债券成功发行。创新推出"京绿融"支小再贷款专项产品和"京绿通"再贴现专项产品。截至 2022 年末，北京市本外币绿色贷款余额约 1.5 万亿元；非金融企业累计发行绿色债券超 1900 亿元，规模居全国首位。绿色金融基础设施方面，2008 年 8 月成立北京绿色交易所，积极推进绿色金融平台建设，着力打造面向全球的国家级绿色交易所；支持《碳金融产品》发布，为金融机构开发、实施碳金融产品提供有效指引。

（四）全面深化改革打通堵点难点

北京聚焦要素市场化配置改革，在优化营商环境、畅通教育—科技—人才的良性循环等方面持续发力，为发展新质生产力营造良好环境。

1. 深入推进要素市场化配置改革

土地改革方面，北京率先将建设项目选址意见书与用地预审合并办理，同时按照"应放尽放"的原则，除跨区域行政许可等少数几类事项之外，其余事项办理权限下放至区级部门，同时推动"告知承诺制"改革，对符合条件的社会投资低风险项目、集中供地项目、集体建设用地零星公共公益项目推行以告知承诺制方式办理规划许可，将审批时间由 7 天压缩为 0.5 天[①]。数据要素改革方面，重点加强对公共数据的改革，建立全市公共数据共享机制，推动公共数据和相关业务系统互联互通，设立金融、医疗、交通、空间等核心领域的公共数据专区，推动公共数据有条件开放和社会化应用。同时，结合数据基础制度先行区建设，努力打造数据流通"亦庄模式"。资本要素改革方面，加快完善中小企业金融支持体系，2021 年 11 月，设立北京证券交易所，首批 81 家企业上市，其中，专精特新"小巨人"企业 17 家，87% 的企业属于先进制造、现代服务、高技术服务、战略性新兴产业等领域。同时，在全国率先开展股权投资和创业投资（即 PE 和 VC）份额转让试点，积极推动资本市场改革开放，发挥"两区"平台优势，吸引高盛、瑞银、瑞士信贷、摩根士丹利等国际投行加大布局。

2. 持续实施从 1.0 版到 6.0 版营商环境改革

营商环境是企业生存发展的土壤，提升营商环境没有最好、只有更好。近年来，北京市把优化营商环境作为转变政府职能、激发经营主体活力和经济发展内生动力的关键举措，聚焦市场化、法治化、便利化、国际化目标，持续实施 1.0 版到 6.0 版改革共 1200 余项举措，重点领域关键环节改革不断取得新突破，特别是一业一证、一件事、

---

① 《以高效能审批服务高质量发展》，《中国自然资源报》2023 年 6 月 13 日。

一体化综合监管"3个一"重点改革取得了明显成效。行政审批方面，按照直接取消、下放审批、审批改备案、实行告知承诺、优化审批服务等5种方式，持续提高审批效率和质量。监管执法方面，推行以"风险＋信用"为基础的一体化综合监管，根据企业信用风险分类结果确定检查方式和次数，2024年3月，已在物流、养老等50个场景初步实施，推动实现监管"无事不扰"。政务服务方面，深入推进"一门、一窗、一网"改革，按照"应进必进""能进尽进"的原则，市、区两级政务服务中心"一门"集中进驻率、"一窗"综合受理率、政务服务事项"全程网办"比例均达100%，大力推行"一件事一次办"，推出62项"一件事"集成服务，切实让企业群众少跑腿。

3. 加快培育和引进发展新质生产力急需的人才

人才是第一资源，北京市高度重视人才工作，既重视人才培养、引进、使用、顺畅流动工作机制的建立，又注重优化高等教育学科设置、人才培养模式，同时还加强人才国际交流工作，积极吸纳海外高端人才和留学人才，打造全球人才高地。实施海聚工程等人才计划，出台了"国际人才20条"等政策[①]。结合高水平对外开放和扩大境外人才引进，2021年起推出《北京市境外职业资格认可目录》，2023年版目录将境外职业资格增加到122项。连续4年编制北京"两区"建设人力资源开发目录，为各类用人单位提供指引。截至2024年1月，北京地区聚集了全国近一半的"两院"院士、超过三成的"高被引"科学家（339人次），超过1/4的"万人计划"专家。《北京人才发展报告（2023）》显示，截至2022年底，北京地区人才资源总量达到796.8万人，人才密度居国内城市第一。

[①] 《推动习近平新时代中国特色社会主义思想在京华大地形成更多生动实践——中共北京市委"中国这十年·北京"主题新闻发布会实录》，北京市人民政府网，2022年9月2日。

二、天津滨海新区：四措并举发展新质生产力

天津滨海新区作为全国第三个国家级新区，产业基础雄厚、制造业门类齐全，生物制造、细胞和基因治疗、脑科学与智能医学、自主信创等领域研发实力强，未来产业集聚区、未来技术典型应用场景、未来产业发展平台等加速搭建，协同创新生态体系高效运转，新质生产力呈现蓬勃发展态势，为国内其他地区提供可借鉴的经验。

（一）全力打造技术创新高地

新质生产力是科技创新发挥主导作用的生产力，以高技术为主要特征。天津滨海新区依托高新技术开发区和滨海—中关村科技园等功能平台，汇聚高品质创新要素，营造良好创新生态，瞄准产业前瞻性技术开展攻关，取得显著成效。

1.搭建高能级创新平台

近些年来，天津滨海新区加快科技创新平台建设，打造孕育新质生产力的重要"孵化器"。截至2023年，滨海新区高标准建设信创、细胞生态、合成生物学等海河实验室，获批4家全国重点实验室、3家国家级创新中心、38家国家级企业技术中心①，拥有各类研发机构超570家，位居国家级新区前列，被授予国家级创新驱动示范区称号。天津国际生物医药联合研究院、天津科技大学、渤海大学滨海创新中心、国家电网天津市电力公司双碳运营管理分公司等9家单位共同发起成立"产学研"创新驱动联盟，构建"产学研"协作平台，寻求各方诉求的连接点，共同完善科技创新的重要环节，促进科技成果在滨海新

---

① 《从"小试管"到"大车间"——实验室激活滨海新区发展新动能》，新华网，2024年4月29日。

区的转化和应用，提升区域整体科技创新能力。

2. 完善创新生态体系

滨海新区依托滨海—中关村科技园，瞄准"类中关村创新生态"的目标，遵循"搭平台、强服务"思路，强化创新资源的链接，搭建综合性服务平台。推进"科创十字街"建设，在科技园建设支撑创新的信息交互平台、小联盟、小产业圈，强化创新空间之间的协调联动，激发创新活力。建立从科学家、高值知识产权科技成果到上市融资的发展路径，完善产业、创新、人才、金融配套政策体系，营造"核心+基地+网格"的环实验室产业生态。初步形成集知识产权创造、审核、运用、服务、保护于一体的服务体系，为科创企业量身打造知识产权保护"屏障"。坚持"产业引领、协同共赢、创新驱动、产城融合"的理念，主动融入京津冀协同发展，积极谋划建设滨海新区中央创新区，在对接、协同、改革、联动、联通上求突破，着力建设京津冀全面创新改革的引领区、吸引聚集全球创新资源的高地、京津冀协同创新共同体的示范区。

3. 畅通科技成果转化通道

滨海新区紧紧围绕提升科技成果转化专业化服务能力的目标，从建立机构、人才培养、资金支持等方面深化改革，提高科技成果转化效率。截至2023年底，滨海新区初步建立多层次技术转移机构，培养339名持证技术经理人，形成"数字平台+区域技转中心+科创服务机构"科技成果转化专业服务体系，打造全域成果转化服务网络，搭建科技成果转化专业服务的"四梁八柱"。同时，加强科技人才队伍建设。2023年前三季度，评选出滨海新区青年创新人才46人、高层次人才团队1个，并组织7名外籍人才申报获评2023年度天津市"海河友谊奖"及提名奖。优化财政资金奖励方式，鼓励在成果转化净收益中按约定比例落实专项资金，独立核算并用于技术转移运营机构或部门的能力建设和人员奖励。鼓励科技企业培养技术转移类人才，给予持证人才培训奖励补贴等。

（二）积极培育未来产业

天津滨海新区依托经开区小核酸产业集群、保税区生物制造谷、高新区信创谷、高新区细胞产业园4个未来产业集聚区，建设40余个未来技术典型应用场景，培育50余个未来产业龙头骨干企业和发展平台，在发展新质生产力上勇争先、善作为，有力推动科技创新和产业升级良性互动。

1. 积极发展小核酸产业

近年来，小核酸药物是全球投资新风口。截至2023年3月，国内开展的小核酸药物项目共35项，所有项目中占比最多的是心血管系统疾病，占所有项目的39.0%。滨海新区抢抓机遇，聚焦小核酸前沿领域，成立天津（经开区）核酸产业联盟，依托康希诺、凯莱英、天津科技大学、天津国际生物医药联合研究院等领军企业和高校院所，搭建集全产业链一站式服务于一体的平台，建设全产业链专业园区和产业集群。同时，积极探索"资源＋资本＋服务"的商业合作模式，以资本为纽带强化核酸药物全产业链上下游关联运作、协同赋能，推动形成政府、资本、资源多方协同，促进创新链、产业链、政策链、供应链、人才链加速集聚，着力打造具有全球影响力和竞争力的小核酸产业合作创新生态圈。

2. 创新发展生物制造产业

依托国家合成生物技术创新中心和中国科学院天津工业生物技术研究所两大国家级战略支撑平台以及中国科学院育成中心、中科天保智谷和瑞普生物智创谷等孵化平台，建设京津冀智能医药产业园，推动产业链和创新链融合发展，协同吸引创新要素和生产要素集聚。2023 年底，滨海新区拥有市级以上生物技术研发平台 100 个，生物医药企业超过 1500 家，生物医药科技型企业数量占天津市比重超过50%，形成以创新药物、医疗器械、现代中药、基因检测、细胞治疗等为代表的生物制造产业集群。

3. 加快发展信创产业

近些年来，随着新一代信息技术深入推进，信创产业蓬勃发展。滨海新区于 2012 年进行"天河一号"超级计算机应用。2014 年，飞腾与麒麟两家企业在滨海新区落地生根，营造产业生态。2017 年，滨海新区成立软件定义互联技术与产业创新联盟，打造专利、标准、芯片、装备和软件的自主技术与产业生态。2020 年，成立天津信息技术应用创新产业（人才）联盟，促进国产操作系统设计优化，推动计算机软件自主可控。2021 年 11 月，信创海河实验室在滨海新区正式揭牌，协同龙头企业、产业联盟、孵化载体、创新平台等多元主体围绕信息技术自主可控目标，开展科研攻关、产业创新、成果转化、人才培养，推动信创产业成果"从 1 到 N"的快速转化。2023 年底，初步集聚以麒麟、曙光等龙头企业为代表的信创企业千余家，产业规模超 3000亿元，拥有电子信息产业国家级新型工业化产业示范基地、软件和信息服务业国家级新型工业化产业示范基地，率先实现信创全产业链布局。

4. 谋划发展特色细胞产业

2021 年，滨海新区成立的细胞生态海河实验室，发挥新型研发机构的体制优势，吸引人才集聚，抢占未来赛道，发展细胞产业。截至 2023 年底，细胞生态海河实验室已引入 7 位院士，团队成员 700余人，成为我国细胞领域重要的高端人才聚集地。依托海河实验室平台，短短几年时间，初步形成在国内颇具影响力的干细胞产业、免疫细胞产业、疫苗抗体产业、基因治疗产业、基因检测产业，细胞全产业链加快构建。2021年，天津市细胞产业创新型产业集群成功入选国家级创新型产业集群。从空间分布看，基本形成小区域内专业集中、大区域内分工协同的布局特点，聚集了80余家重点企业，构建起"龙头拉动、配套跟进、集群发展"的产业梯队。

（三）加快发展绿色经济

新质生产力本身就是绿色生产力。加快发展新质生产力，要坚定不移地走生态优先、绿色发展之路，提升经济发展"含绿量"，助力碳达峰碳中和。天津滨海新区秉持"绿水青山就是金山银山"的理念，实施绿色低碳发展和生态文明建设行动，在绿色发展的赛道上逐浪奔涌。

1. 发展壮大绿色低碳产业

自2017年滨海新区开展绿色制造体系创建以来，通过降低产业能耗、优化产业布局，推进产业高端化、结构低碳化、园区绿色化，涌现一批绿色工厂、绿色车间。2022年底，滨海新区累计获评2个国家级绿色园区、46家国家级绿色工厂、23家国家级绿色供应链管理企业[1]。瞄准高端化、智能化方向，滨海新区加快布局氢气储—运—充、燃料电池客车、燃料电池汽车检测等相关产业，着力构建绿色制造体系。截至2022年，天津港保税区拥有加氢母站1座、加氢站6座，运营氢能燃料电池车辆（含叉车、物流车、公交大巴等）超过800辆，初步建成全国氢能产业示范园。同时，依托中新天津生态城，吸引国内外优质绿色产业集聚，重点发展氢能、新型储能和新能源装备等优势产业。

---

[1]《执"生态"之笔 擘画美丽"滨城"全景图》，《天津日报》2023年10月5日。

2. 加快构建绿色低碳能源体系

近年来，天津滨海新区持续推动能源结构优化，大力发展氢能、光伏、风电等能源产业，推进"盐光互补"、海上光伏、储能等示范项目，加快产业增绿步伐[①]。2022年，滨海新区氢气年产能已达1600吨，高新区企业TCL中环光伏单晶硅片出货量全球第1、区熔单晶硅片销量全球第3，华电海晶1000兆瓦项目是全国单体最大的"盐光互补"光伏项目。同时，倡导绿色出行，建设一批换电站、充电站和加氢站，建设"无废城市"。2024年建成的首个电动汽车充换电站包含1个公交换电站、1个汽车换电站和10个DC充电桩。此外，深入实施传统能源节能降碳改造，推动工业绿色微电网建设，探索开展海上漂浮式光伏项目，推动深远海海上风电建设，着力提高清洁能源利用比例。推进分布式发电市场化交易，把更多有高比例绿电需求的产业园区纳入"隔墙售电"试点。

3. 积极开展碳排放核算和交易

滨海新区坚持生态优先、绿色发展，以"生态+"引领城市建设，走出一条经济发展高质量和生态环境高颜值的协同发展之路。2022年7月，滨海新区与天津排放权交易所合作，组织实施林业碳汇项目。2023年11月，依托林业碳汇一期项目，以"生态司法+碳汇代偿"模式开展生态产品价值转化，共核准二氧化碳减排量1.4965万吨，核算金额100余万元，购买金额位列全国前列。该项目的成功实践标志着天津市"生态司法+碳汇代偿"等替代性修复模式迈出坚实步伐。同时，把生态转化价值投入森林资源管护，结合"871"生态保护修复工程，深入实施碳汇能力提升行动，建设碳汇储备库，推进碳汇交易试点。

---

① 《执"生态"之笔　擘画美丽"滨城"全景图》，《天津日报》2023年10月5日。

（四）深化重点领域改革

滨海新区深入实施要素配置、市场主体、营商环境等重大改革，加快制度型开放，推动改革开放先行区由"施工图"变成"实景图"。

1. 协同配合提升土地要素市场化配置水平

滨海新区依托被自然资源部列为集体经营性建设用地入市改革试点的重大平台，积极深化工业用地标准化改革，提高土地要素配置效率。发挥自贸区金融改革创新引领辐射作用，积极发展融资租赁、产业金融、航运金融等特色金融，探索"融资租赁＋保税维修"等一批首创性、可用性强、市场需求大的金融创新政策，释放资本要素活力。截至2023年底，滨海新区已完成超2200架飞机租赁和650余艘国际船舶租赁业务，飞机、国际航运船舶租赁业务规模超过全国总量的70%，是全球第二大飞机租赁聚集地和中国最大的租赁飞机资产交易中心。依托2023年5月成立的北方大数据交易（服务）中心，建立市场化主导的数据交易服务机构，形成跨区域、跨行业的流通交易系统，汇聚大数据相关产业，盘活存量数据资产。试运营期间，大数据交易中心意向交易额达到1.5亿元。

2. 大力实施市场主体改革

滨海新区以国企"一企一策"改革为牵引，健全中央和地方企业合作机制，推进区属平台公司市场化转型，探索国有资产盘活的新模式，仅2023年就盘活闲置资产收益50亿元。完善绩效管理考核办法，引导国企做强主责主业，加快国有资本向新质生产力投资布局。[1] 积极探索经营性国有资产集中统一监管的方式，高水平建设国资国企在线监管系统，提高专业化法治化监管水平。

---

① 《构建高效创新生态体系 发展新质生产力》，《经济参考报》2024年4月17日。

3. 对标对表，全面优化营商环境

对标世界银行新营商环境评估框架，推动营商环境改革提质升级，天津市率先开展高频证照"一件事"改革，上线运行共 12 类 39 项业务，受益企业高达 499 家。结合滨海新区"行政区 + 功能区"管理特点，持续深化开放区法定机构改革，编制行政许可事项实施规范，制定员额管理具体办法和差异化绩效考核实施细则，提高合规管理质效。探索建立政策一致性评估机制，开展惠企政策综合性集成创新，打造惠企政策"免申即享""即申即享"升级版。

4. 多措并举释放外需潜能

2023 年 9 月天津保税港挂牌 RCEP 企业服务中心，助力区内外企业抓住 RCEP "窗口期"，拓展外贸渠道。天津自贸试验区积极推出"小切口、见效快"的改革举措，打通堵点、解决难点、消除痛点，着力深化制度型开放。例如，2022 年底印发的《天津市生物医药企业（研发机构）研发用物品进口试点方案》，创新性建立"白名单"制度，打通长期掣肘生物医药产业发展的梗阻。截至 2023 年，自贸区累计实施 615 项制度创新举措，33 项改革试点经验和 6 个"最佳实践案例"在全国范围内复制推广，172 项经验案例在京津冀复制推广，发布 153 个金融专项创新案例。[①] 2023 年以来，开通"保税 + 专列""二手车出口 + 保税 + 中欧班列""保税 + 中转集拼"等一系列特色班列，保障国际产业链供应链畅通稳定。积极发展"跨境电商 + 产业带""龙头企业 + 跨境电商 + 海外仓"等模式，支持企业布局海外仓。截至 2023 年底，滨海新区在境外布局的海外仓超过 40 个。

---

① 《滨城打造改革新高地开放新平台》，天津市人民政府网，2023 年 12 月 22 日。

三、河北：创新驱动产业焕新发展新质生产力

作为传统产业大省，河北省近年来紧紧围绕构建现代化产业体系，坚持联动京津、产业焕新、借"绿"突围、深化改革，以科技创新引领产业变革，积极培育战略性新兴产业，布局建设未来产业，焕发传统产业转型升级新活力，加快催生新产业、新模式、新动能，让新质生产力澎湃在"冀"。

（一）联动京津，持续增强创新驱动发展能力

1. 借助北京和天津科技之力推动协同创新

京津冀是我国创新资源最密集、创新活跃度最高的地区之一。近年来，京津冀加快构建科技协同创新共同体，2015 年 10 月京津冀科技创新公共服务平台成立，2017 年 7 月《京津冀人才一体化发展规划（2017—2030）》出台，2018 年 11 月签订《关于共同推进京津冀协同创新共同体建设合作协议（2018—2020 年）》。依托北京、天津雄厚的科技资源，河北积极推进京津冀国家技术创新中心、河北中心、雄安中心建设，推动建立雄安高校协同创新联盟、中国科学院雄安创新研究院、雄安新区中关村科技园，与北京、天津协同开展共性关键技术研究，携手打造新能源和智能网联汽车、机器人等重点产业链，探索形成了"京津研发、河北转化"新模式。2023 年，河北承接京津转入法人单位 1092 个、产业活动单位 646 个；吸纳京津技术合同成交额达810 亿元，是 2014 年的 12 倍；京津专利技术在河北转化 1339 次，同比增长 74.74%。

2. 持续加大创新投入并推进集聚式创新

从创新投入增长看，近十年来，河北加大了科技创新投入力度，

与全国研发强度的差距大幅缩小。2012—2022 年，R&D 经费从 245.8 亿元增至 848.9 亿元，R&D 经费投入强度从 0.92% 提高到 2.0%，在全国排名从第 20 名上升至第 16 名（见图 2-2）。从区域创新分布看，全省科技创新活动主要集中在唐山、石家庄和保定。2022 年这 3 座城市的 R&D 经费投入合计占全省的 56.0%，2023 年这 3 座城市战略性新兴产业创新百强企业数量占全省的 53.0%。从行业创新分布看，创新投入主要集中在黑色金属冶炼和压延加工业、汽车制造业、电气机械和器材制造业、金属制品业。2022 年这 4 个行业规模以上工业企业的 R&D 经费投入分别达 165.7 亿元、117.5 亿元、42.76 亿元、42.28 亿元，合计占全省的 57.9%。

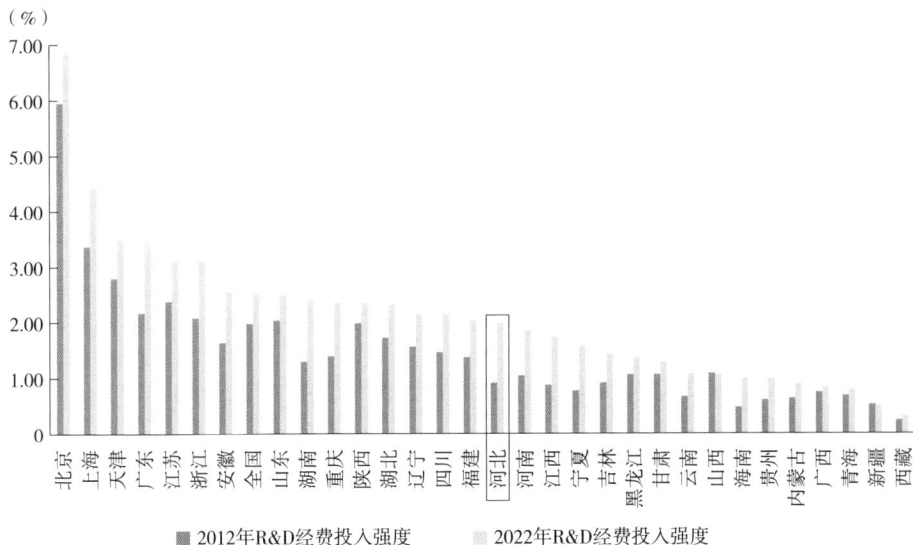

（%）

■ 2012年R&D经费投入强度　　■ 2022年R&D经费投入强度

图 2-2　2012 年、2022 年部分省份 R&D 经费投入强度

资料来源：根据 2012 年、2022 年全国科技经费投入统计公报绘制。

3. 采取实招让企业成为真正的创新主体

近年来，河北采取了一系列支持企业创新的政策。2016 年 9 月出台了《河北省科技创新券实施细则（试行）》，截至 2023 年底，累计发放创新券 1.42 亿元，支持科技企业 2142 家。2022 年，河北省将科技型中小企业研发费用加计扣除比例从 75% 提升至 100%。这些政策有效刺激了企业增强创新活力。2022 年，河北省企业、政府属研究机构、高等学校 R&D 经费支出所占比重分别为 83.3%、9.3% 和 6.5%，其中，企业 R&D 经费所占比重比全国平均水平高 5.7 个百分点。2023 年，河北省国资委监管企业的研发强度处于全国前列，26 家企业跻身全国民营企业研发投入 500 强，国家科技型中小企业达 2 万多家，新增 6 个国家中小企业特色产业集群。

4. 完善创新服务体系，促进科技成果转化

河北省不断优化创新环境，完善技术创新服务体系，促进科技成果转化为现实的新质生产力。截至 2023 年底，建立了 168 家技术转移机构，为科技成果供需双方提供精准服务。成果转移转化服务平台不断增加，2023 年建立了 42 个校企研发机构和服务平台，河北省科技成果转化网已汇集科技信息资源 12 万余条，形成科技成果展示、交易、转化、产业化全链条服务体系。技术转移队伍专业化水平持续提高，2020 年以来培育了 3000 多名技术经理人。2023 年，河北省共签订技术合同 22613 项，技术合同成交额 1789.9 亿元，同比增长 22.1%。

（二）产业焕新，积极发展战略性新兴产业和未来产业

1. 引导战略性新兴产业高速发展

河北坚持以科技创新引领现代化产业体系建设，促进科技与产业融合创新，积极培育发展新质生产力。2018 年 3 月，河北省制定了《河北省战略性新兴产业发展三年行动计划》，明确提出要建设 30 个战略性新兴产业示范基地。2023 年 4 月，河北省印发了《加快河北省战略性新兴产业融合集群发展行动方案（2023—2027 年）》，明确提出重点支持生物医药、新一代电子信息、新能源汽车等 9 个产业集群，重点培育软件和信息服务、新材料、现代中医药等 8 个产业集群。在政策引导下，石家庄生物医药等产业集群营业收入从 2021 年的 716 亿元增至 2023 年的 1079 亿元。2023 年河北省高新技术产业增加值增长 7.5%，展示出新质生产力对高质量发展的强劲推动力、支撑力。2024年前 4 个月，河北规模以上工业中，新能源汽车整车制造业增加值增长 4.8 倍，城市轨道交通设备制造业增长 100%，生物化学农药及微生物农药制造业增长 23.4%。

2. 积极开辟未来产业发展新赛道

河北坚持向产业要未来，向未来要产业，加快拓展新质生产力发展空间，取得了显著成效。河北省明确提出，2023—2027 年要在雄安新区、张家口、石家庄、唐山、保定等城市，积极推进空天信息、先进算力、鸿蒙欧拉、前沿新材料、基因与细胞、绿色氢能等 6 个未来产业发展。近年来，河北省依托雄安新区、石家庄、廊坊、保定，积极承接京津创新资源，推动组建中国空天信息和卫星互联网创新联盟，加速推进空天信息产业园建设，加快打造成为全国空天信息产业发展新高地。依托张家口数据中心集群建设，承接疏解北京等大数据产业和算力溢出需求，不断夯实"算力底座"，加快打造联通京津的算力经济廊道，根据中国信息通信研究院发布的《中国综合算力指数（2023 年）》，河北综合算力指数排名全国第 4，其中算力指数排名全国第 1。2023 年，河北上云企业增至 9.1 万家，企业工业设备上云率增至 24.8%，连续 3 年位居全国第 1。

3. 焕发传统产业转型升级新活力

作为传统产业大省，河北瞄准高端化、智能化、绿色化，加快推动钢铁、石化、食品等行业技术改造，取得了明显成效。例如，河北钢铁产业在转型升级中培育出新质生产力，一批重点产品处于国内外领先地位。河钢集团着力打造超高强度全系列钢种，高端品种钢比例近80%，引领国内自主品牌汽车用材料迭代升级，已成为我国第二大汽车用钢供应商。津西集团的热轧H型钢、钢板桩在国内的市场占有率已分别高达90%、45%，打破了对国外进口的依赖。首钢迁钢生产的无取向硅钢产量全国第一。新兴铸管生产的高合金及双金属复合管填补了国际市场空白。又如，化工企业通过企业入云重振雄风。裕泰化工集团曾作为邯郸民营企业十强，2013年由于资金链问题陷入困境，后来通过上云实现"智能进化"，年综合效益提升近5000万元，一举逆袭为5G智慧工厂。

（三）借"绿"突围，大力发展绿色生产力

1.推动重点产业逐"绿"前行

2022年以来，河北省加快推进7个重点行业环保绩效创A，推动传统产业借"绿"突围。钢铁行业先行试水，广泛应用低碳冶金、洁净钢冶炼等技术，大幅增加了"含新量"和"含绿量"，环保绩效A级企业、国家级绿色工厂数量分别增至36家、38家，均居全国首位。石化行业也坚持向上突围。例如，河北鑫海控股集团积极推进高品质、绿色化、数智化转型，废水处理后可达到锅炉用水标准，二氧化硫排放量仅为国家标准的30%，在中国企业500强榜单中从2022年第492位上升为2023年第407位，鑫海石油化工文化园也获评国家AAA级旅游景区。

2.数字赋能节能减排

河北省力推"十万企业上云"，开展数智赋能行动，积极培育新动能，促进节能减排，形成新质生产力。例如，近年来，中信戴卡股份有限公司通过运用人工智能、5G网络、大数据等高新技术，落地实施多项智能化科技项目，实现了生产成本降低33%、设备综合效率提升

21.4%、能源使用效率提升 39%。该公司已成为全球领先的铝合金车轮制造商、全球汽车零部件百强企业，2021 年成为全球铝车轮行业首家"灯塔工厂"。

3. 强化生态文明建设

近年来，河北省以打好蓝天、碧水、净土保卫战为抓手，协同推进降碳、减污、扩绿、增长。2023 年，设区市空气质量"退后十"成果得到巩固。全省地表水国考断面优良比例稳定在 80% 以上，地下水开采量压减 1.89 亿立方米。万元国内生产总值用水量 45.3 立方米（2015 年价），同比下降 2.8%。规模以上工业非化石能源发电量 961.7 亿千瓦时，同比增长 12.0%。新增 4 家国家生态文明建设示范区和"两山"实践创新基地。

（四）深化改革，打通束缚新质生产力发展的堵点卡点

1. 深化科技体制改革

近年来，河北着眼打通科技创新的堵点卡点，出台了一系列制度和改革办法。2015 年 10 月，河北省委、省政府印发了《关于深化科技体制改革加快推进创新发展的实施意见》。2018 年 3 月出台了《河北省科技奖励制度改革方案》。2022 年 4 月出台了《河北省科技计划项目"揭榜挂帅"组织实施工作指引》。为打破科技成果"不愿转、不敢转、不能转"的困境，河北从 2022 年开始赋予科研人员职务科技成果所有权或长期使用权试点，促使高校"千万级"成果转化项目加速涌现。为有效融通政产学研，实施研发费用加计扣除等普惠性政策，开展省产业技术研究院建设试点，推动更多科技成果转化为现实生产力。

2. 深化教育体制改革

百年大计，教育为本。为培养高素质人才，河北省积极推进教育体制改革。2021 年 6 月，河北省委、省政府出台了《河北省推进教育高质量发展实施方案》。2021 年 9 月，河北省人民政府学位委员会、河

北省教育厅发布了《关于深化新时代高等教育学科专业体系改革的实施意见》。2023 年 4 月，河北省教育厅制定了《教育强省建设行动方案（2023—2027 年）》，明确河北教育改革发展的总体思路和目标，制定了党建引领、时代新人铸魂、服务重大战略等 12 项行动计划。

3. 深化人才体制改革

创新的根基是人才。围绕人才引进来、留得住、用得好，河北省加快深化人才体制改革。为了对不同年龄、不同层次青年人才实行全谱系支持和梯次培养，河北省形成了青年科学基金、优秀青年科学基金、杰出青年科学基金、燕赵青年科学家"四步走"梯次推进的青年人才培养机制。为了给科技企业发展提供强大智力支持，2023 年河北省组建 318 个专精特新"小巨人"企业科技特派团。为聚天下英才办好千年大计、国家大事，雄安新区出台了《关于打造创新高地和创业热土聚集新人才的若干措施》。

四、小米科技：以科技创新为驱动加速发展新质生产力

小米科技有限责任公司（以下简称"小米科技"）成立于 2010 年 4 月，是以"人车家全生态"为核心战略的消费电子及智能制造企业，业务涵盖智能手机、智能硬件、智能电动汽车等。在小米科技的发展历程中，科技创新始终是推动企业前进的核心动力，小米生态链则以其独特的战略布局和产品服务，在全球构建了一个充满活力的智能生活生态系统。小米科技对技术革新的不懈追求，不仅彰显了其在推动产业升级和经济转型中的重要作用，也促进了新质生产力的加速发展。

（一）创新驱动企业不断迈上新台阶

小米是全球领先的智能手机品牌之一，建立了全球最大的消费级人工智能和物联网（AIoT）平台。2011—2023年，小米科技年度营业收入从5亿元飞速增长至2710亿元（见图2-3），年复合增长率达到了69%，2019—2024年已连续6年入选《财富》世界500强。

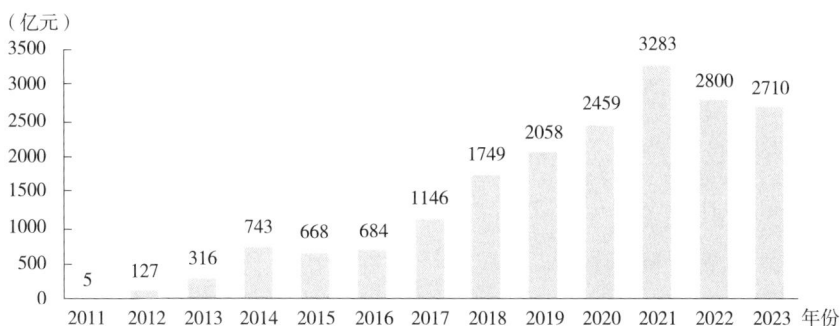

图 2-3　2011—2023 年小米科技营收情况

资料来源：《深度观察 | 14 年，从 0 到 2710 亿，小米高速成长背后的战略解码》，搜狐网，2024 年 4 月 1 日。

1. 智能手机全球领先

小米智能手机出货量稳居全球前三、中国品牌全球第一，拥有庞大的月活跃用户基础。2011年，小米手机出货量仅27万台，2013年首次突破千万台，2018年首次超过1亿台。根据知名科技市场分析机构Canalys发布的2023年全年全球智能手机市场报告，2023年，小米手机出货量达1.464亿台，稳居全国厂商第1、全球厂商第3，占全球手机出货量的13%，相比较而言，同期苹果手机、三星手机出货量分别是2.292亿台、2.254亿台。

2. AIoT 平台建设突出

2013年底，小米科技结合智能硬件和物联网（IoT）的趋势，开始发力IoT平台建设，以手机为中心孵化IoT生态链。2018年，小米科技制定 AI+IoT 万物智慧互联的 AIoT 战略。AIoT 是下一代超级互联网，是连接智能手机和所有智能设备的网络平台，其重点并不在于单纯的数字连接，在于最核心的应用场景中的互联互通的体验。围绕智能手机，小米科技的 AIoT 业务构建起更加完整的智能生活体验，为用户提供更大的体验价值，推动生态规模扩大，产生更多用户价值、商业价值。截至 2024 年第一季度，小米科技建立了全球最大的消费级 AIoT 平台，连接的 IoT 设备数量达到 7.86 亿台。

3. 人工智能技术处于行业前沿

小米科技坚持人工智能长期投入、全面赋能，2016 年成立视觉 AI 团队，而后升级为小米 AI 实验室，2018 年，成立 AI 影像算法团队，2023 年，成立大模型团队。2024 年 4 月，小米科技在人工智能领域拥有 3000 多人的研发团队，自研的 AI 技术在多个方向达到业内一流或领先水平，成功入选"2023 人工智能年度领航企业"榜单。

4. 智能制造全球领先

小米科技牵头组建 3C 智能制造创新联合体，实现关键核心技术突破，推动制造业智能化、数字化变革，在北京小米昌平园区建立了新一代小米手机智能工厂。工厂采用了全球先进的自动化、数字化生产线和智能制造技术，依托"小米澎湃智能制造平台"工厂大脑，完成行业领先的"全链路工业大数据"底座建设，让整座工厂具备了自感知、自决策、自执行能力，同时还实现了硬件设备 96.8% 自研、制造软件 100% 自研。

5. 智能电动汽车取得新成就

2024 年，小米科技推出了首款电动汽车——小米 SU7。上市首月锁单量、交付量均创下行业新纪录，预计 2024 年实现交付 12 万辆。小米汽车在电驱、电池、大压铸、智能驾驶和智能座舱等五大技术领域进行了创新，自研的超级电机 Hyper Engine V8s 和 CTB 一体化电池技术、大压铸技术居于全球领先行列。

（二）加速壮大新质生产力的重要举措

新质生产力本质是先进生产力，要及时将科技创新成果应用到具体产业和产业链上。小米科技依托在消费电子、系统生态、芯片技术、人工智能等领域的技术积累和产业优势，以科技创新为主导，保持高效能、高质量、绿色可持续发展，加快壮大新质生产力。

1. 聚焦科技创新，提升核心竞争力

自成立以来，小米科技以科技创新为驱动力，致力于构建具有核心竞争力的创新体系，截至 2023 年 8 月，已在 12 个领域开展技术研发布局，包括 5G 移动通信技术、大数据、云计算及人工智能、机器人、智能电动汽车等，总体细分领域达 99 项。一是注重底层核心技术投入，不断进行科技创新和未来技术战略投资，小米科技在人工智能、操作系统、自研芯片、5G 通信、自动驾驶和人形机器人等领域进行了深入研究和长期投入，形成了具有核心竞争力的创新体系。二是积极布局人工智能应用，小米科技将人工智能技术视为核心生产力，通过自研的人工智能技术在计算机视觉、语音、声学、知识图谱、自然语言处理和机器学习等方面达到业内领先水平，为企业产品和服务赋能。三是注重供应链自主可控，小米科技在 SoC 芯片、5G Modem 和汽车芯片的研发上投入巨大，预计未来 10 年将投入 500 亿元，推动国产供应链的自主可控，自研澎湃 OS 操作系统，实现了跨端互联互通，为万物互联提供了数字化公有底座。四是高度重视产品和服务创新，小米科技不断推出创新产品和服务，Xiaomi MIX Fold 4 / Flip 折叠屏手机和小米 14Ultra 集成了最新的工业创新技术。

2. 聚焦延链补链强链，构建完整产业生态体系

小米生态链涵盖智能手机、消费级 AIoT 平台、智能电动汽车等多个领域，构建了全场景智能绿色生态链。一是开放的生态系统，小米生态链鼓励第三方开发者和合作伙伴加入，共同构建开放、共享的智能生活生态系统。二是个性化定制，小米生态链通过提供个性化定制服务，满足用户对于智能产品个性化和定制化的需求。三是软件与服务与硬件无缝衔接，小米通过澎湃 OS 操作系统、小米云服务等软件，为用户提供了丰富的内容和服务，增强智能设备的使用体验，增强了用户黏性，市场地位进一步增强。

3. 聚焦绿色低碳转型，夯实高质量发展底色

绿色发展是高质量发展的底色，新质生产力本身就是绿色生产力。小米科技将绿色可持续发展融入企业基因，积极践行"双碳"目标需求，提出在 2040 年实现碳中和。一是推动绿色制造，小米科技在产品设计阶段就考虑产品的生命周期，包括易拆解、易回收的设计，减少产品废弃后的环境影响；在生产过程中，采用环保材料和节能技术，减少生产过程中的能源消耗和废弃物排放。例如，小米汽车工厂严格控制废水废气，处理效率高达 99%，废重金属做到零排放[1]。二是注重利用绿色能源，一方面通过智能化、自动化技术提高生产效率，减少能源浪费，如智能工厂中的自动化生产线和设备；另一方面积极利用可再生能源，如小米汽车工厂生产车间顶部全部铺满光伏板，每年可提供绿色电力 1640 万千瓦时。三是构建绿色供应链，积极发展绿色物流，优化物流体系，采用节能环保的运输方式，减少物流过程中的碳排放并推动供应链伙伴采取环保措施，选择环保材料和生产方式，共

---

[1] 《对话小米 CEO 雷军：造车很苦，但成功一定很酷》，腾讯网，2024 年 3 月 29 日。

同实现减碳目标。四是注重投资绿色技术，小米科技投资研发和应用绿色技术，如电动汽车、智能电网等，推动产业升级，同时积极参与或引领行业标准的制定，推动整个行业向低碳、环保的方向发展。

4.聚焦优化产业环境，积极推动区域产业协同发展

小米科技积极推动京津冀产业协同发展，通过投资与合作，促进了区域三地内供应链企业的共同成长，通过供应链、产业链、创新链、人才链四链高效融合，为企业成长提供了优质的产业环境。一是汽车业务融入京津冀协同，小米汽车工厂坐落于北京经济技术开发区，不仅促进了当地经济发展，也加强了京津冀地区的产业协同。小米汽车优先选择京津冀地区的供应链企业进行配套，通过定点供应商和采购合作，加强了地区内产业的联系和合作。二是孵化京津冀产业链。2017年，小米科技联合湖北省长江经济带产业基金共同设立了小米长江产业基金，重点投资芯片及AI相关业务。小米科技与河北、天津签署了战略合作协议，通过这些协议，小米科技在京津冀地区进行更深层次的产业布局和合作，带动形成了国产3C智能制造集群效应，提升地区产业的整体竞争力。三是积极在京津冀地区开展技术创新和研发活动，通过自研技术和产品推动地区产业的技术进步，增强区域内供应链的自主可控能力。

（三）政企合作助力新质生产力培育的实践经验

小米科技培育新质生产力，既有企业自身的持续努力，也离不开所在城市政府营造的干事创业环境。在这一过程中，北京市主要从4个方面为企业发展和新质生产力培育提供了政策支持。

1.鼓励企业加大科技研发投入力度

鼓励小米科技组建智能制造创新联合体，支持小米科技牵头组建全国首个由民营企业牵头的3C智能制造创新联合体，促进产业链和创新链的融合对接。同时，通过提供优惠政策、税收减免、资金扶持等措施，降低企业创新成本，构建高效的科技成果转化体系，将科技创新成果转化为实际生产力，促进跨区域、跨行业的协同创新，加强知识产权保护，保障企业创新成果的合法权益。

2. 支持企业在京津冀地区优化投资布局

支持小米科技构建产业生态体系，推动其技术创新和产业升级，促进地区经济的发展和产业结构的优化，共同成立北京小米智造基金，规模达 100 亿元，用于培育和孵化京津冀产业链。

3. 积极推动先进制造业和现代服务业深度融合

把握产业融合发展特征，北京市以示范园区和试点企业为抓手，加快培育具有产业融合特征的产业链龙头企业，一园区一特色打造优质产业发展园区，为首都高质量发展提供有力支撑。牢牢把握现代化产业体系智能化、绿色化、融合化的基本特征，通过搭平台、聚资源、促合作，着力推动"两业"融合向新而行，推动产业转型升级，形成发展新质生产力的强劲动力。

4. 为企业提供人才引进和培养政策支持

发展新质生产力，需要畅通教育、科技、人才的良性循环。北京市重点发挥教育、科技、人才优势，为企业提供科技创新资源，吸引和留住科技人才，通过构建现代化产业体系，提供符合首都功能定位的产业支持政策。为人才提供良好的职业发展平台，巩固和完善高精尖产业格局，通过高端产业的发展吸引专业人才，完善户籍政策、住房补贴、税收优惠等，吸引和留住关键人才。

第三章

长三角地区

一、上海：提升科技创新策源能力，打造科技创新中心

上海在国家科技创新蓝图中具有重要地位，被寄予科技创新策源的厚望。2019年11月，习近平总书记在上海考察时强调，要强化科技创新策源功能，努力实现科学新发现、技术新发明、产业新方向、发展新理念从无到有的跨越，成为科学规律的第一发现者、技术发明的第一创造者、创新产业的第一开拓者、创新理念的第一实践者①。近年来，上海积极响应科技强国战略，加快建设具有全球影响力的科技创新中心，强力推动科技创新与产业创新融合发展，打造一批世界领先科技园区和世界级产业集群，在培育壮大新质生产力方面走在全国前列。

（一）建设具有全球影响力的科技创新中心

1. 构建高水平全球创新网络

上海积极推进国际科技合作，提升合作交流层级，支撑具有全球影响力的科技创新中心建设。发挥"一带一路"科技合作"桥头堡"作用，截至2022年底，累计支持建设"一带一路"国际联合实验室40个，其中，国家级6个、市级34个。重点推进与新加坡、芬兰等国家开展创新合作，2022年累计支持国际技术转移及跨境孵化平台17个，

① 《习近平：深入学习贯彻党的十九届四中全会精神 提高社会主义现代化国际大都市治理能力和水平》，《人民日报》2019年11月4日。

中以（上海）创新园已集聚企业和机构 113 家，2023 年支持高校、企业开展国际双多边产业创新合作项目 60 项。外资研发中心加速融入，2022 年上海跨国公司地区总部、外资研发中心分别达 891 家和 531 家，其数量均为内地城市最多。持续打造世界级国际交流平台，2023 年举办了浦江创新论坛（第十六届）、世界顶尖科学家论坛（第 6 届）、世界人工智能大会（WAIC 2023）、中国（上海）国际技术进出口交易会（第 9 届）。上海科技创新中心的国际影响力持续增强，2023 年上海保持全球科技创新中心第一方阵，在全球 140 个城市中位居第 10 位①；2023 年上海—苏州集群在全球百强科技创新集群榜单中排在第 5 位，比 2018 年提升 7 位。

2. 引领建设长三角科技协同创新共同体

上海发挥龙头作用，引领长三角推进科技协同创新，增强科技创新硬实力。2020 年，上海配合科技部等出台了《长三角科技创新共同体建设发展规划》，牵头形成长三角国家技术创新中心建设方案，签订《推进上海西部五区科技和产业协同发展实现与长三角 G60 科创走廊联动发展的战略合作框架协议》。2021 年，在上海举办了"在沪外资研发中心长三角创新行"、第四届长三角科技成果交易博览会等活动。2022 年，15 个项目被纳入首批长三角联合攻关计划，促成九城市与中国科学院上海分院、上海科学院开展首批 19 个项目战略合作，由上海科学院牵头发起成立长三角科研院所联盟。2023 年，上海张江和安徽合肥综合性国家科学中心形成战略合作协议，上海技术交易所牵头建设长三角技术权益登记中心、长三角科技成果路演中心。

---

① 华东师范大学全球创新与发展研究院：《全球科技创新中心 100 强（2023）》，2023。

3. 瞄准国家需求打造体系化战略科技力量

围绕实现高水平科技自立自强，上海体系化加强战略科技力量建设。重点实验室体系逐步建强，2023 年拥有国家实验室 3 家，已揭牌成立和正在筹建的国家实验室上海基地 4 家，牵头完成重组全国重点实验室 26 家，上海市重点实验室达 184 家。高水平研究型大学加快建设，拥有"双一流"建设高校 15 所、建设学科 64 个，上海高校 171 个学科进入全球前百分之一、33 个学科进入全球前千分之一、3 个学科进入全球前万分之一。大院、大所、大平台等高能级科研机构集聚优势明显，中国科学院在沪研究机构达 15 家，培育建设一批高水平研发机构，推动一批重大原始创新成果不断涌现。科技领军企业和高增长企业快速成长，截至 2023 年底，上海企业在科创板上市 89 家、市值达 1.5 万亿元、位居全国第 1，66 家企业入选 2023 年胡润全球独角兽榜，专精特新"小巨人"企业（含培育）超 2800 家，高新技术企业数量突破 2.4 万家。

4. 强力推进高投入高产出的科技创新

上海长期高度重视对科技创新活动的投入，研发投入强度仅次于北京，稳居全国第 2。2010—2022 年，上海全社会 R&D 经费支出从 482 亿元增至 1982 亿元，占 GDP 的比重从 2.81% 上升至 4.44%（见图 3-1）。高投入带来高产出，从科研成果看，2023 年上海科学家在《细胞》（Cell）、《自然》（Nature）、《科学》（Science）等国际顶尖期刊发表论文 120 篇，占全国总数的 26.2%。2023 年上海市专利授权量 15.91 万件，其中，发明专利授权 4.43 万件，同比增长 20.5%；PCT 国际专利申请量 6185 件，同比增长 10.6%；年末有效专利达 91.51 万件；每万人口高价值发明专利拥有量达 50.2 件，位居全国第 2。2023 年经认定登记的各类技术交易合同 50824 件，比上年增长 32.8%；合同金额达 4850.21 亿元，增长 21.1%。

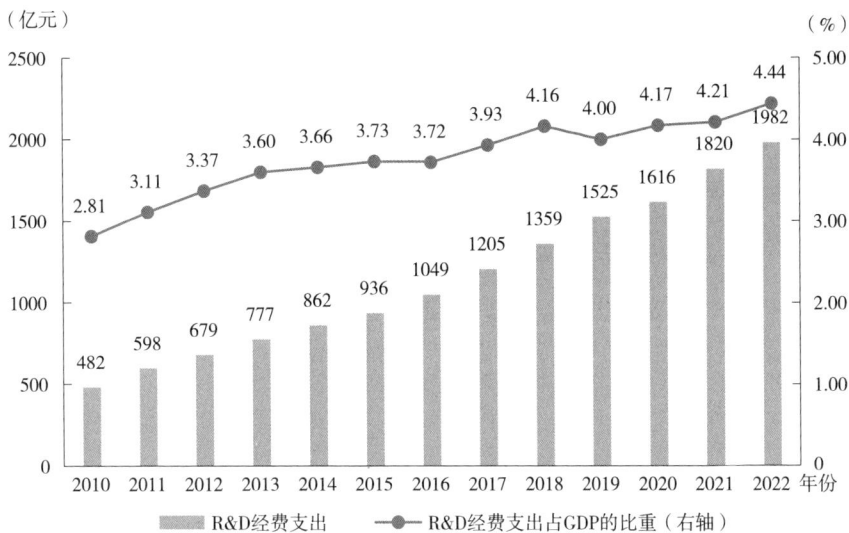

图 3-1　2010—2022 年上海市 R&D 经费支出及其投入强度

资料来源：根据万得数据库和 2010—2022 年全国科技经费投入统计公报绘制。

（二）科技创新与产业创新融合打造世界级产业集群

1. 建设世界领先科技园区

立足资源禀赋和特色优势，加快建设区域创新增长极，推动构建"中心辐射、两翼齐飞、新城发力、南北转型"的空间新格局。浦东新区将科技创新作为打造社会主义现代化建设引领区的第一要务，加快建设上海科技创新中心核心区，打造自主创新新高地。其中，张江科学城积极开展创新制度和政策先行先试，2023 年集聚了高新技术企业 1900 余家、科创板上市企业 40 余家、外资研发中心 180 余家，加快迈向国际一流科学城。徐汇、闵行、静安、普陀等区加快构建各具特色的重要承载区和创新增长极。嘉定、松江、青浦、奉贤、南汇等新城正成为科技创新中心建设的重要战略支点。宝山、金山依托科技创新加快打造现代化转型样本。此外，在上海张江高科技园区、长三角 G60 科创走廊、临港等地建立科创飞地近 20 家，将上海的科技优势辐射到整个长三角地区。

2. 大科学装置赋能"从0到1"和"从1到N"

大科学装置的外溢效应极强，不仅会催生一系列新设备、新技术、新知识，还可以转化为现实的新质生产力。上海已建、在建和规划的大科学装置达20个，涵盖光子、物质、生命、能源、海洋等多个领域，为产业科技创新提供"国之重器"和"孵化器"。例如，截至2024年5月，上海光源对用户开放15周年以来，已支持全国近800家单位、4500多个研究团队的超4.7万名用户，完成2万多个实验课题，促进世界级原创性成果的产生。在上海光源的强力支撑下，孕育出了首台国产精准治癌利器、首个在美上市的本土自主研发抗癌新药，科研成果产业化孵化周期和成本也大幅缩减，推动生物医药产业集群快速崛起。2019年以来，上海一类国产创新药累计获批24个，位居全国前列，上海生物医药产业规模从2019年的3833亿元增至2023年的9337亿元，年均增长率高达25%。

3. 推动集成电路、生物医药、人工智能三大先导产业发展

上海聚焦国家战略需求，深入落实集成电路、生物医药、人工智能三大重点领域"上海方案"，加快突破前沿技术和关键核心技术，积极培育新质生产力。集成电路关键核心技术攻关取得重要进展，以产线牵引集成电路全链条突破，国内首台2.5D/3D先进封装光刻机交付，天数智芯首款7nm通用GPU推理芯片"智铠100"成功点亮，国内首片300mm射频SOI晶圆制备完成。生物医药创新策源能力显著增强，创新药械数量保持全国领先地位，国产抗肿瘤原创新药开发位居全国前列，加快打造世界级生物医药产业集群。人工智能创新生态进一步优化，以底层技术支撑人工智能迭代升级，形成从算法、芯片、产品到行业应用的强韧产业链，着力打造AI"模都"。2023年，上海集成

电路、生物医药、人工智能三大先导产业规模达到 1.6 万亿元。

4. 开辟发展新领域、新赛道

新能源汽车技术研发持续推进，300kW 燃料电池电堆测试设备实现国产化，液驱增压系统等加氢站核心设备完成国产化样机试制。能源装备制造技术不断革新，全球首套 300MW 级压缩空气储能系列化大容量电机下线，全球首台全高温超导托卡马克装置 HH-70 主机系统发运。空天深海研发制造加速落地，研制发射一批试验卫星，C919 大飞机产业链进一步升级，深海远洋装备产业高地加快建设。新材料关键技术取得突破，持续提升先进复合材料、高端功能材料与航空航天材料等关键材料技术成熟度。元宇宙、区块链等新兴数字产业持续壮大。2023 年，上海新能源汽车、新能源产业产值分别比 2022 年增长 32.1% 和 21.3%，半导体存储盘、3D 打印设备等新产品产量增速分别达到 100% 和 29.4%，信息传输、软件和信息技术服务业营业收入同比增长 16.2%。

（三）统筹推进科技创新立法和改革

1. 浦东"立法试验田"释放新质生产力

2021 年 6 月，第十三届全国人民代表大会常务委员会第二十九次会议通过《关于授权上海市人民代表大会及其常务委员会制定浦东新区法规的决定》。浦东新区坚持问题导向，围绕促进经济社会发展，深化制度创新，加强立法保障工作，截至 2024 年 4 月，已出台法规、管理措施、地方性法规浦东专章分别达到 18 部、23 部和 2 部。涉及优化营商环境、推动产业升级、促进自主创新、发展绿色生态、深化城市治理等内容，加速培育新质生产力。例如，出台"市场主体登记确认制"法规，有效促进了营商环境优化；"一业一证"改革为市场主体松绑，让企业跑的次数更少；"化妆品产业创新"法规已形成引领性成果，探索形成"修丽可案例"，获得国家药监局推广应用；"生物医药"

法规施行后，有效促进一批高能级企业入驻浦东和加大投资力度。

2. 推动科技与金融深度融合

上海积极推进科技创新中心与国际金融中心联动发展，推动科技金融产品和服务创新，加强创业资本的多渠道供给。近年来，制定出台《上海市建设科创金融改革试验区实施方案》《上海科创金融服务能力提升专项行动方案》，研究制定推动股权投资行业高质量发展政策，发布上海科创金融服务能力提升"20条"。启动"沪科专贷""沪科专贴"科创专项再贷款贴现工作，对科技小微企业提供精准支持。推动设立上海市科技创新引导基金，引导社会资本投早、投小、投硬科技、投长期。加快建设上海股权托管交易中心、长三角资本市场服务基地两大企业投融资服务平台。成立科创金融联盟，构筑完善、多元的科创金融生态圈。深入推进绿色技术银行建设，探索绿色科技转移转化模式，深化"技术＋金融"模式创新。科技保险风险缓释作用有力发挥，深入开展首台（套）重大技术装备保险，临港新片区科技保险创新引领区建设加快。2023年，"高企贷"为9729家高新技术企业提供信贷支持3534.78亿元，科创企业上市培育库入库企业增至2004家。

3. 深化科技体制机制改革

上海持续深化人才体制机制改革，2023年4月发布《关于本市进一步放权松绑激发科技创新活力的若干意见》，积极推进科技人才评价综合改革试点，设立优秀科技人才职称评审绿色通道，建立特色人才评价举荐机制，完善外国人来沪工作政策。深入推进科研管理改革创新，深化科研经费"放管服"改革，持续推进科技攻关任务"揭榜挂帅"、"里程碑"、经费"包干制"、"基础研究特区"、"探索者计划"等改革。持续优化知识产权保护工作机制，加快打造国际知识产权保护高地和国际知识产权中心城市。深化科技成果转化机制创新改革，发布了《上海市科技成果转化创新改革试点实施方案》，深入推进6家单位国家赋权改革试点。2018—2022年，上海科技创新成果向外省加快转化，流向外省合同数从8927项增至18734项，占输出合同数量的比重从42.9%上升至50.1%；流向外省的合同金额从534.3亿元增至2291.06亿元，占输出合同金额的比重从55.4%上升至69.2%（见图3-2）。2023年上海技术交易所进场交易金额超300亿元。

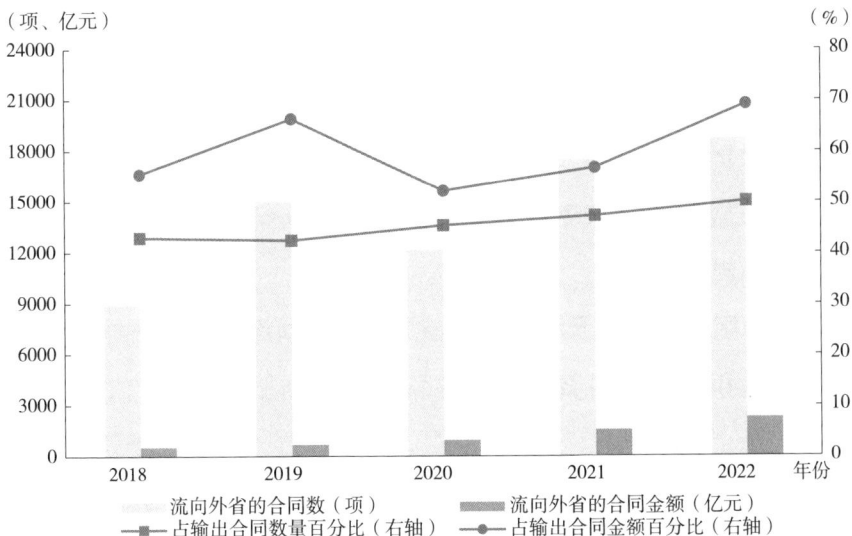

图 3-2 2018—2022 年上海技术合同额输出情况

资料来源：根据《2022上海科技成果转化白皮书》数据绘制。

二、浙江杭州：畅通教育人才科技良性循环

党的二十大报告指出，教育、科技、人才是全面建设社会主义现代化国家的基础性、战略性支撑。长江三角洲区域一体化发展上升为国家战略以来，浙江省一体联动建设教育强省、科技强省、人才强省，

加快打造各类人才向往的科创高地。杭州市将教育、科技、人才贯通作为战略支点，优化资源协同配置，不断开辟新领域新赛道，塑造新动能新优势，支撑引领新质生产力发展。

（一）锚定"三位一体"集聚要素资源空间

1.杭州市：争创科技成果转移转化首选地和综合性国家科学中心

2022 年 11 月，杭州提出打造科技成果转移转化首选地，以打造颠覆性技术转移先行地、成果概念验证之都、创新创业梦想实践地、全球科技服务中心核心区为定位，通过实施科技成果转移转化"145"行动，形成万亿级科技大市场[①]。依托国家实验室和杭州超重力场、杭州极弱磁场等大科学装置，强力推进创新深化和"315"科技创新体系工程建设，会同城西科创大走廊，构建"基础研究＋技术攻关＋成果产业化＋科技金融＋人才支撑"全过程创新生态链，加快推进综合性国家科学中心规划布局。

2.萧山区：发挥多元科创中心首批省级创新深化试点先导融合作用

萧山区积极围绕科教融合人才培养构建新格局，打造形成了产业转型升级新范式，浙江大学杭州国际科创中心、西安电子科技大学杭州研究院、湘湖实验室三驾"科创马车"集聚于此，引进了浙江省北大信息技术高等研究院，2023 年 8 月成为首批省级创新深化试点。其中，科创中心仪器共享平台可以为 100 多家科技企业提供服务；浙江省北大信息技术高等研究院牵头成立了视觉智能创新中心，组织了100 多家企业，视觉智能产业科研成果的应用及推广水平得到了极大提升[②]。

---

① 《杭州构建科技成果转移转化首选地》，《浙江日报》2023 年 2 月 9 日。
② 陈心妍：《三位一体 四链融合 多方联动——杭州市萧山区探索构建科教融合人才培养新格局》，《今日科技》2024 年第 1 期。

3. 西湖区：围绕环大学创新生态圈"创新一公里"集聚核心要素资源

西湖区积极推动科技创新，以高校及科技园区为中心，推动"国家实验室""环浙大玉泉人工智能产业带""之江文化产业带""环西湖大学生态圈""环浙工大创新创业集聚区"等成为区域经济高质量发展重要引擎[①]。2023 年，西湖区科技进步创新指数高达 266.8，连续 4 年位列全省前三位；全社会 R&D 经费投入强度高达 4.36%，比杭州市高出 0.5 个百分点。西湖区还充分发挥云栖小镇的集聚效应，落地了西湖大学科技园、浙江大学城市学院先进技术研究院、国科大杭州高等研究院 HIAS 科创园等一批产学研用载体。

（二）推动四链融合形成"星链"效应

1. 做实教育链，培育人才链

人才是第一资源，人才链是最活跃的因素，完善的教育链是形成人才链的基础。西安电子科技大学杭州研究院大力实施工程硕士卓越工程师培养改革专项，积极推动校企合作，研究院与企业开展了定制化联合培养，在 2023 年联合招收了工程硕士培养改革专项学生 100 名，探索了"订单式"实习实训的模式，校企联合推出案例和实践课程等"金课"85 门，将一线工程案例与教学相结合，推动以科带教、以产促教，为培养兼具理论视野和产业技术实践经验的产业创新人才提供了实践案例。

2. 聚焦人才链，驱动创新链

创新链包括创新内容产业化、经济化过程中所涉及的环节和主体。人才链则包括培养、挖掘、引进、用人、成长等环节。当创新链与人才链紧密联结，可释放强大的正向作用，呈现双向并行的发展格

---

① 陈心妍：《西湖："环大学创新圈"点线面串联 推动"科教人"深度贯通》，《今日科技》2024 年第 3 期。

局。西湖区以校友为纽带构建科创圈，形成了"首席科学家—创新型领军人才（团队）—科技从业者"的人才雁阵，为人才创业土壤提供政策"组合拳"，不断释放出招才引才聚才的裂变效应。萧山区则主要聚焦创新技术与市场需求、资本要素及应用场景的对接，通过打通"验证—孵化—产业化"全链条，发挥平台作用，实施科技人才成果转化。

3. 瞄准创新链，延伸产业链

创新是第一动力，创新链是产业链发展的动力之源，是产业链各环节实现价值增值的基础，产业链依托创新链形成发展、升级提高[1]。西湖区因地制宜推出了"创新一公里"，打通了创新策源输出的"最初一公里"、成果转化应用的"最后一公里"和建设环大学创新圈的"最近一公里"，形成涵盖"基础研究—技术攻关—工程化试验—应用转化—产业化"全过程的"创新一公里"，延伸工业设计、孪生机器人、增材制造、生命科学仪器、生物医学检验、金融科技、数字经济等产业链。

（三）厚植科创生态建设高能级平台

1. 实施"名校名院名所"工程

早在 2017 年 12 月，杭州就启动了"名校名院名所"建设工程，印发了《关于"名校名院名所"建设的若干意见》，截至 2023 年底，已引进建设 1 个非独立法人中外合作办学重大项目，6 所国内一流大学分校、校区或研究生院，23 个非独立法人中外合作办学机构（项目），26 个高水平科研院所，举办了以"高起点、小而精、研究型"为特色的西湖大学，签约建设了国科大杭州高等研究院、浙江省北大信息技

---

[1] 中国社会科学院工业经济研究所课题组：《推动产业链与创新链深度融合》，《智慧中国》2021 年第 12 期。

术高等研究院、新西兰奥克兰大学中国创新研究院、湘湖实验室、浙江大学杭州国际科创中心等新型研发机构，打通了教育、人才和科技之间的障碍。

2. 创新"学院 + 平台"双基地模式

学院和平台是厚植科创生态的有力抓手，萧山区以"学院 + 平台"为中心，系统布局了"2 个国家重点实验室 +1 个省级平台 +2 个学院 +5 个研究院 +N 个创新工坊"的创新载体，形成了"双基地"模式。萧山区聚集了 700 余人的高水平科研团队，累计牵头承担或参与国家重点研发计划、国家自然科学基金项目、省"尖兵""领雁"研发攻关计划等 100 余项，自主研发了"浙大芯""亚运芯"，实现了 12 英寸 55 纳米 CMOS 成套工艺线通线并成功流片，创造了全国唯一。

3. 培育"大兵团"融合战斗力

萧山区积极探索"兵团化会战 + 专班化运作"工作机制，2022 年 1 月，萧山经济技术开发区、杭州临空经济示范区、钱江世纪城、湘湖·萧滨合作区四大平台在不改变体制的前提下，划为科技城、绿色智造产业新城（益农）、三江创智新城、市北、桥南、临空、世纪城和湘湖，后调整为六大"兵团"，从绿色智造产业新城到三江创智新城，擘画出一条东西向"微笑曲线"，采用精细、精准、落细、落实的"蒸小笼"模式，实现了资源要素向想干事、能干事、干成事的区域和企业集聚。

（四）把握关键变量，创新转化模式

1. 实施"西湖英才计划"

围绕生物医药、数字经济、智能制造、空天信息等西湖区核心产业，持续实施"西湖英才计划"，搭建"人才创业"梯度培育的服务空间，为海内外高层次人才创新创业团队创造平台，为企业茁壮成长提

供良好的"生态牧场"。

2. 打造为企服务"会客厅"

浙江财经大学金融科创园内打造集对外展示、招商洽谈、项目路演、汇聚人才、为企服务于一体的"古荡会客厅"，为企业提供全生命周期的贴近式服务。据统计，2023 年以来，"古荡会客厅"举办的"数金汇"企业沙龙达 40 余场，有效推动了商圈、楼宇和企业之间的资源互通。

3. 推出"科技工兵"服务模式

西湖区以"兵团式"组团服务，联合各类机构，设置政府、金融、孵化、市场等"兵种"。"科技工兵"首批共计 100 人，由区内的科技人才和高校的科技骨干组成，其中区内的科技人才来自镇街平台等单位，而高校的科技骨干则来自不同学科的优秀教师，致力于项目发现、挖掘、策划、转化和服务，实现高技术成果、高质量项目落地转化。

4. 全面构建成果转化体系

西湖区全面构建了全域创新策源体系、全域市场化评价体系、全域新型孵化空间体系、全域双链融合体系、全域金融支撑体系、全域创新生态体系六大成果转化体系，推动重大科技成果转化应用。萧山区对一些新型研发机构的科创资源实施统筹，打造了集成"政产学研金用服"多环节的创新体系。

（五）深化改革试点，打造引育循环活力圈

1. 推动科技教育领域人才评价改革

杭州以"构建科技教育领域人才评价新模式"创新深化试点工作为契机，持续推进高层次人才引育、人才评价改革、科技体制改革，创新性探索"分类评级＋人才授权""两项授权"工作，下放评聘自主权。

2. 突破外国人才来华工作认定屏障

杭州在符合目录条件的情况下打破现行外国人来华工作分类标准屏障，增设如中国 500 强企业、独角兽企业、国家级专精特新"小巨人"企业等特殊领域引才目录；在外籍人才的认定流程上，杭州新增"经有关部门推荐人才"条目，让办理过程"一路绿灯"。

三、安徽合肥：以创新为引擎推动产业迭代

从综合性国家科学中心到全球科创名城，合肥抢抓新一轮科技革命和产业变革的历史机遇，勇攀科技高峰，勇立产业潮头，新质生产力加快形成，推动城市产业能级不断跃升。2001—2023 年，合肥 GDP 暴涨近 30 倍，位次超越 70 城，增速居全国主要城市第一位，常住人口也从 447 万人跃升至近千万人，完成了从默默无闻到一鸣惊人的转身。观察"网红城市"的种种变化，总结合肥发展的内在机理，特别是发展新质生产力的成功实践，从中获得启示。

（一）科技创新塑造最强动能

1. "大投入"催动硬科技"加速度"，铸国之重器，攀科学高峰

20 世纪 70 年代，中国科学技术大学、中国科学院合肥物质科学研究院等一批高校和科研院所在合肥落地生根，奠定了合肥科技创新的底气。党的十八大以来，合肥把科技创新作为优先保障的重点，财政科技投入占一般公共预算支出比重由 4% 增长到 17.8%，2023 年科技财政支出占比全国第一，全社会研发投入强度已接近 4%。合肥已成为我国大科学装置最为集中的城市之一，已建、在建和预研大科学装置达 10 余个，在全球范围内并不多见。聚变发电、量子信息、强磁探秘、天地一体化信息网络等诸多重大而艰深的科研领域中，位于合肥

的"国之重器"正担纲承梁，勇攀科技高峰。"墨子号"卫星升空、"九章"计算机问世、"祖冲之二号"研制成功等，一批具有国际领先水平的前沿科技成果相继问世，超导质子医疗设备、量子钻石原子力显微镜等一批重大产业成果研发成功，集成电路领域实现国内首款自主研发 DRAM 芯片量产。通过前沿领域创新突破，实现在一些"卡脖子"领域的重大突破，以及在颠覆性研发上取得突破，为合肥高质量发展提供更为强劲的驱动力。

2. 塑造科技创新的文化土壤，一巷一区一馆诉说合肥的创新故事

一条小巷诞生过一位享誉世界的物理学家。不足 200 米的巷子，一个沿用 200 年的地名，诺贝尔物理学奖获得者杨振宁的人生最初 6 年就是在安徽合肥四古巷里度过的。2018 年，合肥市对这条千年老巷进行了综合提升改造，再现了杨振宁童年记忆，激发人们对科学家的敬仰和对科学探索的热情。一个小区隐居了 500 多名"两弹一星"英雄。20 世纪 80 年代，国家撤销了一部分军工企业，青海原子城国营 221 厂关闭，800 余名建设者被安置在合肥，其中被安置在涢河路的就有 500 余名。2021 年"两弹一星"精神纪念馆合肥馆在涢河路团安新村小区内正式开馆，激励着科研事业不断发展。一座场馆逐步成长为全国科创地标。安徽创新馆是全国首座创新主题场馆，2020 年习近平总书记在这里考察时强调，安徽要加快融入长三角一体化发展，实现跨越式发展，关键靠创新①。春节假期，安徽创新馆不打烊，举办"创新潮品汇"科技应用场景推广交易活动，助力更多创新成果走向市场。

---

① 《习近平在安徽考察时强调：坚持改革开放坚持高质量发展 在加快建设美好安徽上取得新的更大进展》，《人民日报》2020 年 8 月 22 日。

（二）产业迭代升级实现"换道超车"

1.4 次迭代，接续形成 20 年排浪式发展

合肥产业大发展源于 2005 年的工业立市，经历了 4 次迭代，从最初的白色家电，到 2008 年国际金融危机后的新型显示，到"十三五"时期的集成电路、智能语音等，近几年新能源汽车、光伏产业爆发式增长，每一代主导产业都维持了六七年的巨大拉动力，接续 20 年的排浪式发展，提升了合肥产业规模和质量。特别是随着近几年长三角一体化战略深入实施，沪苏浙转移来的资金、技术多了，合肥也抓住机遇推动了产业升级。合肥的集成电路、新型显示、人工智能三大产业入选国家级战略性新兴产业集群，智能语音产业入选国家先进制造业集群，全国 20% 的液晶显示屏、8.5% 的新能源汽车、5% 的光伏组件来自"合肥制造"。

2. 以投带引，不是"风投"是"产投"，不是"赌博"是"拼搏"

"以投带引"的招商引资模式是合肥探索出的一条独特的发展之路，合肥按照符合产业发展方向、符合国家政策导向确定战略性新兴产业的发展目标，发挥国有资本引领带动作用，通过投资手段引育产业，撬动社会投资，推动项目落地。十多年来，合肥每年都拿出 100 多亿元助力产业发展，国资在战略性新兴产业领域累计投入资本金超过 1600 亿元，撬动项目总投资超过 5000 亿元。京东方是合肥最早通过投资引入培育的显示屏企业，如今已带动 100 多家配套企业落地，合肥已经成为世界上最大的显示屏基地之一。合肥通过投资引育晶合集成、蔚来汽车等一批龙头企业，撬动半导体和新能源汽车等产业上下游，实现产业链整体提升。总投资超 1500 亿元的长鑫存储内存芯片实现量产，180 多家集成电路企业集聚合肥，初步形成了从材料设计到晶圆制造、封装、测试的全产业链；蔚来汽车中国总部落

户合肥，大众汽车集团（中国）投资 21 亿欧元入股江淮汽车和国轩高科。

3. 抢占产业新赛道争分夺秒，只争朝夕

合肥产业生产和项目建设如火如荼，全市近百家规上工业企业春节不停工不停产。特别是 2024 年新型显示及消费电子市场回暖，企业生产积极性增强，京东方、维信诺、康宁、彩虹液晶、乐凯科技等约 26.2% 的新型显示企业，在春节期间连续生产不放假。先进光伏及新型储能企业晶科能源、彩虹光伏、国轩高科、中创新航等企业也在假期持续生产，合肥新桥智能电动汽车产业园区热火朝天。蔚来合肥第二生产基地已于 2024 年 9 月正式投产，按规划将集聚年产值超 5000 亿元、从零部件到整车的全产业链集群。

（三）持续增强城市活力

1. 城市框架全面拉开，20 年见证千万人口大城之变

合肥 1952 年才被确定为安徽省省会，是历史比较短、比较年轻的省会城市。新中国成立时，合肥只有 5 平方公里、5 万人口。到 20 世纪 90 年代，合肥城市格局呈现以老城为核心、三翼发展的风扇状结构，生态绿楔自然嵌入城中，成为中国城市规划教科书式的经典。世纪之交，合肥人口不断增长，老城区发展空间不足的矛盾日益突出，单中心城市结构难以支撑合肥的持续发展。2002 年 3 月，合肥启动了距离老城区中心西南约 10 公里处的政务新区建设，推动了合肥市委、市政府和部分市直部门的搬迁。2006 年 10 月，又启动了距离老城区中心正南约 20 公里处的滨湖新区建设，并逐步推动了安徽省委、省政府和部分省直部门的搬迁。通过多年努力，城市结构从单中心向多中心、组团式、网格化转变，合肥现代化都市的空间框架全面拉开。合肥政务新区已经成为全市生活品质最好、房价最高的区域，截至 2023

年底，滨湖新区集聚人口已达 50 万人，近 3 年全市常住人口增幅达
13.3%，大城市框架呼之欲出。

**2. 城市功能日益完善，昔日的监狱、机场变身国内首创、全球最
大"网红公园"**

融入更多文化元素。合柴·1972 是国内首个由监狱改造而成的
文创园，占地 400 多亩，集合了家电博物馆、当代美术馆、青年剧场
等主题板块，艺术气息浓厚，2019 年开业以来已成为年轻人的热门打
卡点、全市最大的艺术文创园区，春节期间，动漫、摄影、角色扮演
（cosplay）等各类展出人气爆棚。植入更多绿色空间。作为合肥 30 多
年城市记忆的骆岗机场，2013 年永久关闭后，关于这片土地后续如何
开发利用的讨论就从未停止过，最终政府下决心把城市最好地块让给
生态、让给市民，改造后的机场摇身一变成为城市发展的后花园、百
姓身边的大公园，面积约等于 4 个纽约中央公园，有网友感叹"怒走
2 万步才只逛了一半"，2024 年春节期间，骆岗公园游客络绎不绝，接
待游客 54 万人次。

3. 城市烟火气不断升腾，街头满载人情味，巷尾漫话江淮情

一是人气旺。主要街区能明显感受到人气的火爆，淮河路步行街、
罍街、撮街等主要街区均已成为夜间消费的热点区域。二是美食多。
美食是一座城市的名片，合肥地处我国南北过渡地带，米面搭配，各
类小吃种类丰富、店面多、价格实惠，刘鸿盛、庐州烤鸭店等百年老
字号深受欢迎。三是城市形象年轻。主要街道、临街商铺、社区中心
的卡通 logo、卡通人物非常多，既有商家的宣传，也有政府官方的宣
传，让人感到轻松与活力。

四、浙江丽水：厚植生态优势，做生态产品价值实现的领跑者

丽水地处浙江省西南部，是国家重点生态功能区，也是全国重点革命老区"浙西南革命老区"所在地、全国 20 个革命老区重点城市之一。近年来，丽水认真贯彻落实习近平生态文明思想，聚焦全国首个生态产品价值实现机制试点这个关键改革，系统推进生态文明建设各项改革任务，加快培育发展新质生产力，交出了高分"生态报表"和亮眼"发展报表"。

（一）护绿固本，持续提升高品质生态产品价值

1. 建立长效的生态文明工作推进机制

丽水成立生态文明先行示范区、生态产品价值实现机制改革等工作领导小组，强化对生态文明建设的统筹协调。建立生态产品价值（GEP）核算机制，出台全国首个山区市 GEP 核算地方标准，开展市、县、乡、村 4 个行政层级核算，稳步推进各级行政区域 GEP 核算成果"六进"，即"进规划、进决策、进项目、进交易、进监测、进考核"。出台 GEP 综合考评办法，建立 GDP 和 GEP 双考核机制；系统组织编制丽水市自然资源资产负债表，在干部离任审计方面增加实施领导干部自然资源资产离任审计，在干部追责方面探索实施生态环境保护责任终身追究制度，强化领导干部生态环境和资源保护职责。建立健全行刑衔接机制、环境污染问题发现机制，实现公检法机关驻环保联络机构全覆盖。

2. 构建严格的生态管控体系

丽水采取严格管控手段，限制工业进入的生态保护区达到全市区

域的 95.8%，其中生态红线区占比达 31.9%。编制生态产业鼓励培育类、限制发展类和禁止发展类项目清单，实施区域和项目的双重管控。开展全域生态环境监测感知网络建设，构建空、天、地"三位一体"生态产品空间信息数据资源库，建立覆盖全域、精准监测、智能可视、实时在线的"花园云"智慧监管平台，依托"卫星遥感＋物联感知＋基层治理"等相互关联、互相耦合的"四平台"，构建覆盖市、县、乡三级行政单元及"天眼＋地眼＋人眼"一体的智慧化生态环境数字监测监管体系，推动生态治理数字化协同监管，严密扎起涉水、涉气、污染源排放等生态环境问题"篱笆"。率先在全国建成浙西南生态环境健康体检中心，以重点流域、区域、行业等为着力点，开展生态环境监测和评估，为生态文明建设和环境管理提供技术支撑。

3. 实施生态环境保护系列工程

高标准打好污染防治攻坚战，全市域、全形态、全链条实施蓝天、碧水、净土、清废四大行动，全力守护丽水最美核心区生态底色。百山祖国家公园成功进入国家公园申报设立候选序列。实施瓯江源头区域山水林田湖草沙一体化保护和修复工程，"基于自然的解决方案"对占市域面积 76.9% 的区域开展全要素、全流域、一体化保护修复。经调查，2022 年瓯江干流国控断面 I、II 类水比例从治理前的 80.9% 提高到 100%。20 年来，丽水生态环境状况指数连续位居全省第一，是全国唯一水和空气质量排名均跻身前十的地级市。

（二）点绿成金，点亮生态颜值的经济价值

1. 建设现代化生态经济体系

丽水大力发展集高品质农业、文化事业、旅游业、林业和水利经济为一体的五项生态惠民、促进城市强劲发展的特色主导产业，使其规模壮大、实力增强。以品质农业为抓手，采用古今结合、中西贯通的标准化生产方式，依托高素质农民培育形成"四品一标一高"模式，构建了独具丽水特色的现代农业生产体系。丽水将文化产业作为经济增长的主导动力，积极探索传统产业和文化艺术产业的演进路径，专注于集结资源发展数字电影、高档陶瓷、精美雕刻、创意木质玩具、体育娱乐用品等，促进了文化产业引资和产业园区的发展，成功吸引了大量文化产业的领军企业、行业精英和团队。丽水着力于旅游板块的细致优化和"微改造"，极力打造沉浸式旅游精品 IP，力求打造具有强烈吸引力的旅游精品品牌。锚定"新时代山水花园城市"，探索革命老区共同富裕的新路子，让秀山丽水加速成为游客心中魂牵梦绕的"诗和远方"。以林业产业为链条，积极拓展森林生态产品价值实现模式，以做优做特森林康养产业三大体系为重点，加快打造特色林业产业集群。加大智力支撑力度，成立生态经济数字化丽水研究院，成功创建全国第一所两山学院，即中国（丽水）两山学院，促进科技成果加速转化。以做足"水文章"、发展水经济为突破口，丽水系统打造市工作组及科研、招商和运营团队的"1+3"组织，建设缙云抽水蓄能电站、瓯江治理二期工程等一批"原水开发"项目，大力发展农林牧渔产业，做足"水资源+"文章。①

2. 加快发展培育新质生产力

丽水集中力量发展精密制造、半导体、健康医药、时尚产业、数字经济等核心主导产业，2019—2021 年增值产出翻了一番。丽水经开区紧紧抓住国家支持集成电路产业发展的窗口机遇期，"无中生有"培育形成了浙江省第二个特色半导体产业集群。经过近 5 年的努力，成功引进半导体产业链相关企业 35 家，总投资额近 640 亿元，初步形成

---

① 《富民"锦囊"，丽水有何妙计？》，《丽水日报》2024 年 1 月 20 日。

"一园一链两基地"发展格局。半导体全链条产业纳入全省集成电路产业规划，特色半导体产业平台获批省第四批"万亩千亿"新产业培育平台。[①]丽水立足优质生态产品富集的优越基础，充分利用好山好水好空气等生态红利，因地制宜引进和培育了德国肖特玻璃、国镜药业、凯恩纸业等一批环境敏感型企业，成为调节服务类生态产品成功实现价值的典型案例和突出代表，被收录到中央部委和浙江省等编著的各类生态产品经典案例集中。

3. 创新推动生态产品经营开发

依托国企构建市县两级 1+9"两山合作社"，在 173 个乡镇组建"生态强村公司"，建立生态产品交易数字化平台，并以此为基础推动生态资源收储、开发、交易等运营活动。一体化推进制度建设和机制构建，研究制定出台丽水（森林）生态产品市场交易制度，建立生态产品一级、二级交易市场，初步构建起一套逻辑严密、设计合理、操作简便、平稳运行的生态产品市场交易体系，成功引导生态产品利用型企业对项目生态溢价付费。建设全市统一的生态产品交易中心，搭建浙丽收储、浙丽交易、浙丽招商、浙丽服务"四统一"的交易平台，累计开展交易 5779 笔，交易额 11.8 亿元。丽水大胆创新，探索设立了全国第一家森林碳汇管理局，为森林碳汇科学管理和有序开发找到了"第一责任人"。同时，丽水还探索建立了地方性林业碳汇方法学和碳汇交易平台，完成交易 18 宗。

（三）革绿出新，推动实现生态产品价值高溢价

1. 首创"生态信用"体系，创新绿色金融

丽水在全国率先制定《基于生态产品价值实现的金融创新指南》，

---

① 《好风借力逐梦"万亩千亿"》，《丽水日报》2023 年 12 月 13 日。

首创个人生态信用"绿谷分"，将其作为金融赋值的重要标准，推出"生态信用贷"金融服务，累计放贷 2.79 万笔、金额 30.44 亿元。除此之外，丽水还积极探索依托 GEP 未来收益权、取水权等权益的 15 类支持生态产品价值实现的绿色金融产品，实现生态产品可质押、可融资。2022 年，丽水成功获批国家普惠金融服务乡村振兴改革试验区，为探索更多支持生态产品价值实现的绿色金融产品提供了坚实的制度保障和广阔的实践空间。

2. 开展"拯救老屋"行动，推进古村复兴

丽水秉承最少、最自然、最不经意的人工干预理念，推进古村落科学保护和利用。建立地方政府、村集体、村民、社会资本四方共同参与、利益共享、风险共担的利益联结机制，有机导入民宿经济、文创产业，促进古村、老屋重获新生。丽水已对全市 268 个中国传统村落、198 个省级传统村落开展系统保护利用，这项特色改革被写入全国乡村振兴战略规划和 2022 年中央一号文件。

3. 打造区域公用品牌，拓宽实现路径

丽水率先探索以政府打造"山"字系区域公用品牌牵引生态产业发展的创新路径。"丽水山耕"跃居中国区域农业品牌影响力排行榜首位，销售额连续 3 年超百亿元；"丽水山居"入选全国旅游产品创新八大典型案例，2023 年接待游客 2932.5 万人次，同比增长 27.8%；"丽水山景"入选省文化和旅游共同富裕最佳实践案例，推出特色精品线路 12 条；"丽水山泉"建成年产 15 万吨矿泉水生产线，研发推出桶装泡茶水、美容喷雾水等系列产品。

五、长三角 G60 科创走廊：融合打造科技创新共同体

长三角 G60 科创走廊 [①] 是长三角区域一体化发展的重要平台和标志性项目之一。长三角 G60 科创走廊成立以来，各地加强创新要素集聚和创新平台共建，着力在科技资源开放共享、对接金融服务等方面加强区域统筹，科技创新共同体建设取得较好效果。长三角 G60 科创走廊高新技术企业占全国的近 15%，科创板上市企业占全国的 20% 多。长三角 G60 科创走廊已经成为长三角乃至全国推进跨区域科技协同创新、加快培育发展新质生产力的代表性区域，初步具备了比肩美国 101 公路和 128 公路、英国 M4 等全球著名科创走廊的实力。

（一）跨区域协同创新抢占未来产业新赛道

1. 联合攻关共性技术、关键技术，努力实现科技自立自强

长三角 G60 科创走廊瞄准高水平科技自立自强，积极推动"从 0 到 1"的原创性突破。面向国家战略需求，瞄准集成电路、人工智能等重点领域，集聚了一批大科学装置，联合攻关共性关键技术，基础研究能力得到显著增强。同时长三角 G60 科创走廊还发挥长三角产业配套优势、市场优势，在重点城市、重点园区设立了技术创新中心、科技成果转化中心等。截至 2023 年，九城市 R&D 经费投入占 GDP 的比重（3.77%）远高于全国，PCT 国际专利申请数量占全球的 2.59%。作为长三角 G60 科创走廊重要组成部分的合肥，依托大科学装置和国家实验室建设，加快布局未来产业，"夸父"的大科学装置——聚变堆主机关键系统综合研究设施已初具规模，推动与张江共建第四代"合肥

---

① 包括上海、嘉兴、杭州、金华、苏州、湖州、宣城、芜湖、合肥等 9 个城市。

先进光源"，合肥正在积极打造世界级聚变能源产业集群。

2. 科技创新和产业创新跨区域协同推动新兴产业发展

长三角 G60 科创走廊重点围绕高端制造、人工智能、生物医药等重点产业，形成了具有高辨识度和强影响力的先进制造业产业集群。九城市共同推动产业创新，推动研发、中试、量产高效衔接，实现产业链和创新链的有效对接，形成科技创新和产业创新的协同，建立起科技成果转化概念验证中心矩阵体系，促进科技创新和产业创新紧密结合，创新成果的显示度、影响力不断提升。根据商务部统计，长三角 G60 科创走廊九城市共有 11 个国家级经济技术开发区跻身全国综合排名前 30 强，占比超 1/3，其中苏州工业园区列第一位，昆山、合肥、杭州经济技术开发区分别列第 4、第 6、第 9 位。以长三角 G60 为引领，长三角地区集成电路产业占全国的 60%、新能源汽车产量约占全国的 40%。在 2023 年投入商业运营的国产大飞机 C919 的供应链中，长三角 G60 科创走廊就有近千家企业。

3. 共同抢占未来产业新赛道

长三角 G60 科创走廊九城市积极发展未来产业，培育新质生产力，在合成生物、细胞和基因技术、量子科技、仿生机器人、新型储能等方面，沿线各地区都有一定的产业基础，在全国具有较强的引领能力。在人工智能领域，腾讯在松江区落地了长三角人工智能先进计算中心，为大模型产业提供强大算力支撑。依托长三角 G60 科创走廊的优势，腾讯联合伙伴引入了近 100 家 AI 相关生态企业，涉及底层基础、中间技术 / 算法及下游应用场景等不同环节。在量子通信领域，长三角 G60 科创走廊积极打造"产业 + 量子"应用场景，建设跨省市的量子城域网并实现互通，加速量子通信创新应用的规模化、产业化，积极拓展在电子政务、金融等领域的量子通信应用。合肥在量子产业领域提前布局，持续发力，已成为量子通信领域的领跑者，在量子计算、量子信息、量子测量等领域诞生了若干中国之首，如中国第一台可交付使用的量子计算机、第一个操作系统等，培育了一批领军企业。

（二）多渠道促进创新资源共享

1. 发展产业联盟体系

按照全产业链发展和区域产业协同创新的理念，搭建了"1+7+N"产业联盟体系，自2018年以来，已经发展了14个产业联盟和11个产业合作示范园区，围绕人工智能等战略性新兴产业，推动构建更加紧密的产业合作、要素对接关系，形成一批合作成果。联盟的管理机制通常由龙头企业、机构牵头，由企业、高校、科研机构等共同参与，涵盖了产业的各个环节，覆盖了上中下游，具有比较强的内在合作意愿和需求，也保障了比较好的合作效果。联盟重点推动两方面工作，一是通过举办产业对接、技术交流、产品发布等活动，促进知识和技术外溢，加速提升产业链组织效率，促进产业链创新链更好对接。二是促进科研设施设备共享，联合开展共性技术和关键技术攻关，增强科技创新跨区域合作。

2. 逆向建设"科创飞地"

鼓励长三角G60科创走廊沿线各地在上海建立实验室、专业科技孵化器、人才招引中心等"科创飞地"，实施主体可以是行业龙头企业，也可以是地方国企、平台企业、园区管委会等，目的是更好吸引和使用上海科技人才、管理人才、技术成果、市场信息等资源，满足本地区产业发展需求，解决当地研发能力不足、引才引智难等问题。经过一系列政策措施的实施，长三角G60科创走廊已经初步形成紧密的"上海研发、苏浙皖生产"的纵向分工格局，以及"上海孵化、苏浙皖转化"的区域协同创新格局。

3.科技创新券通兑通用

长三角 G60 科创走廊九城市结合实际需求，探索实行科技创新券制度，逐步扩大使用范围，各地都出台了科技创新券通用通兑管理办法，实现跨区域相互兑付使用，如嘉兴、湖州科技创新券可在上海使用。2021 年启动以来，累计申领创新券的企业超 3000 家，累计申领金额超过 2 亿元。科技创新券的通用通兑，大大推动了大型科学仪器、设施资源的开放共享，提高了大科学装置、基础平台等的使用效率。

（三）共育国际一流科创生态

1.共建高水平人才高地

人才作为第一资源，在科技创新中具有重要地位，也是培育发展新质生产力的重要因素。长三角 G60 科创走廊把深化城市间人才合作作为重点之一，共建高水平人才高地，出台一系列文件，制定实施人才高地建设方案，合力推进人才平台建设，轮值举办人才峰会，推进人才资源共享，推进人才链与产业链、创新链、金融链、教育链融合发展。建立九城市人才信息库，实现人才资源互通有无，提升人才交流互动频率，举办人才论坛、人才培训等活动，形成区域人才集聚效应。

2.联合成立跨区域科技成果转化基金

为了更好地促进科技成果转化，深化长三角城市间科技创新合作，2022 年，在科技部的指导下，设立了长三角 G60 科创走廊科技成果转化基金，基金首期规模 20 亿元，由长三角 G60 科创走廊九城市、海通证券等认缴。基金兼顾盈利性和公益性，重点支持长三角地区重点产业集群，如集成电路、生物医药、人工智能、高端装备、新材料、新能源、新能源汽车等，支持相关科技成果转化，定向扶持科技创新企业，要求基金 50% 投向战略性新兴产业的中早期项目。长三角 G60 科创走廊科技成果转化基金成立以来，吸引了九城市众多科创企业积极申请，长三角 G60 科创走廊科技成果转化基金案例也成功入选由长三角三省一市科学技术厅发布的《长三角科技创新共同体协同创新典型实践案例名单》。

3. 科技与金融融合制度创新

注重发挥长三角特别是上海在金融领域的优势，创新跨区域"金融赋能"模式。成立区域金融服务联盟，包括银行、券商、投行、保险等机构在内，实现科创需求与资本市场高效对接，解决科创型企业融资难、融资贵、融资适配性差和信息不对称等问题。开展跨区域联合授信，鉴于企业跨区域异地贷款难、慢、贵问题，长三角三省一市积极引导并激励银行机构在评审评级、授信额度、还款的安排、信贷的管理以及风险防范等方面强化合作与协调，构建跨区域联合授信机制。

六、科大讯飞：坚守自主创新，做新质生产力引领者

科大讯飞股份有限公司（以下简称科大讯飞）成立于 1999 年，位于安徽省合肥市，是智能语音和人工智能领域上市公司和领军企业。在机器的语音合成、语音评测、语音识别方面处于领先水平，语音合成于 2008 年首次超过普通人的水平，语音评测于 2012 年首次超过人类专家的水平，语音识别于 2015 年首次超过人类速记员的水平。在机器智医、机器翻译、机器阅读等方面取得重大突破，2017 年首次通过国家执业医师资格考试综合笔试测试，2018 年首次达到全国翻译专业资格（水平）考试（CATTI）中英翻译二级标准，2019 年首次在 SQuAD2.0 比赛中超过人类平均阅读水平。近年来，在大模型开发方面取得积极进展，2022 年首次在 OpenBookQA 知识推理挑战赛中单模

型超过人类平均水平，2023 年发布全链条自主可控的"讯飞星火大模型"，已成为全球人工智能产业领导者。

（一）以源头创新和自主创新构筑深厚技术底蕴

1. 聚焦核心技术源头创新

科大讯飞始终坚持基础研究先行，专注于智能语音、计算机视觉、自然语言处理、认知智能等核心技术的研发，不断推动技术创新突破。尽管 2019 年科大讯飞被美国列入"实体清单"，2022 年再次被美国极限施压，但公司在核心技术研发上始终坚持自主可控的原则，致力于构建具有自主知识产权的技术体系，克服诸多不利条件，推动核心技术突破，并保持全球领先水平。

2. 持续保持高强度创新投入

近年来，科大讯飞每年将营业收入的 20% 左右用于研发，技术人员占全体员工的比例超过 60%。2009—2023 年，科大讯飞的研发投入从 0.55 亿元增至 38.4 亿元。2024 年上半年，科大讯飞营业收入达 93.25 亿元，比上年同期增长 18.91%；研发投入达 21.9 亿元，同比增长 32.23%，占营收比重达 23.5%。其中，大模型研发及产业落地拓展、核心技术自主可控和产业链可控等方面，新增投入超过 6.5 亿元。

3. 联合开展科技攻关

科大讯飞积极与国内外顶尖高校、科研院所开展产学研合作，双方共建重大科技平台、联合开展关键技术攻关、有力加速科技成果的转化周期，不仅提升了科大讯飞的创新能力和技术储备，也为我国人工智能行业发展积累了厚实的基础。早在 2011 年，科大讯飞与中国科学技术大学就获批共建了"语音及语言信息处理国家工程实验室"，2017 年，科大讯飞联合中国科学技术大学组建认知智能全国重点实验室。科大讯飞联合清华大学、中国科学技术大学开展的"多语种智能语音关键技术及产业化"项目荣获 2023 年度国家科学技术进步奖一等奖。

4. 引领语音及语言处理行业发展

科大讯飞主动发挥了源头创新和自主创新的领头羊作用。发挥全国重点实验室、语音及国家工程研究中心等平台功能，积极搭建创新开放平台，成为中国语音产业联盟理事长单位、长三角人工智能产业链联盟理事长单位等，为行业提供引领功能和服务支撑。依托星火大模型，与华为、中国移动、大众汽车、美的集团等一批重点行业头部企业开展合作，共同探索最具前瞻性的应用场景和技术解决方案。

（二）贯通教育—人才—科技链条

1. 加大人才引进力度

科大讯飞持续加大力度引入领军、高阶等顶尖人才，以提升公司的核心竞争力和创新能力。科大讯飞通过"飞星计划"等专项招聘项目，针对海内外顶尖院校的应届硕博毕业生进行选拔，通过科大讯飞研究院定制的全方位培养计划，使其快速成长为人工智能领域的卓越科学家和技术骨干。这些人才在人工智能领域具有深厚的学术背景和丰富的实践经验，可以为技术研发和市场拓展提供强有力的支持。

2. 共建校企人才培养基地

科大讯飞与多所高校合作共建了校企人才培养基地，开创了"五位一体"产教融合模式。例如，科大讯飞全资承办的安徽信息工程学院就是产教融合的重要成果之一。科大讯飞还在全国范围内与 30 多所院校开展专业或专业群共建、与 10 多所院校联合共建人工智能现代产业学院，合作院校包括河南工业大学、长春师范大学、吉林外国语大学、天津仁爱学院等。通过共建基地，科大讯飞与高校共同打造了集教学、科研、实训、就业于一体的全方位人才培养体系。

3.发挥科技创新平台作用

科大讯飞通过建设重点实验室、推出 AI 创新教育实验室、发展讯飞生态平台和开放平台等做法，为人工智能技术的创新和应用提供了强大的支持。其中，由科大讯飞和中国科学技术大学联合共建的国家级科研平台——认知智能全国重点实验室于 2022 年 5 月成为科技部遴选的首批 20 家全国重点实验室之一，致力于将人工智能与人类认知过程相结合，推动智能技术的突破和应用。科大讯飞已在全国建设了 28 个人工智能科技孵化器和产业加速中心，孵化了 1527 家科技创业企业，产值达 336.48 亿元，极大提升了科大讯飞的技术实力和市场竞争力。

4.深度参与行业标准制定

科大讯飞联合产业头部企业共同成立专业建设指导委员会，依据产业发展趋势推动专业质量建设，打造特色优势专业。同时，科大讯飞还主导制定了工业和信息化部、人力资源和社会保障部人工智能、大数据等相关岗位的能力标准以及教育部 1+X 认证，引入相关行业标准及专业认证体系，辅助提高专业的标准化水平。

（三）引领带动合肥"中国声谷"、"创新高地"、新能源汽车崛起

1.支撑打造"中国声谷"

科大讯飞是"中国声谷"的核心企业之一，通过其在语音识别、语音合成、语义理解等人工智能技术的研发和应用，为"中国声谷"提供了强大的技术支持，例如，科大讯飞主导制定了全球首个智能语音交互 ISO/IEC 国际标准，并多次获得 CHiME、Blizzard Challenge、IWSLT[①] 等国际评测冠军。科大讯飞通过建立语音开放平台，吸引了

---

① CHiME、Blizzard Challenge、IWSLT 都是知名的语音识别和自然语言处理领域竞赛。

大量的开发者和企业加入，形成了广泛的技术合作和产业链上下游的协同发展，截至2023年上半年，讯飞人工智能开放平台已聚集497.4万名开发者，应用数172.5万。科大讯飞在教育、医疗、政法、智慧城市等多个行业深化商业化应用落地，推动了行业解决方案的开发和推广，进一步促进了"中国声谷"的行业应用和市场拓展。

2. 推动打造"创新高地"

科大讯飞一直致力于人工智能技术的创新和研发，在合肥设立了多个研发中心和创新基地，吸引了大量的人才和技术资源。科大讯飞与全球顶尖科研机构和企业合作，共同推动人工智能技术的发展和应用，科大讯飞的创新成果推动了合肥在人工智能领域的技术创新，这种全球化的视野和合作模式，不仅为合肥高新区的创新生态注入了新的活力，也为合肥打造创新高地提供了有力支撑。科大讯飞通过技术创新、产业生态构建、应用场景拓展、政策推动与标准制定以及示范效应与影响力等多个方面对长三角地区的人工智能产业产生了显著的促进作用。

3. 布局发展新能源汽车

科大讯飞与江淮汽车等合作，为新能源汽车的研发、生产、销售等多个环节提供了强有力的支持。开发新能源汽车的智能座舱，通过智能语音交互、自然语言处理等技术，为用户提供更加便捷、智能的驾驶体验。通过训练专门的智能驾驶大模型，科大讯飞可以将感知、图像、雷达等数据输入模型中，辅助自动驾驶系统做出更精准的决策。通过用户情绪感知进行个性化推荐和共情交互，以及开启人工智能绘画、故事创作、英语陪练等个性化、多功能智能服务。科大讯飞还参与了合肥市新能源汽车产业基金的投资，助力合肥乃至长三角新能源汽车产业的发展。

（四）构建技术与市场有效对接的开放型产业生态平台

1. 搭建讯飞开放平台

讯飞开放平台汇聚了丰富的人工智能产品及能力，涵盖了语音识别、语音合成、图像识别、自然语言处理等多个领域。截至 2024 年 6 月底，讯飞开放平台已开放 709 项人工智能产品及能力，包括开放 API 和 RAG、Agent 等大模型配套能力方案，总应用数超过 254.9 万，累计覆盖终端设备数超过 40.8 亿，链接超过 1000 万名生态伙伴，平台已聚集超过 706.4 万个开发者团队，并且保持每月新增近 20 万名用户的增长速度。

2. 探索形成"1+N"模式

所谓"1"，就是开源的大模型平台，所谓"N"，就是结合用户需求、开发者及合作伙伴形成的 N 个重点领域和赛道，行业用户可以在此基础上根据具体场景进行微调。该开放平台还孕育出了不少具有一定影响力和知名度的科技型企业，如羚羊工业互联网平台，打通了研产供销服管全环节，实现了海量的工业互联网应用和需求之间的深度对接，助力工业企业实现数字化、智能化升级。截至 2024 年 4 月 28 日，平台入驻用户已达 114.5 万个，累计访问量超 2 亿人次。

3. 丰富智能应用场景

讯飞开放平台将更加积极地抢抓大模型浪潮机遇，投入更多资源提升和夯实大模型底座能力，缩小与国际领先水平的差距，进一步提升公司在全球人工智能竞争中的话语权和影响力，全力推动其在更多场景广泛应用和落地实施，与行业龙头企业携手，探索教育、医疗、金融、智慧城市等领域，共同打造行业解决方案，将人工智能技术深度融入各行各业，为用户提供更加强大的智能化支持。

（五）以人工智能全方位赋能产业升级

1. 提高教育教学体验

科大讯飞利用人工智能技术，开发了智慧教育平台、个性化学习系统等，为师生提供个性化的教学和学习体验。科大讯飞还能够通过人工智能分析学生的学习数据和行为，精准推荐个性化的学习资源和路径，从而实现因材施教，有效提升学生的学习效率和质量。科大讯飞的智慧课堂已经广泛应用于各类学校，能够实现课堂互动、学生测评、个性化辅导等功能。

2. 便捷智能就医服务

科大讯飞将智能语音及人工智能技术与医疗行业深度融合，研发智能医疗设备，通过智能辅助诊断、病历分析等手段，不仅帮助医生提高诊断准确性和效率，减轻他们的工作负担，还为患者提供更加便捷、高效的医疗服务。科大讯飞建设以云医声为基础的远程协同平台，实现区域协同诊疗、患者360°信息互通共享、远程MDT、区域协同和双向转诊等功能。科大讯飞还推出了互联网医院平台，基于智能语音交互、医学认知与推理技术、电子病历质检技术等，为居民提供线上线下便捷智能就医服务。

3. 推进金融服务升级

科大讯飞的人工智能技术正在助力金融机构实现智能化转型，科大讯飞与包括六大国有银行在内的多家银行签署了战略合作协议，共同推进金融服务的智能化升级。通过智能风控、智能客服等手段，提升审核效率、强化风控能力，降低运营成本，增强竞争力。科大讯飞帮助金融机构提升业务处理效率和服务质量，开发智能投顾系统，通过大数据分析客户的投资偏好和风险承受能力等因素，为客户提供个性化、精准化的投资建议和理财方案。

4. 提升城市管理效率

科大讯飞通过智慧政务、智能交通、智能安防、智慧建筑、智慧园区等手段，帮助城市管理者精准化决策，提升城市运行和治理效率，提高居民生活质量。例如，科大讯飞推出的"一网统管"平台，以"高效规范处置一件事"为目标，通过政务大模型、智能语音等，使城市事件发现、分派、处置效率大幅提升。科大讯飞的数智园区平台，利用物联网、大数据、人工智能等 ICT 技术，为园区规划建设、管理服务、运营等核心领域全面赋能。

第四章

粤港澳大湾区

一、深圳：以企业为主体推动创新链与产业链深度融合

长期以来，深圳深入实施创新驱动发展战略，加强企业主导的产学研深度融合，促进战略性新兴产业和未来产业发展已逐渐成为加快形成新质生产力和塑造高质量发展新动能的主要手段之一。透过深圳统筹"20+8"产业集群^①发展"形"与"势"可以看到，深圳已然循"新"出发、向"新"而行，在这片加快形成新质生产力的主战场上精心谋划、超前布局、力争主动，加快打造具有全球影响力的产业科技创新中心。

（一）以科技创新铸造加快形成新质生产力之魂

创新是深圳的"根"和"魂"，是与这座城市相生相伴的特质和品牌。长期以来，深圳不断加大创新投入力度，持续激发科技创新活力，全社会 R&D 经费投入从 2014 年的 643 亿元上升至 2023 年的 1881 亿元，年均增长 12.7%，R&D 经费投入强度从 2014 年的 4.02% 提高到 2023 年的 5.81%。企业科技创新主体地位更加突出，2023 年全市国家高新技术企业超过 24000 家，是 10 年前的 5.2 倍，每平方公里国家高新技术企业达到 12 家，位居全国城市首位，全市 90% 的创新型企业为本土

---

① "20"即以先进制造业为主的二十大战略性新兴产业集群，"8"即八大未来产业。

企业、90% 的研发人员在企业、90% 的研发投入源自企业、90% 的专利产生于企业、90% 的研发机构建在企业、90% 以上的重大科技项目由龙头企业承担，形成了"6 个 90%"的特点。与之相对应的，深圳 PCT 国际专利申请量稳居全国城市第 1，每万人口高价值发明专利拥有量 2022 年达到 82.6 件，深港穗科技集群已连续 4 年排名全球第 2。

深圳坚持前瞻性思考、全局性谋划、战略性布局、整体性推进，以科技创新引领现代化产业体系建设，因地制宜发展新质生产力，全方位打造创新之城已初见成效。河套深港科技创新合作区、光明科学城等国家重大战略平台建设按下"加速键"，鹏城实验室、粤港澳大湾区（广东）量子科学中心等国省实验室高质量运行，国家第三代半导体技术创新中心、5G 中高频器件创新中心、超高清视频创新中心等平台有序培育。其中，光明科学城作为大湾区综合性国家科学中心先行启动区，规划布局了"9+11+2+2"的重大科技创新载体①，现阶段在建和运营的已达到 20 个，2023 年开始运营的合成生物研究、脑解析与脑模拟设施均具备国际领先水平；鹏城实验室牵头研发的超级计算机"鹏城云脑Ⅱ"，连续 7 次排名全球超算存储 500 强榜单第 1。

深圳本着加快形成新质生产力需要强化高素质人才培育的理念，推动出台了更加积极、更加开放、更加有效的人才政策，持续塑造人才品牌，加快打造大湾区高水平人才高地。深入开展科技人才评价改革试点工作，设立全新机制创新创业学院——深圳零一学院、深圳科创学院，探索制定《深圳市外籍"高精尖缺"人才认定

---

① 即 9 个重大科技基础设施、11 个前沿交叉研究平台、2 所省重点实验室、2 所高水平研究型高校。

标准》，2023年留学回国人员超过20万人。光明科学城推出"人才高地计划"，对光明科学家谷进行一体化设计，高质量打造"才享光明"人才综合服务平台，并依托优越的生态本底营造"住房无忧、教育无忧、生活无忧"的人才宜居环境，对高层次人才的吸引力进一步增强。2023年，光明区共吸引高层次人才2541人、博士人才3571人、科研院所人才6087人，分别是5年前光明区成立时的7倍、6倍、4.5倍。

（二）密切新兴产业和未来产业同新质生产力的联系

持续涌现的新产业、新业态，为深圳新质生产力的培育和发展提供了坚强支撑。2023年，深圳战略性新兴产业增加值达到1.45万亿元，占GDP比重接近42%，继续蝉联全国城市首位。

2023年11月24日，比亚迪第600万辆新能源汽车正式下线，成为全球第一个取得这一成就的汽车品牌。回首过往，作为最早研发新能源汽车的企业，其20年来在核心技术领域持续加大研发投入，设立11个研究院，研发人员超过9万人，凭借刀片电池、DM-i超级混动、CTB电池车身一体化、云辇智能车身控制系统等颠覆性技术创新，持续引领产业变革，从第1辆到第100万辆用时13年，而从第500万辆到第600万辆仅用时3个多月。比亚迪的成功映射出深圳新能源汽车产业的强劲发展势头，目前该产业已构建起"电池、电机、电控""智能驾驶、智能座舱、智能网联"先发优势，深圳也成为全球范围内该产业链最完整也最具竞争力的城市之一。而作为新能源汽车产业的新增长点，深圳打出"一杯咖啡、满电出发"的口号，着力打造"超充之城"。截至2023年4月底，深圳已累计建成超级充电站362座，数量已超过传统加油站，初步构建了遍布城市的超充服务网络。

　　坐落于深圳福田的华强北，被誉为"中国电子第一街"，这里是信息通信产业链枢纽，是中国电子信息产业的风向标，也是深圳在全球电子信息产业中地位的重要体现。作为电子信息产业重镇的深圳，是全国乃至全球重要的消费电子研发中心、制造中心和集散中心。1991年，深圳电子信息产业产值仅为177亿元，30多年间增长超过140倍。2023年，深圳电子信息产业增加值达到5717亿元，产业规模约占全国的1/6，其中智能终端、网络通信产业产值近万亿元，半导体及集成电路、超高清显示产业产值超过千亿元。截至2024年3月，深圳规模以上电子信息制造企业超过4100家，其中千亿级企业5家、百亿级企业27家、中国电子信息百强企业21家，领军企业领飞、细分龙头企业深耕的良性格局已然形成。全球1/7的智能手机是深圳制造，通信基站产量更占到全球的一半。面对新一轮数字化浪潮，华强北亦重整行装再出发。政府通过政策引导，支持华强北建设高品质、低成本产业空间，吸引全球创新要素，形成浓厚创新氛围，聚焦"三个中心"[①]定位，着力打造国际化创新创业街区，而这也成为深圳电子信息产业继续突破的一个缩影。

　　人形机器人、商业航天、深海装备，深圳制造愈发成为前沿技术和未来产业结合的样板。作为未来智能装备的重要领域，人形机器人正日益成为科技企业必争之地。2023年12月29日，深圳企业优必选科技在港交所上市，成为第一家人形机器人上市公司，其人形机器人围绕工业制造、商用服务和家庭陪伴3个应用场景，将人从简单重复的劳动中解放出来，将成为下一代消费级人机交互终端。商业航天同样被视为未来产业发展的重点领域。2023年8月10日，"谷神星一号"

---

　　① 三个中心，即全球电子元器件贸易中心、全球硬件创新创业中心、国际时尚电子消费中心。

运载火箭携带深圳企业椭圆时空研制的"星池一号B星"发射成功，成为商业化通导遥一体化卫星星座"星池计划"的首颗卫星。除卫星外，经过多年积淀，深圳已构建起包含精密制造、航天材料、无人机等产业在内的产业体系，特别是在卫星导航、遥感测绘等领域集聚了众多优质企业，一个新的百亿集群正在形成。此外，深圳持续壮大海洋高端装备制造业，深圳赤湾胜宝旺工程有限公司近5年市场份额全国第一，南海油田超过七成导管架为其建造；中集集团打造的蓝鲸1号和蓝鲸2号代表了全球海洋钻井平台设计建造最高水平，分别成功助力国家可燃冰第一轮、第二轮成功试采；研祥集团研制的"蛟龙号"计算机系统，助力奋斗者号潜水器深潜马里亚纳海沟，创造了国家载人深潜新纪录。

（三）建立健全加快形成新质生产力的体制机制

改革开放以来，深圳的一路风雨一路凯歌，处处呈现着制度创新之美，在新质生产力发展上亦是如此。强化战略科技力量方面，深圳主动探索关键核心技术攻关新型举国体制，有组织地推进战略导向的原创性、基础性研究，全国首创以立法形式规定"市政府投入基础研究和应用基础研究的资金应当不低于市级科技研发资金的百分之三十"，截至2023年底，累计资助项目6000多个，投入资金超过40亿元。支持各类创新主体承担国家科技重大项目和重点研发计划，截至2023年底，累计对超过1200个国家和省级项目配套资助30多亿元。

营造良好创新生态方面，强化知识产权创造、保护、运用，以深交所为基础建设全国性科技成果与知识产权交易中心，截至2023年底，累计服务项目1200多个。深化知识产权证券化融资试点，截至2023年底，累计发行79单产品，融资规模约180亿元，居全国首位。

促进重大科技基础设施和大型科研仪器开放共享，入网仪器逾 1.1 万台，原值达 110 多亿元。打造特色科技金融服务体系，全国首创"深圳创投日"这一服务现代化产业体系升级和新质生产力发展的月度常态化产融对接活动，深圳风投创投机构数量和基金管理规模均处于全国城市前列，以"一个产业集群至少有一只基金配套支持"的理念重构基金体系，成立科技创新种子基金，打造投早、投小、投科技的风向标。

产业高质量创新发展方面，探索完善科技成果"沿途下蛋"高效转化机制，以大科学装置与平台为基础，布局了一批创新中心，打通"最初一公里"。例如，深圳依托深圳先进院和合成生物大科学装置，布局了深圳市工程生物产业创新中心，在全国率先推出"楼上楼下"创新创业综合体模式，不仅有助于前沿技术与市场需求高效对接，也为科研人员提供科研成果转化的更多可能性。探索"投建运转"一体化运营模式，建设综合统筹平台，以财政投入、地方政府专项债、成果转化收益等方式筹措资金，统一推进设施建设、统一运营维护管理、统一推动成果转化，推动有效市场和有为政府更好结合，走出了一条"政府主导、平台统筹、市场化运作"的具有深圳特色的设施建设运营创新之路。

二、河套合作区：以深港协同打造新质生产力发源地

河套深港科技创新合作区（以下简称河套合作区）位于深圳中南部与香港北部接壤地区，占地面积 3.89 平方公里，其中深圳河北侧的深圳园区面积 3.02 平方公里，南侧的香港园区面积 0.87 平方公里，是广深港科技创新走廊与香港北部都会区的交会点。

习近平总书记高度重视河套合作区建设。2017 年 7 月，习近平总书记亲自见证《深化粤港澳合作 推进大湾区建设框架协议》签署①，协议中明确提出支持港深创新及科技园建设。2020 年 10 月，习近平总书记在深圳经济特区建立 40 周年庆祝大会上发表重要讲话，强调要规划建设好河套深港科技创新合作区②。2023 年 8 月，国务院印发《河套深港科技创新合作区深圳园区发展规划》，明确河套合作区要加快打造深港科技创新开放合作先导区、国际先进科技创新规则试验区、粤港澳大湾区中试转化集聚区，这些都为河套合作区加快形成新质生产力指明了方向。

（一）推进深港深度合作载体建设

科技创新是深港合作的"最大公约数"。河套合作区充分利用"一国两制""一区两园"有利条件，围绕生命科学、信息科学、材料科学三大重点方向进行产业布局，聚焦"五流四制"③开展制度与政策创新探索，通过空间改造和政策叠加，吸引创新资源集聚发展，区内科技创新浓度不断提升。

空间拓展蓄势跃升。截至 2024 年 5 月，河套合作区通过"租、购、改、建"等渠道，开辟 80 万平方米高质量科研空间，建成深港国际科技园、国际生物医药产业园等 11 个专业化园区。2023 年 9 月 7 日，香港科学园深圳分园开园，这是内地首个由港方运营的科创园区，也是河套合作区内第一个适用深港两地政策的科创园区，香港应用科

① 《习近平出席〈深化粤港澳合作 推进大湾区建设框架协议〉签署仪式》，《人民日报》2017 年 7 月 2 日。
② 《习近平：在深圳经济特区建立 40 周年庆祝大会上的讲话》，新华网，2020 年 10 月 14 日。
③ "五流"即人流、物流、资金流、信息流、商流，"四制"即法制、税制、科研体制、园区管理体制。

技研究院、大湾生物有限公司等 30 多家香港机构和企业入驻[①]。

创新资源持续汇集。截至 2024 年 7 月,已有超 160 个高水平科研项目在河套合作区落地推进,8 个国家级重大科研平台、8 家世界 500 强研发中心、10 个香港高校科研机构、15000 余名科研人员在河套合作区聚集。2024 年 1 月,河套国际性产业与标准组织聚集区成立,国际星闪无线短距通信联盟、世界无线局域网应用发展联盟等国际组织在河套合作区落地,构建起 "6+1" 发展架构,实现了深圳在新型产业标准国际组织领域的突破。

制度创新深入推进。2023 年 11 月,深圳市财政局与科技创新委员会发布通知,探索在河套合作区深圳园区适用港澳审计准则。河套合作区内深圳数据交易所率先开展跨境数据交易试点,交易金额在全国排名首位。推出首个深港 "联合政策包",提出 28 条具体举措,让科创项目和人才同时享受深港两地的政策支持。率先推出团队揭榜制、选题征集制等科研管理机制,首批 5 家机构和企业 "揭榜挂帅"。

(二)为科技创新注入金融"活水"

2023 年 2 月 14 日,河套合作区企业舒糖讯息科技(深圳)有限公司[②]获得来自香港的知识产权融资,这是全国第一个深港跨境知识产权证券化项目。知识产权融资也成为深港深化合作,帮助初创科技企业破解融资难、融资贵的新手段。

加强知识产权金融创新。为解决科技企业高成长性但轻资产的问题,河套合作区以企业知识产权为切入点,以深圳高新投、平安证券、中国(南方)知识产权运营中心、工银亚洲等境内外机构为主体,创

---

① 《河套合作区:撬动深港"河能量"拥抱科学"新春天"》,《南方日报》2024 年 5 月 22 日。
② 舒糖讯息科技(深圳)有限公司成立于 2015 年,是河套合作区内科技企业,核心业务是研发无创血糖监测可穿戴设备,在河套合作区推动下获批国家外汇管理局外债便利额度试点企业。

造性提出"境内＋境外""公募＋私募"的知识产权综合融资模式，为培育和发展新质生产力注入动力。境内公募和境外私募的双向同步发行，为优化深港两地金融资源打造了可行架构，为河套合作区内科技企业达到财务资源全球整合提供了可行方案。

激发科技创新资本活力。河套合作区的"N+1"知识产权综合融资模式，使企业不需要转让知识产权即可便捷获得融资，有利于企业压减融资成本，提高资金周转率，且河套合作区对符合一定条件的企业给予贷款利息及服务费50%的支持。河套合作区内众多科技企业，由深圳市高新投集团将企业知识产权转化为金融资产，赴深交所申请挂牌。2023年1月，河套合作区—平安证券—高新投知识产权资产支持专项计划顺利发布，帮助河套合作区8家科技企业融资5800万元，加上政府补贴，企业年化综合融资成本不到3%。

畅通跨境资本融资通道。以外债便利试点改革为基础，河套合作区创造性提出"知识产权在岸质押＋跨境反担保＋资本项下外债流通"的融资新模式，使企业的融资成本减少超20%。河套合作区科技企业在香港以私募形式完成证券化募资，由工商银行深圳分行落实知识产权"在岸"收益权受让，并通过跨境反担保与中国工商银行（亚洲）建立跨境"知识产权"增信，最后由企业将所获融资在其专项外债额度内以外债形式入境，按照自身需求分批使用[1]。

（三）携手为发展新质生产力提供服务保障

河套合作区的显著优势是与香港陆路相接，是深港衔接的枢纽地带，具有特殊地缘优势。随着河套合作区建设全面提速，深港科技企业加速集聚，深港科技创新合作进入新阶段。

---

[1] 《全国首个深港跨境"N+1"知识产权证券化项目在深圳市河套合作区落地 广东积极探索专利运营跨境融资模式》，广东省市场监督管理局网，2023年3月7日。

　　深港合作对河套合作区的规划建设、要素引进和管理运营等提出更高要求，深圳国资委牵头，深投控、福田投控、深业集团联合出资 100 亿元设立的企业深港科技创新合作区承担了这一重要任务，其作为服务区域重大战略的功能性国企、联系香港园区的全方位通道、负责片区建设管理的市场化载体，为河套合作区加快形成新质生产力提供重要支撑。截至 2024 年 5 月，深港科创在河套合作区运营河套科创中心、深港国际科技园等 5 个项目，面积近 35 万平方米。河套合作区积极构建了政企资源协同引入机制，推动构建了"六大集群"，即国家重大平台、关键核心技术攻关项目、全球 500 强企业、独角兽企业、香港知名大学、港澳创业平台。创建以来，深港科创持续为河套合作区打造高标准产业空间，3 个在建工程规划面积近 60 万平方米，投资近 140 亿元，为加快形成新质生产力"筑巢引凤"。其中，河套科创中心正积极建设河套合作区生命科学研发平台，形成集研发、实验室、配套等功能于一身的科创综合体，已吸引国家药监局大湾区"双中心"等"大国重器"以及君圣泰医药等企业，研发有支撑、转化有场景的科创生态圈正逐步形成。河套合作区门户总部办公地标——河套壹号拔地而起，含总部办公及集中式商业业态、高端医疗及市政配套，成为稀缺的地标级商务封面资产。集地标商务办公、集中式商业等业态及医疗配套于一身的综合体——东翼 -1 项目，即将在 2025 年提供 7 万平方米的居住配套，给予深港科技人才优质的生产生活条件，国际企业和高端人才来到河套，将能享受到全方位的配套支持①。

---

　　① 《河套合作区：撬动深港"河能量"拥抱科学"新春天"》，《南方日报》2024 年 5 月 22 日。

三、佛山：数改智转推动传统制造向智能制造转型发展

作为"中国制造"重要样本城市，佛山面对传统制造业占比较大、现代化产业体系不优、经济发展后劲不足等问题，坚持"制造业当家"，主动拥抱新一代信息技术及数字化建设，积极推进制造业数字化、智能化改造升级（以下简称"数改智转"），努力推动制造业焕"新"发展，不断提升制造企业全要素生产能力，优化生产要素创新配置，为传统制造大市探索培育发展新质生产力提供了重要路径参考及实践经验。

（一）筑牢传统制造业发展基础

制造业发展起步较早。佛山自古就是中国制造业重镇，蚕丝、制糖、陶瓷业发展历史悠久。改革开放初期，佛山凭借毗邻港澳的区位优势，大力发展"三来一补"（来料加工、来样加工、来件装配和补偿贸易），积极承接港澳产业转移，逐步形成制衣等产业。在县、镇两级政府直接投资及提供贷款担保、税收减免等优惠政策支持下，佛山以乡镇企业为主导的公有制经济迅速发展，工业经济进一步壮大。进入20世纪90年代，顺德率先推动公有制、集体所有制企业产权改革并在全市推开，极大激活了佛山"二次创业"的生机与活力，培育形成了以美的、碧桂园为代表的一批世界500强企业，并在2000年前后培育形成一批经济规模超过十亿元、百亿元甚至千亿元的专业镇，如北滘家电、南庄陶瓷、乐从家具、西樵纺织等，"佛山制造"逐步崛起①。

---

① 《佛山制造40年：从来料加工到创新崛起》，《佛山日报》2018年10月8日。

工业经济总量位居全国前列。经过长期发展，佛山在陶瓷、家电、家居、铝型材、不锈钢等领域取得显著进展。1994—2022 年，佛山市工业总产值从 731.3 亿元增长至 27965.4 亿元，年均增速高达 13.9%；同期，工业增加值从 186.4 亿元增长至 5603.2 亿元，年均增速高达 12.9%（见图 4-1）。2023 年，佛山实现地区生产总值 1.32 万亿元，在全国各城市排名第 17 位。作为全国唯一的制造业转型升级综合改革试点城市，佛山市规上工业总产值突破 3 万亿元 [①]，规上工业增加值超 6300 亿元，分别居全国城市第 4、第 5 位，且佛山五区均入围中国工业百强区（见表 4-1）。

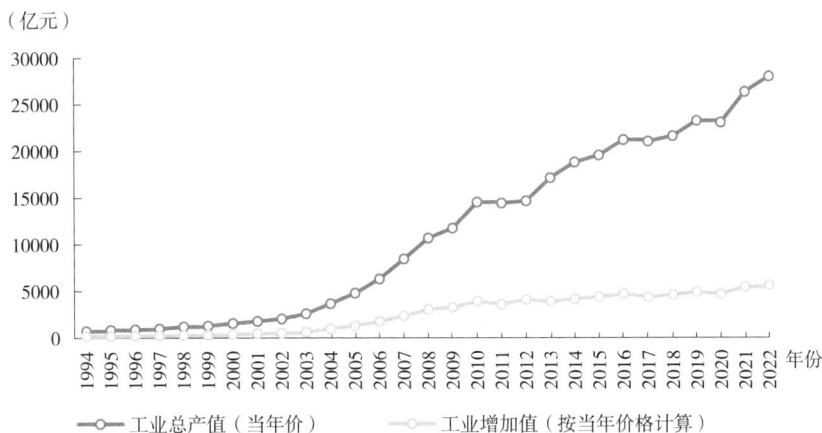

图 4-1　1994—2022 年佛山工业总产值及工业增加值

资料来源：历年佛山统计年鉴。

表 4-1　2023 年"中国工业百强区"部分名单

排名	省份	城市	市辖区
1	广东省	深圳市	龙岗区
2	广东省	广州市	黄埔区
3	广东省	佛山市	顺德区

[①] 《向广东第二个 3 万亿级工业强市冲刺》，《南方日报》2023 年 6 月 18 日。

续表

排名	省份	城市	市辖区
4	广东省	深圳市	南山区
5	广东省	深圳市	宝安区
6	广东省	佛山市	南海区
7	江苏省	常州市	武进区
8	江苏省	南京市	江宁区
9	江苏省	苏州市	吴江区
10	江苏省	无锡市	新吴区
25	广东省	佛山市	三水区
34	广东省	佛山市	高明区
44	广东省	佛山市	禅城区

资料来源：中国信息通信研究院发布的 2023 年"中国工业百强区"榜单。

部分产业集群加快建设。2023 年，佛山共有 70 家企业入围"2023 年广东省制造业企业 500 强"。其中，家电领域涌现出美的、格兰仕、海信、小熊、德尔玛等国内外知名品牌。据不完全统计，佛山陶瓷、微波炉、电风扇、冰箱、空调、酱油产量全部都是世界第一。此外，在 2022 年 11 月工业和信息化部公布的 45 个国家先进制造业集群中，广东省共有 7 个，并全部位于粤港澳大湾区（见表 4-2）。

表 4-2　2022 年粤港澳大湾区国家先进制造业集群情况

所在城市	国家先进制造业集群
深圳	深圳市新一代信息通信集群
广州、佛山、惠州	广州市、佛山市、惠州市超高清视频和智能家电集群
东莞	东莞市智能移动终端集群
广州、深圳、佛山、东莞	广州市、深圳市、佛山市、东莞市智能装备集群
深圳	深圳市先进电池材料集群
深圳、广州	深圳市、广州市高端医疗器械集群
佛山、东莞	佛山市、东莞市泛家居集群

资料来源：根据工业和信息化部公开资料整理。

（二）推动制造业数改智转焕"新"发展

出台数改智转文件。2021 年 8 月，佛山市印发了《佛山市推进制造业数字化智能化转型发展若干措施》，从加快制造业企业数字化智能化转型、加大财政支持力度、加快产业集群数字化智能化转型、增强数字化智能化供给能力、优化数字化智能化公共服务等 5 个方面推出 25 条具体举措，配套财政资金 100 亿元，对制造业转型进行全周期奖补，对数字化智能化示范工厂最高一次性奖励 2000 万元，固定资产投资最高奖励 1 亿元；设立了总规模 300 亿元、首期 100 亿元的制造业转型发展基金①，还在全国首创"数字贷"，推出风险补偿、全额贴息两大政策。官方数据显示，截至 2024 年 5 月，"数字贷"已累计贴息约 1.5 亿元，贷款金额近 43 亿元，撬动企业投资超 189 亿元②。

建设数改智转示范工厂。为加快推动制造业数字化智能化转型，探索新型工业化发展路子，佛山每年筛选建设一批数字化智能化示范工厂、示范车间、标杆项目，为不同行业、规模及转型阶段的企业提供标杆③。截至 2024 年 5 月，佛山已培育建设国家"数字领航"企业 2 家、"灯塔工厂" 2 家、示范工厂 73 家、示范车间 198 个。针对佛山童装产业体量相对偏小，但企业数量庞大、数字化水平较低等问题，佛山充分利用腾讯云的云计算、大数据、人工智能等优势，推动其与佛山童装协会合作开发纺织服装（童装）产业集群数字化平台；此外，腾讯云还与佛山市顺德家具协会达成协议，共同开发建设佛山家具产业集群数字化平台。

不断建立完善转型发展生态。截至 2024 年 5 月，佛山建立了转型

---

① 《失速的佛山要保持转型定力》，《中国经济时报》2024 年 5 月 22 日。
② 《加速"数改智转"广东佛山制造焕"新"》，中国青年网，2024 年 5 月 17 日。
③ 《失速的佛山要保持转型定力》，《中国经济时报》2024 年 5 月 22 日。

"生态资源池"，已有工业和信息化部认定的 9 家工业互联网平台企业，拥有超 200 家覆盖转型进程全链条的数智化服务商。同时，佛山加速培育工业机器人等转型发展硬件产业，机器人及智能装备总产值突破 900 亿元，为数改智转提供了重要的技术及产业支撑①。

数改智转典型案例不断涌现。通过实施数字化智能化改造，佛山传统制造企业数字化转型逐步提速，生产成本不断下降，生产效率明显提升。其中，美的厨热洗碗机顺德工厂是佛山加速数改智转、推动制造业基本盘转型升级的典型案例。该工厂充分利用大数据、人工智能（AI）、5G 技术、工业互联网等技术，实现数据的在线智能分析，减少了对人工排产、调度、搬运的依赖。通过应用一系列数字化、智能化技术，美的厨热洗碗机顺德工厂单位生产成本降低 24%、交付时间缩短 41%、研发时间缩短 30%、缺陷率降低 51%②。此外，围绕"双碳"计划，美的厨热洗碗机顺德工厂也在加快绿色低碳转型，在园区内部建立了能源管控平台，实现工厂能耗在线化管理，园区的绿电使用占比达到 20%。

（三）打造一流营商环境，擦亮"佛山智造"品牌

优化营商环境及企业服务。围绕"高效办成一件事"这一主线，佛山以推动政务服务数字化为抓手，不断拓展政务服务网上办理的事项范围及空间广度，切实提升政务服务效能。佛山率先推行"一照通行"涉企审批服务等改革，制定实施《佛山市市场主体服务条例》，不断激发释放市场主体活力③。2023 年，佛山新登记市场主体 40.26 万户，同比增长 23.93%，新增数量位居全省地级市第 1；截至 2023 年

---

① 《广东佛山 44.7% 规上工业企业实施数改智转》，佛山市新闻传媒中心，2023 年 6 月 30 日。
② 《广东数字经济引擎持续发力》，《中国证券报》2023 年 1 月 12 日。
③ 《向广东第二个 3 万亿级工业强市冲刺》，《南方日报》2023 年 6 月 18 日。

底，佛山市市场主体总量达 157.6 万户。佛山打造了"益晒你"企业服务体系，建立企业服务员制度，成立市、区、镇（街道）三级"益晒你"企业服务中心①。此外，佛山还打造了全国首个以制造业为核心内容的城市 IP——"有家就有佛山造"城市品牌，助力企业高质量发展。

强化有针对性的政策扶持。为解决传统产业转型升级面临的问题，切实降低企业转型成本，佛山市南海区推出"0 元"系列数字化转型扶持行动。2022 年以来，南海区先后推出"0 元诊断季""0 元工具箱"等活动，充分调动了数字化服务商、数字化专家库等服务资源，降低企业的试错成本，助推形成良好的示范效应。2023 年，在"数字领航"行动计划下，南海再次推出"0 元交付季"活动，通过进一步破解产业集群转型中的"卡脖子"问题，在行业内化大平台为小场景，做到针对具体企业场景需求量身定制、精细交付。

加快新型基础设施建设。近年来，佛山积极推进数字基础设施建设，持续推进算力建设，为深化数据要素市场化改革提供基础支撑，不断完善数改智转发展生态。其中，作为新质生产力的重要引擎及驱动社会生产力变革的核心要素，算力使用效率直接影响数字经济发展的速度。为此，佛山积极响应全省数据要素市场化配置改革，组建市、区两级数据要素工作专班，成功推动广州数据交易所服务基地落户佛山南海区千灯湖创投特色小镇，这也是全省首个数据交易服务基地，将为全省乃至全国提供会员管理服务、数据资产合规登记等配套服务。此外，截至 2022 年底，佛山市建成 5G 基站 1.87 万座，实现重点产业园区全覆盖，为全市数改智转提供转型发展的硬件支撑。

---

① 《向广东第二个 3 万亿级工业强市冲刺》，《南方日报》2023 年 6 月 18 日。

加快人才引进和培育。佛山市高度重视企业家及专业技术人才的作用，从 2022 年开始将每年 9 月 27 日设为"佛山企业家日""佛山市人才日"，还组织举办企业家大会、民营企业家培训班、佛商论坛等活动，不断加大企业家培训及服务力度①。此外，为破除数改智转转型发展的专项人才短板，佛山市、区两级制定实施人才发展体制机制改革实施意见及配套实施细则，支持企业设立首席信息官。

四、广州黄埔区：大力推进颠覆性技术创新

作为广州实体经济主战场、科技创新主引擎、改革开放主阵地，黄埔区深谙创新在引领发展中的重要性，积极推进高水平科技自立自强，加快建设粤港澳大湾区国际科技创新中心核心枢纽，不断点燃大湾区创新驱动主引擎。2022 年，全区研发经费投入强度达 6.14%，科技创新实力连续四年稳居全国经济技术开发区第一。2023 年底召开的中央经济工作会议强调，要以科技创新推动产业创新，特别是以颠覆性技术和前沿技术催生新产业、新模式、新动能，发展新质生产力②。为贯彻落实中央部署，黄埔区不断探索颠覆性技术创新成果转化新机制，积极寻找适合自身发展的新质生产力路径，为更好发挥经济技术开发区建设在新质生产力发展中的引领作用提供了有益借鉴。

（一）发展壮大高水平创新主体

黄埔区始终坚持企业科技创新主体地位，全力加大科技企业培育力度，目前以"链主"引领、"单项冠军"攻坚、专精特新铸基的世界一流企业群初见雏形。

---

① 《向广东第二个 3 万亿级工业强市冲刺》，《南方日报》2023 年 6 月 18 日。
② 《统筹推进科技创新和产业创新》，《经济日报》2024 年 2 月 28 日。

科技型企业培育链条成效显著。黄埔区连续 10 年开展"瞪羚计划"，修订出台"高成长 10 条"，搭建"瞪羚荟""湾顶汇"等服务平台，被科技部火炬中心作为全国瞪羚企业培育的典型样板。截至 2024 年 5 月初，黄埔区拥有科技型中小企业超 4300 家，高新技术企业超 2800 家，数量居全市第一；认定瞪羚（含培育）企业超过 600 家，创历史新高。根据胡润研究院发布的《2024 全球独角兽榜》，在全球超 1400 家独角兽企业中，广州入选企业 24 家。其中，黄埔区独占 7 家，包括文远知行、如祺出行、奥动新能源、粤芯半导体等（见表 4-3），独角兽企业数量占全市的 29.2%，数量与日本、瑞士相当。

表 4-3　入选《2024 全球独角兽榜》企业

序号	公司简称	估值（亿元）	排名	行业
1	文远知行	355	158	人工智能
2	多益网络	270	244	游戏
3	粤芯半导体	160	482	半导体
4	立景创新	155	495	人工智能
5	奥动新能源	130	647	软件服务
6	如祺出行	71	1124	共享经济
7	云舟生物	71	1124	生物科技

资料来源：胡润研究院发布的《2024 全球独角兽榜》。

中小企业培育链条梯次培育成效显著。作为全国第一个"中小企业能办大事"创新示范区，黄埔区实施了专精特新育成行动，建立了专精特新中小企业培育库，成立了专精特新企业发展促进联盟，不断激发中小企业创新活力。截至 2024 年 5 月初，黄埔区共有 118 家企业跻身国家级专精特新"小巨人"企业，占广州市的一半；省级专精特新企业 1605 家，占全市的 27.4%；广州的 18 家科创板公司中，黄埔区企业数量占比超过一半。

（二）加速颠覆性技术创新

颠覆性技术是指对传统产业具有颠覆性影响的技术，是科技竞争的关键变量[①]。早在新质生产力概念提出之前，黄埔区就围绕提升科技创新能力做了大量探索，其科技创新、实际利用外资、发明专利授权量、营商环境指数等核心指标位居全国经济技术开发区第一。

关键核心技术攻关取得明显成效。深入实施中国科学院 STS 计划—黄埔专项、"揭榜挂帅"等关键核心技术攻关计划，充分激发科技创新主体活力，着力打通科技成果向现实生产力转化的"最后一公里"，关键核心技术攻关及转化取得积极成效。关键核心技术方面，国家新型显示技术创新中心研发出的 17 英寸 IGZO 喷墨打印 OLED 折叠显示屏产品技术全球领先；大湾区空天信息研究院在多源数据融合道路综合检测车、高精度 PCB 外观缺陷检测机、CCD 对位电磁热熔机等高新技术系统及设备的合作研发中取得突破性成果。成果转化方面，黄埔材料研究院与国企合作共建航空轮胎制造试验基地，推动民用轮胎产品产业化；与中山大学、复旦大学合作共建全国唯一 12 英寸光电子集成中试平台。

不断完善科技创新服务体系。不断完善创业孵化育成体系，出台"孵化 10 条"，建成了"众创空间—孵化器—加速器—科技园"科技企业孵化链，引导全区孵化器向规范化、品牌化、资本化、国际化、效益化、专业化、生态化等方向发展，形成了产业生态圈，相互孵化、内部创业、应用场景赋能、核心技术赋能等多种特色孵化模式，建成了华南地区最大、最活跃的科技企业孵化器集群。截至 2024 年 5 月，黄埔区已建成科技企业孵化器 108 家，孵化载体总面积近 500 万平方米，其中

[①]《促颠覆性技术从"幼苗"长成"大树"》，《科技日报》2024 年 3 月 19 日。

国家级孵化器总数达 27 家，位居全省第一。从中孵化出来的慧智微电子、迈普医学、禾信仪器、百奥泰等科技创新型企业正迸发创新活力。

（三）打造高能级创新平台

近年来，黄埔区坚持"四个面向"，聚焦基础科学研究和应用技术研究，全力推进战略性科技创新平台建设，打造科技成果转化"创新核"，成为同时拥有国家实验室和综合类国家技术创新中心的国家级经开区，科技创新能级跃上新台阶。

构建"2+3+N"战略科技创新平台集群。近年来，黄埔区集全区之力全方位保障战略科技力量落地建设，打造以广州实验室、粤港澳大湾区国家技术创新中心为战略引领，以人类细胞谱系大科学研究设施、航空轮胎动力学大科学中心、慧眼大设施工程为核心，以高水平研究院、新型研发机构为支撑的"2+3+N"战略科技创新平台集群[1]。截至2024 年 5 月初，全区聚集各类高端研发机构 1319 家，其中国家级研发机构 41 家、省级研发机构 679 家、省级新型研发机构 39 家，新型研发机构集聚度和创新能力处在全国前列。广东粤港澳大湾区国家纳米科技创新研究院、黄埔材料院等中国科学院 13 个"国家队"项目加快建设；获批建设国家新型显示技术创新中心、国家印刷及柔性显示技术创新中心、国家先进高分子材料产业创新中心。

建立广州颠覆性技术创新中心。2023 年初，广州市人民政府、广州高新区管委会与京津冀国家技术创新中心依托粤港澳大湾区协同创新研究院共建广州颠覆性技术创新中心，推动建设了黄埔创新学院、颠覆性技术创新基金及颠覆性技术创新园，构建形成"大学院所 + 创新基金 + 创新园区 = 颠覆性技术创新体系"[2]。2024 年一季度，广州颠

---

① 《用创新"力撑"实体经济》，《南方日报》2021 年 12 月 27 日。
② 《广州着力构建颠覆性技术创新体系》，《科技日报》2024 年 2 月 27 日。

覆性技术创新中心与黄埔区合作共建的广州颠覆性技术创新园动工建设，该园区拥有研发、试制、培训、交流、展示等多重功能，有助于健全创新创业生态，对于打造颠覆性技术创新策源地意义重大[①]。

（四）加大人才及资金支撑力度

近年来，黄埔区充分发挥政府引导作用，深入实施人才强区战略，不断强化科技创新的资金支持，以人才、资金集聚来支撑推动科技创新高质量发展。

加快打造人才高地核心引擎。锚定"国际人才自由港"目标任务，在聚才政策、育才服务、留才生态上精准发力，全力建设粤港澳大湾区高水平人才高地核心引擎。升级"金镶玉"政策体系，发布实施"海外尖端人才8条""国际人才自由港10条"等专项政策，制定人才绿卡暂行办法，推出首个集成电路产业紧缺人才专项支持政策，初步形成了涵盖"高端领军＋中层骨干＋基层工人"各层次、"科技＋金融＋教卫＋知识产权"各领域的人才政策体系。成立区人才工作局，正式运营国家海外人才创新创业基地，开设全国首个海外人才创新创业"零跑动"服务中心，全省首推人才商事服务"极速办"，不断健全全链条人才服务体系。高标准建设"国际人才会客厅"，定期举办湾区人才说等大中型人才交流活动，常态化开展分行业、分领域人才对接交流沙龙等小微活动。截至2024年5月，全区汇集赵宇亮、许宁生、王迎军等院士团队项目121个；A类外国高端人才1142人，占广州市外国高端人才的40%；区内企业获评市产业领军人才创新团队数量占全市的七成；238家领军人才企业中已有10家企业成功上市。

不断完善科技创新资金支持机制。黄埔区不断加强对科技创新及

---

①　麦婉华：《广州黄埔：培产业抓投资 促高质量发展》，《小康》2024年第8期。

科技成果转化的资金支持，出台"高成长 10 条""高质量发展 30 条"，形成生物医药、集成电路等多层次培育政策体系，提出对临床研发费用给予最高 1 亿元补贴、对科学家给予最高 500 万元购房补贴、对国家级项目 1∶1 给予 500 万元配套补贴。2023 年 9 月，广州颠覆性技术创新中心与广州产业投资控股集团、知识城集团等共同组建广州颠覆性技术创新基金，规模达 15 亿元，主要聚焦集成电路与芯片、算法与智能技术、BT–IT 融合等重点领域颠覆性技术创新、原始创新科技成果投资，截至 2024 年 5 月，该基金已与析芒医疗、载诚科技等 12 个首批颠覆性技术创新基金投资项目完成签约。

五、东莞滨海湾新区：融湾发展，打造新质生产力大湾区样本

滨海湾新区位于粤港澳大湾区的几何中心，与虎门大桥和广州南沙自贸试验片区相连，与深圳前海合作区隔河相望，毗邻港澳，是东莞向海而生、向海图强的新起点，更是东莞联动周边集聚创新资源、培育发展新质生产力的重大平台。近年来，滨海湾新区积极抢抓"双区"战略和"黄金内湾"建设新机遇，围绕制造业发展需要，主动谋划建设创新发展的重大综合性载体，加强与港澳等重点地区及周边重大平台对接联动，大力引入龙头企业创新孵化项目及创新平台机构，不断优化创新发展环境，努力探索创新链产业链深度融合发展的新路径新模式，着力打造东莞未来三十年高质量发展的新引擎，力争为粤港澳大湾区坚持因地制宜发展新质生产力提供示范样板。

（一）培育国际科技合作核心节点

滨海湾新区坚持系统创新、开放创新理念，推动打造了一批以滨

海湾国际开放创新创业社区、港澳青年创新创业基地等为代表的重大平台，努力提升新区在国际科技合作网中的节点功能，为吸引集聚创新资源及促进产业转型发展夯实了平台支撑。

全力打造东莞滨海湾国际开放创新创业社区。滨海湾国际开放创新创业社区（以下简称双创社区）是由市区联动、高标准统筹共建的创新创业综合体，重点聚焦大院大所，引进一批重大项目和重大平台资源，面向港澳和国际定向对接导入科创资源，力图打造成为国际科技成果转化示范区，是滨海湾新区推动创新链产业链深度融合的重要一环。该社区是继松山湖国际创新创业社区之后东莞的第二个国际创新创业社区。东莞努力推动在滨海湾构建"重大科技项目＋天使基金＋低成本空间"的科技创新全生态链，争取将其打造成为新的经济增长极。截至2023年7月，双创社区引入了新一代人工智能研究院等科技平台，已签约进驻5家项目，计划总投资1700万元，进驻人员180人，正在对接的重点项目超过20个。

推动成立滨海湾港澳青年创新创业基地（以下简称港澳基地）。该基地成立于2020年12月，旨在为来东莞创业生活的港澳台侨青年提供办公空间、企业孵化、政策辅导、资源对接等"一站式"创新创业服务。截至2024年4月，服务接待粤港澳台侨青年超过5400人次。港澳基地于2022年先后获评首批市级港澳青年创新创业基地、广东省第二批"粤港青年创新创业基地"，2023年受邀加入了"大湾区香港青年创新创业联盟"。

（二）促进创新资源要素流通互补

立足毗邻港澳及南沙新区等独特区位优势，滨海湾新区以加快融入新发展格局为引领，不断强化与港澳地区以及松山湖科学城、南沙新区等重大平台联动，努力推动资源共享及优势互补，加快畅通新质生产力发展的痛点、堵点、断点。

纵深推进与港澳等地区对接合作。香港、澳门拥有多个世界一流大学及学科，在基础研究方面具有突出优势。为对接利用港澳资源，滨海湾新区依托港澳基地等平台，不断加强与港澳地区在关键核心技术攻关、科技成果转化落地、教育及人才培养等方面的合作。新区赴港澳地区开展了一系列重大招商推介会，拜访了澳门经济财政司、香港科学园、香港中华总商会、澳门中华总商会等政府部门、工商企业及行业商协会，并与多个港澳单位建立战略合作关系。此外，新区还规划建设了滨海湾青创城、港澳新城、港澳码头等一批面向港澳的平台项目，新区联通港澳台侨等优质资源的优势不断显现。

深化与松山湖科学城联动发展。松山湖科学城是大湾区综合性国家科学中心建设的主要承载区，是粤港澳大湾区国际科技创新中心建设的重要支点，目前已拥有中国散裂中子源等大科学装置、建成松山湖材料实验室等重大科研平台。在东莞市科技局的推动下，滨海湾新区与松山湖科学城建立联动发展机制，滨海湾与松山湖双创社区建立合作机制，大大便利了新区对接利用松山湖科学城各类实验室以及新型研发机构，有助于推动优秀科技成果进驻新区及滨海湾双创社区。

强化与广州南沙新区对接合作。滨海湾新区与南沙新区共处珠江口城市群几何中心，区位条件优越、产业基础雄厚、发展空间广阔、生态环境良好，在推进粤港澳大湾区建设、实现高质量发展等方面具有较好的合作基础和较大的合作空间。2017 年，为深化两区合作，广州南沙新区与滨海湾新区签订了《广州南沙新区东莞市滨海湾新区战略合作框架协议》，连续 6 年协商制定两区年度合作要点，不断推进双方在经济社会多个领域交流与合作。

（三）激活产业创新发展新引擎

聚焦强化科技创新的主体力量，滨海湾新区大力推进龙头企业重大创新项目引育，加快补齐大学建设短板，着力引入各类科技创新平台及机构，不断壮大科创队伍，为产业创新发展及培育新质生产力提供了关键动力支撑。

积极打造龙头企业创新项目孵化场。滨海湾新区覆盖东莞市 4 个经济强镇，拥有长安智能手机、虎门电子信息和商贸、厚街家居会展、沙田临港产业等多个成熟的产业体系。自成立以来，新区积极围绕数字经济、生命健康、新能源等三大新兴产业，充分依托龙头企业带动作用推进创新孵化，努力推动制造业迈向全球价值链中高端。目前，新区已引进 OPPO 智能制造中心、vivo 智慧终端总部、小天才智能科技中心、正中科学园、欧菲光电影像等一批重大项目，其中超 40 亿元的项目有 7 个。特别是，龙头企业入驻带动了长安镇智能手机上下游产业蓬勃发展，截至 2024 年 5 月，全镇共有智能手机上下游配套企业超过 1000 家，其中规上高新技术企业超过 350 家、规上电子信息企业超过 160 家，带动了华茂、捷荣、龙光等一大批配套企业成长。

超前谋划筹建大湾区大学。早在 2018 年，东莞市就开始谋划建设一所立足大湾区、服务全国、面向全球的一流大学，以弥补该地区高等教育短板，强化科技创新及产业发展的人才支撑。在东莞市全力支持及推动下，大湾区大学办学方案于 2020 年 7 月通过省政府审议，后被纳入教育部、广东省政府《推进粤港澳大湾区高等教育合作发展规划》重点项目。大湾区大学定位为以理工科为主的高水平新型研究型大学，这是第一个由地级市筹建的新型研究型大学，充分彰显了东莞市塑强科创引擎的决心。两大校区之一的松山湖校区已于 2024 年 4 月正式启用，而滨海湾校区也已被纳入国家重大建设项目。未来，滨海湾新区将依托大湾区大学的科研和人才带动优势，谋划总面积约4700 亩的生命健康产业基地和数字经济（人工智能）产业基地，形成"一园两基地"空间格局，打造大湾区科创成果转化高地。

大力引育各类科创平台及机构。聚焦基础创新能力不足、科技成果转化落地缓慢等问题，滨海湾新区实施了一系列针对性举措，大力推进各类创新平台及机构入驻落地。组织开展了研究院等科技创新平台招引工作，储备社区意向入驻项目 50 个以上，完成 17 个项目入驻评审。目前，滨海湾新区已招引入驻东莞市新一代人工智能产业技术研究院，围绕人工智能领域开展产业技术创新、研究与开发、成果转化等工作，打造"机器视觉＋高端装备"产业集聚区。此外，大湾区大学首次获批了基础研究类省重点实验室（广东省动力系统与神经系统交叉研究重点实验室），其将数学与计算机科学、脑科学、生物医学工程等领域交叉融合，搭建脑疾病的辅助诊疗智慧平台，将引领智慧医疗技术发展突破。

（四）厚植新质生产力发展土壤

着眼增强高端创新要素吸引力及充分激发创新主体能动性，滨海湾新区在加大政策支持、推动政策利好叠加等方面不断发力，持续优化科技创新发展生态体系，为新质生产力发展提供了良好的制度条件。

加大创新企业及平台招引政策支持力度。滨海湾新区先后出台了《东莞滨海湾新区鼓励企业利用资本市场扶持办法》《东莞滨海湾新区促进新一代信息技术产业发展扶持办法实施细则》《东莞滨海湾新区促进生物医药产业发展扶持办法》《东莞滨海湾国际开放创新创业社区项目入驻管理及扶持办法》《东莞滨海湾新区促进"专精特新"企业发展扶持办法》等文件，积极推动创新企业引进和创新平台建设。其中，《东莞滨海湾新区促进"专精特新"企业发展扶持办法》重点围绕支持产业园运营主体引进专精特新企业、保障专精特新企业产业用地、支持专精特新企业加大研发投入、给予专精特新企业成长奖励及财政贡献奖励等方面提出若干支持举措。

强化多重政策利好叠加。《粤港澳大湾区发展规划纲要》赋予滨海湾新区粤港澳大湾区特色合作平台的定位，明确支持东莞与香港合作开发建设滨海湾新区，集聚高端制造业企业总部，发展现代服务业，建设战略性新兴产业研发基地。同时，滨海湾新区还被列入广深港澳科技创新走廊核心创新平台和广东省沿海经济带规划的珠三角14个重大区域发展平台，成功获批省级高新技术产业开发区、广东自贸试验区联动发展区。多重政策叠加优势大大提升了滨海湾新区的投资吸引力，其连续两年获评《环球时报》"最具投资价值新区""最具投资吸引力新区"等。

六、华为：以技术突破为发展新质生产力蓄势赋能

随着人类社会加速进入数字时代，以大数据、人工智能、云计算等为标志的新一代信息技术得到广泛应用，实现了传统生产要素和新型生产要素的创造性融合，推动了产业智能化、融合化由量变引发质变，促进了"数智生产力"的全面提升。在新一轮数字化大潮中，华为凭借多年深耕积累的技术优势积极参与其中，为国家加快建设现代化经济体系贡献了力量。

（一）推动大模型赋能产业发展

新质生产力的主导力量是科技创新，人工智能则是数字时代推进科技创新的关键引擎，也是培育新质生产力的重要驱动力量。作为人工智能领域的技术革新，大模型技术在一定程度上对人工智能发展起

着引领作用。中国拥有其他国家所不具备的众多业务场景，也拥有世界上最大的开发者群体，在人工智能领域有机会达到国际领先地位。面对大模型时代新机遇，中国亟须推动大模型和业务场景的深度融合，持续探索更多应用场景和业态模式，夯实国产化算力底座，健全算力平台、数据库等工具链，给予大模型高效、稳定、安全的基础支撑。

华为以"AI for Industries"理念，在全国首推大模型混合云——华为云 Stack，为业界带来了集云服务、开发套件及专业服务等于一体的完整的人工智能工具链，并同众多头部企业联手解决其在研发、生产、加工、消费等各方面、各环节碰到的复杂问题。2022 年，华为和山东能源集团分别基于技术和产业优势，成立联合创新中心，发布了矿山行业首个人工智能大模型——盘古矿山大模型，山东能源集团凭借丰富的应用场景给予大模型训练多样化数据，大模型成果进而赋能煤矿智能化场景，此外山东能源集团还将相关技术内化为云鼎人工智能服务平台，赋能矿山、化工、钢铁、电力等 9 个专业 40 多个场景，助力企业增安、降本、提效[①]。2024 年，华为和鄂尔多斯市创新投资集团联合发布基于人工智能大模型的工业互联网平台，此平台集智算算力、工业大模型、多个预置算法、应用开发环境等于一体，普惠开放给产业链伙伴，化解了"作坊式"开发周期长、门槛高等限制行业人工智能推广运用的难题。根据相关规划，平台预计将在 2024 年连接 68 座智能化矿山，到 2025 年将扩展至 160 座[②]。

（二）释放数据要素叠加倍增效应

加快形成新质生产力，不仅需要推动传统生产要素的质量升级，还需要将以数据为代表的新型生产要素与之创造性融合。数据要素通

① 《以人工智能高水平场景应用推动能源行业高质量发展》，人民网，2023 年 7 月 18 日。
② 《内蒙古首个 AI 大模型工业互联网平台发布》，人民网，2024 年 1 月 20 日。

过与其他生产要素相互作用，并嵌入生产、分配、流通、消费等各个环节，将产生乘数效应，有效催生新质劳动资料、创造新质劳动力，促进新质生产力不断涌现。2023 年 10 月，国家数据局正式挂牌，到 2024 年 4 月，31 个省份和新疆生产建设兵团数据局均完成机构组建，加之《关于构建数据基础制度更好发挥数据要素作用的意见》《"数据要素 ×"三年行动计划（2024—2026 年）》等政策文件陆续出台，全国各地在数据确权、数据流动、数据资产等方面作出了有益探索。

华为拥有 18 年的数据治理经验，并在数据空间方面积极开展探索，推动实现了内外部数据跨主体安全交换、高效连接。其以自身实践携手生态伙伴形成的政务数据要素流通方案，为数据安全、可信、高效流通创造了新场景。2023 年，华为和上海数据集团共同打造了城市级数据空间基础设施——"天机·智信"平台，其具有数据采集、汇聚、存储等基础功能，可以实现公共数据、同行业数据、企业数据间的有效整合，提供高质量数据资源，并挖掘释放数据要素价值，提升跨境贸易、普惠金融、医疗健康等应用场景效率，赋能城市全域数字化转型。在"华为云行业高峰论坛 2023"上，华为联合上海数据集团发布了《城市数据空间 CDS 白皮书》，提出了城市数据空间"2+1+1"架构设计，以期带动行业内外就城市数据空间应用形成更多共识[①]。

（三）以智能化赋能新型工业化

推动传统产业转型升级、推陈出新，使其焕发新的生机活力，是新质生产力之"新"的一个重要体现。加快工业互联网发展，促进传统产业智能化、数字化改造，成为"因业制宜"发展新质生产力的出

---

① 《上海数据集团：激发数据要素潜能，构建城市数据空间新范式》，中国日报中文网，2023 年 12 月 6 日。

发点和落脚点。当前，中国工业互联网已融入 49 个国民经济大类，覆盖全部工业大类。全国各地工业互联网一体化进园区"百城千园行"活动方兴未艾，带来了众多企业的相关需求，并要求深化工业智能化应用，实现从单点应用、局部优化到体系融合、生态重构的升级。

华为提出的新型工业互联网平台参考架构，在传统工业互联网的基础上，融合网络、平台、安全、应用等数字化资源，能够提供工业云边协同、智能数采、数据融合、数智协同、应用开发 5 项关键能力，解决工业生产流程中各环节瓶颈问题。长安渝北新工厂采用了基于工业互联网的全新智慧工厂技术框架，构建了"集团 + 工厂"的云边端协同体系，推动长安汽车率先驶入智造"快车道"。华为和广西电网运用工业互联网技术，建立了新一代计量自动化系统，实现全省 2300 万用户用电数据入湖[①]。

（四）助力增强核心系统自主性

加快形成新质生产力，要求推动数字技术革命性突破，这就对构筑自立自强的数字技术创新体系提出了更高要求。开展核心业务系统升级，提升系统自主性、可持续性已成为业界共识，金融业就是其中的典型。银行核心业务系统承载了其存款贷款、支付清算等业务，是名副其实的银行"心脏"。核心业务系统过去更多以主机为基础通过集中式架构建设，在新形势下已难以满足金融科技发展需要，转型升级成为大势所趋，迫切需要跨行业联手，合力攻克技术难题。

华为凭借 30 余年在信息和通信技术领域的积累，基于端到端全栈软硬协同技术与合作伙伴共同制定了主机上云解决方案，聚焦云硬协同新基座、场景方案新基线、实施工艺新标准，针对金融机构提供覆

---

① 《华为云发布新型工业互联网平台参考架构》，华为官网，2024 年 4 月 19 日。

盖全场景的核心业务系统升级方案，推动核心业务系统加快实现现代化。截至 2024 年 7 月，华为已服务中国 6 家国有银行、8 家股份制商业银行和众多保险、证券机构。全球领先的 IT 市场研究和咨询公司国际数据公司（IDC）的报告显示，华为在中国金融云基础设施市场中排在首位[①]。

---

① 《六连冠！双第一！华为云持续领跑中国金融云市场》，华为云官网，2024 年 7 月 18 日。

第五章

中部地区

一、湖南长沙：科创引领打造产业湘军

长沙是我国重要的先进制造业基地，20 世纪八九十年代就涌现出了中意冰箱、韶峰电视、湘江涂料、丽臣实业等当时响当当的"长沙制造"，20 世纪 90 年代起，以中联重科、三一集团为代表的工程机械公司相继诞生、加快崛起，逐步奠定了长沙"中国工程机械之都"的地位。近年来，长沙坚持以科技创新为引领，以先进制造业为支撑，以发展智能制造为突破口，推动传统产业改造升级和新兴产业发展壮大，加快构建"4433"现代化产业体系，探索出了"喜新不厌旧""抓大不放小""求远不舍近""补链更强链"等新质生产力发展路径，推动长沙跻身全国先进制造业百强市八强，荣登"2022 年新型储能十大城市"榜首，长沙工程机械产业集群和长沙新一代自主安全计算系统集群先后入选"国家队"，累计 32 家企业（产品）入围国家级制造业单项冠军企业，数量居中部城市第一。新时代新征程，长沙正以"舍我其谁"的担当和踔厉奋发的姿态，以先进制造业为基础，沿着高质量发展航道勇毅前行，驶向更加光明的未来。

（一）政策引领主攻"4433"产业矩阵

2023 年 12 月，长沙市委、市政府印发《关于加快建设现代化产业体系的实施意见》，明确了"4433"产业矩阵主攻方向，实施产业布局优化、创新驱动强基、产业增量提升等"九大工程"，建立系统推进、梯度培育、拓展场景等"五项机制"。围绕具体领域、具体项目、具体企业，推动产业综合层级明显提升、产业创新能力持续增强、产业生态不断优化。

提升辨识度，战略性支柱产业"稳中奋进"。为了增强产业创新能力、产业链韧性和产业国际竞争力，打造国家重要先进制造业高地，长沙市制定《长沙市促进工程机械产业发展条例（草案）》，大力推进工程机械行业高端化、智能化、绿色化，通过"抢占风口、熨平周期"，推动工程机械的总体发展水平不断提升。2023年集群规模企业总产值突破2200亿元，连续14年居全国首位，全球工程机械制造商50强中长沙占5席，"长沙制造"挺起大国重器的脊梁。

补链更强链，战略性新兴产业"积极谋进"。2017年，长沙在全国首创产业链链长制，全市的产业链建设工作由此开启大幕——产业链、创新链、人才链、资金链、供应链"五链"融合，持续抓好链长牵总、校长支撑、行长帮扶、盟长搭台、基金董事长赋能"五长联动"，各产业连点成链、聚链成群。2023年，长沙根据产业发展实际，将原有的22条产业链整合为17条，重点攻关核心基础元器件（零部件）、关键基础材料、先进基础工艺、产业技术基础和工业基础软件"工业五基"，共实施产品创新强基项目77个，累计实现新产品销售收入437.07亿元，完成研发投入35.21亿元。

喜新不厌旧，推动传统优势产业"转型求进"。传统产业是发展的重要基础，也是转方式调结构的可靠支撑和现实增长点。长沙将数字化改造、智能化升级作为传统产业转型的重要突破口，出台《长沙市支持国家智能制造先行区创建若干政策（试行）》，支持首台（套）重大技术装备研发，推进智能化技术改造系统解决方案设计。实施《长沙市智能建造项目评价技术导则（试行）》，构建了全国首例以场景为导向的智能建造项目评价标准，BIM 技术、装配式建筑、智慧工地、建筑机器人等一批智能建造示范项目发挥引领作用，加快培育智能建造人才和市场。制定《长沙市生物经济发展三年行动计划（2023—2025 年）》，强化生物技术与数字技术融合发展，推动生物经济融合化、集群化、生态化发展。

前沿技术驱动，未来产业"新篇挺进"。2024 年 2 月，印发《长沙市"产业质效倍增年"建设实施方案》，在全市范围开展"产业质效倍增年，担当善为落实年"活动，推动百亿龙头企业、高新技术企业等重点领域"六个倍增"，实现规上工业增加值、产业项目投资"量比双升"，夯实面向未来产业发展的战略优势。加快推动高性能 GPU、量子测量、超高清视频算法等一批关键核心技术攻关，通过原创性、颠覆性技术的突破和成果转化的加速，培育人工智能、量子信息、基因技术等未来产业，以全球研发中心城市建设助推新质生产力发展。

（二）科技赋能引领培育发展新质生产力

科学技术是第一生产力，创新是引领发展的第一动力。多年来，长沙市坚持创新驱动发展，持续突破关键核心技术，科创能力实现标志性进步。成功创建国家创新型城市、全国创新驱动示范市、国家知识产权强市，打通从科技强到产业强、经济强、城市强的通道。2023 年，长沙全社会研发投入总量超 440 亿元，全社会研发投入强度达到 3.18%，科技型中小企业预计年入库 8400 家，高新技术企业达 7500 家。

建设五大创新承载区域。长沙大力推动湘江科学城、自贸区长沙片区、马栏山文创园、科大金霞基地、大泽湖片区五大创新承载区建设，努力把全球研发中心城市"新蓝图""作战图"变成"实景图"。湘江科学城首开区启动建设，汇聚新一代信息技术规模以上企业 220

余家，7个实验室进入22个省级重点实验室名录，省级以上创新平台784家。自贸区长沙片区加快湘琼合作共建产业基地建设，以三一重工、中联重科、湘科集团为代表的企业纷纷入驻，总投资62亿元。马栏山文创园加快重大项目建设，中南国家数字出版基地、马栏山动漫影视大厦、创梦大厦、马栏山国际新媒体中心4个项目稳步推进。

深入实施关键核心技术攻关。累计承担国家重点研发计划项目79项，省"五个100"科技创新项目、十大技术攻关项目等175项，实施市级"揭榜挂帅"项目、科技重大专项96项，突破关键核心技术351项。成功攻克光电材料超精密加工装备、碳化硅纤维材料、金属基压敏芯片及压力传感器、深海深空用高性能钛合金及部件、海岛/岸基大功率供电系统等关键技术，有力保障了产业链供应链的安全。

构建支持全面创新的制度体系。坚持把最优地块留给科研机构，把最好配套留给创新企业，把最美风景留给科技人才。为链接全球研发项目，对在长沙落地的《财富》世界500强企业研发中心，按"一事一议"给予最高10亿元支持，并按每年研发投入增量部分的10%给予最高1000万元支持。

（三）多措并举激发企业活力

近年来，长沙按照"企业出题、政府立题、社会答题"的组织模式实施"揭榜挂帅"项目，以产学研形式实施的重大专项占比提升到60%以上。企业负责出题、出钱和转化成果，高校院所负责攻关，双方紧密合作、抱团攻坚，联合攻关重大技术难题，实现了技术合同、创新平台、科技项目近80%来自企业或在企业布局。

持续强化科技成果应用转化。实施"政府引导+需求端、供给端、服务端"协同联动，与长株潭16所高校共建"市校（科研院所）创新发展联盟"，联盟高校2699项科技成果在长沙转化，孵化企业110余家。实施成果转化"先用后付""先投后股"等新举措，建设 15 所开放共享科技成果转化中试基地，备案 44 家技术交易服务机构，培育 1700 余名技术经纪人，为科技成果转化搭桥。2023 年签订技术合同 2.65 万项，成交金额 1206.28 亿元。

发挥龙头企业引领带动作用。2023 年，印发《长沙市关于加快培育独角兽、瞪羚企业的实施方案（试行）》，遴选一批竞争优势突出、创新能力强、未来增长潜力巨大的高成长型企业，实施动态管理、全过程帮扶，三一重卡、中伟新能源、希迪智驾、零食很忙、文和友 5 家企业登上 2024 年全球独角兽榜单。

发挥科创平台强链聚链功能。2023 年长沙新获批国家级创新平台 9 家、省级科技创新平台 379 家，136 家创新平台被纳入湖南省高水平国家科技创新平台培育名单，全市各类科技创新平台达 2671 家。

推动数字经济赋能圈链提质。大力推进"智赋万企"行动，新培育智能制造企业 210 家，获评 2023 年国家级智能制造示范工厂揭榜单位 6 家、国家级智能制造优秀场景 24 个，14 家工厂获评湖南省"5G+ 工业互联网"示范工厂。长沙人工智能创新中心（首期）200P 算力上线运行，累计培育国家级工业互联网双跨平台 2 个、新一代人工智能开放创新平台 34 个，新增"上云上平台"企业超 4 万家。出台《长沙市支持国家中小企业数字化转型城市试点的若干政策》，致力于到 2025 年，全面推进 4 个细分行业 500 余家试点企业的数字化转型，推进重点行业中小企业数字化改造，强化中小企业数字化转型服务能力。

财金互动赋能重点圈链发展。长沙靶向开展投融资路演、银企对接、融资沙龙等活动。深入推行小微企业信贷风险补偿基金，2023 年共支持 8 家合作银行累计向 13579 家中小微企业发放信用类贷款 33078

笔，放款金额 338.96 亿元。其中，向 500 家长沙市专精特新中小企业和专精特新"小巨人"企业累计投放超 36 亿元信用贷款。实施《长沙市生产性服务业高质量发展三年行动计划（2023—2025 年）》，2023 年，规上企业营利性服务业营收增速回升至 5.7%，科技服务业营收增长 12%，长沙银行成为中部地区首家资产万亿级的 A 股上市银行。

增强人才供给支撑全链升级。出台《长沙市全力建设全球研发中心城市人才政策十条（试行）》，精准聚焦研发机构及人才，全年评定 5 批"两大重点人才工程"共 1042 人，新认定海外科技创新创业团队 7 个；科技领军人才新增 22 人，累计 265 人；杰青累计 146 名；农业科技特派员新增 110 人，累计 447 人。2023 届普通高校毕业生在国家战略性新兴产业的就业比例为 47.71%，主要就业于现代服务业、新一代信息技术产业、生物产业等。

二、江西南昌：筑牢产业之基，开启新质之门

南昌创新活跃度高，制造业基础较好，近年来坚持创新驱动，以先进制造业为支撑，不断延链补链强链，推动数字技术与传统产业的深度融合，着力构建具有南昌特色的现代化产业体系，新质生产力正在南昌这片红土地上加速形成。

（一）加快制造业升级，提升产业发展能级

南昌坚持把发展经济的着力点放在实体经济上，主动融入新一轮科技革命和产业变革，坚定制造业立市不动摇，深入实施产业链现代化建设"8810"行动计划，着力构建以先进制造业为支撑的现代化产业体系。当前南昌市已经形成了电子信息、汽车、装备、医药健康等 4 个千亿产业链。

1. 坚持"强龙头"，培育一批优质龙头企业

始终坚持"内育、外引"的"龙头战略"，依托南昌现有产业集群培育一批龙头企业，抢抓产业发展机遇，聚焦引进一批强链补链企业，形成了"世界单打冠军""千亿企业""全国领先企业"的各梯次龙头企业。电子信息产业链方面，本土龙头企业江铃集团迈入千亿行列，超百亿企业达到 5 家，超十亿企业达到 37 家。兆驰半导体 LED 芯片产销量全球第一，晶能光电硅衬底黄光 LED 电光转换功率实现"全球领跑"，欧菲光生产的摄像头模组全球出货量第一。航空产业链方面，拥有超百亿企业 1 家——江西洪都航空工业集团有限责任公司，聚齐了中航工业、中国商飞、中航发三大航空央企机构（全国唯一）。汽车及零部件产业链方面，聚集了江铃汽车、方大特钢等 4 家中国制造业500 强企业，麦格纳、佛瑞亚、华翔电子等 5 家全球汽车零部件百强企业，以及凌云工业、经纬恒润等 4 家中国汽车零部件百强企业。新能源产业链方面，引进了欣旺达、赣锋锂业等一批龙头企业。医药健康产业链方面，拥有营收超 100 亿元的总部企业 2 家、超 20 亿元的生产企业 1 家、超 10 亿元的生产企业 2 家，以及国药控股、汇仁医药两家营收分别超 100 亿元、50 亿元的药品流通企业。

2. 坚持"建链条"，打造一批重点产业链条

一是全链条高位推动。围绕"4+4+X"产业体系，创新实施产业链"链长"制，由市长担任总"链长"，其他市级领导担任各重点产业链"链长"，打造了移动智能终端、LED、现代针纺、传统汽车、新能源汽车及动力电池、航空装备制造等标志性产业链。二是全方位精准规划。持续完善重点产业链"四图""五清单"，加快建立全方位、立体式产业链全景图，为重点产业链招商、大项目引进、优强企业培育提供精准指引。三是全过程融合对接。通过举办世界 VR 大会、中

国航空产业大会暨南昌飞行大会等会展活动，搭建"政府＋重点企业＋X"等产销对接、产融对接三方联动平台，引进了一大批具有示范性、支撑性的重大产业项目。2023 年，全市电子信息产业实现营业收入 2174.7 亿元。

3. 坚持"链群配"，构建一批特色产业集群

积极融入全省产业链分工体系，培育优势产业集群。一是全链条发展成熟型产业集群。针对电子信息、汽车等产业基础好、市场相对成熟的新兴产业，以"链主"企业为核心完善产业链关键环节布局，形成产业链优势互补发展格局。二是精深化发展优势型产业集群。针对产业集聚效应初显、处于成长阶段的文化创意、汽车及装备等产业集群，以精深化发展为主攻方向，突出产业品类优势，推进重点领域场景应用落地，推动产业集群特色发展。三是扶植式发展战略性产业集群。针对基础支撑作用大、成效显现周期长的新能源、创新药、高性能材料等产业集群，立足长远，通过政策等多途径发力为产业集群增势赋能。截至 2024 年上半年，电子信息领域，拥有省级产业集群 4 个，包括南昌高新区光电及通信产业集群、南昌经开区光电产业集群、中国（南昌）虚拟现实 VR 产业基地、小蓝 VR 产业基地；航空领域，拥有 1 个省级特色产业集群——航空制造产业集群；汽车领域，已形成南昌县汽车及零部件产业、经开区新能源汽车及汽车零部件产业、新建区汽车及零部件产业、高新区智能装备制造产业等 4 个省级产业集群；纺织服装领域，拥有 1 个省级产业集群——青山湖区针织服装产业集群。

（二）实施创新驱动，加快赢得发展主动

南昌市围绕产业链部署创新链，以完善创新体系布局、提升创新平台能级、集聚创新人才队伍、提升企业创新能力、突破重大科研成果等为目标，推动创新资源加速"裂变"，全力打造区域性科创中心，让科技创新引领现代化产业体系建设。

1. 聚力优化科技战略布局

一是建强鄱阳湖国家自主创新示范区。聚焦电子信息、航空制造、医药健康等战略性主导产业，深入实施创新驱动发展战略，引领产业发展转型升级。南昌高新区在全国国家级高新区综合排名中连续 8 年进位赶超，2023 年已位列第 22 名。2023 年，南昌高新区规上工业企业营业收入达到 3300 亿元，占全市比重超过 50%，撑起了全市工业的"半壁江山"。二是打造南昌瑶湖科学岛创新策源区。围绕打造中部地区科技创新高地的定位高标准启动瑶湖科学岛规划建设，落户了一批大院大所、企业总部、研发中心、知识产权服务机构。目前，由南昌大学国家硅基 LED 工程技术研究中心创建的全省首个省实验室落户科学岛并已启动建设，预计 2025 年将投入使用。三是布局未来科学城，抢占未来产业新赛道。创新实施"区政合一""管委会 + 公司"运行体制机制，有效推动南昌未来科学城建设。通过与南昌大学、浙江大学、舜宇光学等高校院所及龙头企业合作，加快布局"前沿研究 + 技术溢出 + 科技创业"的未来产业孵化链条。未来科学城内已经落户了国家虚拟现实创新中心、中国电信元宇宙创新中心、江西省人工智能计算中心等一大批项目。

2. 着力提升科技创新能力

一是全面提升创新平台能级。建成全国虚拟现实领域唯一的国家级虚拟现实创新中心，建成国内食品科学领域第一个国家重点实验室——食品科学与技术国家重点实验室，建成中医药领域为数不多的经典名方现代中医药创制全国重点实验室，落地了江西省首家省实验室——复合半导体江西省实验室。推动了全市年营收 3 亿元以上工业企业研发机构实现"应建尽建"全覆盖。累计建成国家级企业技术中心 10 家、省级企业技术中心 179 家、市级企业技术中心 199 家。二是培优壮大科技企业队伍。坚持强化企业科技创新主体地位，构建"科技型中小企业—高新技术企业—高成长性科技型企业—科技领军企业"梯次培育机制，实现了科技型企业培育"量质"双提升。2023 年新增省级创新型中小企业 656 家、专精特新企业 310 家、专精特新"小巨人"企业 13 家。三是加速集聚科技创新人才。先后出台了"人才新政 22 条"、南昌"人才 10 条"等政策。2023 年通过实施南昌市高层次科技人才"双百计划"项目引育高层次科技创新人才 16 名、创新团队 38 个，推荐 4 人入选国家级人才计划。常态化开展"每年吸引 10 万名大学生和技能人才来昌留昌创业就业"工作，仅 2023 年 9 月至 2024 年 6 月底，已吸引 10.86 万名青年人才来昌就业。

3. 全力推动科技成果转化

一是开展重大科技攻关研发。逐年征集省级、市级科技重大项目，围绕企业重大技术需求，发布"揭榜挂帅"技术榜单，攻克了一批半导体照明、虚拟现实、汽车和新能源汽车及关键部件等领域关键核心技术难题。全市 46 个新产品获年度"省优秀新产品"称号，3 项产品上榜省级首版次软件产品名单，13 个产品获评江西省首台（套）重大技术装备。二是提升科技成果供给质量。深入驻昌重点高校、新型研发机构征集可供转化的科技成果 702 项。举办驻昌高校院所科技成果对接会，促进 44 项科技成果在南昌转化落地。对接江苏、广东等地高校院所、科技企业，挖掘高质量的科技成果 102 项。带领南昌企业深入粤港澳大湾区及长三角地区等科技先进地区交流对接，实现优质成果在昌转化落地 25 项。积极对接国家、省战略科技力量，引进高端创新资源，推动 3 项科技成果在昌落地转化。三是增强技术转移服务能力。以南昌科技广场为依托，启动建设南昌市科技成果转移转化中心。江西省网上常设技术交易市场挂牌落户南昌科技广场，汇集各类转移服务机构 165 家，为技术交易各方提供多元化专业化服务。推动驻昌高校建成 9 家成果转化中心，拥有江西省科学院、南昌大学技术转移中心、南昌市科技成果转化协会等 3 家成果评价服务机构，江西省科学院技术转移中心等 10 家技术转移服务机构。

（三）坚持数字赋能，激活产业发展动能

南昌市积极抢抓机遇、勇争一流，坚持数字化赋能理念，率先出台了中部地区首部数字经济法规——《南昌市数字经济促进条例》，加快推动数字产业化和产业数字化，产业发展动能更加强劲。

1. 聚焦数字产业化，强质效扩规模

一是以大格局规划，优化产业布局。坚持系统谋划、专班推进，出台了《关于深入推进数字经济"一号发展工程"全力打造全省创新引领区行动方案》，明确了数字经济发展的总体目标定位和规划布局。依托各县区产业基础优势，差异化布局数字经济主攻赛道，基本形成了以红谷滩区为核心区，以南昌高新区、南昌经开区、小蓝经开区 3 个国家级开发区为数字经济产业发展基地的"一核三基地多点支撑"的协调发展空间格局。结合不同区域的产业集聚程度，打造了 9 个省级数字经济集聚区，2024 年上半年总规模超 120 亿元。二是加强产业支撑，深耕主攻赛道。聚焦移动智能终端、LED、虚拟现实等 8 条数字经济产业主攻赛道精准发力，完善产业链图谱，不断扩大数字经济核心产业规模。2023 年全市规模以上数字经济核心产业实现营业收入 2288.9 亿元，核心产业增加值 636.27 亿元，占 GDP 比重达到 8.8%。

2. 聚焦产业数字化，加快数实融合

一是锚定制造业领域，塑造智能制造新优势。先后出台了《南昌市制造业数字化转型实施方案（2024—2025年）》《南昌市中小企业数字化转型城市试点工作方案》等文件，着力推动汽车及汽车零部件制造、生物医药制造等5个重点制造业行业数字化改造。江铃新能源、华兴针织等近20个"5G+智慧工厂"项目全面建成，国泰工业互联网平台获评全省首个国家级跨行业跨区域工业互联网平台。江铃汽车股份有限公司等3家企业获评国家级智能制造示范工厂，欣旺达等4家企业获评国家级智能制造优秀场景。二是聚焦服务领域，构建数字化服务新场景。2023年以来，全市开展"网上年货节""双品网购节"等各类线上促销活动百余场，举办云上文旅推介会，推出"小平小道虚拟展览"，其中"滕王阁江右文化数字体验馆"成功入选2023年全国文化和旅游数字化创新实践优秀案例，南昌VR主题园智慧旅游沉浸式体验新空间项目成功获评2023年文化和旅游部全国首批智慧旅游沉浸式体验新空间。三是紧盯农业领域，发展智慧农业新模式。不断加强5G、大数据等新一代信息技术在农业领域的应用，支持新型农业经营主体建设智慧农（牧、渔）场，实现农业生产、管理、经营等各环节作业精准化、数字化和智能化，打造各具特色的智慧农业示范样板，全市已创建省级农业物联网示范基地42家。

三、山西太原：做好"三篇文章"推动老工业城市焕新颜

太原是新中国重点建设的工业基地城市，传统产业历史悠久、基础深厚，拥有煤炭、焦化、冶金三大支柱产业，在高端装备、电子信

息等领域也具备一定竞争优势，但长期以来轻工业和重工业结构失衡，战略性新兴产业体量偏小，现代服务业发展相对滞后，在产业规模、科技创新方面与周边省会相比优势不突出。近年来，太原坚持"工业立市、制造强市"不动摇，统筹推进传统产业改造升级和新兴产业培育壮大，促进先进制造业和现代服务业深度融合，推动产业链拓展延伸、创新链精准适配、供应链安全可靠、价值链高端跃升，努力闯出一条老工业城市产业振兴发展、跨越式发展新路子。

（一）做好"传统产业改造提升"大文章

聚焦煤炭、冶金、焦化三大传统优势产业，突出智能化、绿色化方向，稳定规模、优化结构、提高效益，推动产业转型升级持续深化拓展，不断提高传统产业的"含新量、含绿量、含金量"，促进资源优势真正转化为竞争优势和发展优势，为保障国家基础投入品安全贡献太原力量。

1. 推进煤炭行业清洁高效利用

太原把煤炭清洁高效利用贯穿到生产、加工、利用和转化全过程、全领域，推动以煤为基的高效、清洁、可持续发展。推动清徐精细化工循环产业园向"以化领焦"转变，加快三强新能源科技有限公司炭黑原料、亚鑫新能科技有限公司减碳新材料及能源循环综合利用建设。促进煤炭绿色开采，实施采选充一体化，推动煤矸石返井充填开采。推进煤炭清洁利用，鼓励煤电联营，加快山西电力外送通道建设，为京津冀地区提供重要能源保障。加强工业固体废物高值高效资源化利用。

2. 推动冶金产业转型升级

太原打造世界领先、国内一流的千亿级钢铁产业链，依托太钢国家重点实验室和国家企业技术中心，推进高端特殊钢的品种开发与标准建立，着眼高铁、航空、军工、石油、化工等领域需求加快发展高强高韧和特种专用钢材，扩大深加工规模，有序发展短流程电炉炼钢，促进产业集群集聚式发展。建设百亿级镁合金加工制造产业，重点发展新型轻量化镁合金产品，拓展汽车、轨道交通等领域应用。提升钕铁硼行业创新能力和水平，发展永磁材料、低稀土含量永磁材料、各向异性粘结永磁材料。太原惠科 20 万吨电子铜箔一期项目投产，广泛应用于储能应用、新能源汽车等领域。

3. 促进焦化产业提质增效

太原以产业转型升级和资源高效利用为主线，以创新为发展动能，构建具有市场竞争力的焦化产业体系。建设世界一流的千万吨级煤化工产业基地，依托美锦、梗阳、亚鑫等企业，以清徐精细化工循环产业园为载体，打造以绿色焦化为基础的"绿色焦化—精细化工—化工新材料—碳基新材料—终端产品延伸应用"链式循环产业集群，打通下游深加工环节，构建"以化领焦"产业新模式。

（二）做好"新兴产业培育壮大"大文章

立足老工业城市产业基础和创新人才优势，培育壮大新一代信息技术、新材料、高端装备、新能源等战略性新兴产业，快速补链、深度延链、持续强链，突破产业基础能力薄弱环节和"卡脖子"关键技术，提升产业链现代化水平，鼓励企业向"专、精、特、新"发展，引导形成优势产业集群，开辟发展新领域新赛道，不断塑造发展新动能新优势。

1. 打造新一代信息技术全产业链

聚焦信创、半导体、电子产品研发制造等领域，依托中电科、烁科晶体、龙芯中科等龙头企业，聚焦上下游配套、技术研发等薄弱环节，打造从软硬件到系统集成一体化的全产业链。创建国家级信创产业基地，围绕网络安全和操作系统等领域，打造国内重要的半导体产业发展高地，打造信息安全产业集群。围绕"材料—装备—芯片—封装—应用"路径，完善半导体行业生态系统，突破核心芯片关键技术。

2. 抢占新材料前沿领域和高端环节

瞄准"建设全国材料加工之都"目标，以高端和前沿为努力方向，在先进金属材料、碳基新材料、生物基新材料等领域持续发力，实现由单一"材料生产"向综合"加工材料"转变。推动山西太钢不锈钢股份有限公司跻身全球金属行业领跑团队，重点依托太钢集团等企业，布局"原材料—研发创新—精深加工—高端制品"现代化产业链。建设全国首个合成生物规模化产业基地，依托凯赛公司全球领先技术优势，围绕"农产品及精细煤化工资源—单体材料生产—高分子聚合物制造—生物基纺丝材料加工"产业发展路径，补齐下游产业配套短板。

3. 提升高端装备制造整体竞争力

立足特色与比较优势，做优做强成套设备，推进产业高端化、智能化、绿色化发展，围绕"原材料生产研发—关键核心部件—系统总成—成套产品"路径，着力提升轨道交通装备、智能煤机、新能源汽车、通用航空等行业整体竞争力。建设全国重要的轨道交通装备基地，围绕高速列车、城轨车辆、电力机车三大领域，构建"轮轴—高速轮对—电传动系统—整车"产业链。打造国内领先的高端煤机装备产业基地，依托中国煤科、太重煤机、山西煤机等龙头企业，突破煤机关键零部件、数字化系统等关键技术。打造新能源汽车产业集群，布局整车设计、动力总成、高储能电池等关键共性技术。

4. 布局发展新能源产业

以打造能源革命排头兵为目标，积极布局光伏、风电、氢能、储能产业，更好发挥新能源在能源保供增供方面的作用，助力扎实做好碳达峰、碳中和工作。大力发展光伏产业，鼓励利用闲置的荒山荒坡、未利用地和存量建设用地发展太阳能光伏发电项目，推进采煤沉陷区光伏基地建设，围绕"工业硅—多晶硅—拉棒—硅片—电池—组件—电站"路径，重点突破光伏产业中下游电池组件等短板，打造千亿级光伏全产业链集群。积极发展"氢能+"产业，建设集制、储、运、用于一体的氢能产业园，促进氢源由"灰氢"向"蓝氢"转变，有序推进氢能在交通领域示范应用，拓展其在储能、分布式发电、工业等领域应用，加快探索形成有效的氢能产业发展商业化路径。推动储能规模化发展，充分挖掘常规电源储能潜力，合理布局电网侧新型储能，引导用户侧储能灵活发展，在产业园区谋划一批源网荷储一体化项目。推进太原（古交）抽水蓄能电站等建设。全力推动风电装备制造产业链式集群发展，打造全产业链风电装备制造产业集群。

（三）做好"数字经济与实体经济融合"大文章

把握数字化发展新机遇，发挥太原应用场景丰富、资源要素聚集、市场需求活跃等独特优势，聚焦数字产业化、产业数字化、数据价值化、治理数字化，推动关键技术实现创新突破，促进数字技术和实体经济深度融合，全力推动数字经济等新赛道壮大成势，为经济发展插上"数字翅膀"、注入"数字动能"，打造区域数字发展高地。

1. 推进数字产业化，推动产业能级新飞跃

完善具有全国比较优势的半导体特色产业链，建设高水平电子信息装备产业集群，着力打造大数据融合创新产业，发展网络安全产业，推动软件产业做大做强。加快培育新业态新模式，推动平台经济质效提升，拓展数字内容衍生产品的生产与增值服务，发展数字创意产业。

2. 推进产业数字化，激发数实融合新动力

纵深推进制造业数字化转型，推动钢铁、装备制造、新材料等特色优势产业全方位、全链条数字化转型。推进智能制造，完善工业互联网平台体系，建设数字化车间、智能工厂、未来工厂等。深入实施能源数字化引领工程，总结智能矿山建设模式，深化数字技术在分布式发电、多元化储能等方面的应用。深入推进服务业数字化赋能工程，加快发展智慧物流、智慧文旅、高端商务、数字金融，培育壮大本土电商企业。

3. 推进数据价值化，实现要素配置新突破

培育数据要素流通和交易市场，加强数据资源全生命周期管理，释放数据生产力。探索推进数据要素配置流通，发展数据生成、采集、存储、加工、分析、服务、安全等关键环节数据产品和服务。促进工业数据"高价值"转化，鼓励企业开放搜索、电商、社交等数据资源，探索推进文化旅游、教育、医疗、养老等领域数据服务创新。

4. 推进治理数字化，引领服务效能新变革

建设城市"智慧大脑"，提升公共服务和政务服务数字化水平。围绕"优政、惠民、利企、兴业"，推动打造一批新型智慧城市示范场景。持续提高"互联网＋政务服务"效能，驱动管理服务流程再造，推行"一网统管"和"一网通办"，提高民生服务能力。

四、河南信阳：以"红""绿"资源转化增强老区振兴动能

信阳位于鄂豫皖三省交界处，处于大别山革命老区核心区域，这里将星闪耀、红色文化璀璨，被誉为"红军的摇篮""将军的故乡"，这里天蓝地绿、环境优美、生态资源丰富，是淮河中上游、中部地区

和长三角地区的重要生态安全屏障。同时，这里也是传统行政区经济的一个边缘地带。近年来，信阳持续放大绿色资源和红色文化优势，积极融入长三角和周边地区发展，推动产业向"高"攀升、向"新"出发，培育了一批代表信阳新质生产力发展的优秀企业，形成了革命老区发展新质生产力的典型实践，总结其实践经验对于省际交界地区、革命老区、欠发达地区、生态地区因地制宜发展新质生产力、培育高质量发展内生动力具有重要意义。

（一）厚植生态优势，培育绿色发展新动能

生态是信阳最大的优势，绿色是信阳最亮的底色。作为首批全国碳达峰试点城市、国家生态文明建设示范区、全国首批气候投融资试点城市，信阳不断探索经济社会全面绿色低碳转型新路径，推动绿色家居、绿色食品、绿色能源、绿色建造等绿色生产力加快崛起。

一是化"风"成"电"蓄新能。信阳是河南省风能资源最为富集的区域之一，具有发展风电产业集群的广阔空间。近年来，信阳依托明阳集团等新能源龙头企业，穿"珠"成链，聚链成群，布局风光电、氢能、储能等"产—储—用"创新链条，在豫东南高新区落地建设明阳绿色能源装备制造产业园和电氢醇固始示范项目，打造零碳示范产业园区[1]，建成全国建筑面积和单机容量最大的陆上风电装备制造基地。打造覆盖"风、光、储、氢"的矩阵式智慧化新能源产业体系，打造千亿级新能源高端装备产业集群，让新能源产业在老区大力发展新质生产力上焕发更多蓬勃生机。

二是居处无醛引新潮。含有人造板的家具一直是室内空气甲醛超标的重要原因，为人所诟病。近年来，信阳以未来人居科技产业为主

---

[1] 《大力推进现代化产业体系建设 加快发展新质生产力》，《信阳日报》2024 年 3 月 18 日。

线，全面布局绿色建材、绿色建造、绿色家装、智能家居 4 个产业链条，依托万华无醛板业等头部企业为绿色工业化定制创造应用场景，加快家居行业绿色低碳、数字智能转型，持续提升产业竞争力，走出了一条以秸秆、果蔬枝丫材等农林剩余物为原料的无甲醛添加的人造板生产新路，实现了由传统建材向绿色建材转型升级。信阳市现有各类家居企业 482 家，从业人员 2 万余人，先后与 10 多家高校和科研机构建立产学研合作机制，累计建成省级研发平台 24 家、高新技术企业 43 家。

三是食尚信阳树新标。信阳是革命老区，也是农业大市。近年来，信阳围绕发展粮食、畜禽、果蔬、植物油、水产、休闲食品和酒类七大主导产业，推动品种优质化、种养规模化、生产标准化、发展绿色化、经营产业化、营销品牌化"六化"发展[1]，促进农副产品加工业向绿色食品产业转变，形成了以黄国粮业、豫申粮油为代表的稻米全产业链条，以息县宏升粮油、淮滨县富贵粮油为代表的弱筋小麦全产业链条，以文新、蓝天、仰天雪绿为代表的茶叶全产业链条，以光山联兴、新县绿达为代表的茶油全产业链条，以华英鸭为代表的鸭类畜禽全产业链条，以农都农业为代表的小龙虾全产业链条，以南湾渔业公司为代表的水库鱼全产业链条，加之信阳菜数智产业园、绿色食品生产基地、智慧物流园等平台建设，千亿级绿色食品产业集群加快形成，中餐美食地标城市加快确立。

（二）盘活红色富矿，赋能革命圣地别样"红"

信阳是鄂豫皖交界地区区域性中心城市和豫南地区综合交通枢纽，也是大别山革命老区的核心城市，是全国 20 个革命老区重点城市之

① 《沃野田畴织锦绣》，《信阳日报》2023 年 12 月 23 日。

一。这里铸就了以"坚守信念、胸怀全局、团结奋进、勇当前锋"为内涵的大别山精神，全市 10 个县区全部被纳入全国第一批、第二批革命文物保护利用片区名单，现遗存革命纪念地和革命历史遗址达 1006 处①。近年来，信阳市着力赓续红色文化、传承红色基因，深入实施文旅文创融合战略，发展"红色旅游 +"产业，探索了革命老区依托红色文化资源发展新质生产力的振兴发展路径。

一是"红色旅游 + 研学培训"。充分发挥大别山红色资源富集优势，促进红色研学教育培训发展，创立大别山干部学院和何家冲学院等红色教育培训载体，将主要红色景区纳入大别山干部学院现场教学点。截至 2023 年底，仅大别山干部学院就已累计承接省内外各级各类培训班 6000 余期，培训学员 35 万多人次。

二是"红色旅游 + 体育运动"。立足优良生态环境和山地资源，推动红色景区与山地体育运动融合发展，打造集红色旅游、休闲运动、健康养生等于一体的体育休闲旅游线路，举办全国登山健身步道联赛等国家、国际级体育赛事，炒热了体育旅游。

三是"红色旅游 + 文化创意"。聚焦交旅文创出彩，构建文旅文创产业链。推动信阳文创"文"风而动，"创"南走北。以茶旅融合为着力点，力促创意驱动，推动茶文化再造，破点连线串链，形成集茶创意研发、加工制造、销售流通、市场服务等为一体的文创链。2022 年，举办"信阳毛尖文创大赛周"，吸引 50 多位设计师和文创人参加，征集茶文创作品 800 多件，涵盖茶包装、茶插画、茶广告、茶衍生品四大类，信阳茶文创正蓄势待发。推动创造性转化，创新非遗衍生品，孵化出许煦剪纸、丽薇叶雕、李娟石画、一涵明港刺绣、小曹木艺、

---

① 《河南：红绿融合走好共富路》，《中国文化报》2024 年 3 月 1 日。

泥人涂泥塑、鹦鹉姐偶人、李斌石雕、西林木雕、蔡涛木旋、卫东玉雕等近 100 个文创品牌。

四是"红色旅游＋民宿"。信阳深入挖掘大别山北麓区域历史文化、民俗文化、红色文化等文化资源和生态资源，有效保护利用古镇古村古景，打造"大别原乡·旅居信阳"民宿品牌和一批特色主题民宿，建设浉河金牛山大别山民宿文化村、信阳文新茶村、新县田铺大湾、西河古村落等文化产业基地和文化旅游点[①]，积极打造河南省最大的主题民宿产业集群。

五是"红色旅游＋新潮"。信阳将红色旅游和青年城市建设结合起来，以"友好之城"待"有为青年"，着力建设青年友好型城市，为加快建设"两个更好"示范区、美好生活目的地汇聚青春力量，增添强劲动能。作为全国唯一建在城市中心的露营基地，信阳青年营地的文旅活动、露营烧烤、露天电影、现场演出等多元业态深受青年群体喜爱。户外滑板嘉年华、户外装备展销会、户外房车露营嘉年华、"Yes！青年"文创市集、"美好之夜"无人机灯光秀表演等 30 余项"潮"活动成为信阳文创爆款[②]。

（三）信商信才回归，引来老区"金凤凰"

人才是发展新质生产力的第一资源，高新技术企业是发展新质生产力的主力军。改革开放以来，广大信商敢为人先、走南闯北，60 多万在外信阳人成为企业法人，全国 142 家河南商会中有近 40% 的会长或执行会长由信阳籍人士担任，这是信阳加快发展新质生产力、推动老区高质量振兴的重要资源。近年来，信阳市不断优化营商环境，大力实施信商信才回归工程，一大批信商不忘家乡、反哺家乡，15 万余

---

① 《河南：红绿融合走好共富路》，《中国文化报》2024 年 3 月 1 日。

② 《愿得茶香飘四海 不负青山不负人》，《信阳日报》2023 年 5 月 4 日。

人先后返乡创业，创办超过 10 万个经营主体，带动 100 多万人就业，直接投资或引荐促成了全市 80% 以上的招商项目，带动了信阳老区新质生产力的快速发展。

北纳创联生物科技有限公司董事长是土生土长的信阳人，曾长期在北京工作创业，2016 年接到家乡商城招商邀请回乡投资，成立北纳创联生物科技。如今，北纳创联生物科技已成长为河南省高新技术企业和专精特新中小企业，获批河南省唯一的工业微生物菌种工程技术研究中心，保藏各类工业微生物菌种 3600 种 5.3 万余株，构建了多项微生物鉴定技术体系和菌种性能评价技术平台[①]，该公司 120 人的技术团队中，90% 以上是本地人学成归来。

无独有偶，2021 年落户商城的河南微米光学科技有限公司，也是人才回流的结晶。该公司主要从事氟化钙晶体、锗单晶及精密元器件的生产加工，这些是国防工业的重要战略物质，在航空航天、军工、船舶、医疗器械、核领域广泛应用，是国家级科技中小型企业、高新技术企业。为发展壮大光电产业，同时深度挖掘拉长产业链条，商城县围绕微米光学上下游产业链，以河南微米光学科技有限公司为中介，通过以商招商等方式引进了本港科技、毅达电子、匠人光电设备制造、光学镀膜、驭波科技、本钻金刚石等一批光电企业项目入驻，一个全产业链光学晶体生产基地正快速崛起于大别山革命老区。特别是驭波科技，其光学晶体材料与器件的综合技术水平达到国际先进、国内领先水平，70% 以上产品出口至欧美、日本等 60 多个国家和地区，广泛应用于深紫外光刻机物镜系统、航空航天、红外侦测等军工或民用领域，成为商城新质生产力的典型代表。

---

① 《"豫才回归"打造生物科技"领头羊"》，《河南日报》2023 年 8 月 18 日。

五、湖北武汉长江新区：聚焦"四新三城"建设，发展新质生产力

长江新区是湖北省人民政府批复成立的新区，范围涵盖武汉市江岸、黄陂、新洲3个行政区的9个街道（办事处），紧邻武汉市中心城区东北方向，北靠大别山脉，南邻长江主干道。区位交通优越，位于沿江通道、京九通道、京广通道等国家综合立体交通走廊的战略交会点，是武汉空港、陆港、河港的连接地带，周边分布有两个机场（天河国际机场、鄂州花湖机场）、3个高铁站（武汉站、汉口站、长江新区站），交通物流条件便利。长江新区城镇建设用地约80平方公里，规划建设用地尚有39平方公里待开发，未来发展空间较大，是加快发展新质生产力的重要空间载体。长江新区拥有长江中上游最大的集装箱枢纽港阳逻港，与毗邻的鄂州花湖机场、武汉天河机场等重要的交通枢纽形成铁水陆空协同联动的发展格局，能够为湖北加快发展新质生产力提供重要支撑。

长江新区犹如长江经济带上的"雄安新区"，是"百年大计，湖北大事"，正通过因地制宜发展新质生产力，努力把长江新区建设成为长江经济带高质量发展的新标杆、中部地区绿色崛起的新引擎、国内国际双循环战略链接的新枢纽、国家中心城市建设的新支撑，努力打造成为承载全球创新成果转化应用的未来之城、长江经济带绿色发展先行示范的大美之城、现代城市建设治理的典范之城。

（一）围绕"四新"定位发展新质生产力

"四新"即深入践行长江经济带高质量发展的战略部署，更好支撑中部地区加快崛起，主动服务和融入构建新发展格局，为武汉国家中

心城市多中心组团式发展拓展新空间、汇聚新动能，在主动担当开拓创新上打造新亮点，在踔厉奋发接续奋斗上展现新作为，努力成为长江经济带高质量发展的新标杆、中部地区绿色崛起的新引擎、国内国际双循环战略链接的新枢纽、国家中心城市建设的新支撑。"四新"定位摆脱了传统的生产力发展路径，具有高科技、高效能、高质量的特征，按照"四新"的定位发展，将会促进长江新区生产力水平实现质的跃升，加快形成新质生产力。

1. 长江经济带高质量发展的新标杆

2023 年，习近平主持召开进一步推动长江经济带高质量发展座谈会时强调，进一步推动长江经济带高质量发展，更好支撑和服务中国式现代化[①]。《"十四五"长江经济带发展实施方案》紧紧围绕"五新三主"战略部署要求，提出了生态环保、绿色低碳、创新驱动、综合交通、区域协调、对外开放、长江文化 7 个方面的重大任务，架起了支撑全面推动长江经济带生态保护和高质量发展的"四梁八柱"。新质生产力是实现高质量发展的重要着力点，长江新区立足承担国家战略使命、彰显长江特色，推动生态优先、绿色发展，科技引领、创新发展，依江依港、开放发展，区域协同、协调发展，品质取胜、共享发展，紧紧围绕高质量发展这一首要任务，努力成为长江经济带绿色低碳高质量发展的新标杆。

2. 中部地区绿色崛起的新引擎

新质生产力本身就是绿色生产力，长江新区位于中部地区的中部，是促进中部地区绿色崛起的新引擎。长江新区要深入践行习近平生态文明思想，牢固树立绿水青山就是金山银山理念，将绿色发展作为加

---

① 《习近平主持召开进一步推动长江经济带高质量发展座谈会强调 进一步推动长江经济带高质量发展 更好支撑和服务中国式现代化》，《人民日报》2023 年 10 月 13 日。

快中部地区崛起的普遍形态，将碳达峰碳中和纳入生态文明建设整体布局，推进山水林田湖草沙系统治理、综合治理、源头治理，推动经济社会发展全面绿色转型，加快形成绿色生产生活方式，为建设绿色发展的美丽中部贡献力量。充分发挥长江新区在中部地区的区位优势，充分利用好相对完善的基础设施和广阔的发展空间优势，积极承接先进制造业转移，在优化存量的基础上加快做大做优增量，夯实长江新区发展的实体经济基础。

3. 国内国际双循环战略链接的新枢纽

位于武汉的长江新区在服务和融入新发展格局中起着战略引领带动作用。长江经济带主动脉的陆港、空港、水港、信息港在这里汇集，是承接上游带动下游的核心枢纽，在生产、分配、流通、消费各环节都发挥着十分重要的作用，并且是联动我国东西部、协调我国南北方的核心枢纽。长江新区按照湖北省的要求，打好以高端制造业为主的实体经济、科技创新成果产业化和对外开放这三张牌，因地制宜发展新质生产力，服务科技自立自强，推动产业链供应链优化升级，促进内外循环双向互促，努力成为国内国际双循环战略链接的新枢纽。

4. 国家中心城市建设的新支撑

国家中心城市都是辐射带动周边地区高质量发展的核心，是发展新质生产力的主要空间载体。武汉作为国家中心城市，目前正处在规模不断拓展和质量不断提升的关键时期，长江新区是未来重要的战略支撑力量，是发展新质生产力的最大增量所在。要将长江新区培育发展成为武汉国家中心城市的新支柱，为壮大武汉国家中心城市规模和能级提供强有力的支撑，避免主城"摊大饼"式的圈层扩张，形成多中心、组团式发展模式，从更大区域范围、以更优发展模式拓展武汉的发展空间，通过发展新质生产力，努力成为国家中心城市建设的新支撑。

（二）围绕"三城"定位发展新质生产力

"三城"即长江新区坚持全球视野、战略眼光，既立足当前谋一城，又着眼未来谋全局，发挥毗邻武汉主城、辐射带动强劲，科创资源成果丰富、转移转化潜力巨大，生态山清水秀、江田湖城人和谐共生，可集中开发利用空间充裕、白纸新城好作画等综合优势，推动科技引领、创新发展，生态优先、绿色发展，高效治理、集约发展，努力打造成为承载全球创新成果转化应用的未来之城、长江经济带绿色发展先行示范的大美之城、现代城市建设治理的典范之城。

1. 承载全球创新成果转化应用的未来之城

创新是发展新质生产力的核心动力，只有将创新深深根植在产业发展的沃土之中，科技创新成果才能转化为现实生产力。长江新区要充分利用好武汉的科技资源优势，充分发挥自身发展空间广阔的优势，着力在创新创业补短板强弱项上下功夫，促进武汉科技资源优势向创新成果转化和产业化优势转变，通过承载全球创新成果转化应用，提高关键领域自主创新能力，着力打造数字经济、绿色经济、生物经济发展先导区和先进制造业基地，切实将武汉的科技资源优势转化为支撑长江新区产业发展的优势。围绕产业链部署创新链，结合在长江新区整合建设湖北大学，围绕数字经济、绿色经济、生物经济、航空航天经济等新经济部署创新链，使长江新区成为支撑新经济发展的"硅谷"。围绕创新链布局产业链，充分利用在长江新区整合建设的湖北大学以及武汉的创新资源优势，畅通科技成果产业化渠道，积极培育发展新兴产业，做优武汉经济最大的增量。加强对科创企业的金融支持力度，畅通科技型企业国内上市融资渠道，鼓励发展天使投资、创业投资，更好发挥创业投资引导基金和私募股权基金作用。发挥企业家在把握创新方向、凝聚人才、筹措资金等方面的重要作用。倡导敬业、精益、专注、宽容失败的创新文化，完善试错容错纠错机制。优化营商环境，加强事中事后监管，反对垄断和不正当竞争，维护公平公正的市场秩序。对初创企业、小微企业给予政策扶持。依托"互联网+"推动融通创新，发展壮大新动能。广泛育才聚才，使千千万万奋进者在长江新区实现不凡创造。

2. 长江经济带绿色发展先行示范的大美之城

按照新质生产力本身也是绿色生产力的要求，彰显绿色低碳发展的底色。长江新区把修复长江生态环境摆在压倒性位置，通过高水平的生态保护促进绿色低碳高质量发展，积极探索生态优先、绿色发展新路子，构建人与自然和谐共生的大美之城。促进生产要素向长江新区集聚，通过长江新区"点"上的高质量发展带动长江流域"面"上的高水平保护，实现生态保护与高质量发展的协同联动、整体一致。严格落实长江经济带发展负面清单管理制度体系，加强对产业发展、区域开发、岸线利用的分类管控，推动全流域精细化分区管控，加强"三线一单"成果在政策制定、环境准入、园区管理、执法监管等方面的应用，加强"三线一单"实施成效评估，倒逼经济绿色转型。推动构建以排污许可制为核心的固定污染源监管制度体系，强化有毒有害水污染物排放管控，研究符合种植业、养殖业特点的农业面源污染治理模式，探索长江新区城市面源污染治理新模式。建立完善流域突发水污染事件联防联控机制，防范化解沿江环境风险。

3. 现代城市建设治理的典范之城

更好满足人民对美好生活的需求是发展新质生产力的出发点和落脚点，长江新区作为发展新质生产力的重要空间载体，要坚持人民城市人民建、人民城市为人民，不断提高城市规划、建设、治理水平，提升城市环境质量、人民生活质量、城市竞争力，加强系统治理、依法治理、源头治理、综合施策，不断推进城市治理体系和治理能力现代化，为发展新质生产力提供完善的制度保障。深入贯彻以人民为中心的发展思想，处理好城市生产、生活和生态环境保护的关系，合理安排生产、生活、生态空间，促进生产空间集约高效、生活空间宜居适度、生态空间山清水秀，为新质生产力发展创造良好的城市发展环境。

第六章

西部地区

一、重庆：加快培育独角兽企业

重庆市是全国重要的老工业基地之一，拥有全部 30 多个制造业大类行业，新质生产力培育发展基础极为扎实。近年来，重庆聚焦"科技创新是新质生产力的核心要素、产业是新质生产力的载体"的发展理念，围绕因地制宜培育发展新质生产力的要求，从增强科技创新战略布局、构建现代制造业集群体系、加快绿色低碳转型发展、深化体制机制改革、强化人才支撑等方面采取措施，着力培育发展新质生产力，增强全市经济高质量发展新动能。

（一）着力推动独角兽企业培育发展

科技创新不仅是城市产业的核心竞争力，更是国家经济发展的重要支撑。重庆通过启动实施高新技术企业和科技型企业"双倍增"行动计划，推进企业上市"千里马"行动和独角兽企业培育计划等一系列举措，让政策、科技创新、金融、产业实现了良性循环，为独角兽企业的培育创造了良好的外部环境，极大促进了产业高质量发展。

1.注重夯基垒台提升科技创新能力，独角兽企业加快培育集聚

重庆以构建"416"科技创新战略布局为引领，一体推进原始创新、技术创新和产业创新，具有全国影响力的科技创新中心建设实现新突破。重庆统计局的统计数据显示，2023 年全社会研发投入总量达 750 亿元，同比增长 10%。研发投入强度达 2.45%，较上年提高 0.09

个百分点，居全国第 10 位。从创新平台载体建设情况来看，重庆高标准建设西部（重庆）科学城、两江协同创新区、广阳湾智创生态城三大科创中心核心承载区，集聚了各类研发平台 964 家。除布局建设金凤实验室等 4 个重庆实验室外，重庆还加快推进国家新一代人工智能创新发展试验区建设，国家生猪技术创新中心、国家硅基混合集成创新中心建设也取得阶段性成果。此外，重庆还在积极创建轻金属、卫星互联网应用、页岩气等国家技术创新中心，并在工业大数据等领域布局企业牵头、产学研协同的 17 个技术创新中心①。此外，为了让企业有更良好的发展环境，近年来，重庆制定了翔实的惠企强企政策，拿出"真金白银"支持产业发展。

　　科技创新投资力度持续加大和创新创业环境持续改善，极大促进了重庆独角兽企业的快速成长。2024 中国（重庆）独角兽企业大会发布的《2024 年度重庆市独角兽、瞪羚企业榜单》显示，2023 年重庆新晋独角兽企业 2 家，总数达 7 家；新晋潜在独角兽企业 10 家，总数达 16 家；潜在独角兽企业总数达 23 家，较 2022 年的 11 家实现倍增。另外，重庆市潜在独角兽企业群体总估值 257.73 亿美元，同比增长 136.7%。从新赛道领域看，重庆现有的 23 家潜在独角兽企业，17 家企业分布在智能网联新能源汽车、新型储能等前沿赛道，"硬科技"属性十足。与此同时，在独角兽企业的积极带动下，重庆其他领域优势企业也在加快成长。重庆市经济和信息化委员会数据显示，2023 年重庆累计创建国家专精特新"小巨人"企业 286 家，在城市排名中位列中西部地区第一；新增上市企业 10 家，全市新增境内 IPO 上市公司数量排名西部地区第一；全年新增经营主体 64.8 万户，增长 21.8%。

---

① 《"416""33618"——这组"密码"何解？》，七一网，2024 年 3 月 19 日。

2. 瞄准未来产业赛道"助力添料"，让更多企业乘势而起

近年来，重庆前瞻性地瞄准未来赛道，加快支持引导低空经济、空天信息、未来能源等前沿产业，有力促进了企业乘势而上、起飞翱翔。2023年，重庆汽车产量升至全国第2，新能源汽车产量增长37%。独角兽企业阿维塔的崛起，就离不开重庆强大的汽车产业集群的支撑。

一是给足"养料"，让"耐心资本"（长期投资资本）助力独角兽企业养成。近年来，重庆紧抓新时代推进西部大开发新机遇，一方面，聚焦西部金融中心建设，通过加快金融开放和金融创新，加大对风投资本市场的引导支持，极大提升了适应企业全生命周期的金融服务产品。其中，重庆风投和私募的良好有序发展，为独角兽企业快速成长提供了有力的资金支持。另一方面，政府着力打造良好的投资环境，包括政策环境、市场环境、法治环境等，让投资者对重庆的科技产业充满信心，愿意长期持有投资。近年来，相关部门聚焦重庆"33618"现代制造业集群体系①，积极推动产业发展基金成立，以政府性基金撬动社会资本，推动重庆"硬科技"的发展。

二是做好梯度培育，让"后备军"不断涌现。近年来，重庆着力加强中小企业生态系统建设，通过产业细分领域专精特新"小巨人"企业引育发展，让更多中小企业实现快速成长，并最终崛起为独角兽企业。比如，针对产业本身，重庆积极借助西部（重庆）科学城、国家重点实验室等科研资源，培育打造"产业研究院 + 产业园区 + 产业基金"的优质中小企业生成生态体系，不断推动创新资源向产业汇聚。另外，重庆还不断加强企业公共服务体系建设，通过税收优惠、

---

① 指3大万亿级主导产业集群、3大五千亿级支柱产业集群、6大千亿级特色优势产业集群、18个"新星"产业集群。

资金扶持、人才引进等综合政策，降低企业创新成本，助力独角兽企业"高跳快跑"。

（二）全力打造"33618"现代制造业集群体系

党的十八大以来，重庆着力实施制造强市战略，深入推进先进制造业高质量发展专项行动，着力构建"33618"现代制造业集群体系，国家重要先进制造业中心建设取得新成效。

1.三大主导产业稳步向好，"33618"现代制造业集群体系加速提升

重庆制造业门类齐全，产业基础极为扎实。重庆市经济和信息化委员会有关负责人表示，自"33618"现代制造业集群体系构建提出以来，制造业产业结构迭代升级，标志性成果不断涌现。

"33618"现代制造业集群加速提升。三大主导产业稳步向好，2023年汽车产量达232万辆，升至全国第2位，新能源汽车产量突破50万辆，同比增长37%，汽车出口货值同比增长约52%；笔记本电脑产量达7063.1万台，占全球比重接近一半，10年蝉联全球第1；智能手机产量达7693.6万台，升至全国第4位；己二酸、氨纶产能分别位居全球第1位、第2位，航空风挡玻璃、微晶纳米电子玻璃填补国内空白、技术全球领先；功率半导体及集成电路、传感器及仪器仪表等新一代电子信息制造业发展迅速，2023年增加值分别增长15%、11.2%；先进材料产业集群增加值增长12.3%。重庆市统计局的数据显示，2023年，重庆市规上工业总产值超2.6万亿元；规上工业增加值增长6.6%，高于全国平均水平2个百分点，列全国第11位；工业投资增长13.3%，高于全国平均水平4.3个百分点[①]。2024年1—4月，重

[①]《重庆：老工业基地的新质生产力培育实践》，《中国工业报》2024年5月28日。

庆市规上工业企业合计完成产值 8801.2 亿元、增长 7.7%，增加值增长 9.1%，高于 2023 年同期 7.2 个百分点（见图 6-1）；完成工业投资 1107.5 亿元、增长 15.8%[①]。

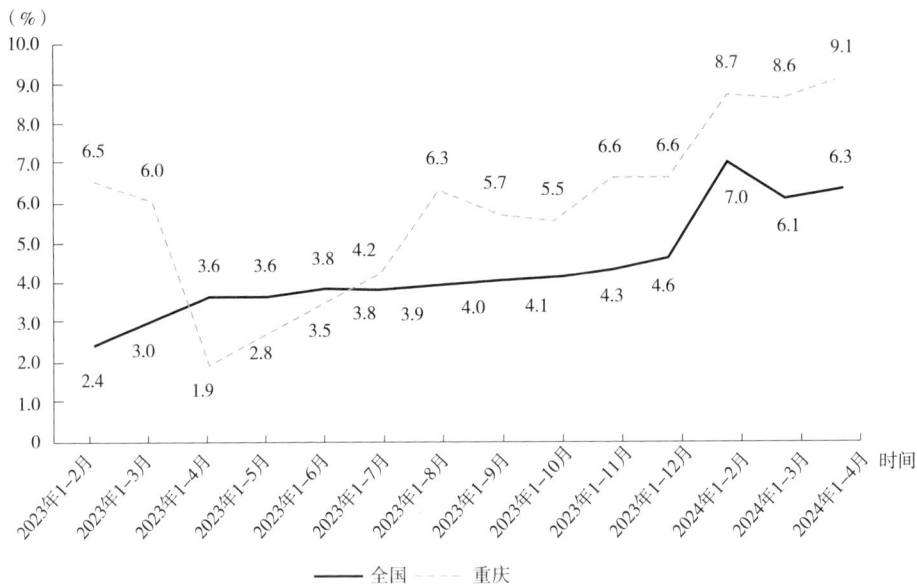

图 6-1　重庆市与全国规上工业增加值累计增速情况

资料来源：重庆市统计局，《1-4 月重庆经济运行简况》，2024。

产业链供应链持续优化升级。"33618"现代制造业集群体系提出以来，重庆立足传统产业改造升级，围绕稳链强链、基础再造、能级跃升一体推进思路，持续优化产业布局，以"链式创新"着力推动产业链供应链优化升级，建立起"专项方案 + 专班推进"机制，加快形成上下游协作、高中低端协同的融合集群发展格局，取得了积极的成效[②]。"33618"现代制造业集群体系提出一年来，重庆不断引进延链补链强链项目。在第六届中国西部国际投资贸易洽谈会重大项目签约

---

① 《1-4 月重庆经济运行简况》，重庆市统计局官网，2024 年 5 月 29 日。

② 《重庆：老工业基地的新质生产力培育实践》，《中国工业报》2024 年 5 月 28 日。

仪式上，一大批围绕建设"33618"现代制造业集群体系的重大项目集中签约。其中，三大主导产业项目62个，正式合同额1106.28亿元；签约三大支柱产业项目50个，正式合同额639.12亿元；签约六大特色优势产业项目24个，正式合同额394.7亿元，实现"33618"现代制造业集群体系全覆盖[①]。2024年以来，聚焦新兴前沿、补短锻长两大重点方向，瞄准链长链主、中央企业、创新团队3类目标对象，全市年度招商重点工作扎实推进。重庆市经济和信息化委员会的数据显示，2024年一季度，重庆全市新签约制造业项目266个，新开工项目122个，同比增长31.18%，全年有望签约100亿级项目30个，50亿级项目60个，进一步助力工业制造强链补链展链。

2. 因地制宜发展新质生产力，科技创新和产业创新深度融合态势持续向好

重庆重点围绕"科技创新是新质生产力的核心要素、产业是新质生产力的载体"的发展理念，以构建"33618"现代制造业集群体系为关键突破口，加快推动建立产业集群建设工作专班机制，编制了标志性产业链发展全景图和先进制造业发展产业地图，形成了"作战图 + 作战方案 + 作战行动"体系化推进的工作格局[②]，极大提升了产业链创新链融合互促共进水平，有力促进了现代化产业体系培育，奠定了新质生产力发展根基。

健全完善企业集约式服务机制。在政策支持服务方面，重庆出台支持企业综合性惠企纾困、减负增效政策，累计减轻企业负担近千亿元，成效极为显著。与此同时，在产业配套政策落地实施和创

---

① 《西洽会上签约196个重大项目》，《重庆日报》2024年5月24日。
② 《牢记重托 勇担使命 积极作为 奋力谱写中国式现代化重庆篇章》，《重庆日报》2024年5月26日。

新氛围营造之外，重庆市还首创集约式健全服务新机制，重点通过创新实施服务企业专员制度，为上万家企业配备 8000 余名服务专员，迭代升级"企业吹哨·部门报到"服务平台，落细落实常态化"三服务"机制^①。

积极推进"四链"融合发展。在强化创新引领方面，重庆加快产业链、创新链、资金链和人才链相互精准嵌入，持续推进科技创新和产业创新深度融合。在深化科技体制改革方面，重庆通过深化职务科技成果所有权或长期使用权改革试点，推进自然科学基金项目试行"负面清单+包干制"改革，赋予了科研人员更大自主权。开展科技成果转化"先投后股"改革试点，先期以科技项目形式向科技型企业投入财政资金，后期按照事先约定将投入的财政资金转换为股权，首批立项支持 4 个项目，投入 700 万元。加快科技金融改革赋能，2023 年重庆市技术合同成交额 865.1 亿元，增长 37.2%。率先开展知识价值信用贷款改革试点，发放知识价值信用贷款超过 210 亿元。制定出台重庆市科技创新股权投资引导基金管理办法，种子投资、天使投资、风险投资全链条创投体系不断完善。

在人才链塑造方面，重庆坚持以更大力度、更大诚意、更实举措引进培养"高精尖缺"人才理念，把规模宏大、结构合理、素质优良的人才队伍对接到创新链、产业链各环节中。具体而言，加快培养壮大"急需紧缺"工程人才队伍，依托重庆大学率先建设重庆卓越工程师学院，成功创建国家卓越工程师学院。实施"巴渝工匠"行动计划，获批全国首个"智能+技能"数字技能人才培养试验区，全市高技能人才 162 万人，占技能人才总量的 31.3%，居西部第一。深入实施制

---

① 《重庆：老工业基地的新质生产力培育实践》，《中国工业报》2024 年 5 月 28 日。

造业人才高质量发展专项行动，成立全国省级层面首个制造业人才服务中心，加快以产业集群促人才集聚、以产教融合促人才培育、以产业发展促人才创新，全市制造业从业人员约 205 万人，制造业人才总量达 68 万人。

精准助力产业产品提质升级。针对具备比较优势的产业，重庆重点推动产品更新换代，进一步向高端迈进，持续巩固优势；支持整车企业加强整车平台架构开发和新车型研发，提高智能驾驶系统前装比例，打造市场认可度高的品牌与产品矩阵。针对集成电路、新型显示等具备发展潜力的产业，重庆前瞻布局三代半、第四代化合物半导体研发，推动硅光技术路线应用，打造特色工艺集成电路产业高地；提速 MLED 产业化进程，突破量子点发光材料、巨量转移等技术，抢占下一代平板显示技术制高点。与此同时，重庆还积极谋划做好选种育苗，"无中生有"培育新业态新模式新动能[①]。此外，重庆紧抓新时代西部大开发机遇，全面深化央地合作，积极争取战略性材料、集成电路、重要装备等领域更多重大生产力布局，在有效提升自身产业能级的同时更好地服务国家战略。

二、四川成都：以科技成果转化赋能未来产业发展

2023 年 7 月，习近平总书记在四川考察时强调，要牢牢把握高质量发展这个首要任务，希望四川在推进科技创新和科技成果转化上同时发力，着力打造西部地区创新高地，尽快成为带动西部高质

---

① 《牢记重托 勇担使命 积极作为 奋力谱写中国式现代化重庆篇章》，《重庆日报》2024 年 5 月 26 日。

量发展的重要增长极和新的动力源①。现代化产业体系是夯实新质生产力培育发展的重要力量支撑，四川聚焦电子信息、装备制造、食品轻纺、能源化工、先进材料、医药健康等六大优势主导产业，大力开展提质倍增行动，已形成3个万亿级产业集群、3个国家先进制造业集群、9个国家中小企业特色产业集群，2023年规模以上工业增加值增长6.1%，晶硅光伏、动力电池、钒钛产业等战略性新兴产业发展态势强劲②。成都作为四川经济发展的增长极和创新资源集聚高地，正在积极围绕提升科技创新硬实力、加快科创成果产业化和加快未来产业新赛道布局，夯实新质生产力培育发展的坚实基础。

（一）加快提升科技创新"硬实力"

科技创新是发展新质生产力的核心要素，必须摆在更加突出的位置聚焦聚力推进。为加快新质生产力培育发展，成都近年来更加自觉地在国家战略全局中谋划城市发展，坚持把科技创新摆在各项任务首位，把握科技创新这个"关键变量"，掌握科技发展的主动权，让科技创新为经济社会发展赋能，成为推动引领各项事业发展的"最大增量"。

1. 坚持科技是第一生产力，加快打造全国重要的创新策源地

党的十八大以来，成都紧抓"一带一路"建设、新时代西部大开发、长江经济带发展和建设成渝地区双城经济圈等重大战略多重叠加机遇，牢固树立科技创新驱动高质量发展的理念，持续优化空间、技术、平台三大布局，提升协同创新、成果转化、城市治理三大能力，强化创新策源、创新人才、创新生态三大支撑，正加快构建成为全国

---

① 《习近平在四川考察时强调 推动新时代治蜀兴川再上新台阶 奋力谱写中国式现代化四川新篇章》，《人民日报》2023年7月30日。

② 《以发展新质生产力为重要着力点推进高质量发展》，《人民日报》2024年3月12日。

重要的创新策源地和具有国际影响力的创新型城市^①。

优化协同创新空间布局。"十四五"以来，成都紧扣未来城市战略定位，坚持主体集中、区域集中、资源集中，着力构建"1+4+N"创新空间布局。

具体而言，一是强化西部（成都）科学城创新极核引领。构建成都科学城"一核"创新策源与新经济活力区、生命科学创新区、成都未来科技城和新一代信息技术创新基地"四区"创新成果转移转化协同机制，搭建"核心＋基地＋网络"的创新体系^②，促进人才、技术、资金等要素高度集聚、自由流动、优化配置，形成高质量发展的动力引擎。二是优化科技创新高质量发展的空间承载。统筹布局全市产业链主要承载地、协同发展地建设，以科创空间吸引创新资源集聚转化、推动产业发展动力更新，以集约节约、内涵发展为特征的产业空间加快形成。与此同时，聚焦高端产业和产业高端，在产业链主要承载地、协同发展地布局更多开放型创新功能平台，协同共建科技成果转移转化示范区，创造更多"从 0 到 1"的"硬核科技"和"从 1 到 N"的转化成果，实现从要素驱动向创新驱动的有效转变。三是深入推进环高校知识经济圈建设。充分发挥在蓉高校的学科与人才优势，布局建设 11 个环高校知识经济圈，搭建一批创新载体，增强承接溢出能力，强化校地协同创新联系纽带，推动人才、资本、技术、知识等多要素融合，促进技术创新和科技成果转化，培育创新型产业集群，推动城市创新发展。

积极推进成渝科技创新协同。立足成渝两地科教资源优势，围绕成渝地区双城经济圈建设，成都积极加快与重庆协同创新，重点推动

---

① ② 《打造成德眉资创新共同体》，《成都日报》2022 年 5 月 7 日。

西部（成都）科学城与重庆两江协同创新区、西部（重庆）科学城、中国（绵阳）科技城按照"一城多园"模式合作共建西部科学城，打造成渝绵"创新金三角"①。深化成德绵国家科技成果转移转化示范区建设，做好四川省重大新药创制国家科技重大专项成果转移转化试点示范。加强成渝地区创新联动，支持四川天府新区、成都高新区与重庆两江新区、重庆高新区协同创新，推动科研布局互补、创新资源共享、新兴产业互动②。

2. 科技创新集聚培育能力显著提升，全国重要科技创新中心建设迈上新台阶

高等教育从"上规模"向"提质量"转变。2023 年 10 月 27 日，高等教育评价专业机构软科发布的 2023 软科世界一流学科排名中，四川共有 14 所高校 148 个学科上榜，无论上榜高校数量、上榜学科数量，还是上榜学科排名，与 2022 年相比均有显著进步。其中，四川大学的化学工程、矿业工程、生物医学工程和口腔医学，电子科技大学的通信工程、遥感技术，西南交通大学的交通运输工程，共 7 个学科跻身世界前十。这是西南交通大学首次有学科入围世界前十，其交通运输工程排名世界第 9 位③。

高端创新要素资源加速汇聚。截至 2023 年底，成都国家高新技术企业达 1.14 万家，较"十三五"末增长近 2 倍，国家创新型城市创新能力指数排全国第 11 位，全球城市创新指数排位从第 47 位上升至第 29 位，在上海市经济信息中心发布的《全球科技创新中心评估报告 2022》中，成都连续 4 年上榜，位列全球第 63 位、国内城市第 6 位。

① 《打造成德眉资创新共同体》，《成都日报》2022 年 5 月 7 日。
② 石润伯、贾开：《以"生态"视角提升科技创新体系整体效能》，《先锋》2022 年第 7 期。
③ 《世界一流学科！四川 14 所高校上榜》，澎湃新闻，2023 年 10 月 30 日。

科技创新成果质与量实现双提升。从每万人口高价值发明专利拥有量看，2022 年，成都全市每万人口高价值发明专利拥有量达 15.4 件，较 2020 年底增长 43.9%，预计 2025 年达 18.5 件。从科技进步贡献率看，2022 年，成都全市科技进步贡献率为 67.4%，较 2021 年提高 0.2 个百分点，预计 2025 年将达到 68%。

（二）构建未来产业创新平台体系

成都坚持把发展着力点放在实体经济上，深入实施产业建圈强链行动，加快构建支柱产业、新兴产业、未来产业梯度发展的产业格局，以"圈链思维"谋划打造电子信息、数字经济、航空航天、绿色低碳、大健康等 8 个产业生态圈，捕捉前沿技术和热点赛道，主攻大数据与人工智能（含车载智能控制系统）、高端诊疗、金融科技等 30 条重点产业链，构建"链主"企业、公共平台、中介机构、产投基金、领军人才等集聚共生的"5+N"产业生态体系。

1. 以现代化产业体系构建为核心，加快创新资源支撑能力建设

成都坚持把发展经济的着力点放在实体经济上，以工业强基为核心开展前沿性技术攻关，推动创新链、产业链、资金链、人才链"四链"融合，加大力度建平台、给场景、拓市场、优政策，健全本地科技就近转化机制、畅通外地创新本地转化渠道，推动科技优势转化为产业优势，助力具有核心竞争力的优势产业集群加快打造。

加强前沿技术供给，抢抓未来产业发展新赛道。聚焦重点产业建圈强链，突破"卡脖子"核心关键技术、研发制造标志性整机产品和关键零部件，力争在产业链高端和价值链核心的关键领域取得重大突破，提升产业核心竞争力，为构建现代化开放型产业体系提供重要支撑。加强产业变革趋势预判和重大技术预警，着力在价值高端中寻突破、在"无人区"中育新机，分层次、分阶段布局人工智能、先进计算及数据服务、量子互联网、6G、脑科学等前沿技术及未来产业。发挥重大科技基础设施和天府实验室先导引领作用，设立未来产业科技攻关专项，强化"从 0 到 1"前沿探索、推进引领性原创成果重大突破，形成行业比较优势和关键环节绝对优势。推动产业链主要承载地、协同发展地布局未来产业细分领域，支持科创空间布局建设概念验证、未来实验室、算力及数据中心等功能设施，打造定位科学、业态鲜明、功能突出、场景完善的未来产业园区。

面向产业转型升级需求，强化创新支撑功能。强化研发设计功能，布局国家级产业、技术、制造业创新中心和重点实验室等创新平台，建设研发设计、大数据运筹等功能性服务平台，推动重大创新资源开放共享。完善创新转化功能，建设"二次开发"实验室、中试共享生产线、轨道试验线、检测认证等公共服务平台，聚集技术对接、确权、交易等成果转化服务机构，支撑产业技术创新和成果孵化转化。加强场景建设示范，超前布局 5G 专网、智能感知、通信网络等新型基础设施，引导大中小企业结成应用场景联合体，围绕赋能"5G+""大数据 +""清洁能源 +"等领域，打造新技术、新产品、新模式示范应用场景。

拓展投融资渠道，构建全链条股权融资服务体系。完善"天使投资 + 创业投资 + 上市融资"股权融资链条，培育壮大创投机构队伍，鼓励社会资本参与创业投资，加大对域外知名创业投资机构的招引力度，打造创业投资集聚区。鼓励充分发挥政府引导基金作用，放宽政府引导基金杠杆要求、出资期限要求、返投比例要求，引导更多社会资本投向科技创新领域。支持科技企业上市融资，积极推进硬核科技企业在境内外主要交易场所上市融资。发挥银行科技企业融资主渠道作用。完善政策性信贷产品体系，充分发挥科技企业债权融资风险补偿资金池、中小微企业贷款风险资金池作用。优化科技贷款结构，鼓励银行机构向无贷款记录的科技企业发放首笔贷款；引导银行机构信贷资源向中小微科技型企业倾斜。创新融资方式，形成银保联动、投保联动等科技金融服务新模式。

加快集聚人才资源，提升各类人才服务保障水平。提升高层次人才管理和服务水平，开辟高层次人才服务"绿色通道"，建立高层次人才长期稳定支持机制，开展顶尖人才扩大科研自主权试点，加强在团队配备、科研条件制定、资金稳定支持等方面的政策支持。提升国际人员往来便利化服务水平，简化外籍人才出入境和居留手续，积极争取探索实行技术移民政策，逐步实现外籍人才工作许可、工作类居留许可"一窗通办、并联办理"，加快建设国际学校、国际医院、国际社区等公共服务配套设施，完善国际人才生活环境。

2. 前瞻布局未来产业新赛道，加快科技创新优势向产业高质量发展优势转变

围绕科技创新加快提升现代化产业体系战略目标，成都深入实施产业建圈强链行动。一手抓传统优势产业转型升级，推动产业链向价值链高端延伸；一手抓战略性新兴产业培育壮大和未来产业加速孵化，不断开辟发展新领域、新赛道，更好统筹产业发展质量、规模和效益，推动经济实现质的有效提升和量的合理增长。当前，为加快培育发展未来产业，成都正通过专业化园区建设，链接创新资源，助力新兴赛道孵化加速。从园区平台看，成都生物芯片孵化加速园、细胞治疗孵化加速园、核医药孵化加速园三大未来产业孵化加速园集中亮相，标志着成都未来产业迎来载体支撑。从产业领域看，成都未来产业孵化加速园聚焦前沿生物、先进能源、未来交通、数字智能、泛在网络、新型材料六大领域。

构建未来产业创新平台体系，推动产业链、创新链深度融合发展。一是加快布局重大产业技术创新平台，积极争取国家在蓉布局生物医药、信息技术、航天航空、轨道交通等重点领域的国家产业创新中心、工程研究中心、技术创新中心、制造业创新中心，争取组建国家未来产业技术研究院，增强技术研发、中试验证、成果转化和应用示范能力。二是发挥高等院校和科研院所聚集和基础研究领域全国领先的优势，围绕未来产业发展方向，引导大院大所和行业龙头企业共建产学研创新联合体，加大力度吸引世界 500 强企业设立研发中心，加快形成龙头企业牵头、高校院所支撑、各创新主体相互协同的创新联合体，围绕基础科学和前沿技术进行突破性研究，发展高效强大的共性技术供给体系，强化产业创新支撑，力争在前沿引领技术和关键共性技术上实现更多"从 0 到 1"的突破，在前沿优势领域实现更多"从 1 到 N"的突破。三是重点围绕"芯屏端软智网"六大电子信息产业领域和航空装备、汽车、智能制造、轨道交通、能源环保五大装备制造产业领域，前瞻打造定位科学、业态鲜明、功能突出、场景完善的特色未来产业专业园区。

加强跨产业技术融合，推动优势产业、前沿技术向未来产业转化。一是进一步促进科技成果转移转化，打造"基础研究—技术攻关—成果转化"的科技创新生态链，加快建设"一带一路"国际技术转移中心，培育市场化专业化科技服务机构和技术经纪人队伍，支持高校、科研院所设立专业机构推进科技成果转移转化，探索推进高校、科研院所科技成果中试熟化，促进国家大学科技园等产学研融合主体提质升级。二是充分发挥数字经济的产业赋能作用，鼓励互联网平台企业应用数字技术助力未来产业发展，大力发展智能网联汽车、扩展现实（XR）等数字赋能型新兴产业，支持龙头企业将较为成熟的工业互联网平台对产业链上下游开放，提高全行业数字化水平，促进产品形态和商业模式创新，发挥数据作为新型生产要素的价值，加快推进数字未来产业发展。

三、广西：依托数字经济破解传统产业发展难题

2022年，广西数字经济规模超9300亿元，占GDP比重为35.5%。自2018年以来，广西数字经济增加值年均增速达到10%以上，远高于同期GDP增速，信息传输、软件和信息技术服务业对经济增长贡献率超25%，软件和信息技术服务业产值增速排名全国第2[①]。数字经济已成为广西经济增长的重要引擎，形成了若干数字经济赋能广西经济社会发展的典型案例。

（一）"桂信融"破局"新四难"[②]

长期以来，金融领域面临着信用信息采集不全面、信息共享不高效、信用转化不充分、跨区域跨境信息应用不通畅等问题，金融机构投放民营小微企业贷款也存在风险识别难、尽职免责难、首次贷款难、信用贷款难等"新四难"问题。中国人民银行广西壮族自治区分行联合广西壮族自治区大数据发展局、财政厅、党委金融办等部门，创新建设大数据智能化、数字化融合应用的广西征信融资服务平台（又称"桂信融"），利用"金融＋政务＋商业"数据融合，面向政银企提供公益性质的"征信＋融资＋政策"全链条数字金融服务，打造了"信息—信用—信贷"转化新路径，解决中小微企业融资发展中存在的信

---

① 《数字经济赋能新时代壮美广西建设——自治区大数据发展局助力全区经济社会高质量发展综述》，广西壮族自治区大数据发展局官网，2023年10月31日。

② 本案例来自广西壮族自治区大数据发展局。

息不对称、对接不便捷以及跨境跨区域信息应用不通畅等问题，以信促融服务企业融资，助力数字普惠金融高质量发展。

"桂信融"建设总体架构可归纳为通过"一个平台、两个数据库"的建设实现"联通三个网络、服务三类主体、打造三个中心"。政务数据库汇集工商、税务、住建等 26 个政府部门共享的重要领域政务数据，金融数据库汇聚广西 141 家银行业金融机构的企业收支流水数据，同时逐步接入糖业、农资、航运等地方特色产业链数据。截至 2024 年 6 月末，两个数据库归集数据超过 408 亿条，完全覆盖全区 736 万家（户）商事主体，涵盖广西辖区经济活跃企业 92 万家、个体工商户 24 万家；实现 6 万家新型农业经营主体建档评级全覆盖。通过统一的平台和数据库，运用金融科技手段，打通金融专网、政务外网、互联网，形成政银企信息应用中枢，为经济主体、金融机构、政务部门三类主体提供公益的增信促融、融资对接、信用画像、企业走访、政策申报、经济金融监测等服务。项目成效体现在以下几方面。

一是在先进性方面，打造广西大数据赋能新高地。"桂信融"平台在技术创新、数据融合与模式创新领域展现出显著先进性，通过"搭建两个数据库、联通三个网络"，在全国范围内率先整合"政务＋金融＋商业"数据，构建丰富的数据维度，实现了精准信用评估，充分挖掘数据价值。创新了"流水贷"系列金融产品，同时提供一站式金融与政策服务，极大地提升了金融服务效率并拓宽覆盖面，补齐了一般融资信息平台仅归集政务数据或仅提供融资撮合的短板，推动政务、金融、商业 3 个领域涉企信用信息在金融领域的依法共享、融合应用。

二是在实效性方面，数据促融服务普惠成效显著。"桂信融"平台通过数据融合应用，将企业信息转化为企业信用，助力小微企业增信增资，方便银行全方位、多角度对企业信用进行"精准画像"，进一步畅通"信息—信用—信贷"转化路径，提高小微企业融资可得性，助力中小微企业发展。从 2021 年 11 月上线至 2024 年 6 月末，"桂信融"平台累计提供信用信息支持 61.72 万次，服务企业 12.99 万家，服务融资金额 1.89 万亿元。其中，服务中小微企业融资金额 1.59 万亿元，占比超八成，引导金融资源更加精准地流向有需求、有潜力的民营小微企业，优化金融资源配置。

三是在示范性方面，"桂信融"企业成为多领域数据融合应用的典型案例。"桂信融"平台作为数字普惠金融的标志性典范，获中国人民银行总行批复"全覆盖征信试点"，获评"广西 2021 年改革创新案例""广西十佳数据融合创新案例"，其"政务 + 金融 + 商业"数据融合应用的成功模式为各省推动数据要素在金融领域的融合应用提供了宝贵的经验，是可复制、可推广的解决方案。

四是在未来潜力方面，推动数据智能化与融合化应用潜力巨大。未来，要持续推动产业、市场、供应链的数据的归集共享，与平台现有数据实现融合应用，进一步打破信息壁垒，通过金融科技赋能，积极运用数据直通、建模评分等形式提升数据整合应用效率，实现对企业信用风险的实时监控和预警，为金融机构信贷决策提供更精准、更全面的信息支持。同时，充分挖掘数据价值，深化金融服务创新，推出市场需求的金融产品和服务，更好地满足企业多样化的融资需求，提高金融服务的覆盖面和普惠性。

（二）"兴农易贷平台"创新广西畜禽活体抵押贷 [①]

长期以来，畜牧行业面临着融资难、融资贵、风险高等诸多挑战，尤以占比超过整体畜牧产业 60% 的生猪养殖最为突出。抵押登记、价

---

① 本案例来自广西壮族自治区大数据发展局。

值评估、风险控制及风险分担等难题，导致行业整体性经营困难，"猪周期"波动性巨大，亟须通过改革创新，实现突破性发展。

为切实解决养殖企业长期面临的贷款融资难的问题，在广西农业农村厅和地方金融监督管理局的监管与指导下，桂信融平台设立畜禽活体抵押贷子平台——兴农易贷平台，创新性地以政府检疫耳标为抵押物标识，通过检疫出证实现抵押物管控，并依托北部湾大数据交易中心，将广西畜牧兽医智慧监管服务平台的全流程公共数据进行脱敏处理，授权兴农易贷平台运营。平台以人工智能技术作为全场管控核心，为金融机构打造大数据风控体系，同时通过供应链企业，实现贷款资金专款专用，资金监管闭环，有效降低银行放款风险，解决养殖户融资难题，推动行业高质量发展。

兴农易贷平台是基于官方公共数据运营的综合性服务平台。该平台融入金融、保险、供应链等社会资源，服务于畜牧产业的高质量发展。平台在政府监管授权下，结合多方资源设计合理的商业模式以实现经济效益与社会效益的双赢。平台通过向金融机构提供公共脱敏数据接口、抵押物监管解决方案等技术服务以及向供应链企业提供专款专用资金等方式获取收入。同时，该解决方案帮助养殖户获得低息高额融资贷款资金以升级养殖条件及扩大规模，并促进畜牧产业优化升级和高质量发展产生显著的社会效益。此外，平台还积极与政府部门、行业协会、金融、保险及上下游供应链企业等合作拓展服务领域，如打造专款专用涉农商城等，以推动畜牧业高质量发展并促进农村经济发展和乡村振兴。

该解决方案在数据要素协同、复用和融合创新方面主要有以下内容。一是活体抵押登记。对动物活体进行身份识别与数量登记是活体抵押登记的主要难点。该解决方案通过电子耳标＋手持 RFID 智能终端采集动物活体信息，完成身份识别与登记，并利用进出猪"AI通道+AI摄像头"手段，完成身份识别与数量盘点等相关的数据加工分析和应用业务，从而解决猪只的抵押登记难问题。二是价值评估。一方面，银行可以通过抵押折扣率解决因为猪价波动大导致的价值评估难问题。另一方面，增加AI猪只数量检测与盘点，采集加工分析猪只活体信息，以完善对于场内猪只的数量盘点与管控，从而解决因为数量难盘点而导致的价值评估难问题。三是风险分担。主要通过购买政策性保险和商业险相结合的方式，最大程度降低银行贷款风险。此外，打造专款专用农资商城，养殖户贷款资金只能用于借款主体购进活体畜禽和相关饲养支出，以及养殖场等畜牧业基础设施建设、维修和生产经营等合法用途，实现贷款资金专款专用和监管闭环，进一步分摊银行贷款风险。

该解决方案是活体抵押贷款金融服务新模式的创新性尝试，通过实时监测、更新、分析抵押猪只的活体信息，强化了金融机构与企业之间的信息共享与互动，从而精准地满足了企业的融资需求，有效解决了抵押难、估值难及决策难的问题。该案例充分利用政策性保险和商业保险来对冲银行贷款风险，同时确保供应链企业实现贷款资金的专款专用与监管闭环，系统性地帮助金融机构降低放款风险，成功破解了小微企业和个体工商户在融资过程中面临的难题，有力推动了产业的转型升级。

（三）数字化气象服务智守"糖罐子"安全①

近年来，气象灾害高发，对广西甘蔗苗情长势、产量和砍收调度产生不利影响。广西气象部门通过建立甘蔗全生长周期数据采集智库，

---

① 本案例来自广西壮族自治区大数据发展局。

研发甘蔗智慧气象服务平台，实现了企业效益增加和蔗农收入增长，维护了国家食糖安全。

该项目围绕甘蔗全产业链智慧精准气象服务目标，通过打造"数据采集—技术研发—产业应用"甘蔗服务链，构建天基、空基和地基甘蔗生产数据立体监测体系，研发蔗糖产量预报技术和智慧精准气象服务技术，有效助力企业增益、蔗农增收。其中，全球甘蔗主产国蔗糖产量预报准确率高于美国农业部；分地块、分生育期智能精准灌溉明显提高了甘蔗肥料利用率，实现节水和降低人力成本；最佳砍收期预报支撑生产管理决策，使甘蔗增加约1%糖分，相关技术和服务成果获得2022年广西科学技术进步奖二等奖。

甘蔗智慧气象服务平台采用多元化的商业模式，实现社会效益与经济效益的双赢。包括：（1）订阅服务模式，可为蔗糖生产商提供定期的气象信息订阅服务；（2）定制化解决方案模式，根据蔗糖生产企业的具体需求和生产特点，为其量身定制数字化气象服务解决方案；（3）增值服务模式，提供气象相关培训和教育服务，帮助蔗糖生产企业员工了解气象知识，提高利用气象信息进行生产决策的能力；（4）合作模式，与蔗糖行业协会、政府部门合作，共享气象数据和分析结果，共同推动蔗糖产业的可持续发展。

从项目应用创新性上看，一是加密"空天地"立体观测网络，多源综合数据融入甘蔗生产全链条。基于卫星遥感、无人机遥感和地面观测，建立甘蔗全生育期生产信息立体观测网络，构建联合国际交换和涉农涉糖部门共享体系。二是做精关键技术服务产品，实现甘蔗生产数据要素全链条协同融合应用。集成利用相关技术成果，开发平台中试，深度加工生成蔗糖产量预报、甘蔗水肥一体化智能灌溉预报、甘蔗砍收入榨指数等数据产品，打通数据采集、加工、共享、应用壁垒。三是赋能"气象部门 + 龙头企业 + 基地（园区）"甘蔗气象服务双轨模式，充分发挥数据要素价值。联合大型糖企，建立贯穿甘蔗生长全过程的直通式气象服务模式，取得"气象信息 + 规模化生产管理 + 信息反馈与互动"链条式环环相扣的服务效果，实现蔗糖产业向智能精准服务模式转变，提高糖企应用气象资源防御避险效率，有效地发挥了甘蔗气象大数据价值。以决策、公益服务为主体，以探索甘蔗专业气象服务可行性为目标，初步形成"公益 + 专业"双轨制服务模式，部门及用户取得预期经济效益。

从项目实效性上看，甘蔗水肥一体化智能管理系统，可提高糖料蔗肥料利用率 30%，节水 50% 以上，降低人力成本 80%；糖料蔗单产达 8.5 吨 / 亩，比常规种植高 4 吨，蔗糖分提高 0.5%；甘蔗气象服务新技术已推广应用至广西、云南主产区，糖料蔗每亩可节本约 270 元，增效约 2020 元，蔗农每年每户可增收 1 万 ~3 万元[①]。

四、云南：强化科技创新，推动传统资源型产业提质升级

2022 年，云南省印发了《云南省数字经济发展三年行动方案（2022—2024 年）》，明确通过数字基础设施强基行动、数字经济园区优化提升行动、数字产业化提升行动、产业数字化融合行动、数字服务和治理提升行动、公共数据资源共享开放行动等措施，把数字经济打造成引领全省经济高质量发展的强大引擎。

---

① 《广西：数字化气象服务智守"糖罐子"安全》，《中国气象报》2024 年 5 月 21 日。

（一）建设数字云花平台，推动云南花卉产业繁荣发展①

数字云花平台由昆明国际花卉拍卖交易中心有限公司（简称昆明花拍中心）投资 1625.04 万元建成。平台以覆盖花卉供应链全链条的运营核心模式向产业上下游延伸，促进供需调配、精准对接，解决农业买难、卖难问题，实现农民增收致富。同时随着数据逐步开放，也为产业发展提供科学依据。

数字云花平台主要包括花卉种源大数据平台、花卉生产大数据平台、花卉流通大数据平台、花卉消费大数据平台、花卉结算金融平台。目前已建设完成数字展厅、新交易系统、数字平台，包括云花大数据、运营指挥中心、体验中心、云花大数据蓝图。云花大数据围绕智慧种植、智慧交易、国际市场数据收集、分析，并应用于产业链各环节，提升种植、冷链物流运输、交易等各环节效能。

数字云花平台是农业数字化的创新性项目，充分应用云计算、大数据、区块链等先进信息技术与行业相结合，通过以数字及物联网技术为支撑，以花卉交易为核心，构建面向数字经济时代的产业体系和基础设施，最终实现"互联网 + 鲜花"产业的高效运行。随着数字云花平台的深化建设，未来平台将实现"生产服务 + 商业模式 + 金融服务"的数字生态，实现物流、资金流（新型供应链金融）以及信息流和花卉产业技术的服务角色在产业链上的生态支持以及数字化集成。

从经济效益看，2021 年，昆明花拍中心联结农户 15428 户，较 2020 年增长 24%；累计培育花卉品牌 5265 个，较 2020 年增长 14.18%；平台交易量 15.32 亿枝，较 2020 年增长 20.6%，交易额增长

---

① 本案例数据来源：《2022 年云南省数字应用典型案例 3—数字云花平台建设项目》，云南省发展和改革委员会官网，2023 年 2 月 3 日。

57.37%，户均增收约 16000 元。从社会效益看，充分利用云南花卉优势资源，实现一二三产大数据中心的融合联动，跨行业协同，让花卉种植农民随时掌握天气变化数据、市场供需数据、花卉作物生长数据等，实现花卉产品供需匹配、供需平衡，实现绿色生态农业良性循环，解决农业买难、卖难问题，实现农民增收致富。

（二）建设普洱林下中药材全产业链平台，提升林下产业效益①

普洱林下中药材全产业链平台结合澜沧优质、闲置的 20 万亩松林资源，创新运用数字化系统助力朱有勇院士的林下三七成果转化，因地制宜发展林下产业，解决中药材提质增效的关键问题。项目总投资 1 亿元，主要应用于农业种植—林下中药材产业领域。

林下中药材全产业链平台主要建设数据大屏、认养 App、物联网应用场景、管理 App、展示层等模块，建设生产管理、成本核算、绩效管理、库存管理、质量追溯、业务流程体系、即时数据统计分析平台等子系统，打通了林下中药材种植从开垦、收获到仓储的业务流，实现集财务、采购、生产、库存等诸多业务单元于一体的精细化掌控。

平台将数据收集、整理、分析后，形成决策体系，为企业降低管理成本、增加存苗率、提高产值，有助于更好、更快地发展林下中药材产业。将原本靠经验的种植格局转变成精准管理、精准施策的种植模式。通过数据管理整理和分析，让天下没有难种的林地。催生林下数字化产业发展新业态、同一基地林下中药材多品种轮作新模式。

从经济效益看，一是优化资源分配，通过数据分析更好地进行资

---

① 本案例数据来源：《2022 年云南省数字应用典型案例 8—普洱市林下中药材数字化种植管理平台》，云南省发展和改革委员会官网，2023 年 2 月 7 日。

源分配，在集中发病季节、易发病地形实施精准管理；二是带动上下游产业发展，带动农业生产资料，如有机肥相关企业以及种植、采收、包装等环节企业的发展。

从社会效益看，一是提升了行业领域发展水平，通过数字化种植管理系统增加产量，降低成本；通过全产业链数字监控控制量，实现精准生产及加工；二是推动规范化标准化生产经营，形成数字化林下标准化种植管理企业标准，促进行业标准制定；三是带动就业效果明显，截至 2021 年底，澜沧田丰共计开垦数字化林下中药材种植基地 11 个，总面积 1500 亩，并全部应用自主知识产权的数字化种植管理系统，涉及 3 个乡镇、21 个村寨，用工 15000 余人次，工资发放共计 405.5 万元。

（三）建设中缅跨境物流智慧服务平台，助力云南现代物流业发展[①]

现代物流业作为云南省重点打造的 5 个万亿级支柱产业之一，是建设面向南亚、东南亚辐射中心，实现云南经济高质量跨越式发展的重要支撑。云南瑞和锦程实业股份有限公司（以下简称瑞和锦程）按照"立足滇西、辐射国内、连通缅甸、进入印度洋"的跨境物流发展战略目标，多年来积极与西南林业大学等高校合作共建，通过自主研发中心，持续开展中缅跨境物流智慧服务平台的建设工作。

瑞和锦程遵循中缅跨境物流智慧服务平台的顶层设计和建设规划，已建设应用信息系统 8 套、移动 App 7 款。其中包含公路运输、冷链物流、跨境物流、多式联运、铁路集装箱及口岸服务等业务，能够对各种形态的物流业务提供有力支撑，符合国家物流信息化有关标准和交通运输部《网络平台道路货物运输经营管理暂行办法》的要求。

---

① 本案例数据来源：《2022 年云南省数字应用典型案例 9—中缅跨境物流智慧服务平台》，云南省发展和改革委员会官网，2023 年 2 月 7 日。

一是研发并建设跨境物流智慧服务平台。用于支持跨境物流业务、园区管理及口岸业务的线上运营管理，实现跨业务类型、跨企业、跨国的数据集成与融通。

二是研发并建设多式联运平台。用于支撑滇西铁路运抵，并通过转公路运输，最终从陆路口岸出境，通过仰光港口出海，进入印度洋远洋运输，支撑全流程的业务追踪和管理。探索以信息化为支撑、集装箱为载体的跨境公路集装箱多式联运新模式。

三是研发并建设境外运输追踪系统。应用北斗定位、GPS、跨国网络通信、海关智能锁等技术，研发和建设基于智能跟踪定位技术的跨境运输追踪系统，完成跨境物流运输全过程中车辆、集装箱、货物、园区、口岸之间的无缝追踪，实现物流的智能化管理，提高物品管控力度和防盗安全强度。

从经济效益看，一是增加地方财政收入。2020年以来，通过信息化建设和运营，已累计上缴地方财政税费达1.55亿元。二是推动跨境业务增长。2022年恢复口岸通关以来，新的业务模式带来跨境运输业务收入9484万元，利润306万元。三是推动司机合规经营。2021年6月以来，平台代开司机运费专票12.56万份，累计金额4.25亿元，上缴税费472万元。四是推进效率提升。通过网络货运组织，车辆利用率提升约50%，平均等货时间由2~3天缩短至8~10小时，司机月收入增加30%~40%[①]。

从社会效益看，一是开辟了物流新通道。跨境物流专线建成后，大幅度降低国内至印度洋及欧洲的物流成本，同时规避了马六甲海峡困局。二是提升了行业监管水平。全程数字化监管流程为政府提供更

---

① 《数字经济推动昆滇产业"脱胎换骨"》，《昆明日报》2022年12月19日。

多运营数据，更好地实现对物流行业的监管。三是助力口岸高效通关。为进出口贸易通关全流程提供信息化支持，有效提高口岸通关的便利性，通关效率明显提升。

（四）玉溪建设区块链产业金融服务平台，助力传统产业转型升级 [①]

基于玉溪市与京东的"互联网 +"新经济战略合作，双方共建了云南省首个区块链产业金融服务平台。该项目运用"区块链 + 大数据"等核心技术，基于"互联网 + 普惠金融"的创新服务理念，构建起一套"银行—政府—企业"高效对接体系，为玉溪中小企业发展提供有力的资金保障，助力玉溪市的传统产业实现快速转型升级 [②]。

平台建设内容主要包括"1 库 2 平台"。"1 库"指企业全息数据库，包含企业数据与金融服务数据标准、规范、数据采集与处理等模块；"2 平台"指大数据企业信用管理子平台和智能信贷撮合服务子平台。大数据企业信用管理子平台主要实现企业的自动信用评估报告、企业融资需求与金融产品的精准匹配、企业评级、企业的风险预警等功能。智能信贷撮合服务子平台主要覆盖产融综合服务的所有业务活动，满足政府、企业、金融机构等不同部门和机构的业务需要。平台以区块链技术为核心，以大数据、云计算、模型引擎等新技术为支撑，以税务数据为基础，整合政务、金融、工商、司法、征信等多维度数据，确保数据真实可信、不可篡改。平台总体架构划分为前台业务、后台管理、数据专题库三大板块。

平台经过两年的运营，经济效益逐渐凸显，具体表现在以下几个方面。一是极大地提升了银行信贷授信的安全性和时效性，最高融资

[①] 本案例数据来源：《2022 年云南省数字应用典型案例 10—玉溪市区块链产业金融服务平台》，云南省发展和改革委员会官网，2023 年 2 月 7 日。

[②] 《云南玉溪区块链平台促成融资逾 93 亿元》，《中国经济导报》2021 年 8 月 25 日。

金额达 17.7 亿元，融资最短时间仅需 3 天。二是改变了以往传统银企对接的模式，通过为入驻金融机构持续不断提供中小微企业经营和信贷需求信息，不仅解决了银企信息不对称问题，提升了双方的对接效率，同时反向推动了金融部门不断优化信贷产品，有效推动金融信贷支持市场主体发展。

五、陕西：数字经济引领高质量发展，打造西部新高地

近年来，陕西省在数字经济领域取得了显著进展，通过数字基础设施建设和政策支持，数字经济已成为推动现代化产业体系与新质生产力培育的关键支撑。2023 年，陕西省数字经济规模超过 1.4 万亿元，占全省 GDP 的比重已超 40%。在"一带一路"倡议的推动下，陕西深化国际合作，构建了具有国际竞争力的数字经济体系，成为西部地区数字化转型和新质生产力发展的典型案例[①]。

（一）加快数字基础设施建设

陕西围绕国家数字经济发展战略，全面推进数字经济和新型数字基础设施建设，以推动新质生产力为目标，强化数字技术对经济高质量发展的支撑作用。通过加快信息网、算力网、物联网的建设升级，陕西构建了智能化、综合性的数字信息基础设施体系，为科技创新和产业转型提供了坚实的基础，并通过推进"三网两平台"建设和数实融合，持续为经济高质量发展和新质生产力的培育注入强劲动力。

1. 数字经济规模迅速扩大，助力高质量发展

不断壮大数字经济发展规模，将数字技术深度融入经济社会发展

① 《学习贯彻党的二十届三中全会精神：打造数智化引擎 抢滩数字经济"新蓝海"》，陕数协公众号，2024 年 8 月 16 日。

各个领域。在党的二十届三中全会精神指引下，陕西省正全面推进新一代信息技术的全方位应用，加速打造具有国际竞争力的数字产业集群。一是紧抓人工智能这一新兴数字产业的核心引擎，坚定推动数字经济规模扩展与高质量发展。陕西通过大力推动数字产业化和产业数字化进程，积极把握人工智能发展的新机遇，重点在智能软硬件、工业机器人、智能网联汽车等领域开发一批具有竞争力的人工智能产品，培育形成优势产业集群。通过持续加大人工智能芯片和硬件产品的研发投入，推动"5G+ 云 +AI"技术的深度融合，促进人工智能创新平台建设，同时积极规划和推广"AI+"赋能的合作项目，加速推进西安国家新一代人工智能创新发展试验区的建设。力争到 2025 年，形成 30 个具有示范意义的人工智能行业应用案例。进一步巩固其在全国人工智能领域的领先地位。二是积极利用数字化赋能文旅产业的战略机遇，通过财政强化项目带动，布局建设元宇宙数字文旅产业。陕西通过统筹 1.85 亿元专项资金[①]，支持丝路欢乐世界、铜川花月荟等文旅精品项目建设，进一步丰富和壮大全省 239 个产业链项目；安排 1300 万元专项资金，对文旅重点产业链建设项目的贷款及融资工具给予贴息补助，切实减轻企业融资负担；同时，投入 2100 万元资金，创建国家级旅游度假区和文旅消费集聚区，推动文旅消费持续增长；陕西着力做强市场主体，重点支持布局沉浸式、VR/AR、元宇宙等数字文旅产品的企业，培育更多创新能力强、市场竞争力高的专精特新文旅企业，全面提升文旅产业的整体水平，助推全省文旅产业高质量发展。

---

① 《陕西：统筹 1.85 亿元，布局建设元宇宙数字文旅产业》，西安市文化创意产业协会公众号，2024 年 7 月 24 日。

2. 新型数字基础设施扩容提速，助力科技创新

全面推进新型数字基础设施建设，强化数字技术自主创新，积极拓展数实融合的广域空间。陕西省紧抓数字经济发展机遇，以实现全省数字经济的高质量发展和产业转型升级。一是按照地空一体、绿色智能、泛在可及的原则，积极推进"三网"建设①。陕西省在信息网络建设中注重空地一体化，既加快"双千兆"网络和 5G 配套设施的建设与 IPv6 应用基础设施的改造，又加强塔杆资源的开放共享，持续提升网络覆盖的广度、深度和互联互通能力。同时，稳步推进北斗定位、卫星遥感、地理信息等时空基础设施的建设，加快省级北斗导航定位与位置服务网络系统的升级。算力网络建设则注重绿色智能化发展，视算力为集信息处理、数据存储、网络传输于一体的新型生产力，统筹考虑环境能耗、综合成本和产业基础等因素，融入全国一体化大数据中心协同创新体系及"东数西算"工程。二是协同推进"两平台"建设。陕西省致力于打造新技术支撑平台和各类试验验证平台，进一步完善数字基础设施建设。在新技术支撑平台建设中，遵循"政府引导、科研机构推广、运营商支持、企事业单位应用"的运行模式，积极构建面向人工智能技术的基础数据平台、多行业应用的开源平台以及区块链平台，为新兴技术的广泛应用提供坚实支撑，推动全省数字经济的高质量发展。

（二）技术赋能产业转型

在国家数字经济战略的引领下，陕西省聚焦创新驱动，加快推进数字技术在产业链中的应用和推广，推动全省产业链的全面升级

---

① 《着眼高能级承载 推动数字基建扩容提速——论认真学习贯彻全省数字经济发展大会精神》，《陕西日报》2023 年 12 月 2 日。

和优化，同时积极发展航空产业和低空经济，推动新兴产业的加速崛起，进而构建多层次、全覆盖的产业生态体系，助力新质生产力的发展。

1. 聚焦关键技术研发，推进数字产业链升级

加快推动关键技术研发，全面推进现代化产业体系建设。一是依托秦创原创新驱动平台及陕西省内高校和科研院所的优势资源，集中力量攻克新型大带宽信号处理、大容量存储器设计、高端数控系统等关键核心技术，并前瞻性布局6G通信、太赫兹通信、类脑计算、神经芯片等前沿技术领域，着力抢占未来技术发展的战略制高点。这些技术的突破不仅为陕西省数字产业链的升级提供了强大的技术支撑，还使陕西在全国数字经济版图中占据了战略性位置，为全省经济的可持续发展奠定了坚实基础。二是深入推进重点产业链"链长制"，加快推动半导体、集成电路、新型显示、智能终端、太阳能光伏、物联网、智能传感器、增材制造等关键领域的数字产品制造业迅速发展。通过持续提升产业链的配套能力，陕西力争在2025年前将全省打造为全国重要的数字产品制造业基地。

2. 推动航空产业发展，培育新质生产力

低空经济作为战略性新兴产业，是培育和发展新质生产力的关键方向。陕西作为我国航空产业的重要集聚区，科教资源丰富，航空产业人才富集，发展低空经济具有巨大的优势。近年来，陕西紧紧围绕国家战略需求，致力于将低空经济作为培育新质生产力的重要方向，积极推动航空产业链的升级和现代产业体系的构建。陕西依托其强大的航空航天基础和科技创新能力，积极推动低空经济的发展。

一是为进一步推动低空经济，陕西通过新型研发机构的建设，填补传统科研院所与市场之间的空隙。以陕西空天动力研究院为代表的新型研发机构，集技术研发、成果转化、企业孵化和金融投资于一体，形成了"基础研究—技术开发—企业孵化—金融支持"的全周期科技创新模式，推动了航空航天上下游产业链的发展，助力企业度过"死亡谷"阶段，形成了一批核心竞争力强的产品，如"红龙一号"火箭发动机。

二是西安正在加快商业航天产业聚集区的建设，吸引了大量技术创新企业入驻，并形成了涵盖卫星研发、组网、管理及数据应用的全产业链，通过利用西安的科研和人才优势，快速发展高光谱卫星技术，并计划在2030年前完成108颗卫星的全球组网，进一步巩固西安在商业航天领域的国际地位。

3. 提升产业集群化能级，推动新兴产业纵深发展

在推动新质生产力发展的过程中，陕西省致力于提升新兴产业的集群化发展水平，进一步推动新兴产业向纵深方向发展，强化区域竞争力。

一是围绕智能终端、物联网、新型显示等具有核心竞争优势的新兴产业集群，深入推进集群提质工程和跃升行动。通过强化关键技术的研发与应用，加快补齐集成电路、关键软件、高端装备等产业链短板，制定"一群一策"的精准规划方案。

二是陕西省积极推动新兴产业的跨界融合，依托"人工智能+"应用示范、工业互联网平台和西咸新区·秦汉自动驾驶产业园等跨界融合项目，深化工业战略性新兴产业与现代服务业的深度结合。通过推进这些融合应用的试点示范，陕西加快新兴产业的数字化进程，推动新质生产力在融合模式下的培育与壮大，实现产业创新发展。

六、新疆：以数字经济驱动特色产业集群培育

近年来，新疆在数字经济领域取得了显著成就，通过全面推进数字基础设施建设和产业数字化转型，积极融入"东数西算"国家战略，促进数实融合，推动了经济的高质量发展。2022 年，新疆实现数字经济产业主营业务收入 1590 亿元，同比增长 43%。2016—2021 年，新疆数字经济规模从 2048.68 亿元增长到 4255.70 亿元，年均增长 15.7%；数字经济规模占 GDP 比重逐年提升，从 2016 年的 21.30% 提升至 2021 年的 27.36%。

（一）加快数字经济产业布局

新疆紧抓数字经济发展机遇，积极推动数字经济产业的全面布局。深刻认识算力网络作为数字经济发展"底座"的重要性，不断深入推进数字基础设施建设，围绕"东数西算"国家战略，积极布局信息网、算力网和物联网，加速推动数字化转型。

1. 聚焦数字经济，打造全疆领先的数字化发展高地

一是紧扣数字经济发展战略，通过产业数字化和数字产业化的双轮驱动，推动传统产业向高端化、智能化转型，并积极培育以云计算、大数据为核心的新一代信息产业。乌鲁木齐市通过建设一系列数字产业承载园区，如新疆软件园、天山云计算产业基地和新疆国际电子商务产业园，吸引了华为、海康威视、科大讯飞、长城科技等一批知名数字经济企业的入驻，为全市乃至全疆的数字经济发展注入了强劲动力。

二是壮大产业生态，积极引导企业进行智能化转型，推动数字经济与新一代信息技术企业的高质量发展，增强整体产业竞争力。通过

建设碳和水冷数据中心等先进的数字基础设施，克拉玛依市在全疆范围内率先开展了人工智能全产业链的开发，着力推动"AI+"应用创新示范区的建设。

2. 布局算力网络，提升数字经济承载力

新疆积极融入"东数西算"工程，统筹布局覆盖全疆的算力网络。一是推动在乌鲁木齐、昌吉、克拉玛依等地云计算和大数据中心建设，逐步形成了以乌鲁木齐为核心的算力网络体系和全省范围内算力资源的高效调度与协同发展，构建核心算力节点和边缘算力节点相结合的"2+16+X"和"1+3+X"算力网络格局，通过不断提升算力供给能力，为各行业数字化转型提供了强大的算力支撑。

二是积极推动算力应用的落地，通过政务云、城市云、工业互联网云等多种云服务的推广和应用，推动全省产业数字化进程。2022年，新疆投用数据中心达到17个、机架2.2万余架，其中，克拉玛依市云计算产业园规划标准机柜规模为18万个，已建成8万余个，云计算能力和数据存储能力位居中国西北前列。

3. 推动工业数字化转型，提升智能制造水平

新疆通过"5G+工业互联网"的深度融合，推动工业企业向智能制造转型升级，提升生产效率和市场竞争力。通过数字化改造和工业互联网平台建设，新疆企业实现了从传统制造业向"制造+服务"的转型，显著提高了生产效能。

一是深化5G应用，构建智能制造新模式。新疆大力推进5G技术在工业领域的应用，促进5G与工业互联网的深度融合，为制造业的数字化、智能化升级提供了强大的技术支持。全疆首家5G工业物联网产业园和多个智能制造示范项目的建设与投运，使"乌鲁木齐智造"插上"5G+工业互联网"的翅膀。

二是推动智能工厂建设，增强制造业核心竞争力。新疆大力推进智能工厂的建设，在重点制造业领域，如广州汽车集团乘用车有限公司新疆分公司、双钱集团（新疆）昆仑轮胎有限公司等企业中，推广智能制造技术，推动生产过程的自动化和智能化。

三是拓展"制造＋服务"模式，实现全产业链数字化。随着工业互联网的深入应用，新疆的制造企业正从单纯的制造业向"制造＋服务"模式转型，实现了全产业链的数字化管理。通过建立数字工厂，打通了生产、销售、管理及产业链上下游企业的各个环节，对全产业链的掌控力显著提升，极大地提高了工厂的运营效率。

（二）推进新疆特色现代化产业体系建设

近年来，新疆通过高质量建设"八大产业集群"，全面推进新质生产力的发展。新疆坚持将高质量建设全国能源资源战略保障基地作为发展新质生产力的重要牵引，着力在传统产业的转型升级和新兴产业的培育壮大上下功夫。通过绿色低碳技术的引入和科技创新的推动，新疆加速了产业集群的成形，逐步实现了传统产业的"老树发新枝"和新兴产业的"新苗扎深根"。

1.传统能源领域与新能源产业并驾齐驱，构建全国能源资源战略保障基地

新疆在推动传统能源领域转型升级的同时，大力发展新能源产业，双轮驱动构建全国能源资源战略保障基地。

一是依托丰富的油气资源，不断突破深地技术难关，提升我国能源自主保障能力，也为新质生产力的发展提供了坚实的技术支撑。新疆在煤炭资源的综合利用上不断创新，建成了准东、哈密两个亿吨级煤炭生产基地，并大力发展煤化工产业链，打造煤制油、煤制气、煤制烯烃等高端煤化工产业集群，推动传统能源产业向绿色低

碳、高附加值方向转型。

二是积极布局新能源领域，充分利用得天独厚的光照、风能资源，加速推进光伏、风电产业的发展。2023年以来，乌鲁木齐依托"南风北光"资源，加快建设米东区北部沙漠2000万千瓦级光伏基地、达坂城区和乌鲁木齐县1000万千瓦级风电光伏基地，推动新能源产业快速发展，新增投资和并网规模成倍增长，预计2025年产业规模可突破百亿元。

2. 聚焦特色产业优势，形成集群发展模式

新疆凭借其丰富的资源、优越的政策支持以及独特的区位优势，围绕"八大产业集群"实施精准布局，通过挖掘传统产业潜力和培育新兴产业，推动形成集群化发展的新质生产力。

一是以"一带一路"核心区为依托，新疆不断拓展开放型经济的层次，因地制宜推动乌克昌、南疆、东疆、北疆4个片区的新兴产业发展，为新质生产力的培育提供了新的动能。同时，新疆加强开放合作，积极融入"一带一路"倡议，加快构建区域经济发展新格局，为新质生产力的提升提供了广阔的空间。2023年，新疆外贸进出口总额达到3573.3亿元，增速居全国第二，展现了强劲的外贸活力。霍尔果斯口岸等主要出口通道通过优化通关方案，加速风电设备等高技术含量产品的出口，进一步扩大了新疆在国际市场的影响力。

二是积极探索和打造区域发展新优势。依靠科技创新，新疆通过改造提升传统特色产业，为新质生产力的发展注入了强劲动力。在克拉玛依高新技术产业开发区，曾被视为废料的劣质重油通过创新技术转化为高附加值的工业原料，服务于高端装备制造业。克拉玛依洁净能源国家实验室筹建了能源化工领域的科技研发支撑平台，推动创新成果快速转化为产业化应用，提升了油气产业的整体竞争力。同时，新疆油田通过大规模油气生产物联网的建设和应用，实现了"无人值守、远程监控、按需巡检"的智能化管理，大幅提高了生产效率。在新兴产业方面，新疆大力推动战略性新兴产业的发展，加快培育未来产业，形成新的经济增长点。通过强化科技创新平台建设、引进高层次人才以及优化对外开放环境，新疆有效推动了特色产业的转型升级和新质生产力的发展，逐步形成了具有区域特色的现代化产业体系。

第七章

东北地区

一、辽宁沈阳：培育新兴产业，积蓄发展新势能

沈阳发挥科教资源富集、工业门类齐全的优势，向"新"而行，提"质"转型，聚焦"硬核"新兴产业，促进产业链升级，培育未来发展新动力，汇聚形成老工业基地新质生产力的簇簇星火。2023年沈阳技术合同成交额636.2亿元，同比增长41.4%，科技型企业达到21911家，比上年末增长42.6%，以科技创新为主导的高端装备占装备制造业比重达到35%，新一代信息技术、航空航天、集成电路等新兴产业实现10%以上的增长，数字产品制造业、服务业营业收入分别增长19.3%和12%。

（一）发展壮大战略性新兴产业蓄"新"力

战略性新兴产业是沈阳培育新质生产力的重要动力源。近年来，沈阳坚持以科技创新促进产业创新，加快推动产学研用结合和技术成果转化，实施"制造业重点产业集群高质量发展行动"，制定行动方案和产业地图，推动企业、项目、产品、技术、园区等清单化管理，促进产业成链成群，培育壮大了一批战略性新兴产业，形成了新能源、高端装备、集成电路、航空等战略性新兴产业集群，培育了以新松公司、三生制药、芯源微电子等为代表的一批龙头企业。

在发展路径上，沈阳依据"优势＋高成长"类型划分，构建了战略性新兴产业培育梯度，集中力量打造两大类重点产业集群。第一类

是既具有领先优势、又具备一定规模效应的千亿级战略性新兴产业集群，如汽车、高端装备、新一代信息技术、航空航天等。第二类是新能源、生物医药及医疗装备、集成电路、新材料、节能环保等兼具高成长性和辐射效应的百亿级产业集群。

在发展方向和重点上，沈阳针对不同产业集群，制定了差异化的实施方案。围绕高端装备制造产业，沈阳重点发展机器人、高端数控机床、关键基础零部件、大型成套装备、重矿装备和电力设备产业，持续提升市场占有率。围绕推进新能源汽车全产业链发展，沈阳依托华晨宝马等重点企业，持续做大做强新能源汽车产业，超前布局氢燃料汽车配套产业。围绕做大做强航空产业，沈阳北部重点推进沈飞航空配套产业园建设，南部重点推进沈阳航空动力产业园建设，积极争取航天科技、航天科工等央企扩大在沈布局。围绕新一代信息技术产业，沈阳大力争创"中国软件名城"，完善国际软件园生态体系，每年投入 1.5 亿元资金专项支持软件产业发展。围绕新能源及节能环保产业，沈阳加快"源网荷储"一体化和"风光氢"多能互补发展，推进制氢、储氢、输氢、用氢等氢能全产业链发展，着力打造"储能之都"。围绕生物医药及医疗装备产业，沈阳聚焦生物药、化学药、中药三大重点领域，提高抗体药物、肿瘤免疫治疗药物、疫苗等的研发和制备水平，重点在高端医学影像设备、手术机器人等领域培育一批优质企业。围绕集成电路装备产业，沈阳组建辽宁集成电路装备及零部件产业创新中心，积极争创国家级集成电路整机装备和关键零部件科技创新平台。围绕新材料产业，沈阳聚焦航空航天、燃气轮机、核电装备等发展需求，开展金属新材料产需协作和配套对接，加快发展碳化硅、功能陶瓷等无机非金属产品，壮大碳纤维生产、应用产业链条。

（二）前瞻布局未来产业蓄"新"能

培育未来产业是促进科技进步、引领产业升级、发展新质生产力的关键举措。近年来，沈阳结合地方实际和产业优势，提出加快培育未来产业，聚焦未来网络、未来信息、未来智能、未来健康等，加快布局智能网联汽车、人形机器人、人工智能、元宇宙、基因与细胞等未来产业，制定实施未来产业发展规划，形成更多新质生产力，抢占新一轮科技和产业发展制高点，建设未来产业创新策源地和发展高地。沈阳部分未来产业培育重点如下。

一是加快培育智能网联汽车产业。沈阳以大东区为重点，着力打造东北首个智能网联汽车商用区，构建完善的智能网联汽车生态。加快部署摄像头、雷达等"多杆合一"的智能网联综合杆，统一标准的云控平台和智能网联智算中心等基础设施，计划建设智慧道路100公里以上，推动自动驾驶出租、无人物流等场景开放运行，吸引智能网联汽车研发和生产企业落地。

二是加快开发人形机器人产业。沈阳重点推进仿生人形机器人产业规划布局，重点发展智能交互系统、新材料仿生皮肤等核心技术，积极推进智能仿生人形机器人等产品研发生产；开展智能医疗引领计划，推动新松、中国科学院沈阳自动化所开展手术机器人、康复机器人等核心技术联合攻关；实施智能家居推广计划，推出满足教育、娱乐、家庭服务等需求的智能家用机器人。

三是提升人工智能产业能级。沈阳加快建设国家新一代人工智能创新发展试验区，积极融入"东数西算"战略布局，提高沈阳人工智能计算中心、百度智算中心等算力中心能级，满足大规模 AI 算法计算、机器学习等需求。同时，通过"揭榜挂帅"等形式推进复杂动态场景感知与理解等关键技术实现突破，力争在"十四五"末全市人工智能算力突破 1200P。

四是积极布局元宇宙产业。沈阳实施元宇宙领航企业引育计划，开放城市元宇宙创新典型场景，支持有影响力的元宇宙企业或机构来沈设立总部、研发中心等，重点打造和平区五里河元宇宙创新基地和皇姑区百度元宇宙数字产业基地，推动中国计算机学会（CCF）东北创新综合中心等创新中心建设，加快推进 NFT、VR/AR、脑机接口等领域关键共性技术开展协同攻关。

五是发展基因与细胞产业。沈阳聚焦基因诊断及设备、基因治疗、细胞治疗等领域，重点突破，推动沈阳细胞中心、辽宁医学诊疗中心等成果转化初创企业发展壮大，重点发展眼科生物材料、眼科智能设备、眼科创新药物等领域。

同时，沈阳从规划编制、组织领导、产权维护等多方面，综合施策，营造促进未来产业发展的良好环境。

一是加强顶层设计。编制《沈阳市未来产业培育和发展规划（2018—2035 年）》，以未来生产、未来交通、未来健康 3 个主导产业和未来信息技术、未来材料 2 个赋能产业为重点，构建"3+2"未来产业体系结构，并明确了 17 个发展重点领域。

二是加强组织领导。成立沈阳市未来产业培育和发展工作领导小组，由市政府主要领导担任组长，相关部门和各地区负责人为成员。成立设在市科技局的未来产业发展推进办公室，具体负责日常工作。同时，根据未来产业发展的重点领域方向，成立了未来生产、未来交通、未来健康、未来信息技术、未来材料等 5 个专项工作组，负责制定各产业发展方案并推进具体工作（见表 7-1）。

三是注重借鉴外脑。聚焦重点产业领域，组建由国内外知名专家、学者、企业家等组成的专家咨询委员会，指导沈阳未来产业发展的相关政策、规划制定和项目推介等，评估各项目的进展成效。

表7-1 沈阳市未来产业发展重点领域

未来产业	重点领域
未来生产	智能机器人、增材制造、智能制造系统集成3个产业重点领域
未来交通	智能网联汽车、通用航空、智慧交通3个产业重点领域
未来健康	生命科学、生物技术、智能医疗3个产业重点领域
未来信息技术	人工智能、工业互联网、区块链3个产业重点领域
未来材料	储能材料、航空材料、半导体材料、纳米材料、防腐材料5个产业重点领域

资料来源：《沈阳市未来产业培育和发展规划（2018—2035年）》。

四是强化知识产权的创造、管理和保护。重点加强未来产业重点领域关键核心技术知识产权储备，形成以产业化为导向的专利矩阵。组建沈阳市知识产权保护联盟，培育一批具备知识产权综合实力的优势企业，推动高校、院所、企业协同开展知识产权运用。建立健全行政执法、维权援助工作体系，加大执法打击和维权服务工作力度，研究制定降低未来产业知识产权申请、保护及维权成本的政策措施。

（三）厚植新质生产力发展土壤蓄"新"势

拥有良好的创新生态，是培育发展新质生产力的前提条件。近年来，沈阳牢牢扭住自主创新这个"牛鼻子"，聚焦促进创新链、产业链、资金链、人才链"四链"深度融合，统筹创新空间、创新平台、创新生态、创新人才等工作，推动科技教育人才一体化发展。主要做法如下。

一是构建高水平创新空间。加快建设浑南科技城，聚焦先进材料、智能制造、信息技术、生命健康、数字文创等主导产业创新方向，打造科技创新策源地、新旧动能转换发动机、新质生产力发展示范区。

加快建设沈北科教融合园，发挥沈北大学城、职教城的教育、科技、人才资源集聚优势，加快数字汇客厅、航空产业创新港等项目建设进度，打造新兴产业策源地、动能转换新高地、协同创新首选地、青年人才聚集地。推动"三区"高质量错位发展，沈阳高新技术产业开发区重点发展智能制造、先进材料、新一代信息技术、生命健康、文化创意等产业，打造创新驱动发展示范区和高质量发展先行区；沈阳经济技术开发区重点打造高端装备制造产业集聚区；沈阳辉山经济技术开发区重点发展食品医药、装备制造、文化旅游等产业，建设沈阳现代化都市圈一、二、三产业融合发展示范区。实施科创组团提质增效行动，高水平打造科创街区、科创园区，实施平台集聚、载体升级、科技招商等八大重点行动，重点推动中关村科技产业创新园区等建设。

二是打造"四链融合"创新生态。建强"产业链"，积极培育制造业"链主"企业，复制推广沈鼓集团等经验，推动全市制造业"链主"企业建设"整零共同体"，整合产业上下游优秀企业以及科研资源，实现制造业整机企业与零部件商协同研发、协同生产、协同市场、协同转型。撬动"资金链"，推动银行设立全省首个科技金融中心，鼓励辖区内银行打造科技评价专业体系，优化授信审批流程。优化"一园区一基金一银行"供应链金融保障机制，实现园区内头部企业与扶持基金、金融机构的精准对接。强化"人才链"，培养引进高层次人才，按照"一院士、一平台、一园区、一基金、一服务"模式，着力引进两院院士等战略科技人才、产业高端人才，积极引育青年科技人才、一流科技创新创业团队。依托离岸创新基地、欧美同学会等交流渠道，拓展海外人才联络资源。打造优秀工程师队伍，推动高校和企业开展联合培养，储备一批工程技术人才、工程科学人才和卓越工程师，编制发布急需紧缺人才目录，引导各类培训资源有针对性地培养急需紧缺技能人才，加大"双元制"教育改革创新力度，强化高技能人才激励，强化技能竞赛品牌建设。激活"创新链"，推进现有省级以上创新平台开放共享和企业技术中心梯度培育，以高水平创新平台驱动产业链高质量发展。

三是加快科研成果落地转化。大力发展新型研发机构，支持沈阳产业技术研究院建设发展，引导新型研发机构建立市场化的商业模式、人才激励制度、薪酬分配制度，强化新型研发机构在技术研发、成果转化、人才培养、技术服务等方面的能力。支持中试基地建设，支持辽宁中化沈化院化工新材料中试基地、辽宁沈阳数字产业中试基地等发展，鼓励头部企业联合高校院所建设科技成果转化中试基地，开展中试试验、技术熟化和工程化研究，与企业协同研发契合实际需求的科技成果。提高成果转化服务能力，加强东北科技大市场、沈阳技术产权交易中心建设，加强技术转移管理人员、技术经纪人、技术经理人等人才队伍建设，提升成果转化服务能力，支持企业开放应用场景，吸引省内外高层次人才（团队）成果本地转移转化。提升创新创业载体孵化能力，推进"专业化众创空间—高质量孵化器—加速器—产业园"的创业孵化体系建设，支持科创组团、大学科技园、产业园区提升成果转化、创业孵化、资源集聚等方面创新潜力。

四是加快传统制造业数字化、网络化、智能化改造。加强数字化转型赋能，实施企业"两化"融合管理体系标准建设与推广行动，为制造业企业精准开展数字化转型诊断服务。加快建设中小企业数字化转型试点城市，以国家标准提升引领传统产业优化升级，推动"链式"数字化转型。加快网络化融合提效，推动"5G+工业互联网"融合发展，做大做强工业互联网平台，形成区域服务能力。促进智能化升级示范，实施制造业智能转型示范行动，鼓励企业创建"灯塔工厂"、智能工厂，推动工业企业采用智能装备、先进工艺和信息化管理系统等方式进行技术改造，促进各生产环节的智能协作与联动，实现研发、制造、仓储、物流等系统集成。

二、吉林省：找准细分优势，率先实现四大战略突破

（一）深挖传统优势，锻强四大战略新兴产业

1. 加快新能源与汽车产业转型

吉林省在新能源与汽车产业方面正处于转型升级的关键时期，力争到2025年新能源汽车产销量超145万辆。奥迪一汽新能源项目和一汽弗迪新能源动力电池项目不仅体现了从传统汽车制造向电动汽车的战略转移，还强调了提升整车及关键零部件的制造能力。通过大型项目的推进，如红旗新能源繁荣工厂和奥迪一汽新能源汽车项目，吉林省成功吸引了全球顶级企业，进一步加强了产业集群的竞争力。这种转型是对全球汽车市场日益增长的环保要求和新能源车需求的直接回应。同时，这也符合国家对汽车产业未来发展的战略规划，即通过技术创新和产业升级推动环境友好型和资源节约型社会的建设。

2. 推动碳纤维和新材料产业"拔尖"发展

碳纤维作为"黑色黄金"，在高性能材料领域占据了至关重要的地位。吉林化纤集团在碳纤维的生产技术上实现了突破，并在应用领域进行了全产业链的布局。吉林化纤集团通过实施"四型创新"策略——客户为中心型、效率驱动型、工程技术型、基础研发型——在纤维产品行业实现了显著的发展和市场领导地位。这一策略旨在推动产品高端化、智能化和绿色化，从而确保持续的行业领先和市场扩展。2023年该集团启动的年产一万吨超细旦连续纺长丝项目，于2024年3

月成功投产。该项目实现了丝筒的大型化、匀质化、细旦化和连续化，显著提升了产品的织造效率和市场竞争力。在产业创新方面，实现了腈纶纤维的差别化迭代升级和华绒纤维的国外推广。该集团以联盟化方式运作，竹纤维专利产品年产能达到 15 万吨，国际市场占有率高达 90%，是全球竹纤维市场的主导者，现为全球最大的人造丝、腈纶纤维、竹纤维生产基地。产品销往亚洲、欧洲、美洲、非洲等地区 16 个国家及国内 20 多个省（区、市）。吉林化纤集团计划继续扩大其在新材料和新技术领域的影响力，特别是通过即将投产的 15 万吨差别化腈纶项目，将提升其年产能至 53 万吨，进一步巩固其在全球纤维市场的领导地位[①]。

3. 加快航天信息科技创新优势向产业优势转化

"吉林一号"卫星的成功发射标志着吉林省在航天信息产业方面取得了显著成就。该项目不仅推动了地区航天制造业的发展，更重要的是形成了从制造、发射到数据服务的完整产业链。这一成就不仅提升了吉林省在国内外航天领域的竞争力，也为地方经济的多元化发展提供了新的增长点。通过这些技术创新和产业布局，吉林省能够更好地参与到全球航天市场中，提供更多基于卫星的应用服务，如遥感监测、环境监测、城市规划等，从而带动相关高技术产业的发展[②]。

4. 实现氢能源产业优化布局与创新突破

吉林省把氢能源技术的开发和应用视为推动地区产业升级和能源结构调整的关键。通过这种新能源技术，吉林省不仅能够提升其在全球轨道交通市场的竞争力，还可以促进可持续发展目标的实现。全球

---

① 《吉林化纤：以"四型创新"为驱动　实现纤维产品行业领跑》，吉林新闻联播公众号，2024 年 4 月 9 日。

② 《吉林：加快推动全面振兴、全方位振兴》，中国政府网，2022 年 7 月 17 日。

首列氢能源市域列车由中车长春轨道客车股份有限公司（以下简称中车长客）研发，采用了氢燃料电池和储能电池的混合动力供电方式。这种供电方式突破了传统依赖地面电网的限制，提供了更环保、更高效的动力解决方案。该列车可以在没有外部电源的情况下独立运行，续航里程可达 1000 公里以上，每公里的平均能耗仅为 5 千瓦时。中车长客将继续深入探索轨道交通车辆的氢能技术，完善氢安全监测防护技术，并与产业链上下游协同，完善应用配套基础设施，构建氢能轨道交通应用标准规范体系。这一系列措施将推动氢能轨道交通车辆的广泛应用。

（二）营造宜创环境，聚力领跑关键细分领域

1. 环境营造与项目引领

吉林省狠抓重大科技项目，聚焦优势细分科研领域，强化全球领先地位。2023 年末，《全球科技创新中心 100 强（2023）》和《中国科技创新中心 100 强（2023）》正式发布，长春在全球科技创新中心中综合排名第 96 位，首次进入全球百强榜，在国内排名第 21 位，列东北地区首位。全球知名学术出版机构施普林格·自然在线发布《自然》增刊《2023 自然指数—科研城市》，其中全球领先科研城市及都市圈最新名单显示，长春位列第 31 位，吉林省科技型中小企业数量增长达150.3%[①]。一是在空间利用领域，"吉林一号"卫星星座成功实现了"百星飞天"，大幅增强了遥感监测和数据服务的全球能力。此项目不仅扩大了地理信息系统的应用范围，还为环境监测和城市规划等领域提供了支持。双飞翼垂直起降固定翼无人机的全球首创，进一步拓展了无人机技术的应用领域。吉林大学的科研团队亦有显著成果，

---

① 《吉林：以科技创新推动产业创新，加快形成新质生产力》，吉林省科协公众号，2024 年 1 月 23 日。

如成功发射"吉林大学一号"卫星并与国际科学家合作，获得了月球表面精确化学成分分布图，这些成果均填补了国内外科技空白。二是在医药生物技术领域，长春百克生物成功研发并推出国产带状疱疹减毒活疫苗，打破了国外垄断，增强了国内医药生物技术的自主创新能力。三是在能源与运输领域，一汽红旗和一汽解放推出的新型氢能发动机以及中车长客在杭州亚运会上展示的轨道交通车辆均展示了吉林省在这一领域的前瞻性。四是在资源勘探领域，万米钻机"地壳一号"的开发加强了地质探测能力，促进了资源勘探和环境研究，进一步证明了吉林省在科技创新与应用方面的综合实力和战略眼光[①]。

2.产业升级与数字化转型

吉林省在产业升级和数字化转型方面采取了一系列有效措施。特别是在智能制造和高端装备制造领域，如中国一汽和长春新区的发展，通过实施新能源和高端装备制造项目，显著提升了制造效率和产品质量。此外，战略性新兴产业快速发展，如2023年上半年战略性新兴产业产值占比提高1.3个百分点[②]，其中包括高分03D34星等卫星的成功发射升空、吉林化纤集团T800级以上工程化项目的快速建设等。

（三）谋划可行目标，促进成果转化

1.政策倡导与产业聚焦

吉林省政府明确提出通过实施方案来抢占新的产业赛道。以氢能产业和新型储能产业为例，预计到2030年，氢能产业的产值将达

---

① 《现代化产业体系催生新动能——回望2023吉林实践（三）》，吉林省人民政府官网，2023年12月24日。

② 《宋冬林：加快形成新质生产力 推动吉林省高质量发展》，经济纵横编辑部公众号，2024年1月24日。

到 300 亿元，同时，储能产业规模将在"十四五"末达到 50 万千瓦以上。这些政策不仅展示了政府对未来能源转型的承诺，也反映了对环保和可持续发展的重视。通过这些策略，吉林省旨在建立一个更加绿色、高效的能源系统，以支持地区经济的持续发展和工业现代化。

2. 实地应用与示范项目

在具体实施方面，吉林省推广了包括"智转数改"在内的多个示范项目①，这些项目旨在通过智能制造示范工厂和数字化车间的建设来实现生产过程的现代化。此外，省政府还在新能源消纳、氢基绿色能源应用等方面进行了深入探索，以提升清洁能源的整体利用率。这些措施不仅有助于提升地方制造业的技术水平和生产效率，还有助于构建更加可持续和环境友好的产业生态。

（四）夯实城市基础，支撑建设现代产业体系

1. 资源优化与环境改善

吉林省利用丰富的自然资源推动了"陆上风光三峡"等绿色能源项目的开发。这些项目不仅增强了省内的能源自给能力，还通过减少对化石燃料的依赖，显著减少了环境污染。为了进一步优化资源和改善环境，吉林省已经开始建设新基建、新环境、新生活、新消费的"四新设施"。这些设施将为新质生产力的发展提供坚实的基础设施支持。例如，新基建将包括更新的电网、更智能的交通系统和更高效的数据中心；新环境的建设将包括更环保的城市规划和建筑设计，以及更绿色的能源解决方案；新生活和新消费则意味着更高的生活质量和更可持续的消费模式。

---

① 《瞭望｜吉林发展新质生产力一线观察 动能澎湃向"新"行》，新华网，2024 年 3 月 30 日。

2.加快现代化产业体系建设

吉林省着力加强现代化产业体系的建设，着力发展大农业、大装备、大旅游、大数据，构建多元化的现代产业体系。大农业领域，依托肥沃的黑土地，推进农业科技创新，发展精准农业和智能化农业机械，提升粮食作物和经济作物的产量和品质。同时，加强农产品深加工和品牌建设，延伸农业产业链，增加农民收入。在大装备领域，吉林省以轨道交通、汽车制造和农机设备为重点，加大研发投入力度，推动智能制造和工业互联网的应用，提升产品的技术含量和附加值。同时，促进军民融合深度发展，探索军用技术向民用领域的转化应用。大旅游方面，吉林省以其独特的自然景观和文化遗产为依托，如长白山、伪满皇宫博物院等，发展生态旅游、文化旅游和冰雪旅游，打造特色旅游品牌。同时，提升旅游服务质量，构建全域旅游发展格局。在大数据和其他新兴产业方面，吉林省积极布局云计算、物联网、人工智能等前沿科技领域，推动数字经济发展。通过建设数据中心和创新平台，吸引高科技企业和人才集聚，形成新的经济增长点。

三、黑龙江哈尔滨新区：聚焦科技创新，引领产业全面振兴

哈尔滨新区立足区域资源禀赋和发展实际，围绕资本、技术、人才、管理、制度等领域全面探索，通过理论创新、制度创新、组织创新，以高端化、智能化、绿色化为主攻方向，改造提升传统产业，加快培育新兴产业，为发展新质生产力提供新实践，通过科技创新引领产业全面振兴。

（一）依托优势夯实新质生产力培育基础

哈尔滨新区政策优势突出。哈尔滨新区2015年12月16日获批设立，具有国家级新区、经开区、自贸区、自创区（高新区）叠加交汇的独特优势，承担起国家赋予的中俄全面合作重要承载区、东北地区新的经济增长极、老工业基地转型发展示范区和特色国际文化旅游聚集区"三区一极"战略使命。

哈尔滨新区具备新质生产力发展的良好基础。通过壮大创新主体力量、构建开放合作的创新平台、聚焦核心技术突破以及打造科技成果转化高地等重要举措，哈尔滨新区加速发展新质生产力，重塑现代化产业格局，正在形成一条以科技创新为核心驱动力，引领区域产业全面振兴的崭新路径。截至2024年4月，哈尔滨新区高新技术企业达1281户，占黑龙江全省的29%；入选国家级"小巨人"企业14家，占全省的35%；省级专精特新企业169家，占全省的30%；高新技术产业产值占规模以上工业总产值的比重达54.49%[1]。先后获评海外高层次人才创新创业基地、全国首批科技服务业区域试点、全国军民协作示范区、省科技成果转化示范区、国家级"科创中国"试点园区及第二批试点城市。

（二）突出特色描绘新质生产力未来图景

当前，加快形成新质生产力的热度在哈尔滨新区不断攀升。通过前期紧锣密鼓的调研，《哈尔滨新区加快形成新质生产力的工作方案》即将出炉，哈尔滨新区勇当引领全省加快发展新质生产力的榜样标杆。

目前，哈尔滨新区充分发挥高端创新要素集聚效应，正在梯次布

---

[1]《发挥"基因优势"聚力培育新质生产力》，哈尔滨市人民政府网，2024年3月30日。

局谋划未来产业，将率先在全省形成生物经济、数字经济、高端装备制造等 2~3 个具有全国乃至全球竞争力的创新产业集群。依托深哈产业园科技创新增量器和哈工大航天未来产业园，充分发挥高端资源集聚、科技创新活跃、应用场景丰富等优势，重点发展新一代信息技术产业、新材料产业、高端装备制造产业等新兴产业；聚焦数字技术、半导体、先进传感器、物联网、人工智能等领域，加快形成新一代信息技术产业生态体系；积极发展高端金属新材料、锂电池材料、碳纤维复合材料等新材料产业，打造百亿级国内一流的特色高端新材料产业集群；以巩固提升装备工业优势领域为核心，重点发展机器人、智慧农业装备、新能源汽车等领域，建设国家高端装备制造业基地[①]。特别是对专精特新企业进行精准画像，建立"梯队培养"的储备库、后备库，全力打造全省专精特新企业集聚区，加速形成新的百亿级、千亿级产业集群，全力培育新质生产力[②]。新技术方兴未艾、新场景不断涌现、新布局加速推进，在哈尔滨新区，一幅幅"含新量"十足的新图景正在不断涌现。

（三）创新举措为科技企业保驾护航

1."科技 + 创新"双向引领，打造科技企业发展"双引擎"

哈尔滨新区高度重视科技创新引领产业全面振兴。近年来，哈尔滨新区全社会研发投入占 GDP 的比重达到了 3.42%，科技创新领域涌现了一大批引以为傲的企业群体。在发展模式上，哈尔滨新区采取"科技服务 + 技术交易"模式，聚焦科技成果就地转化和产业化，集

---

① 《聚合提"质"产业向"新"——哈尔滨新区加快发展新质生产力观察》，新华网，2024 年 3 月 22 日。

② 《哈尔滨新区整合科技创新资源引领发展战略性新兴产业》，哈尔滨新闻网，2023 年 10 月 27 日。

汇聚、展示、评价、交易、金融、培育、服务、合作、衔接九大功能于一体，打通科技成果转化的难点堵点，构建科技成果转化全链条服务体系，推动哈尔滨科技要素资源向全省开放共享。未来，哈尔滨新区将继续聚焦科技创新，加快培育新质生产力，争取到 2026 年高新技术企业总数达到 2000 家以上，高新技术企业总产值占工业总产值超过 50%，实现科技成果转化 1500 项以上，促进数量与质量双倍增。同时，哈尔滨新区还推进创意设计与冰雪经济、生物经济、文旅产业深度融合，形成创新发展生态体系和宽领域合作格局。下一步，哈尔滨新区多方发力，切实发挥"科技"和"创新"双引擎作用。一是强化科技创新主体培育。建立健全以市场需求为导向、以人才技术为支撑、以政策资金为保障、产学研深度融合的创新主体培育机制。二是加强科创平台载体建设。立足数字经济、生物经济、高端装备制造等重点产业方向，推动建设一批企业主导、政府参与的中试基地、验证中心等公共服务平台，不断提升技术创新和产业发展服务能力。三是加快构建科技创新生态、推进各类创新要素加速聚集。

2. "政策 + 服务"双向发力，为科技企业发展"双护航"

哈尔滨新区紧紧围绕构建企业高质量发展的优渥生态，坚持"刚柔并济"的服务理念，推动"硬政策"与"软服务"双驱动，不断优化政策申报流程，拓宽"免申即享"政策范畴，创新政府服务，为科技企业插上快速发展的翅膀。

哈尔滨新区在政策扶持上持续发力，密集推出"黄金 30 条""温情 21 条""新驱 25 条"等一系列全方位的支持政策，精准对接企业需求。同时，在政务服务大厅开通政策"直通车"，设立一站式政策兑现窗口，提供个性化、贴身式的政策咨询与服务，确保政策红利直达企业。为激发经济新动能，哈尔滨新区还制定了专项规划推动数字经济、生物经济等"四大经济引擎"高质量发展，进一步加强企业技术创新激励举措，鼓励企业加大研发投入，推动产业加速升级转型。2021年以来，哈尔滨新区已成功争取并分配科技企业发展资金总计超10亿元，其中通过直接奖补形式发放的接近半数资金（约5亿元），特别是"免申即享"政策，为高科技企业直接注入资金超过1亿元，有效促进了科技企业的发展壮大。

哈尔滨新区一方面充分利用省市人才政策，另一方面积极推出针对重点产业人才发展的专项服务举措，搭建"智汇新区"综合服务平台，实施了包括人才资金扶持、创业创新补贴在内的32项政策举措，全方位覆盖住房、教育、医疗、托幼等生活领域，构建起多维度、立体化的人才引进与服务体系。为激发人才活力，哈尔滨新区不断创新人才管理机制，构建创新创业人才分级奖励制度，形成以创新能力、成果、质量及贡献为核心的人才评价体系，不断优化科学技术奖励政策，加大对自主创新人才及创新创业企业的表彰与激励力度。这一系列举措不仅吸引了孙家栋、刘永坦等顶尖院士科学家在哈尔滨新区设立工作站，还推动院士、博士科研工作站数量攀升至19个，省级领军人才团队项目增至22项，并成功引入高层次研究生人才超1.53万名，促使5000余名黑龙江籍优秀人才返乡发展，为哈尔滨新区注入了强大的智力支持与人才动力。

哈尔滨新区特别组建了企业投资服务中心，并建立专项工作团队，实施"一对一"定制化指导与服务，同时实行区领导重点企业包联制与部门行业包保制，形成一套全方位、精细化的服务体系。在创新服务模式上，松祥街道率先探索，建立了全省首个无居民"科创数字商务社区"，为区域内高科技企业提供便捷的上门服务，显著提升了服务效率与质量。此外，哈尔滨新区纪委监委还创新性地设立了驻厂监督联络员制度，并公开投诉举报渠道，高效处理了 151 起涉及企业的投诉案件，为优化营商环境、保障企业权益提供了坚实保障。

3.“数量＋质量”双轮驱动，推动科技企业发展“双提升”

哈尔滨新区充分利用科技创新的倍增效应，精心打造科技企业“萌芽—成长—壮大”的全生命周期培育链条，帮助科技企业实现从无到有、由小到大、自弱至强的重大转变，孕育出一批具备高成长潜力的科技新星与创新领航企业，实现了科技企业数量和质量的双重飞跃，引领多个行业领域实现“换道超车”。

在中小型科技企业孵化方面，哈尔滨新区不遗余力地激励创新创业，为科研人员、大学生及国内外知名科技企业搭建起创业的广阔舞台。通过精准服务策略的实施，比如定期对中小企业开展评价申报培训等，哈尔滨新区成功催生了大量中小型科技企业。数据显示，2021年哈尔滨新区新增科技型中小企业 859 家，2022 年再增加 777 家；截至 2023 年底，新增数量已攀升至 781 家，占比更是跃升至 43%，充分展现了哈尔滨新区作为科技创新热土的强大吸引力与孵化能力。

针对高新技术企业的培育，哈尔滨新区更是将其视为推动区域全面振兴的核心引擎。通过集聚创新资源，加大对企业技术创新的政策扶持，极大提升了企业的创新动力与积极性，实现中小型科技企业向高新技术企业的华丽转身。数据显示，哈尔滨新区高新技术企业总数从 2019 年的 258 家增长至 2020 年的 924 家，占全市的比例增至40.14%。2023 年哈尔滨新区高新技术企业数量已经突破 1100 家，继续引领科技创新的浪潮。

在助力创新型企业迈向更强之路上，哈尔滨新区建立了全方位、多层次的创新型领军企业上市培育体系。通过完善机构设置、实施梯队培育、强化政策扶持、拓展股权融资渠道、加强宣传引导等举措，哈尔滨新区构建了"培育—股改—辅导—申报—上市"的完整链条。哈尔滨新区建立了企业上市培育库并出台了《哈尔滨新区企业上市培育库管理办法》，还通过开通政策解读专线等方式给上市企业提供精准服务。此外，哈尔滨新光光电科技股份有限公司企业技术中心、中国航发哈尔滨轴承有限公司企业技术中心获得国家企业技术中心称号，哈尔滨艾拓普科技有限公司、哈尔滨瀚邦医疗科技有限公司等企业入选全国第5批专精特新"小巨人"企业名单，哈尔滨敷尔佳科技股份有限公司成功登陆资本市场，共同书写了哈尔滨新区创新发展的辉煌篇章。

4. "渠道 + 载体"双翼齐飞，筑牢科技企业发展"双保险"

哈尔滨新区对科技创新资源深度整合，构建形成高效协同的产业联盟体系，并搭建起产业联动与资源互补的综合性服务平台。通过提升活动品牌的影响力，有效促进科研成果的本地转化，精心布局"强化优势与弥补短板"并进的创新链条，哈尔滨新区战略性新兴产业与未来产业蓬勃发展，创新生态的整体效能与竞争力全面提升。

哈尔滨新区积极组建产教联合体，涵盖数字经济、生物医药、先进制造、国防工业、电子商务、文旅创意及绿色食品等多个领域，形成科技成果转化联盟。同时，加强与国家级、省级科协组织紧密合作，形成了"科创中国"服务对接机制，汇聚供需信息、项目资源、专家智库与资金支持，形成四库联动的创新服务网络。此外，哈尔滨新区还依托深哈产业园，打造全省数字经济核心示范高地，推动将生物经济板块建设成国家级生物医药产业基地与集聚发展示范区。哈尔滨新区针对专精特新企业构建梯队式培养体系，日益成为全省专精特新企业的汇聚地。2023 年，哈尔滨新区成功举办 17 场科研成果信息对接会，征集了超过 700 项科技成果，并收集了 360 余项企业需求，有效促进了产学研用的深度融合。

　　聚焦生命健康、人工智能、精密制造、新材料及信创等前沿领域，哈尔滨新区布局建设了一系列国家级实验室、技术创新中心以及企业工程技术中心，建立了集企业需求征集、发布、精准匹配与协同发展于一体的产业联动平台，极大提升了孵化项目的质量与孵化服务的效能，为优质科技成果的转化落地提供了有力支撑。

　　哈尔滨新区还紧紧抓住"科技赋能东北振兴，创新驱动产业发展"国家科技计划成果路演行动等机会，通过"走进深哈园区""亲清茶叙""融在新区·相邀周五"等品牌活动，搭建起产业发展、金融资本、科技成果与地方需求之间的桥梁，成功打破科技创新的孤岛效应，推动哈尔滨新区内部资源的顺畅流通与高效配置。在 2023 年国家科技计划成果路演行动哈尔滨高新区专场中，120 余家创投机构参与其中，征集到 500 余项四大领域的成果项目，并促成现场洽谈对接 21 项，17家企业与投资机构达成深度合作。同时，银企对接会活动为驻区企业提供了 21 亿元的保险保额支持、23.91 亿元的授信贷款以及 4760 万元的知识产权质押融资担保，为哈尔滨新区企业发展注入强劲动力。

参考文献

[1] 万秀斌，史自强 . 在对接京津、服务京津中加快发展 河北着力完善协同创新体系 [N]. 人民日报，2024-05-20.

[2] 大力推进现代化产业体系建设 加快发展新质生产力 [N]. 信阳日报，2024-03-18.

[3] 王正谱 . 政府工作报告——2024 年 1 月 21 日在河北省第十四届人民代表大会第二次会议上 [R]. 2024.

[4] 王鹏 . 建设全球数字经济标杆城市：北京经验与发展思路 [EB/OL]. 中国日报网，2023-08-25.

[5] 王璐丹，宋平，辛波 . 去年京津冀技术合同成交 1.2 万亿元 [N]. 河北日报，2024-04-28.

[6] 冯阳 . 产业焕新，河北加快形成新质生产力 [N]. 河北日报，2023-11-03.

[7] 史丹，许明，李晓华 . 推动产业链与创新链深度融合 [N]. 经济日报，2021-12-03.

[8] 龙奋杰 . 以新质生产力赋能河北高质量发展 [N]. 河北党校报，2023-04-20.

[9] 刘士安，杜海涛，谢卫群，等 . 上海加快培育世界级高端产业集群 [N]. 人民日报，2024-06-04.

[10] 刘保奎，郭叶波，张舰，等 . 长三角地区服务引领新发展格局的战略重点 [J]. 宏观经济管理，2022（02）：21-28.

[11] 园博会给合肥带来了什么？[N]. 安徽日报，2023-09-28.

[12] 张永强 . 全方位培养和用好青年科技人才路径探索——以河北省为例 [J]. 团结，2023（06）：28-30.

[13] 张振，陈思锦 . 深入推进长江经济带发展 "1+N" 规划政策体系实施 [J]. 中国经贸导刊，2021（22）：4-11.

[14] 李治国 . 建好用好 "大科学装置" [N]. 经济日报，2024-05-09.

[15] 沃野田畴织锦绣 [N]. 信阳日报，2023-12-23.

[16] 肖金成，张燕，等．京津冀协同发展 [M]. 沈阳：辽宁人民出版社，2023.

[17] 欧阳思佳．私募股权投资基金估值对财务核算的影响研究 [J]. 商业观察，2023（04）：37-40.

[18] "国字号"盛会缘何"落户"合肥？ [N]. 合肥晚报，2021-04-24.

[19] 河南：红绿融合走好共富路 [N]. 中国文化报，2024-02-24.

[20] 邱国良．加快推进创新链人才链深度融合 [N]. 光明日报，2023-01-19.

[21] 邱爱军，赵军洁．都市圈协同创新机制设计——基于长三角 G60 科创走廊的实践经验 [J]. 科技和产业，2023，23（08）：203-206.

[22] 侯琳良，赵展慧，常碧罗．耕好改革开放试验田 [N]. 人民日报．2021-12-28.

[23] 姜长青．统筹推进首都新质生产力发展高地建设 [J]. 前线，2024（05）：48-51.

[24] 赵兵，王洪峰，曹阳葵，等．抓住关键才能更好解决问题——看企业上云怎样让河北传统产业"智能进化" [N]. 河北日报，2024-05-10.

[25] 骆大进．2023 年上海科技进步报告 [R]. 2024.

[26] 真抓实干，着力推动高质量发展 [N]. 人民日报，2022-12-18.

[27] 贾若祥．开创中部地区崛起新局面 [J]. 中国发展观察，2021（09）．

[28] 贾若祥．扎实推进长江大保护 深入打好长江保护修复攻坚战 [J]. 中国环境监察，2023（01）：38-40.

[29] 深入学习贯彻党的十九届四中全会精神 提高社会主义现代化国际大都市治理能力和水平 [N]. 人民日报．2019-11-04.

[30] 郭叶波．长三角一体化高质量发展的重要进展与未来展望 [J]. 中南林业科技大学学报（社会科学版），2023，17（04）：39-50.

[31] 傅晓．整合创新力量 促长三角科创一体化 [N]. 第一财经日报．2019-12-04.

[32] 黄征学，潘彪．构建高效创新生态体系发展新质生产力 [N]. 经济参考报，2024-04-17.

[33] 滨海新区政府．新区加速推进氢能产业示范园建设 [EB/OL]. 天津市人民政府网，2020-08-21.

[34] 愿得茶香飘四海 不负青山不负人 [N]. 信阳日报，2023-05-04.

[35] 熊丽．综合国力迈上新台阶 [N]. 经济日报，2022-03-17.

[36] "潮"信阳绘就文旅出彩画卷 [N]. 河南日报，2023-06-29.

[37] "豫才回归"打造生物科技"领头羊" [N]. 河南日报，2023-08-18.

后记

因地制宜发展新质生产力，是党中央对各地立足实际、有序发展新质生产力提出的重大要求及方向指引。《因地制宜发展新质生产力：实践篇》作为中国宏观经济研究院（以下简称宏观院）"因地制宜发展新质生产力丛书"中的一册，旨在从地方实践层面梳理总结各地培育发展新质生产力的重大举措及经验做法，帮助读者更好地了解掌握新质生产力培育发展的有效路径，为切实推动因地制宜发展新质生产力提供实践支撑。

本书编写组成员主要来自宏观院国土开发与地区经济研究所，编写组在研究撰写过程中多次组织开展内部讨论，认真研究本书在丛书中的定位、研究基本框架、核心观点和主要内容，书中关于新质生产力的研究成果和主要观点汇聚了宏观院国土开发与地区经济研究所的集体智慧。宏观院决策咨询部、中国发展出版社为本书的出版作了协调、编辑等工作。本书成稿过程中，还得到中国社会科学院经济研究所黄群慧研究员、宏观院副院长宋葛龙研究员、原副院长马晓河研究员、原副院长吴晓华研究员、国家发展和改革委员会学术委员会秘书长刘中显研究员、宏观院决策咨询部主任孙学工研究员，对外经济研究所所长罗蓉研究员，投资研究所所长杨萍研究员等专家学者的宝贵意见和建议，在此一并表示诚挚感谢。

本书编写组

2024 年 11 月